北京市朝阳区社区家庭教育工程

0～3岁儿童 家长手册

Parents handbook for 0～3 years old children's family

《儿童家庭教育系列家长手册》编写组

中国人民大学出版社

·北京·

#《儿童家庭教育系列家长手册》

编委会

谨将本书献给

所有希望用爱心与责任教养好0~3岁孩子的

父母们

序

朝阳区是北京市人口最多的城区，有近20万未成年人。为了提高朝阳区家庭教育整体水平，为未成年人发展创造良好的发展环境，推进朝阳教育的现代化，我们启动了社区家庭教育工程。

这项工程坚持“儿童为本”、“家长主体”、“多向互动”的原则，以促进未成年人全面、主动发展为核心，服务社会、服务学校、服务家庭，将家庭教育指导纳入公共服务，构建和完善家庭教育管理体系、家庭教育内容体系和家庭教育指导服务体系，建立家庭教育的优质资源整合机制和评估机制，形成覆盖全区的未成年人家庭教育指导网络，努力使朝阳区家庭教育指导工作居于全市的前列。

为了全面推动家庭教育指导工作，朝阳区依托社区学院建立了家庭教育指导中心，指导社区、学校开展家庭教育指导工作。家庭教育指导中心将建立区级家庭教育讲堂，并指导社区、学校开办家庭教育课堂，推广先进的家庭教育理念和经验。同时，还将开设网上家庭教育课堂，将家庭教育课程纳入社区教育数字化课程体系。依托朝阳区数字化学习中心，整合优质家庭教育指导资源，开展家庭教育网络教学，提供能够满足家长多样化需求、便于家长学习的家庭教育指导平台，扩大家庭教育指导工作的覆盖面。

家庭教育指导内容体系建设是提高家庭教育指导水平的基础性工作。在全国妇联的指导下，在北京市教育学会的支持下，我们根据《全国家庭教育指导大纲》的要求，组织多年从事未成年人教育、医疗、保健等工作的专家、学者，按新婚至孕期、0～3 岁、3～6 岁、6～12 岁、12～15 岁、15～18 岁年龄段开发家庭教育手册。手册针对不同成长阶段儿童的生理、心理特点，从营养健康、体能健康、心理健康、家庭环境健康等方面帮助家长了解孩子的成长规律，指导家长科学开展家庭教育。

家庭是人生的第一课堂，也是终身的学堂，家庭教育是任何学校教育和社会教育也无法代替的。从一般意义上，家长对家庭教育都是重视的，但并不是重视就能成为合格的家长，就能培育出优秀的孩子。培养孩子只靠摸索是不够的，孩子等不起！培养孩子更不能走弯路，孩子误不起！希望家长本着对孩子负责、对家庭负责、对国家负责的态度，利用好手册，自觉地学习科学育人的知识，不断提高家庭教育水平，切实担负起家长的责任。

在手册编写过程中，我们还得到了北京市教育学会、区妇联等单位的大力支持，在此，我们也表示感谢。对手册中的不妥之处，欢迎大家提出意见，以便不断地完善。

孙其军

北京市朝阳区教委　主任

前言

我从事教育工作几十年，作为一位老教育工作者，这几十年来，每一天我都在思考一个问题：如何能够把每一个孩子都培养成对社会有益的人才，培养成对家庭有益的一代。

美国的汤麦士·哥顿博士的话让我感触很深。他说："青少年本身出问题或制造社会问题时，受责难的总是他们的父母，可是有谁来帮助父母们使他们在教养子女方面更具效能呢？父母受责难，但他们没有受过训练。每年都有数以百万计的新母亲和新父亲开始从事一项最艰苦的工作，那便是养了个婴儿，而对这么一个一无所知的小人儿负起身心健康的全部责任，抚育他，让他成为一个有建设性的、能与他人合作的、对社会有所贡献的公民，还有什么比这更困难、更需要伤脑筋的工作呢？然而，又有多少父母曾经为此受过训练呢？"

事实也是如此。在现代社会，对从事不同工作的角色，无论是做教师还是当医生，无论是办企业还是搞研究，无论是当公务员还是当明星，没有哪一样是生而知之的，是天生就干得了的。人们不仅要边干边学习，很多工作甚至是需要取得合格的资质后才能上岗的，否则就不具备做好这件事的资格。但是，唯独当父母不用学习，似乎是生来就会的。不需要上岗前的培训，更无须有什么资质证书。而承担的，却是一件造就一个人的一生，甚至会影响社会发展的重大工作。研究没做好可以重来，企业没办好可以重来，唯独孩子的培养没有重来的可能。因此说，家长们的责任很重大，工作很艰巨。

我要以几十年的教育领域的工作体会跟家长们说：不要把孩子的教育推给别人。固然学校教育和社会教育是孩子成长中不可或缺的方面，固然我们的教师、我们的社会为此付出了巨大的努力，但是，从孩子的孕育开始，真正对孩子的一生负最完整责任的，只有家长，只有他的父母。孩子的老师可以选择、环境可以选择，唯有谁是他（她）的父母不可以选择。对于学校来讲，对于社会来讲，你的孩子是千百个大体相似的孩子中的一个。但对于家庭来讲，你的孩子是独具特点的唯一。

从一些在人类历史上名垂千古的伟大人物的成长历程我们看到——达尔文上学时多次受到校长的训斥，由于学习成绩差被称为笨蛋；爱迪生被老师看作没有希望的人，但由于家庭的温暖、家长的鼓励，使他的才能得到了充分的发展；著名科学家马赫在学校里被老师宣布为没有天赋的儿童，只好由父亲领回家中，博学的父亲在家里给他讲授拉丁语、希腊语、历史、代数、几何，为他打下了良好的基础，后来成为启蒙爱因斯坦创立相对论的先哲之一；孟子的母亲为了孩子成长有一个良好的社会环境而三迁住所……这些事例告诉我们：合格的家长不一定能够养出优秀的孩子，但不合格的家长一定培养不出优秀的孩子。

现在北京市朝阳区教委联合妇联系统等多个部门，启动了朝阳区社区家庭教育工程。目的和宗旨就是通过各个相关部门共同协作，帮助朝阳区内的每一个家庭、每一位家长成为教育子女的合格家长；通过多种多样的形式和方法，把成为一个合格家长最需要的知识和方法传达到千家万户。《儿童家庭教育系列家长手册》的编写和发行是朝阳区社区家庭教育工程的重要组成部分。它涵盖了新婚至孕期、0～3 岁婴幼儿期儿童、3～6 岁学龄前期儿童、6～12 岁小学期儿童、12～15 岁初中期儿童和 15～18 岁高中期儿童六个儿童成长阶段，帮助家长充分了解每个阶段儿童的生理发育特点和心理发育特点，指导家长如何在儿童营养健康、体能健康、心理健康和家庭教育环境健康等方面做好充分的准备工作，帮助父母提高自身的教养水平，帮助家长掌握科学、简易养育孩子的具体方式和方法。除此之外，整个工程还包括了建立完整的家长课程体系，培养可以为家长提供专业育儿帮助的专业人员培训等一系列内容。

希望通过政府各部门的共同努力和帮助，更希望通过我们每一位家长不断提高自己的育儿水平，真正把朝阳区的家庭教育工作提升到一个更高的层次，让每一个家庭，都能培养出无愧于家庭的希望、无愧于社会的希望的优秀人才。

李观政

北京市教育学会 会长

《全国家庭教育指导大纲》（摘录）*

三、家庭教育指导内容及要求

…………

（二）0～3岁年龄段的家庭教育指导

1. 0～3岁儿童的身心发展特点

婴幼儿期即从出生到大约3岁，是个体神经系统结构发展的重要时期，儿童身高和体重均有显著增长；遵循由头至脚、由中心至外围、由大动作至小动作的发展原则，逐渐掌握人类行为的基本动作；语言迅速发展；表现出一定的交往倾向，乐于探索周围世界；逐步建立亲子依恋关系。

2. 家庭教育指导内容要点

（1）提倡母乳喂养，增强婴儿免疫力。

指导乳母加强乳房保健，在产后尽早用正确的方法哺乳；在睡眠、情绪和健康等方面保持良好状态，科学饮食，增加营养；在母乳不充分的阶段采取科学的混合喂养方法，适时添加辅食。

（2）鼓励主动学习，掌握儿童日常养育和照料的科学方法。

指导家长按时为儿童预防接种，培养儿童健康的卫生习惯，注意科学的饮食调配；及早对孩子进行发展干预，让孩子多看、多听、多运动、多抚触，带领儿童开展适当的运动、游戏，增强儿童体质；了解儿童成长阶段的特点和表现，学会倾听、分辨儿童的“语言”，安抚儿童的情绪；学会了解儿童的发病征兆及应对方法，掌握病后护理常识。

（3）设定生活规则，养成儿童良好的生活行为习惯。

指导家长了解婴幼儿成长的规律及特点，为儿童设定日常生活规则，并按照规则指导儿童的日常生活行为；重视发挥父亲的角色作用，利用生活场景进行随机教育；指导家长采用鼓励、表扬等正面强化教育措施，塑造儿童的健康生活方式。

---

* 此处仅摘录与本书有关的内容，感兴趣的读者请自行查阅全文。

(4) 加强感知训练，提高儿童感官能力，预防儿童伤害。

指导家长创设儿童自如爬行、充分活动的独立空间与条件，随时、充分地利用日常生活中的真实物品和现象，挖掘其内含的教育价值，让儿童在爬行、观察、听闻、触摸等训练过程中获得各种感官活动的经验，促进儿童的感官发展。同时要加强家庭保护，防止意外伤害发生。

(5) 关注儿童需求，激发儿童想象力和好奇心。

指导家长为儿童提供抓握、把玩、涂鸦、拆卸等活动的设施、工具和材料；用亲子游戏的形式发展儿童双手协调、手眼协调等精细动作；用心欣赏儿童的行为和作品并给予鼓励，分享儿童的快乐，促进儿童直觉动作思维发展，满足儿童好奇、好玩的认知需要。

(6) 提供言语示范，促进儿童语言能力发展。

指导家长为儿童创设宽松愉快的语言环境；提高自身口语素养，为儿童提供良好的言语示范；为儿童的语言学习和模仿提供丰富的物质材料，运用多种方法鼓励儿童多开口；积极回应儿童的言语需求，鼓励儿童之间的模仿和交流。

(7) 加强亲子沟通，养成儿童良好情绪。

指导家长关注、尊重、理解儿童的情绪，多给予儿童鼓励和支持；学习亲子沟通的技巧，以民主、平等、开放的姿态与儿童沟通；客观了解和合理对待儿童过度的情绪化行为，有针对性地实施适合儿童个性的教养策略；培养良好的亲子依恋关系。

(8) 帮助儿童适应幼儿园生活。

入园前，指导家长有意识地养成儿童自理能力、听从指令并遵循简单规则的能力等。入园后，指导家长积极了解儿童对幼儿园的适应情况，在儿童出现不良情绪时通过耐心沟通与疏导来稳定儿童的情绪，分析入园不适应的原因，正确面对分离焦虑。

导　读

亲爱的家长朋友，为了您更加方便地使用本手册，请先阅读本页导读。

1. 年龄段的界定

(1) 对于“儿童”年龄的定义有很多不同的说法，本家庭教育系列家长手册的阅读对象是孕期至年满 18 岁儿童的家长。如此定义的依据在于：

- 联合国《儿童权利公约》中定义“儿童系指 18 岁以下的任何人”。
- 《全国家庭教育指导大纲》中家庭教育指导要点涉及的年龄段为“孕期至 18 岁儿童”。

(2) 年龄段的划分会有一个边沿年龄问题。“3 岁孩子”可以指将满 3 岁的孩子，也可以指 4 岁前的孩子。因此，本系列手册的年龄阶段为：

- 0～3 岁婴幼儿期儿童——出生到 3 周岁前的孩子；
- 3～6 岁学龄前期儿童——年满 3 周岁到 6 周岁前，幼儿园在园的孩子；
- 6～12 岁小学期儿童——年满 6 周岁到 12 周岁前，小学在读的孩子；
- 12～15 岁初中期儿童——年满 12 周岁到 15 周岁前，初中在读的孩子；
- 15～18 岁高中期儿童——年满 15 周岁到 18 周岁前，高中在读的孩子。

孩子的成长和发展有阶段性，但并没有非常严格的年龄划分，更为科学的界定应是他所处环境的定义年龄和其生理年龄的共同参照。比如一个 5 岁多的孩子就上了小学，这是他的生活环境定义了他的阶段。家长要同时参考他实际的年龄和他的生活环境定义年龄来学习。只要您的孩子处于大致的年龄区域，您就是相应年龄段手册的适合人群。

2. 小贴士

文中还会有一些小贴士，以灰色底纹方框显示，如右所示。这部分是一些重要但短小的内容，是对正文的补充和延伸，又无法纳入正文，因此，把它们单独以小贴士的形式呈现。

> **斜视不是练出来的**
>
> 如果你的孩子故意做一次对眼，那么不用担心眼睛回不到原来的位置上。我从来没有看到过谁因为近距离看电视而变成对眼。事实跟你想象的并不一样。

3. 配套电子书

因为家长的需求各不相同，本手册中的内容重在突出实用性和操作性，不可能把所有知识点都描述清楚。因此，我们汇编了大量基础知识内容（如人体的生理学基础以及营养素基础知识等），并把它们制作成电子书。您可以在“朝阳社区教育网（www. cycedu. com）”上免费下载，在电脑上打开它详细阅读。

4. 阅读方法

由于 0～3 岁儿童养育的知识点很多，本手册与其后的其他手册采取的又是完全不同的体例结构，因此，我们提供两种目录形式方便您阅读本手册内容。

（1）按年龄段阅读：您可以按照宝宝现在的年龄直接跳到相应年龄章节开始阅读，并让这本手册陪伴着您一直到宝宝 3 岁。

（2）按知识点阅读：很多知识点是跨年龄段的，宝宝成长的差异性很大，同样的年龄涉及的知识点不尽相同。比如如何处理宝宝和宠物的关系，并不一定只在孩子 1 岁 7～8 个月才有涉及，其他年龄段的家长也可直接翻到那里看。因此，当您碰到某个问题，您可以通过查阅“目录（按知识点阅读）”，直接阅读相应内容。

目 录

（按年龄段阅读）

目　录

（按知识点阅读）

营养美食

下面是0～3岁婴幼儿营养饮食方面常见的71个问题，分布在22个月龄段中，你也可以直接翻到相应页面阅读学习。

护理保健

下面是 0～3 岁婴幼儿护理保健方面常见的 67 个问题，分布在 22 个月龄段中，你也可以直接翻到相应页面阅读学习。

育儿百科

下面是 0～3 岁婴幼儿日常养护方面常见的 48 个问题，分布在 22 个月龄段中，你也可以直接翻到相应页面阅读学习。

心智发展

下面是 0～3 岁婴幼儿心智发展、早期教育方面常见的 93 个问题，分布在 22 个月龄段中，你也可以直接翻到相应页面阅读学习。

安全防护

下面是 0～3 岁婴幼儿日常安全防护方面常见的 47 个问题，分布在 22 个月龄段中，你也可以直接翻到相应页面阅读学习。

成长顾问

下面是0～3岁婴幼儿成长中常见的37个综合性问题，分布在22个月龄段中，你也可以直接翻到相应页面阅读学习。

篇首语

致新生命的创造者

初为父母，面对刚刚降生的孩子，你们会有怎样的心情？喜悦、害怕、舒心、紧张、不知所措……十分复杂。

你们为迎接孩子的诞生，已经做了周密的准备。孩子诞生后，便开始了你们的实践——如何养育好属于你们的孩子。你们定会首先求助于书本，寻找育儿的科学道理和行动方法，同时你们也向前人或同辈吸取经验。但更重要的是你们的自信心和你们的两颗赤诚爱心，它们将驱动你们每日每时地仔细体察自己的孩子，学会照料，耐心施教。

父母如果学会爱自己的孩子，合情合理地疼爱，那么你们的孩子也将成为一个会爱人、会爱生活的人。这些务必从孩子出生就开始。

对你们的孩子来讲，这是生命快速成长、勾画一生蓝图的至关重要的三年。

对你们来讲，这是学习做好父母、奠基家庭未来的至关重要的三年。

请务必好好把握！

第一章

如何做父母

我们都知道世界上没有完全相同的两片树叶，树叶如此，更何况是婴儿呢？

每个婴儿都是独特的，都生活在一个独特的家庭。每一个婴儿都有着不同的成长经历。每个人都有自己的长处及短处。我们为人父母需要去换位思考，我们自己身上也有很多毛病，我们也有自己的缺点与不足，为什么我们要拿一个标准去要求宝宝？为什么当宝宝做的某件事与我们的设想不一致的时候，我们会觉得失望，而他们做的有些事却让我们觉得比较有成就感？为什么宝宝的某个行为会让我们欣喜异常，但是另一些行为却令我们迷惑不解？婴儿普遍需要的是什么？而其中的哪些必须因为孩子的问题或者家庭因素而有所差异呢？

教养孩子的繁杂和辛苦是所有父母都共知的，但是有没有一些基本的原理可寻呢？大家都在说不要让孩子输在起跑线上，又都有被裹挟着无奈前行的郁闷。

这些问题到底该如何协调平衡呢？希望看过本章后能让你对这些问题有所体会。

教养孩子的定位

什么会让你的孩子输在起跑线上

爸爸妈妈们都希望自己的宝宝聪明伶俐，现在都在讲“让孩子赢在起跑线上”，但实际上，如果不懂得孩子的养育需要科学的方法，爸爸妈妈会误用自己全副的爱心把孩子拉向输的结局。

很多不正确的家庭教养方法会让宝宝变“笨”，只有使用正确的教养方法，才能让宝宝变得越来越聪明。那么，家长的哪些观念和行为会让宝宝输在起跑线上呢？

■ 让孩子分享你的财富

我小时候受了不少苦，我要让孩子不再受苦。

那些从孩子一生下来就把孩子的养育当作炫耀财富的一种方式的行为（无论你的财产是多还是少），注定会养成孩子“天生”就应当坐享你的财富的思想，会让他从小就建立起“我不需要努力付出就可以坐享其成”的意识。当你再想要求孩子具有努力进取的精神，要成为比赛的赢家的时候，请告诉自己那只是个美丽的幻想。

■ 一切自然就好

不是不能揠苗助长吗？那好，有苗不愁长，一切顺自然。

认为孩子的成长是件“顺天命”的事，有强烈的置身事外的思想（爸爸们很容易有这样的想法）。这会让你偏离了作为父母应尽的职责，没有努力提高自己、努力学习做父母的动力。有听天由命想法的父母，养育出一个努力向上的孩子，发生的概率要远远小于被火星抛出的金块砸中的可能。

■ 把孩子紧紧地抱在怀里

孩子太弱小了，我要尽一切的努力避免让孩子受到任何的伤害。

认为孩子太弱小，什么都不行，不敢给他太大的压力。哪怕自己再苦再累也不能让孩子受委屈。“我会付出一切，只要你快乐。”无论贫富，都要给孩子创造一个安逸、舒适的“局部”环境，为孩子挡住一切的风和雨。这样的家长当然希望在温室中培养出参天的大树，并且期待一旦温室不再还要能够在暴风骤雨中屹立不倒。可能吗？

■ 永远走在孩子的前面

我是过来人，知道什么是正确的，听我的没错。

你取代了孩子的成长过程和成长体验，希望用自己的经验替代孩子自己的体验过程。试想一下，如果刘翔的父母知道孩子未来是跨栏冠军，为了不让孩子冒因为跨栏训练而受到伤害的危险，把孩子精心保护起来，在终点线上捧起冠军杯的人还会是刘翔吗？简单来说，怕孩子呛水，就不让孩子下水，他能学会游泳吗？不让孩子遇到挫折，他能面对未来的坎坷吗？

■ 永远也赢不了的游戏

我要是生个天才孩子该多好！

能和爸爸妈妈一起玩游戏，宝宝们一定会非常高兴的。可是在玩游戏的时候，你有没有选择适合宝宝年龄和理解能力的游戏呢？有没有在做游戏前教会宝宝怎么玩呢？有没有在玩的过程中，给予宝宝必要的帮助，增加他的信心呢？如果你什么都没做，那宝宝在玩游戏的过程中肯定会经常输，久而久之宝宝会感觉越来越糟，就会认为自己很“笨”。如果宝宝在生活中很少有“赢”的体验，他可能就会变成一个笨头笨脑、畏首畏尾的孩子。

■ 过早的知识传授

早教育 更优秀 成大才

现在的父母都怕宝宝输在起跑线上，热衷于进行智力开发，从小就开始教宝宝读、写、记、算，培养出不少2岁会背500首唐诗、3岁认识世界上所有国家的国旗、5岁就会加减乘除的运算等的“神童”。但是这种鹦鹉学舌式的死记硬背，不一定能开发宝宝的智力，反而会给他们带来学习的压力，降低他们未来对学习的兴趣。

■ 恨铁不成钢

我想让孩子跟我一样棒，可他怎么这么笨？

经常会听到爸爸妈妈这样说：“我家孩子特笨，什么都不会！”“我家孩子特胆小，都不敢自己出门！”也许父母说这样的话是为了表达谦虚，但是宝宝听到耳朵里，就会认为自己真的很笨、很胆小、很差劲。每天被淹没在如此大量的负面暗示里，宝宝怎么会认为自己聪明呢？他只会深刻地认为自己笨，产生严重的自卑感和自我怀疑，拒绝接受新的信息，结果就真的成了“什么都学不会”的笨孩子。

“做合格父母 育优秀孩子”的一些基本原则

在修正以上错误的育儿观念的同时，以下一些基本原则可以供你参考。当然，我们希望你能在育儿的实践中更多地总结出自己的原则和方法。

■ 让宝宝体验成功的喜悦

时常让宝宝体会到成功的喜悦，会增强他们的自信心，提高他们努力的动力，会更喜欢挑战新事物，学习新知识。在做游戏、玩玩具、做手工、参加竞赛及做家务等活动中，适当地进行引导，鼓励宝宝大胆尝试，让他通过自己的努力获得成功的喜悦。比如，宝宝想帮妈妈洗衣服，不要因嫌麻烦或怕他把水洒得到处都是而拒绝，可以帮宝宝准备一个小盆，里面少装一些水，再放一双袜子或一件背心等小件衣服，再给宝宝穿上防水的衣服，然后就可以让宝宝学着大人的样子洗衣服了。衣服洗好之后，别忘了夸奖宝宝干得很棒哦！这样不但能够增强宝宝的自信心，还能让他体会到父母的辛苦，会更加珍惜劳动成果。让宝宝不断尝试，不断体会成功的喜悦，就会让他信心倍增，努力向下一个更高的目标迈进。

■ 兴趣永远第一

到底是让宝宝学跳舞，还是学美术？是学钢琴，还是学英语？是练唱歌，还是打乒乓球？爸爸妈妈们都希望自己的宝宝能多一点兴趣特长，可是在培养的过程中常常忘了关注宝宝的"兴趣"，而只是不断地让他们学习特长。其实，兴趣才是宝宝最好的老师。让宝宝去做他感兴趣的、感到快乐的事情，宝宝才会有动力、有冲劲去把事情做好。在学习的过程中，也要使用各种手段来提高宝宝的兴趣。比如，你想训练宝宝的计算能力，不妨和他一起玩购物游戏。让宝宝做收银员，妈妈扮作顾客买东西，事先准备一些物品标上价码，交钱的时候让宝宝计算总数。寓教于乐，是宝宝们最喜爱的学习方式。

■ 告诉孩子，失败了没关系

现在的校园里时常有学生自杀的新闻，自杀的原因很多：为了学业太重，为了压力太大，或为了感情的得失……孩子们的承受能力越来越差，很大程度上是由于太在乎成败，容不得自己失败。可是，人怎么可能不失败呢？没有失败又怎么会有成功呢？只有在失败中总结经验，才能在下次获得成功。所以，爸爸妈妈们要端正心态，从小用正确的方法让宝宝明白失败、错误没什么大不了，勇敢、聪明的人会从失败中吸取教训，继续努力取得成功。爸爸妈妈们要允许宝宝失败，不要因为孩子失败而厉声责骂他们，而应当给予他们鼓励和帮助，相信宝宝一定能通过努力取得成功。

给新爸爸妈妈的心灵鸡汤

本部分内容是我们摘选的几篇文章，希望能够在如何做父母这一永远没有最终答案的问题上，给你的心灵带来一些感动和启示。

丢了翅膀，他仍是天使

文／佚名

1

当在外地出差的我坐飞机赶回来时，十个月的儿子新新已经被推出抢救室。医生说，持续的高烧也许损伤了新新的脑神经，我要有心理准备接受可能的后遗症。

老公两天后才从国外回来。出院后，我们常常测试新新的听力和视觉，没有发现任何异常。我们终于放下忐忑的心。可渐渐地，我发现他开始瞪着无神的眼睛发呆，或者呈现一种令我不安的笑容。当和新新一般大的孩子开始迈着步子，清脆地喊着爸爸妈妈的时候，新新依旧呆呆坐在那里，傻傻地笑着。我们抱着他四处求医，结论同出一辙：新新的智力将会停留在幼儿期，除非发生奇迹。

那是段痛不欲生的日子，我抱着孩子寻找各种可能的奇迹，秘方、偏方，甚至针灸。那长长的针如同刺在我的心尖，汗和泪伴着孩子凄厉的哭声一起落下。我多么希望这只是一场梦，梦醒后充满灵气的新新在对我甜甜地笑。我开始幻听，总感觉新新在喊妈妈。

我深深自责为了事业没有照顾好儿子，却不敢留在家里面对，只是每天下班后沉默地搂着他，日复一日，泪流尽了，心也似乎麻木了。老公也因为家里气氛沉闷，渐渐变得很少回家吃饭。

婆婆来看我们，说把新新带走，让我们再要一个孩子。我不假思索断然拒绝，我不能那样做！他没有选择地来到这个世界，又因为我的疏忽变成这样，已经够不幸了！我把新新紧紧搂在怀里，我不要别的孩子来分享我对新新的爱！

2

新新两周岁生日那天，我才惊觉老公已经不再陪我们一起吃饭了，怕失去他的恐慌开始噬咬着我，使我觉得难以呼吸。直至深夜，一身酒气踉踉跄跄的老公才踏进家门，我已经干涸的泪水终于又奔涌出来。“老婆，我们再要一个孩子好吗？”我狠狠点着头，与他紧紧相拥……

我又怀孕了！抚着逐渐隆起的小腹，有些苦涩的甜蜜。我仿佛比谁都期待这个孩子，却又在内心里抗拒这个孩子。看到新新向我伸来的手臂，我的心又涌起巨大的痛楚：新新，这个世界，除了妈妈谁还能爱你？

我终于下定决心打掉这个孩子，可检查结果使我震惊：我竟然怀了双胞胎！

2002年的夏天，一对漂亮的小女孩阳阳和月月降临了。满月以后，那对粉雕玉琢的小人儿，总是甜甜地笑，很少哭闹。只要我一说话，她们的头就随着我的声音转，让我充分享受到做妈妈的喜悦。我已经顾不上新新，只把他交给保姆，甚至开始讨厌他那傻傻的样子。

转眼间，阳阳和月月会走了。新新一般不注意什么，只是对这两个妹妹格外敏感，常常注视她们的一举一动，似乎带着极大的兴趣，而且不同于平时的眼神。我是不允许他接近她们的，他只能那样在一边望着，可我控制不住阳阳和月月蹒跚迈向新新的脚步，她们同样对新新表现出极大的兴趣。而我却舍不得强迫她们什么，只是一次又一次严厉地对新新说，记住，不许碰妹妹！渐渐地，他对我有了怯意，我却丝毫没觉得有何不妥。

一天，孩子们在午睡，保姆出去买菜，我去储物间整理衣物。突然我听到孩子的哭声，连忙跑进卧室，看到新新正从床的栏杆缝向外拉月月的两根手指，月月的手指被卡住，新新还在用力向外拉。我一把拉过新新，照着他的手，狠狠拍打："不是告诉你，不许碰妹妹吗！看你以后还碰不碰妹妹！"我越打越生气，似乎在发泄对他积累的厌恶。我疯了似的寻找可以用来打他的东西，直到看见镜子里自己魔鬼一样的脸。我终于听到孩子们的哭声，终于看到蜷缩一团哭泣的新新……

保姆回来了，抱起新新，看着我余怒未消的脸想说什么，我摆摆手让她抱新新回自己的房间。我哄着阳阳和月月，突然看到床上有几块动物饼干，阳阳的手里还握着一块要喂我。我连忙到月月那边，果然月月的床下也有几块饼干，已经被我踩碎了。新新最喜欢吃动物饼干，原来他拉妹妹的手是要给妹妹饼干。我的心被刺痛了，连忙到新新的房间，他已经被保姆哄睡了，可还在睡梦里抽泣着。我不禁泛起一阵酸楚，我这是怎么了？我还是他的妈妈吗？

一天，我和女儿们玩着拥抱的游戏。我拍拍手，她们就喊着妈妈，张着小胳膊争先恐后向我跑来，然后我们紧紧拥抱。这么简单的游戏，她们却乐此不疲，玩了一遍又一遍。忽然，新新也张开他的胳膊，向我跑来，含糊地说着："妈妈，妈妈。"我简直不相信自己的耳朵！我的儿子，自从来到这个世界，从没开过口！紧紧搂住扑到怀里的新新，我哭了。已经对他沉睡的母爱被重新唤起，儿子，妈妈有多久没搂过你，妈妈对不起你！

3

我终于开始认真思考我的孩子们，我有一个与众不同的家庭，我竟然有三个孩子！他们正渐渐长大，将来要有他们自己的人生。等我离开这个世界时，只有他们之间才能互相照顾。尤其是新新，他需要更多的爱。

我不再分隔他们，而是常常告诉女儿们，要好好爱哥哥，因为没有他，就没有她们。我知道她们听不懂，我只希望她们记住我的话。

我每天陪三个孩子做游戏、唱歌、跳舞，为他们讲故事。而新新，越来越有灵气，不但会叫爸爸、妹妹了，还会含糊表达自己的需要，而且会随着节奏跳些简单的舞步。看着并成一排熟睡中的孩子们，我终于相信这个世界上有奇迹，那就是爱，爱可以创造一切！

阳阳和月月到了上幼儿园的年龄，我也该上班了。为了减少我的负担，婆婆来商量把新新接走。我犹豫再三。其实按新新现在的情况，勉强可以上幼儿园，可他毕竟和别的孩子不一样，我害怕外界会给他造成伤害。

新新被带走的那个晚上，女儿们不肯上床睡觉，一定要等哥哥回来。她们闪着漂亮的大眼睛问我，哥哥什么时候回来？为什么哥哥不上幼儿园？我的心一紧，回答她们，哥哥生病了，要很长时间才会好。她们又问："他会想我们吗？为什么我们不照顾他呢？快让哥哥回来，我们会照顾他的。"我的心紧了又紧："你们要乖乖的，只要你们听话，哥哥就会回来。"她们终于乖乖睡下，而我在黑夜里挂念着新新。儿子，你好吗？

女儿们只去了三天幼儿园，就说什么也不肯去了，告诉我幼儿园里有好多好玩的玩具，还有好多的小朋友，还学习新歌、认字、英语，她们要等哥哥回来一起去。她们用充满期盼的眼睛望着我，还带有小小的挑衅。我惊讶于她们的执拗，耐着性子哄着她们，可她们却怎么也不肯答应。我沉下脸一手抱着一个，她们哇哇哭起来："妈妈骗人，说只要我们乖，哥哥就会回来，我们都听话了，可哥哥还是没有回来！"

我的心猛地僵住了！压抑的眼泪再也控制不住，"你们的哥哥，他和别人不一样，他永远学不会那些东西！"女儿们为我擦着泪，"会的，会的，妈妈，哥哥能学会的，我们会帮助他的！"看着她们，我感到了歉疚，我只会一味逃避，以为自己很爱新新，却不如孩子们充满信心去面对。

门铃响，竟然是婆婆送新新回来了！几天不见，新新瘦了好多。婆婆无奈地说，这几天新新几乎没吃东西，也不肯睡觉，一直哭，喊着"妹妹，妹妹"。她看了心里实在难受，不得已就送回来了。

女儿们兴奋起来，拉着新新的手，开始讲幼儿园的事情，还催促我为新新换最漂亮的衣服，他们要一起去幼儿园。

4

我找到园长，请求她让我的孩子们在一起。因为按照新新的年龄应该上大班，可他的智力水平还不如小班的孩子。当看到我的女儿们一边一个拉着儿子的手，并挥手和我再见的时候，我相信这个决定是对的，爱会为我们创造更多的奇迹。

每天从幼儿园回来，阳阳和月月都帮助新新复习一天学过的东西，而且不许我插手。我的女儿们是班里最出色的孩子，学什么都特别快，而且记得牢。我知道那是因为她们要教哥哥，所以格外用心去学习。从没看过比她们还有耐心的孩子，轮流一遍又一遍教着笨拙的新新，一个单词往往要重复好多好多遍，甚至梦里还在喃喃。每次新新学会了，她们就会欢呼起来，然后学着幼儿园老师的样子跷起大拇指说："哥哥你好棒，哥哥你真棒！"而我的儿子，就看着妹妹，傻傻憨憨地笑着。

老师要求每个孩子学习写自己的名字，这对新新来讲简直是不可能的事。可一个月后的一天，女儿们兴奋地拉着儿子跑来告诉我："哥哥会写自己的名字了！"我将信将疑地看着儿子在纸上歪歪扭扭地写下两个大大的"新"字，尤其是看到他们练习的本子，我的女儿们，竟然知道把哥哥的名字拆成笔画来教，好几个本子写着他们循序渐进的过程，我再一次被女儿们的耐心折服得泪流满面。

一天，我去接他们，刚走到教室门口，就听到有个孩子喊着"你们的哥哥是个傻孩子！"我一惊，连忙走进去，示意正要阻止的老师让孩子们自己去面对。只见阳阳憋红了小脸对那个孩子说："我的哥哥不是傻孩子，他是天使，他丢了翅膀，来到我们家，变成一个世界上最好的哥哥，他只不过还没习惯人间的生活。"孩子们发出"哇"的惊叹声，"你们的哥哥竟然是天使哎！"老师含着眼泪搂过阳阳，对孩子们说："新新是我们班的天使，他会爱我们每个小朋友，还会教我们如何去爱别人。"回家的路上，我的心被女儿编织的故事激荡着。我问她们为什么那么爱哥哥，她们一起回答："因为没有哥哥就没有我们啊！"忽地泪又盈满我的眼，原来她们已经牢牢记住了我的话，那么小，就学会了爱和感恩。他们是上天赐给彼此的天使，也是上天送给我最珍贵的礼物。因为他们，我才知道，做妈妈是那么值得骄傲和幸福！

谁该被派去非洲

文／连加恩

作者简介：连加恩，台湾阳明大学医学系第二十届毕业，2001 年 6 月赴非洲从事医学援助，2005 年获受援助国颁发的国家骑士级勋章。本文是从他写给 2 岁儿子的书中摘录的。

亲爱的儿子：

当爸妈以前，我只知道当孩子的心情，孩子们不喜欢爸妈拿自己和别人比来比去，现在自己当了爸爸才知道，天下父母心——从出生的体重、身高，还有双眼皮的角度，就已经开始了这场一辈子的竞赛。

当你出生第三天，爸妈把你接到坐月子中心，看你和其他"同学"一字排开，探望你的亲友就忍不住对其他的宝宝指指点点："你看这一排还是我们的比较可爱！""你看那个谁家的怎么那么黑？"等等。

有一次，我不经意地听到你隔壁床小朋友的爸爸和亲友聊天，他指着你说："天啊！为什么他的头比我们的大这么多？"

亲爱的儿子，爸爸答应你：尽量克制自己不要老是拿你和别的小孩比较，就算爸爸爱和人家比较，也会放在心里比，不会像那位爸爸，还大叫出来。

虽然，等你大一点去了学校，爸爸一定会要你好好念书，考试后，也会忍不住问你其他人考几分、在班上排第几名之类的问题，但老爸其实很清楚，这些东西真正影响人生路的程度并不大；持续的努力、拥有好的品格、充满上帝恩典的际遇影响才大。其实很多数字，好比你的出生体重、头围，现在看来也不过是亲友们聊天的题材，或拿来耍耍嘴皮子用的啦！

上帝给你的这个人生，就是最独特、最特别的，你有自己的路要走，天底下有六十几亿人，每人自成一格，该怎么比？

如果真的要比，爸爸告诉你，其实你的头也没有很大啦！

但是，如果你不小心和人家比较了，发现自己什么都赢人家，那代表你的责任更大了！爸爸在非洲的许多朋友，没有听过什么叫做"坐月子中心"，他们的孩子一出生就睡泥地上的草席，罩在盖剩菜剩饭用的防蚊罩里，孩子长到 5 岁以前，他们不敢宣称家里多了一个人，因为随便一个传染病就可能夺走孩子的性命。

说真的，如果你比老爸非洲朋友的孩子们更聪明、更会考试或更有学问，爸爸一点都

不会感到意外，上帝给你比较多一点，就是要你多付出一点。这些被你“比下去的人”，都是你的责任范围，你要用上天给你的才能，去做一些事情帮助这些人。若从这个角度出发，爸爸就可以要求你好好念书了，目的不是爸爸可以拿你的成绩单，去和我朋友们的孩子比较；而是你被赋予了使命，用你的专业和贡献去改变你所在的世界，让那些没有你幸运的人可以过得更好。

奉献一生给非洲的史怀哲医师，小时候也很爱比。他比什么呢？“比武”。

有一次，他和邻居的孩子打架，获得压倒性的胜利，那个输的孩子说了一句不服气的话，改变了他的一生。那孩子说：“如果我家像你家一样，可以天天吃肉，我就不会输给你了。”这话让年幼的史怀哲察觉自己的优越和优势都是建立在上天所赐的福气上，而不是他自己有什么了不得。当他进一步去思考上帝给他如此幸福的成长背景、顺利的求学过程和不凡的天分之目的为何时，他决定把自己奉献给非洲无数可怜的人，来活出那一个目的。

亲爱的儿子，老爸常常觉得你实在很幸福，你们这一代的人都是，我告诉你这个故事，是希望你不要等到和邻居打架才发觉这个道理。下定决心服务人群的史怀哲，在完成了医学、神学、演奏学三个博士学位之后，才踏上前往非洲的旅程。每次，当老爸受邀作非洲服务的相关演讲，之后的Q&A（提问和回答问题）环节中，年轻学子最常问到的问题就是：“现阶段的我们该如何准备，才能去第三世界服务？”有时，他们的眼里还闪着真诚的泪光，让我实在不知道怎样回答才算是够慎重。

直到一年圣诞节，在台北市政府广场有一个盛大的晚会，现场集结了五千多位民众，电视台在作实况直播，我被邀请作短短的分享，当我拉拉杂杂地讲完要下台时，主持人“黑人”（他的艺名叫黑人，不是真的黑人）忽然问了我一个问题，让我措手不及：“那最后请你跟大家讲讲，要加入你们的非洲援助工作，需要具备什么条件？”看着手表，我只剩一分钟可以回答，我随口答了一句“只要觉得自己是很幸福的人，都可以去！”就下台了。

我想讲的是，拦阻我们愿意帮助别人最大的心理障碍就是：“‘比’起别人，我还不够幸福！”的想法。

小学老师告诉我们：“不要成为手心向上而要成为手心向下的人，因为向下是给，向上代表乞讨。”如果我是小学老师，我会讲一句相反的话：**“大家要先学会成为一个手心向上的人，当你把手心朝上，可以感觉到自己是一个幸福的接受者，不断从这个社会、国家、爸妈、老师那里领受爱的灌注，那么，你就可以把手心向下翻，把福气分享给其他的人。”**

孩子，你要先体会自己是一个幸福的接受者——“知道自己从上天白白领受恩典”，然后分享你所领受的福气给人。上帝会给你更多，你就越有力量帮助更多的人，这是一个良性循环的回路。这种情况下，你更不需要比，“You got nothing to lose !”——在人生这件事上，你只会越赢越多。

妻子的空位

文／佚名

我的妻子因为意外事故离开我身边已经四年了，我想，妻子留下不会做任何家事的我和孩子，她的心是何等难过呢？我也因为无法兼顾父母双亲的角色而倍感挫折。有一天我为了出差，清晨赶出门，无法将孩子打点好就得离开家，正巧前一天有剩下的饭，我热了蒸蛋，向还没有睡醒的孩子交代一声，就出门去了。

为了照顾好孩子饮食三餐的事，我已无力把自己的工作做好。有一天晚上回到家，我因为身体疲累，只是很简短地和孩子打个招呼，不想吃晚餐，脱掉西装之后就直接往床上躺下。就在那个时候，砰的一声，红色的汤汁跟泡面瞬时弄脏了床单和被单，原来有碗泡面在棉被里！“这小子真是的！”我立时拿起一个衣架，跑出去，往正玩着玩具的儿子的屁股就打，因为我实在是太生气了，所以不停地打他。但就在这个时候，他边啜泣边说了一段话，使我停了下来。

儿子告诉我说：“饭锅里的饭早上已经吃完了，晚餐在幼儿园吃了，但是到了晚上，爸爸还不回来，我就在橱柜的抽屉里找到了泡面。可是我想到爸爸说不能乱动瓦斯炉，所以我就打开洗澡的水龙头，用热水泡了泡面，一个自己吃，另一个想留给爸爸吃。因为怕泡面凉了，所以我就把它放在棉被里，等爸爸回来。可是因为我正在玩向朋友借来的玩具，所以忘了跟爸爸讲。”

我不想让儿子看到我在流泪，所以冲到洗手间，将水龙头打开，大声地哭。过了一阵子之后，我打起精神来，一面哄着儿子，一面在他屁股上擦药，让他上床睡觉。当我清理好被泡面弄脏的床单和棉被后，打开儿子的房门一看，发现他仍旧发出哭泣声，手里还拿着妈妈的照片。我把头靠着房门站了许久，看着这一幕。

自从发生这件事之后，我为了扮演好妈妈的角色，更加用心地去照顾儿子。现在儿子快七岁了，不久后就要从幼儿园毕业，进入小学读书。令我感到庆幸的是，儿子在这段时间毫无阴影，很开朗地成长。

就在不久前，我再一次打了孩子。因为幼儿园来电话说，儿子没有去，我心里很不安，所以早退回家，在小区里大声地喊他的名字，却遍寻不着。后来在文具店的门口，看见他站在电玩的前面，于是我很生气，又打了他。儿子并没有给出任何的解释，只说了声对不起。后来我才知道，原来那天刚好是幼儿园要邀请妈妈去看才艺表演的日子。

几天后，儿子回家说，他在幼儿园里学了写字，从此他经常关在自己的房间里不出来，很认真地写字。我看到儿子这个样子，想到妻子在天国也一定会因为看到他这样而微笑，我就无法忍住泪水。

时间过得很快，又过了一年，到了冬天，街头上都在播放着圣诞节的歌曲，我的儿子却又闯了一个祸。我正要下班的时候，接到一通小区邮局的电话，说我儿子把一捆没有写地址的信，恶作剧地放在邮筒里。每年年底，正是邮局最忙碌的时候，所以这对他们造成很大的困扰。虽然我已决定不再打孩子，但在急忙赶回家后，叫了儿子来，我又忍不住痛打了他一顿。儿子这一次只是说他做错了，却没有讲出任何理由。我把他推到一个角落不管了，自个儿跑到邮局领回那一捆恶作剧的信。我把信丢到他眼前问：“你为什么要这样恶作剧?”儿子哭着回答说：“这些信是我要寄给妈妈的。”

我的眼眶立刻红了起来，心里很激动，但是因为在儿子面前，所以我尽量隐忍住没有表现出来。我接着问他：“那么，为什么一次寄这么多信呢?”儿子回答说：“以前我要把信投进去的时候，因为个儿太矮，所以没办法投入，但是最近我再去邮筒时，已经够得到了，所以我就把以前没有寄的，一次全部都投进去了。”

我听了以后，心中一片茫然，不知道该对孩子说什么。过了一会，我跟他说：“妈妈现在在天上，以后你写完信，把信烧了，就能送到天国去。”等孩子睡着之后，我到外面烧那些信。我很好奇到底孩子想跟妈妈说些什么，所以读了其中的几封信。而当中有一封信搅动了我的心。

亲爱的妈妈：

我很想念你！妈妈，今天在幼儿园有才艺表演，但是因为我没有妈妈，所以没有去参加，我也没有告诉爸爸，怕爸爸会想念妈妈。爸爸到处去找我，但我为了让爸爸看到我很开心的样子，所以故意站在电动玩具面前。虽然爸爸骂我，但是我到最后也没有告诉他原因。妈妈，我每天都看到爸爸因为想念妈妈而哭泣，我想爸爸也跟我一样，很想念妈妈吧！但是，妈，我现在已经记不清楚你的脸。妈妈，请你让我在梦中再一次看到你的脸，好吗？听说把想念的人的照片抱在怀里睡觉，就会梦到那个人。可是，妈妈，为什么你没有出现在我的梦里呢？

读完这封信以后，我开始号啕大哭。到底什么时候，我才能填补妻子的空位呢？

编者按：之所以推荐这篇文章给新爸爸妈妈们，是基于两点感触：

1. 你的孩子就像一个天使，每一位父母都有责任呵护孩子，让他们健康长大。

2. 父母的离异或者任何一方的离去，对孩子的伤害都是巨大的。为了孩子，请珍惜你们彼此间的感情，请珍惜自己的生命。

我们的教育能否教育出这种小孩呢

文/佚名

我们的社会已慢慢缺少了宽容与体贴的心，期盼每位迷失的人都能够醒来

这事发生在普吉岛的ClubMed度假村，那时我在那里担任中英文的翻译。

有一天，我在大厅里看见一位满脸歉意的日本工作人员正安慰着一位大约四岁的西方小孩，那小孩已经哭得筋疲力尽了。

问明原因之后，我才知道，原来这位日本工作人员因为那天小孩较多，一时疏忽，在儿童网球课结束后，将这位澳洲小孩留在了网球场。

等到她发现人数不对时，才赶快跑到网球场，将这位小孩带回来，而小孩因为一个人在偏远的网球场，饱受惊吓，哭得稀里哗啦的。

这时澳洲妈妈出现了。看着自己的小孩哭得惨兮兮的，如果你是这位妈妈，你会怎么做？是痛骂那位工作人员一顿？还是直接向主管抗议？或是很生气地将小孩带离，再也不参加儿童俱乐部了？

都不是！请看——

这位妈妈蹲下来安慰四岁的小孩，并且很理性地告诉他：“已经没事了，那位日本姐姐因为找不到你而非常紧张难过，她不是故意的，现在你必须亲亲那位日本姐姐的脸颊，安慰她一下。”

当下我只见那位四岁的小孩踮起脚跟，亲亲蹲在他身旁的日本工作人员的脸颊，并且轻轻地告诉她：“不要害怕，已经没事了！”

就是要这样的教育，才能养出宽容、体贴的孩子吧！

体贴别人，也等于体贴了自己的心。

第二章

宝贝，
欢迎来到这个世界
生命第一年

刚出生的孩子是柔弱的，但又不是泥捏的。既要精心、细心、耐心对待，又不要事事害怕弄伤了他们。婴儿正常出生，已有了一定的适应生活的基本能力。

孩子在出生后的第一年里，以较快的速度发育身体、发展心理。人生的第一年又称零岁。在这第一年中，婴儿的生活环境经历了从母体内到母体外的极大变化。婴儿顽强地适应着，并以最快的速度发育成长。从全然无知到稍懂人事；从无能支配自身到站立学步；开始以独立的个体加入社会生活，成为家庭中重要一员。婴儿的一切发展，依赖于先天的条件，更依靠着出生后的养育。

婴儿一出生就努力地成长着，不断地进步着。但是这个小生命依然未定型。刚出生的他懵懂无知，对自己、对世界都欠缺了解，显得那么娇小，看起来如此脆弱。但是，一年后小宝宝有了天翻地覆的变化，开始咿呀学语，蹒跚行走，变成了有自己的个性与思维的结实的小人儿，把那个娇小哭泣的生命永远留在了我们的记忆当中。这个转变的过程简直就像是宝宝出生时的哭声，转瞬即逝。生命中第一年的成长是那样迅速，以后的成长都无法超越这样的速度。

第1个月——新生儿期

1. 面对孩子的降生，我们是喜悦、害怕、舒心，还是紧张、不知所措?
2. 母乳喂养——为孩子未来学习提供帮助。
3. 宝宝第一口奶吃的是母乳还是代乳品，对孩子一生的健康发展都有着意义深远的影响。
4. 初乳虽然量少、稀淡，但对新生儿是极其重要的。它们对新生儿机体免疫力有增强作用。
5. 除母乳以外的其他动物乳品，如牛乳、羊乳都有不可避免的缺陷，不适宜直接喂哺婴儿。
6. 刚出生的孩子是柔弱的，但又不是泥捏的。既要精心、细心、耐心对待，又不要事事害怕弄伤了他。婴儿正常出生，已有了一定的适应生活的基本能力。
7. 培养孩子的第一步，从喂养和怀抱婴儿开始。
8. 保持周围气温正常是维持新生儿体温正常稳定的重要条件。
9. 妈妈不要将新生儿腹部束缚过紧，以免妨碍呼吸。
10. 宝宝啼哭的原因有很多，不一定因为饿了才哭。
11. 为新生儿进行系统、正确的抚触，能够促进他们的生长发育，增强免疫力。
12. 良好的睡眠对于宝宝的成长是非常重要的，新生儿通常每天要睡 18～20 个小时。

	生理发育正常均值
体重	2. 5～3. 2 千克
身高	49. 6～50. 2 厘米
头围	33. 5～33. 9 厘米
胸围	32. 2～32. 3 厘米

【了解新生儿】

■ 头部看起来会有点怪

宝宝刚出生时看起来头比较大，头发有多有少，眼总是盯着一个地方。躯干长，四肢短小，平时总是屈曲姿势。皮肤上覆有一层胎脂。有的宝宝出生后经过产道的挤压头部会有一些变形，但不用担心，随着宝宝的成长慢慢就会好起来。

■ 鼻梁不高，脸有点肿

脸会有些肿，特别是眼睑会肿得明显一些，会有眼屎，这是由于宝宝出生时医生为预防结膜炎而滴的眼药水引起的。不要担心孩子鼻梁矮，随年龄增长会自然高起来。

■ 眼睛能看到东西了

宝宝对光有反应，脸会自然转向有光的方向。若妈妈的脸靠近时，宝宝会注视着。新生儿视力可以达到 25～30 厘米的距离。这是因为宝宝的睫状肌还没有成熟，无法进行有效的拉伸以使晶状体对焦在视网膜上成像。

■ 可以听到高频率的声音

宝宝能清楚地听到高频率的声音。突然有大的响动，宝宝会知道声音来源的方向。这一时期宝宝对妈妈的声音更为敏感。新生儿对于日常低频率的声音不敏感，比如正常谈话、走路等声音。家长仍可像往常一样走路和说话，这样会对孩子有好处。

■ 能分辨甜、酸、苦的味道

一般情况下宝宝比较喜欢甜味，而不喜欢酸的及苦的东西，因而喜欢母乳。母乳富有营养，对婴儿来说是最好的天然食品。

■ 皮肤柔嫩，角质层很薄

因为皮下毛细血管非常丰富，所以皮肤呈现偏红色。宝宝的皮脂腺分泌旺盛，出生时全身皮肤上覆盖着一层灰白色胎脂，它有保护皮肤不受细菌侵害及防受凉的作用。有时可以看到宝宝的鼻尖、两鼻翼及鼻与颊之间有皮脂堆积而引起的小黄点，不用担心，慢慢会吸收的，一定不要挑破，以免感染。

■ 生殖器官还没完全发育到位

男孩阴囊大小不等，往往有轻度鞘膜积水，略有些浮肿，这会自然消失。睾丸可降至阴囊内，也可停留在腹股沟处。阴茎龟头和包皮可有轻微的粘连。

女孩子小阴唇相对较大，大阴唇发育不够完善，不能遮盖小阴唇，处女膜突出。常见到女孩的阴道口有粉红色的黏膜凸出，这是处女膜凸出，以后会自然收缩。

■ 体温调节还不完善——外面的世界有点冷

新生儿出生后，一下子进入低于母体温度的环境中，加之新生儿体温调节中枢的功能发育不够完善，调节功能差，体表面积相对大，皮下脂肪薄，易散热，所以要注意保温。刚出生时，婴儿体温与母体相同，然后下降1℃～2℃，8小时后保持在36.8℃～37.2℃。上午和下午相差不过0.1℃。出生一周的新生儿，如果被包得太紧、太厚，其体温会稍有增高。注意保持周围气温正常，这是维持新生儿体温正常稳定的重要条件。

■ 基本的神经反射都已出现

新生儿的脑相对较大，是体重的10%～12%，脊髓（相对）较长。大脑皮层及纹状体发育不成熟，所以可出现手足不自主运动等现象。正常新生儿出生后有吞咽、吸吮、拥抱、握持等反射。味觉在出生时就已经发达。甜味能引起吸吮运动，苦、酸、咸味可使新生儿作出苦脸，甚至停止吸吮。嗅觉较弱。触觉灵敏，尤其在口唇附近。温度感觉也较灵敏，温暖能引起兴奋，热和冷都会引起不安。痛觉较低。

■ 开始学习如何呼吸，且忽快忽慢

新生儿的呼吸并不均匀，时快时慢，偶尔还会深吸一口气。别担心，这是正常现象。因为新生儿鼻咽部和气管狭小，胸腔小而且呼吸肌又较弱，肺泡适应性差，呼吸主要是靠膈肌的升降来完成的，再加上调节呼吸机制不够成熟，这就导致新生儿每次呼气和吸气的量都非常小，需要加快呼吸的频率来满足体内的氧气需求。新生儿以腹式呼吸为主，因此，妈妈不要将新生儿腹部束缚过紧，以免妨碍呼吸。如果你细心数一下，会发现新生儿的呼吸每分钟可达40～50次，这种频率快、不均匀的呼吸方式对于小宝宝来说是正常的现象。

■ 血液循环发生了完全不同于胎内的重大变化

新生儿出生后，剪断脐带、结扎脐血管和正常呼吸的建立，使循环系统发生了变化，血液在心脏及大血管间的分流改变了方向。最初几天中有时可听到新生儿心脏有杂音，这不一定是先天性心脏病，可能是血液循环暂时紊乱而引起的。新生儿血管分布不均，内脏及躯干处较多，四肢较少，这就是四肢温度较低、手脚易发生青紫的原因。脉搏每分钟为120次左右。

■ 消化系统有待成熟，现在吃什么对未来很重要

新生儿肠道的长度是身长的七八倍，分泌腺很多，其吸收面积相对较大，肠壁的通透性也较高，部分未消化食物的蛋白质易透过肠壁被吸收到体内。母乳喂养的新生儿，初乳中的免疫体会被吸收，而喂配方奶的新生儿因异体蛋白质的吸收，日后发生过敏性疾病比较多。新生儿对母乳的消化吸收率高，对配方奶的消化吸收率则较低。新生儿期不宜吃乳糕、米糊，以免发生消化不良。

■ 吃奶

有的新生儿吃三四分钟就累了，不吃了，如把乳头或奶嘴在他嘴边动一动，他又开始

吃，可是吃了两三分钟就又不吃了。这样吃吃、动动、歇歇，有的新生儿吃完母亲一只奶要花费20分钟以上的时间。与此相反，有的新生儿不用10分钟就能咕嘟咕嘟吃完母亲一只奶，接着又吃另一只奶。在出生第一周里，即使是同一个新生儿，其吃奶方式也不是固定不变的，一般每天吃7～8次奶，也有吃5次的。

■ 脐带脱落

脐带是母体供给胎儿营养和氧气，以及胎儿排泄废物的通道。胎儿出生后，脐带在离肚脐1～2厘米处被结扎，盖上纱布。拿开纱布，会看见脐带变黑，且有难闻的气味。出生后4～7天脐带自行脱落，也有的新生儿脐带脱落的时间稍长，只要没有炎症，都属于正常现象，无须处理。

■ 体重会降低

婴儿的成长是很惊人的，但并不是说从一出生开始体重就会呈直线增加。如果婴儿刚开始不太会喝奶，随着体表水分散发，尿、粪便等排出体外，婴儿的生理可能会产生变化，其体重会突然地降低。一周后婴儿的体重和刚生下来的体重相比一般没有多大变化，或者稍有下降，这叫做生理性体重下降。从一周后体重开始增加。但是，如果母乳不足，婴儿的体重不会增加，这时应想办法增加母乳，要坚持母乳喂养。假如母乳实在不足，婴儿的体重每天增加不到20克时，要加喂牛奶，不然婴儿会因为饥饿啼哭，造成脐疝。

这个时期的婴儿表现各不相同，所以出生后体重好像没有增加时并不用太担心。如果经过两个星期体重还是没有增加，则有可能是母乳不足或是生病的原因，请找医生诊断。

■ 女宝宝会有“假月经”

女宝宝的私处也会有状况出现。在出生后的前几天里，你可能会发现宝宝的阴道有少量的血液流出。难道是宝宝性早熟？其实这是一种“假月经”，因为妈妈在怀孕的过程中，体内的激素水平很高，导致宝宝体内的激素水平也超高，直接结果就是宝宝的子宫内壁会增厚。宝宝出生后，激素水平会回落到正常水平，这时就会出现类似月经的状况。这种状况不会影响宝宝的成长发育，妈妈们不必太过担心。

【营养美食】

母乳喂养——正确的哺乳方法

■ 早期母乳——关系宝宝一生的健康

产后，母亲的体内激素水平发生变化，乳房开始分泌乳汁。一般把产后4～5天以内的乳汁称作“初乳”。

初乳色黄，稀薄，含有比正常奶汁多5倍的蛋白质，尤其是含有比常乳更丰富的免疫球蛋白、乳铁蛋白、生长因子、巨噬细胞、中性粒细胞和淋巴细胞。这些抗菌成分、免疫物质都有防止感染和增强免疫力的功能。初乳虽然量少、稀淡，但对新生儿是极其重要的，对新生儿机体免疫力有增强作用，可预防新生儿感染，是新生儿的最佳营养品。所以，要尽可能让婴儿喝上最初的乳汁。喂母乳的孩子在出生后半年以内很少生病，就是接受了母乳中抗体的缘故。母乳不但能使新生儿减少感染，而且易消化，可使胎粪及早排出，减轻生理性黄疸。

母乳是婴幼儿最自然、最天然的食物，是造物主专为“你的”宝宝准备的“特供佳品”。研究表明，宝宝第一口奶吃的是母乳还是代乳品，对孩子一生的健康发展都有着意义深远的影响。

新妈妈经常怀疑自己的奶水是否充足。在宝宝出生后第 3～10 天，母亲的奶由稠变稀，部分妈妈熬不过去就开始给宝宝喂配方奶。其实产后的头几天，虽然看上去奶量不多，但妈妈泌乳的反射十分强烈，而且乳汁中的抗体等物质含量最高，初乳对宝宝今后几个月的健康成长是至关重要的。这段时间虽然婴儿体重比出生时有所下降，但下降不到 10%。从第 10 天后母亲上奶，4～5 天内宝宝会每天增加 60～75 克，至满月时会增加 1～2 千克。只要满月时比出生体重增加 600 克以上，就算正常。

■ 为做好喂养工作，你需要了解哪些知识

新生儿喂养是新爸爸妈妈必须掌握的一门学问，其中包括了母乳喂养、人工喂养、混合喂养、营养等的知识和技巧，还有一些如打嗝、吐奶、呛奶等特殊情况的紧急处理。

■ 宝宝出生后的半小时

新生儿出生后的半小时是一个敏感期，这个时候新生儿的吸吮反射最强，如果此时没有得到吸吮的体验，将会影响以后的吸吮能力。所以，妈妈应尽可能在宝宝出生后的半小时内给他喝上第一口奶。如果妈妈这时还没奶，宝宝的吸吮可以刺激妈妈迅速下奶。

■ 宝宝出生后的 6～12 小时

如果妈妈还没有下奶，也别急着让宝宝用奶瓶吃配方奶。因为吸奶瓶比吸妈妈的乳房要省力多了，宝宝一旦吃奶瓶上了瘾，造成乳头错觉，很可能会拒绝吮吸妈妈的乳房。为此，妈妈未开奶前，可以把冲泡好的奶粉或淡糖开水或白开水用小勺子给宝宝少量喂食，大约每两小时喂一次。

■ 妈妈泌乳和宝宝吮吸，是一个互相促进的过程

一般来说，除了服用哺乳禁忌药物或患有不宜喂哺母乳的疾病的母亲外，其他母亲在新生儿出生后母乳喂养越早越好，一般为出生后 30 分钟时。假如新妈妈暂时没有分泌乳汁，也要尽量让新生儿吮吸乳头，这样可以刺激乳腺以促进乳汁分泌，还能增进母亲与宝宝之间的感情，利于母亲身体因分娩造成的伤口的愈合。

■ 喂哺前的准备

母亲喂奶前应先用温水彻底把双手和乳头洗净。如果母亲有呼吸道疾病，那么在喂养

时应戴口罩。如果乳房上皮肤有破裂或炎症，就应咨询医生后根据具体情况决定是否继续哺乳。

■ 正确的姿势

母亲喂养时先碰碰宝宝的嘴唇，让他把嘴张开，再将宝宝抱在胸前使他的嘴位于乳头和乳晕上，宝宝的腹部正对母亲的腹部；如果宝宝吃奶位置正确，其鼻子和面颊应该接触乳房；待宝宝开始用力吮吸后，应将宝宝的小嘴轻轻往外拉约5毫米，目的是将乳腺管拉直，有利于顺利哺乳。

母乳喂养时一般采取摇篮式抱法，使宝宝头部略抬起，整个喂奶过程愉快并且达到双方满意的喂奶姿势就是最理想、最符合自然规律的喂奶姿势。正确的喂奶姿势不仅能保证妈妈和宝宝都感觉舒适，帮妈妈避免出现乳头疼痛的现象，而且还能使乳汁顺利流出，让宝宝的吸吮更加有效。喂奶时新生儿和母亲相对而视，可增加相互间的亲密感。

■ 怎么吃

给宝宝哺乳的时候最好是一边乳房吸空后再换另一边乳房，如果吸空一边宝宝就饱了，那下一次就喂另一边。如果一边乳房在喂饱后仍有多余的乳汁，则最好将其挤掉或用吸奶器吸出，避免剩余的乳汁淤积以致引发感染，及时清空乳房还可以促进乳房的正常泌乳。

■ 哺乳量和喂奶次数的把握

母乳喂养过程中不需要严格地限制喂奶的间隔时间，尤其在孩子出生后的头几周。刚刚出生不久的新生儿胃容量只有30毫升（看一看奶瓶上的刻度你就知道30毫升有多少了），每次能吸吮到的奶量也只有20毫升左右。新生儿每次吃到的奶量不尽相同。奶量少，加上在胃中停留时间短，因此有时孩子吃奶后1小时就饿了，而有时孩子间隔达3小时都似乎还不那么想吃。这些情况都是很正常的，而且每个宝宝都是独一无二的，食量也不尽相同，所以以按需哺乳为宜。只要婴儿想吃，就可以随时哺喂；如果母亲开始出现溢奶了，而孩子肯吃，也可以喂，而不要拘泥于是否到了“预定的时间”。一般情况下2～3小时喂一次，每次以吃饱吃好为原则，即宝宝吃奶后不哭不吵，且体重正常增长。按需哺乳能够使宝宝的体重、身高增长快。按需哺乳还能使妈妈的乳房及时排空，有利于乳汁的再次生成，消除妈妈的奶胀，防止发生乳腺炎。

■ 吃母乳的孩子没有吃奶粉的孩子壮实吗

母乳含有婴儿所需要的大部分营养成分，随着婴儿成长，母乳的成分也在不断改变，以适应孩子的生长需要。母乳是婴儿最天然、最理想的食品，省钱、恒温又方便，其所含的各种营养物质最适合婴儿的消化吸收，母亲吃什么食物、吸收什么营养，相当于婴儿跟着母亲吸收什么营养，还可以把母亲的免疫物质传递给婴儿，增强婴儿的疾病抵抗能力。配方奶模拟母乳营养成分，主要是给母乳不够、没有母乳或不能喂母乳的母亲来使用的。采用母乳进行喂养，与用配方奶人工喂养相比，宝宝体重的增加最初虽然会较少，但只要宝宝定期去医院检查时各项保健指标正常，宝宝身体的发育就不会有问题。

母乳喂养有困难的时候怎么办

众所周知母乳是婴儿最好最天然的食品，所以对母乳不足或没母乳或其他原因不能喂母乳的妈妈而言，可能会感到苦恼。但这并不代表婴儿没有办法成长，配方奶粉就是基于这些情况而加工出来的接近母乳的婴儿食品，母乳跟配方奶粉一起使用也可以，配方奶粉单独使用也可以，妈妈可以考虑自己的状况作出选择。

■ 纯动物乳不适宜孩子

母乳所含的蛋白质与奶粉或牛奶比较起来较少，但是母乳所含的蛋白质较易消化吸收。因为婴幼儿的消化系统发育尚不完全，除母乳以外的其他动物乳品如牛乳、羊乳都有不可避免的缺陷，不适宜直接喂哺婴儿。

■ 配方奶粉里面有什么

配方奶粉是根据不同生长时期婴幼儿的营养需要进行设计的，以牛奶（或羊奶、大豆等）蛋白质、乳清粉、大豆、饴糖为主要原料，加入适量的维生素和矿物质以及其他营养物质，模拟母乳营养成分，经加工后制成的粉状食品。它无一般乳制品喂养婴儿的种种缺陷，能满足婴儿生长发育的基本营养需求，并易于消化、吸收，是较理想的代乳品，是除母乳外婴幼儿食品的最佳选择。混合配方奶粉喂养同样能养育出健康强壮的小孩。

■ 人工喂养的准备

人工喂养时宝宝用的奶瓶、奶嘴必须每天消毒，清洗后高温蒸煮 10 分钟左右即可；也可以使用专门的奶具消毒用具，市场上也有此类产品。奶具消毒至少应坚持到宝宝满 1 周岁。

■ 人工喂养方法

喂奶前可将奶瓶置于自己的胳膊或脸部，以不烫为宜。奶具的喂奶孔大小要适中，以乳液能自由滴出而不流出为宜。喂乳时将奶瓶内的乳汁充满奶瓶的整个乳头，以避免宝宝因吸入空气引起溢乳或腹痛症状。喂完之后可轻拍宝宝背部，以免积气。

■ 喂奶量和次数的把握

人工喂养时，宝宝吃奶的量和时间不必过于拘泥，一般在奶粉包装上会有相应说明。有的孩子每次吃奶量多，可能每天吃奶的次数就会少些，有的宝宝每次吃奶量少，那么每天吃奶的次数就多一些。只要宝宝体重正常增长、大便正常、情绪良好，就不必为宝宝担心。要注意奶粉的浓度不能过浓，也不能过稀。过浓会使宝宝消化不良，大便中会带有奶瓣；过稀则会使宝宝营养不良。

■ 不要频繁更换奶粉品牌

现在市场上的婴儿配方奶粉琳琅满目，品种繁多，到底该给宝宝买哪种奶粉呢？很多妈妈听到别人说某种牌子的奶粉好，或者在电视上看到某种奶粉添加了什么营养素，就赶紧买来给自己的宝宝喝。这样频繁地更换奶粉，并没有使宝宝长得更好，反而会导致宝宝出现腹泻、过敏等症状。

对于1岁以内的小宝宝来说，由于他们的消化系统还未发育成熟，因而无法适应频繁地更换奶粉，特别是有家族过敏史的宝宝更难适应。现在的配方奶粉成分大同小异，选用一种适合宝宝的奶粉就可以了，只要宝宝喝了奶粉发育正常，不会闹病，就不需要进行更换。

■ 要适量补水

母乳中水分充足，因此吃母乳的宝宝在6个月以前一般不必喂水，而人工喂养的宝宝则必须在两顿奶之间补充适量的水，一方面可以有利于宝宝对高脂蛋白的消化吸收，另一方面可保持宝宝大便的通畅，防止消化功能紊乱。

■ 特别注意

人工喂养的宝宝特别要注意：一次没吃完的奶，不可以留到下一次喝。

> 1岁以内的婴儿补水不要加蜂蜜，详情见“第五个月”。

怎么判断宝宝是否吃饱

宝宝只会用哭来表达他的不适和不满。人工喂养的宝宝每天吃多少奶，妈妈可以非常准确地掌握，但母乳喂养的宝宝每天能吃多少奶、是否吃饱了，妈妈往往心中没底。

■ 简单判断单次母乳是否吃饱

母乳是宝宝最好的食物，一般宝宝吃奶10～20分钟就饱了。宝宝吃奶有时会改变吮吸节奏并暂停，但不用催就再次吃起来。宝宝吃饱奶后，会自动松开乳头或者会吃着吃着就睡觉了，饿的时候会一心一意地吃奶。这里有一个可以迅速判断宝宝是否吃饱的方法，就是用干净的手弄一下他的嘴角，如果他有觅食反射的话，他就是没吃饱。哺乳后，你会觉得乳房空了，也更软了。

■ 宝宝吃饱了的8个信号

单纯从宝宝吃奶时间的长短来判断他是否吃饱了是不可靠的，因为有的宝宝即使吃饱了，也喜欢含着乳头吸吮着玩。那么怎么判断宝宝是否吃饱了呢？

1. 每天要吃8～12次母乳，每次吃完母乳后，妈妈至少有一侧乳房已排空。

2. 在吃母乳时，宝宝会发出有节律的吸吮声，平均每吸吮2～3次可以听得见一次吞咽的声音，宝宝吸吮动作从容而有力，妈妈有下奶的紧缩感。

3. 宝宝把头从乳房那里扭开，或者用舌头把乳头推出嘴巴外面；妈妈把乳头放在宝宝嘴边，宝宝也不重新含着吸奶。

4. 宝宝吃奶后情绪好，能安静睡觉3小时以上或玩耍一段时间，直到下次吃奶前才又哭闹。

5. 宝宝出生后的头两天，至少排尿1～2次。如果宝宝出现粉红色结晶尿，这种尿一般在出生后第 3 天就能消失。从出生后第 3 天开始，每天排尿达到 6～8 次。

6. 出生第 3 天后，每天可排软黄便达 4 次（量多）～10 次（量少），金黄色，稠粥样。

7. 足月新生宝宝头一个月体重增加 720～750 克，大约每天增加 30 克；第二个月增加 600 克；一般 6 个月以内的宝宝，平均每月增加体重 600 克。

8. 清醒时精神好、情绪愉快，皮肤颜色健康、结实有弹性。

■ 宝宝没吃饱的 12 个信号

1. 出生 3 天后，每天排尿少于 6 次。

2. 出生 3 天后，仍然排黑色、绿色或棕色大便。出生后 4 天～4 周，每天排便次数少于 4 次，大便秘结并且很稀薄，发绿，或者排出量少次数多。

3. 宝宝哭闹、烦躁，吸吮指头或异物等，渴望妈妈的拥抱，吃奶时比较专注、急促。有时猛吸一阵，就把奶头吐出来哭闹。

4. 母乳喂养次数在 24 小时内少于 8 次，或者虽然喂养次数不少，但宝宝总是哭闹和不安。

5. 宝宝表现得异常“乖”，极少哭闹，连续睡眠超过 4 小时。

6. 宝宝在喝奶时面颊上出现酒窝，或发出咂舌头的声音。

7. 虽然妈妈的乳房能分泌母乳，但在宝宝吸吮时听不到吞咽的声音。或者在宝宝吃的时候另外一边的乳房不会分泌乳汁。

8. 宝宝在吸吮的时候吸不出来，大声地哭，哭了又想再吃，始终舍不得放开乳头；或者吮吸不久便睡着了，睡不到 2 小时又醒来哭闹。

9. 宝宝出生 5 天后，妈妈的乳房仍不能很轻松地挤出乳汁。

10. 在宝宝吃奶时，妈妈感觉到乳头疼痛，而且乳头充血明显，哺乳后妈妈感觉不到乳房变软。

11. 出生 5 天后，宝宝每天体重增长少于 15 克，出生后 10 天，宝宝的体重还不能恢复到出生时的水平。宝宝体重增长缓慢，每天增加不到 20 克。

12. 食量大的宝宝，如果吃完双侧母乳之后，还要追着吃奶，很可能就是母乳不足，宝宝还没吃饱。一般半个月的宝宝每顿能吃到 80～100 毫升的奶，如果宝宝吃过母乳后，仍能吃完 50 毫升牛奶，那说明宝宝还差 50 毫升的奶才饱，即母乳的排乳量还缺少 50 毫升。

妈妈每天都会跟宝宝接触，如果宝宝有以上反应，妈妈一定要及时调整对宝宝的喂养。

■ 不要宝宝一哭就喂奶

一般来说，宝宝的胃 2～3 小时就会排空，如果宝宝在这个时间段哭闹，很可能就是饿了，需要喂奶了。如果未到时间就哭闹，妈妈就应该留意是否有其他原因，要看看是不是尿布湿了，宝宝有没有身体不舒服，比如说皮肤上面长了东西、肚子疼痛或鼻子不通气等等。喂奶太频繁了并不好，一方面会影响妈妈休息，使妈妈极度疲劳；另一方面还会使乳汁来不及充分分泌，导致奶水减少，造成宝宝每次都喝不饱。这样，宝宝过不了多久就又要吃，久而久之就有可能扰乱泌乳反应并会形成恶性循环。

【护理保健】

蜡烛包是对宝宝的极大伤害

传统的中国育儿理念里，一定要把新生儿包裹得很严实才行，一是怕宝宝会冷，二是怕宝宝的腿弯曲着会变成罗圈腿。“蜡烛包”、裹腿等包裹宝宝的方法，能够让他们的腿保持直立，由于包裹得紧，宝宝的腿也没有空隙可以踢蹬了。其实，新生儿平躺在床上睡觉时，两条胳膊会弯曲向上呈“W”状，两条腿会弯曲向下呈“M”状，看起来像青蛙一样，这正是宝宝最自然的休息姿势。因为此时婴儿的屈肌发育占优势，这种青蛙式的睡觉姿势会让他们觉得很舒服，随着年龄的增长，宝宝的胳膊、腿就会自然伸直了。如果包裹得太紧，会让宝宝一直处于僵直、紧张、疲劳的状态中，反而休息不好，从而影响生长发育。

新生婴儿打喷嚏怎么办

也许你会发现新生儿很容易打喷嚏。妈妈一听到宝宝打喷嚏就很着急，生怕他会生病，忙着喂他吃药或去医院看病。其实大可不必这么紧张，很多情况都会引起小宝宝打喷嚏，并不一定是生病或着凉。因为新生儿的鼻腔狭小，鼻道短，很容易受到外界一些微小物质的刺激，比如棉绒、绒毛、粉尘等都能刺激宝宝的鼻黏膜，引起他打喷嚏。另外，反流到鼻腔中的奶液（溢奶的时候）、突然的冷空气刺激也会引起宝宝打喷嚏，这些都是正常现象，并不需要吃药、看病。

如何进行婴儿抚触

刚出生的宝宝娇弱柔嫩，让人不敢碰触，其实多为新生儿尤其是剖宫产婴儿做抚触，能够促进他们的发育。新生儿按摩也叫新生儿触摸，它是一种通过触摸新生儿的皮肤和机体，刺激皮肤感受器并上传到中枢神经系统，从而促进新生儿身心健康发育的新型、科学的育婴方法。医学研究表明，新生儿经常接受抚触有如下好处：

- 促进消化和吸收，体重平均增加10%左右；
- 感官和神经发展得更好，减少哭闹并使睡眠更安稳；
- 会降低患先天性贫血的几率；
- 能够促进宝宝的生长发育，增强免疫力；
- 加强宝宝对外在环境的认知。

同时，爸爸妈妈为宝宝进行抚触时，也是在和宝宝进行情感的交流，因为婴儿需要通过温柔的抚摸来获得情绪上的满足，来感觉安稳、舒适、温馨和喜悦，并感受父母亲的疼爱和关怀。所以，爸爸妈妈要早点开始帮宝宝做新生儿抚触，一般脐带干燥后就可以开始做了，一直可以持续到1岁。

■ 婴儿抚触前的准备

为宝宝进行抚触前，要做好准备工作，让宝宝在温馨、安静、温暖的环境中体会父母爱的触摸。

1. 房间的温度要适宜，播放一些柔和的音乐，让宝宝在祥和的环境中接受抚触。

2. 一边按摩一边与宝宝轻柔地说说话，进行感情的交流。

3. 新生儿抚触的手法很重要，要轻轻开始，慢慢地增加力度，如果宝宝觉得不舒服，出现反抗行为时，就要减轻力度。

4. 按摩时间也不能太长，一开始控制在5分钟，之后逐渐延长到15～20分钟，每天1～2次即可。

5. 进行抚触按摩的最佳时间是在宝宝洗澡过后，或者穿衣服的过程中。如果宝宝感觉疲劳、饥渴或烦躁，不要进行抚触按摩。

6. 妈妈在为宝宝进行抚触按摩之前，一定要先温暖自己的双手，以免刺激宝宝的肌肤；如果使用婴儿润肤液的话，要先倒在自己的掌心里，揉开后再接触宝宝的肌肤，不要将乳液或油直接倒在宝宝身上。

7. 抚触前要预备好毛巾、尿布以及替换衣服，抚触过后立即用毛巾包裹，给宝宝带好尿布、穿上衣服，以免着凉。

8. 抚触时如果宝宝哭闹得很厉害的话，先要找到宝宝哭闹的原因，等宝宝情绪稳定后再进行抚触；如果宝宝还是哭闹的话，不妨换个时间。

9. 抚触按摩要在宝宝充分休息后进行，餐后半小时才能进行抚触按摩。

10. 不必非要按照抚触操的顺序进行，可以适当打乱顺序，或者挑选宝宝喜爱的几节操进行抚触。

■ 婴儿抚触的步骤

不同部位的抚触，手法和顺序都不太一样，下面的方法可以供你参考：

- **脸部抚触。**可以舒缓脸部紧绷。在手中倒适量婴儿油或润肤乳液，揉开后从宝宝的前额中心处用双手拇指往外推压，划出一个微笑的形状。用同样的方法在眉头、眼窝、人中、下巴处，往外推压并划出微笑状。

- **胸部抚触。**可以使呼吸循环更顺畅。双手放在宝宝两侧肋缘处，右手向上滑向宝宝的右肩，之后复原，左手以同样方法进行。

- **手部抚触。**可以增加灵活反应能力。让宝宝的双手自然下垂，捏住他的胳膊，从上臂到手腕轻轻地挤捏，然后用手指按摩宝宝的手腕。两只胳膊用同样的方法按摩即可。之后妈妈用双手夹住宝宝的小手臂，上下搓滚，并轻捏宝宝的手腕和小手。在确保手部不受伤的前提下，用拇指从宝宝的手掌心按摩至手指。

- **腹部抚触。**有助于肠胃活动。脐痂脱落后，可以按顺时针方向按摩宝宝的腹部。放平手掌，顺时针方向画圆抚摩宝宝的腹部。注意动作要特别轻柔，不能按压肚脐。妈妈可以边抚触边念：小肚皮，软绵绵，宝宝笑得甜又甜。

● **腿部抚触。**可以增加运动协调能力。按摩宝宝的大腿、膝部、小腿，从大腿至踝部轻轻挤捏，然后按摩脚踝及足部。接下来用双手夹住宝宝的小腿，上下搓滚，并轻捏宝宝的脚踝和脚掌。在确保宝宝的脚踝不受伤的前提下，用拇指从宝宝的脚后跟按摩至脚趾。

● **背部抚触。**可以舒缓背部的肌肉。妈妈将双手平放在宝宝的背部，从颈部向下按摩，然后用指尖轻轻按摩脊柱两边的肌肉，之后再从颈部向脊柱下端迂回运动。

抱新生儿的正确方法

经常抱一抱小宝宝，更有利于和他们进行情感交流。可是对于娇弱的新生儿来说，该怎样抱才是正确的、安全的呢？这应该是每一位新手爸妈都很困惑的事情。让我们来看看抱新生儿的正确方法：

● 手托法——用左手托住宝宝的背、颈和头部，右手托住小屁股和腰，这一方法比较多用于把宝宝从床上抱起和放下。

● 腕抱法——将宝宝的头放在左臂弯里，肘部护着宝宝的头，左腕和左手护住宝宝的背和腰部，右小臂从宝宝身上伸过护住宝宝的腿部，右手托着宝宝的屁股和腰部，这是比较常用的姿势。

● 不要竖着抱宝宝——新生儿的头占全身长的 1/4，竖抱宝宝时，头的重量全部压在颈椎上，而 1～2 个月的宝宝的颈肌还没有完全发育，颈部肌肉无力，竖抱会使宝宝的脊椎受损，影响孩子将来的生长发育。

● 不要久抱——对于新生儿来说，不能时时抱着不离手，不然会影响宝宝的生长发育。喂奶的时候、换尿布的时候，还有每天固定一些时间抱一抱小宝宝就行了。

妈妈抱婴儿时，最好让他的头靠在妈妈胸口的左侧，这样他就能听到妈妈心脏的跳动，使宝宝的心灵变得安定。另外，不论是妈妈还是别人，在抱婴儿的时候都要保持愉快的心情，多让宝宝看看自己的笑脸，这样能让宝宝感到安全，也能让他心情平和。

脐带脱落前的洗澡方法

给娇弱的小宝宝洗澡，一定要用正确的方法。在洗澡前要先把门窗关好，出生一周以内的婴儿，洗澡水控制在 37℃～38℃，室温保持在 20℃以上。若婴儿的脐带还没有脱落，洗澡的时候不能让宝宝全身进入水中，以免把脐部弄湿。

正确的方法是要上下身分开洗，也就是给婴儿脱掉衣服后，用布或毛巾包好下身，左手托住宝宝的头部，左手的拇指和中指将婴儿的两耳轻轻向内扣压盖住耳道，防止水流入耳道。左肘和腰部夹住婴儿的下半身，右手用小毛巾沾水将宝宝的脸、头部洗净擦干，然后洗颈部、腋下、前胸后背、双臂和双手。洗完后擦干，用浴巾包住宝宝的上半身，让宝宝的头靠在大人的左肘窝里，左手托住宝宝的两条大腿根部后洗下半身。洗好后把婴儿放在浴巾上轻轻擦干水渍，用酒精消毒脐部，在宝宝腋窝、腿根部、膝窝处、下颌处擦些婴儿爽身粉或松花粉，以免淹红，之后迅速给宝宝穿好衣服、包好尿布。

给新生儿洗澡的时间不能太长，5 分钟就可以了，否则宝宝容易疲劳或着凉感冒。

脐带脱落后的洗澡方法

宝宝的脐带脱落后，脐带处也没有炎症的话，就可在大盆里洗澡了。这时要注意：

- 在两次喂奶之间洗澡，哺乳后不能立即洗澡；
- 室温保持在20℃以上，不要用带烟囱的火炉取暖，以免煤气中毒；
- 水温保持在37℃左右，先在盆里倒好凉水，之后一边用手试水温一边加热水，感到水温热、不烫手的时候就可以了；
- 把大浴巾、要换的衣服、尿布等物品准备好，给宝宝洗完澡后就立即擦干、穿衣服、包尿布；
- 如果宝宝生病、发烧、流鼻涕、皮肤发炎或当天进行了预防接种，不要洗澡；
- 洗澡后可以给宝宝喂些奶和水，这样宝宝很快就能睡着了。

由于小宝宝新陈代谢旺盛，皮肤很容易受污染，为了预防尿布疹或湿疹的发生，要每天帮宝宝洗澡以使其皮肤保持清洁。但是，小宝宝洗澡的时间不能太长，保持在5～7分钟就可以了。掌握正确的洗澡顺序，就可以给宝宝洗得又干净又快了。

- **洗脸。**单独准备一个小盆用于洗脸。用纱布浸入小盆里的热水中，拧干后轻轻擦拭宝宝的脸。清洁鼻孔和耳朵眼的时候，可以用棉花棒沾水进行，但不要伸得太深。
- **洗头。**用浴巾将婴儿包好，让他面朝上躺在妈妈的腿上。然后妈妈用左手托住宝宝的头，并用拇指和小指压住宝宝的耳朵，防止水进入耳中。妈妈再用右手沾水，抹上少许洗发水，轻轻揉洗宝宝的头部。注意不要用力碰婴儿的囟门，也不要把水或肥皂弄进婴儿的眼睛和耳朵里。
- **洗身体。**在澡盆底部铺一块毛巾，这样可以防止宝宝在水中滑动，然后把宝宝放入水中，先让脚部入水，适应一下再全身入水进行清洗。腋窝、双腿两侧等皱褶处，要特别仔细地清洗。洗好后用浴巾包住宝宝，轻轻擦干后，擦些爽身粉，尽快为其穿好衣服、包好尿布。

婴儿的体重及身高的测量方法

要想知道宝宝的生长情况是否良好，主要是看体重和身高是否达标。你知道该怎样为宝宝测量体重和身高吗？

■ 为婴儿测量体重的方法

1. 购置一个方便小巧的地秤。
2. 在秤上放一块木板（如洗衣板），或放上洗澡盆，将新生儿包好放在木板上或大盆里。称完后，从总重量里减去衣服、尿布、木板或大盆的重量，这就是新生儿的体重了。
3. 也可以让妈妈抱着宝宝站在秤上称重量，之后减去妈妈的体重和宝宝衣服及尿布的重量，就是宝宝的体重了。
4. 经常帮婴儿测量体重并记录下来，这是监测婴儿发育的重要指标。

■ 为婴儿测量身高的方法

3 岁以下的婴儿一般用量板测量卧位长。让宝宝仰卧平躺在量板上，头挨住头板，推动脚板挨住宝宝的脚底部，然后进行测量。如果家里没有量板，也可以用两块比较硬的纸板做头板和脚板，分别抵住宝宝的头和脚后，用布卷尺测量宝宝的身高。一般足月新生儿的平均身长为 50 厘米，男孩比女孩略高一点。高于或低于 50 厘米的 10％范围内，都属于正常现象。

婴儿头围及胸围的测量方法

还有两个观察新生儿是否健康的标准，分别是头围和胸围。

测量新生儿的头围时，妈妈用左手拇指将软尺的零点固定在宝宝额部眉脊间，将软布尺从宝宝头的右侧经过枕骨最突起点绕至左侧，然后回到原起点，这一圈的长度就是新生儿的头围。量的时候要注意，软布尺应该紧贴头皮（刻度向外），左右对称。新生儿的平均头围为 33.5～33.9 厘米。

新生儿的胸部看起来就像是一个圆筒，胸部前后径和横径相差不大，平均胸围为 32 厘米。当新生儿平静的时候，才能为其测量胸围。妈妈要站在宝宝的右侧，用左手拇指将软布尺的零点固定在宝宝胸骨中线的第四肋骨水平面上，然后用右手拉软布尺，经过宝宝右侧乳头绕至后背，再经过左右肩胛骨下沿和左侧乳头回到原起点，这一圈的长度就是新生儿的胸围。测量的时候要注意，软布尺的前后左右要对称，也就是说，宝宝呼吸的时候软布尺的各个地方都能均匀地接触到宝宝的皮肤。

是否应该担心孩子的囟门

仔细观察新出生的婴儿，你会发现他的头顶靠前额处有一道软斑，当宝宝呼吸的时候，这道软斑会随之翕动，这道软斑就是前囟门，是婴儿的四块头盖骨缝弥合的地方。后脑部分还有一个后囟门。当你竖抱着宝宝时，会发现宝宝的前囟门有些下陷，只要宝宝身体健康，这就是正常现象；宝宝生病的时候，如果囟门凹陷的话，说明宝宝脱水了。婴儿的头颅本身就很软，这两块囟门更是软中之软，很多爸爸妈妈都想要帮助宝宝保护囟门。其实不用特别担心，囟门内部是非常柔韧的膜状结构，只要不是直接的撞击，一般不会有什么问题。在为宝宝清洗头部的时候，不必特别在意囟门的存在，只要像给宝宝洗手洗脚一样，动作轻柔一些就行了。一般来说，在宝宝 3 个月左右时，后囟门就会闭合；宝宝 12～24 个月时，前囟门也会变硬消失。

如何从粪便看新生儿的身体状况

新生儿除了会哭闹以外，就不会其他的表达方式了，该如何知道宝宝的身体是否健康呢？这就要求你学会观察宝宝的大便了。宝宝的大便次数和性质能够反映出胃肠道的功能情况，进而了解宝宝的消化情况。新生儿出生 24 小时后就应该能排出黏稠的、呈墨绿色的胎粪，如果宝宝的大便呈咖啡色或柏油样，或者 24 小时仍不排便，就要请医生进行检查了。胎便排净后，母乳喂养的宝宝会排出黄色或金黄色的膏状的大便，稠度均匀，有时稍稀并略带绿色，有时还有小米样的颗粒，这些都是正常现象。母乳喂养的宝宝一般每天大便 4～5 次，有的甚至 7～10 次。只要宝宝状况良好，食欲正常，体重按规律增长，就不算病态，不要随意停喂母乳而改用配方奶粉等代乳食品，也不要乱用药品。如果宝宝的大便呈深绿色黏液状，表示宝宝处于半饥饿状态，需要增加母乳的喂养量，母乳不足的话可以添加代乳品。

【育儿百科】

如何给宝宝创造舒适的环境

妈妈十月怀胎，经过剧烈疼痛将宝宝生出来，当然是非常开心了。可看着软趴趴躺在床上的宝宝，看着只会闭眼睡觉的宝宝，忧虑之心也油然而生，该怎么护理新生儿呢？确实，婴儿从妈妈温暖的子宫里骤然来到这个世界，生存环境和生活方式都发生了很大的变化，对于组织器官还十分娇嫩、功能尚不健全、机体抵抗力很差的新生儿来说，能适应这样的变化吗？他很有可能因外界环境的影响而延缓生长发育，甚至患病。因此，爸爸妈妈们一定要为小宝宝创造一个温暖、舒适的生活环境。

■ 如何调节室温

新出生的小宝宝，娇嫩柔弱，稍不注意就会生病。那么新生儿所在的室内温度在多少度是最合适的呢？一般来说，足月正常生产的新生儿，夏天的室温保持在 23℃～25℃、冬天的室温在 20℃上下较为合适。通过宝宝的面色和皮肤温度，可以了解保暖是否适当。

在冬季，宝宝的皮肤发凉，体温低于正常值，这就说明保暖不够，可以通过加盖棉被或使用热水袋为宝宝保暖。要注意的是，热水袋的水温不能太高，50℃～60℃的温度比较合适。注意不能让热水袋直接接触宝宝的皮肤，而要把热水袋放在棉垫下或棉被外，这样可以防止宝宝被烫伤。注意不要用电热毯为宝宝取暖，以免导致宝宝脱水。另外，宝宝的棉被不要太厚或太重，否则会影响宝宝的正常呼吸。如果你发现宝宝的皮肤潮红，体温比较高的话，就有可能是保暖过度了，这时要适当地为宝宝减少衣、被。夏季时我们会经常开窗通风，保证室内空气新鲜，但不要让新生儿直对着窗口或门口，以免被穿堂风吹到。同样，使用电风扇或空调降温的时候，也不要让冷风直接吹宝宝的身体，并且空调的温度与外界温差不要超过 5℃。

宝宝睡觉时如果鼻尖上有汗珠，摸摸身上潮乎乎的，就需要降低室温、减少或松开衣物。如果摸摸小脚发凉，则表示宝宝保暖不足，需加厚盖被或用热水袋在包被外保温。使用热水袋时一定要注意将热水袋口旋紧且水的温度不宜过烫，应保持在 50℃左右。防止开水溢出烫伤宝宝。不能直接将热水袋置于宝宝脚下，外面应用毛巾之类包裹且袋口朝外，定时观察，防止意外发生。

不论是夏天还是冬天，如果室内太干燥的话，可以放一盆凉水，或时常洒点凉水来保持室内的湿度。特别是冬季使用电暖气、热暖炉的家庭，室内空气会比较干燥，要定时开窗通风或使用加湿器。一般来说，将室内湿度控制在55%是最好的，这样既不会太干燥，也不会太潮湿，有利于新生儿的成长发育。

■ 如何预防感染

新生儿的自身免疫力还未形成，还只是依赖于从母体中带出来的免疫力，所以抵抗力比较差，因此要特别注意预防新生儿被病毒、细菌感染。爸爸妈妈们要做到每天用湿扫帚或湿拖把清洁室内地面，用湿抹布擦拭家具，以免尘土飞扬而污染空气；尽量减少新生儿与陌生人接触，不要让太多的人看望新生儿，也不要抱刚出生的宝宝到人多的地方去；接触和护理新生儿的人，身体要健康，保持个人卫生，勤剪指甲、勤洗手，碰触新生儿时不要戴戒指；尽可能不要经常亲吻亲生儿或与新生儿脸贴脸地亲密接触，以免传染疾病；经常通风换气，保持新生儿所居室内的空气清新；不要让正在患病的人接触新生儿。

哪些是错误的哄睡方法

良好的睡眠对于宝宝的成长是非常重要的，新生儿通常每天要睡18～20小时。不过，不要让未满月的宝宝睡得时间太长，每隔4小时要将宝宝弄醒一次，进行哺乳。

当宝宝哭闹不睡时，父母会想出各种方法来哄宝宝睡，但有一些不正确的方法会给宝宝带来不利。

● **摇睡**：摇睡会因为摇晃使婴儿的大脑在颅骨腔内震荡，造成脑组织表面小血管破裂，轻者发生癫痫、智力低下、肢体瘫痪，严重者可能会出现脑水肿、脑疝，危及生命。

● **陪睡**：大人陪睡容易出现熟睡后不小心压住宝宝或被子盖住宝宝头部的情况，造成宝宝窒息。建议在大床边放置一张有护栏的小床，母亲与孩子分床睡，既方便照顾孩子，又能防止意外发生。

什么是适宜的睡眠姿势

新生儿出生后数日内每天的睡眠时间平均在20小时以上，除哺乳时间外，基本上呈睡眠状态。新生儿睡眠的姿势不外乎三种，即仰卧、侧卧、俯卧。一般情况下，大多数的父母都给新生儿采取仰卧和侧卧睡姿。

● **仰卧**：新生儿仰卧时，全身肌肉处于放松状态，对新生儿的心脏、胃肠道等器官压迫最少，同时便于父母观察宝宝的表情变化，而且宝宝四肢能够自由活动。仰卧也有弊端，就是宝宝容易发生漾奶，吐出的奶水会聚集在宝宝的咽喉处，如发现不及时会呛入气管及肺内。

● **侧卧**：侧卧的宝宝，最好采用右侧位，能避免心脏受压，又能预防吐奶，特别是刚吃完奶后宝宝更应右侧卧，有利于胃内食物顺利进入肠道。但也不能始终朝一侧睡，妈妈应该经常给新生儿调整侧卧方向，以免发生脸部两侧发育不对称的现象。

● **俯卧**：有一种说法是新生儿采取俯卧的睡姿容易发生意外窒息。但调查统计显示，俯卧婴儿的猝死率并不比仰卧婴儿高。俯卧睡眠对孩子的上肢大肌肉能力发展和头型发育都有一定好处。足月儿的活动力比较强，刚出生的那几天可以适当采用俯卧位，有利于呼吸道分泌物的流出，可以避免呕吐物倒流入气管。

俯卧睡眠要注意两点：第一，不要有枕头。第二，褥子不要太软，以免堵塞婴儿呼吸。让宝宝的头侧向一面，父母要注意观察宝宝的情况，避免发生意外窒息。

新生儿适宜采取仰卧或侧卧的睡姿，这样可以避免压迫胸肺部。哺乳过后，要让宝宝采用侧卧睡姿，以免溢奶或呛咳造成窒息；宝宝仰卧睡眠的时候，要经常帮他们翻个身变换体位。

宝宝哭的原因及应对策略

小婴儿不会说话，“哭声”就是他的语言。饿了，尿尿了，拉便便了，生病了，想要妈妈抱抱了，小宝宝都会哭。可你知道宝宝在哭的时候到底想要干什么吗？其实，只要细心观察，很快你就能了解宝宝哭的原因了。下面列举了一些宝宝哭闹的常见原因、哭泣时的表现，以及相应的处理方法，爸爸妈妈们可以参考一下。

● **宝宝饿了。**当宝宝觉得饿的时候，哭声会比较洪亮、短促、有规律，通常是在该喂奶前发生，并且宝宝的头会来回晃，好像在寻找东西，嘴也在进行吮吸。这时妈妈可以把宝宝抱起来，一边轻声安慰宝宝一边喂奶。通常宝宝会立刻将头偏向妈妈的乳房，当吸到奶时，就不会再哭了。

● **边哭边吃奶。**如果宝宝在吃奶的时候还是会哭，并且反复避开乳头或奶嘴，那一定是宝宝的“食物”出现了问题，比如乳汁过急或过少。乳汁过急的话要用拇指和食指将乳房捏住，这样能让乳汁流得慢些；乳汁过少的话就要及时催奶了。代乳品调制不合适，导致太甜或太稠，这样宝宝也会不爱吃。有时候宝宝鼻塞，就会影响吸奶，那么在喂奶前先要用吸鼻器（或在鼻孔处滴一两滴温水或香油）吸出鼻痂，之后再喂奶，这样宝宝就会觉得舒服了。

● **宝宝尿布湿了。**当你发现宝宝扭动不安，或喝一点奶后仍然哭闹不止，哭声先短后长，两声之间间隔较长，抽泣时短促有力的话，那就要检查一下宝宝的尿布是不是湿了。只要帮宝宝换好尿布，他马上就会停止哭泣。

● **阵发性腹痛。**宝宝肚子痛的时候，当然会大哭了。婴儿阵发性腹痛一般发生在宝宝出生后1～2周，多在傍晚发作，宝宝会烦躁不安，产生阵发性、有规律的痛哭，持续数分钟后才能安静入睡。出现这种状况的时候，可以让宝宝采用俯卧位躺好，轻拍宝宝的背部，以缓解疼痛。另外要注意，宝宝居住的室内不应允许抽烟。

● **太热了。**宝宝脸色绯红或满头大汗的时候，一定是太热了，要适当减少衣物，或少盖一层被子。

● **好冷呀。**如果宝宝脸色苍白，手脚发凉，那一定是宝宝太冷了，这时要为宝宝多穿些衣服，多盖些被子，并适当提高室内温度。

● **奶吃得太急了。**有些宝宝吃完奶后也会哭闹，这有可能是宝宝吃奶时太急了，吸进了空气，导致胃里不舒服。所以，喂完奶后，不要马上让宝宝躺下，而是要抱起来轻拍宝宝背部直至打嗝，或为宝宝揉揉腹部，帮助其排气。还有一种可能是宝宝渴了，特别是人工喂养的宝宝，只要给他喂些水，宝宝就不会再哭了。

● **妈妈抱抱我。**有时候小宝宝想要大人的爱抚，就会无缘由地哭闹，声音很小，而且哭哭停停，这时候只要妈妈把宝宝抱起来，让他看看外面的世界，或者和宝宝玩一会儿，都能让他止住哭声。

● **吓我一跳。**当突然有强光照射宝宝的眼睛，或宝宝受到惊吓感觉不安全的时候，他会发出哭声，先长后短。这时妈妈只要抱起宝宝，让他的耳部贴在妈妈的左侧胸前听心跳，并轻轻晃动，或让其听轻柔的音乐，或用玩具逗引宝宝转移注意力，就能让宝宝破涕为笑了。

● **其他原因的哭闹。**如果喂奶、换尿布、抱着宝宝玩耍都不能止住宝宝的哭声，宝宝反而越哭越凶，哭声先长后短，剧烈持久，伴有呻吟的话，就要考虑宝宝是不是生病了。你可以检查一下宝宝有没有发烧、腹泻、耳朵流水、脐部红肿或流水，是否某一处不让碰，如果情况比较严重，要立即去医院检查。

新生儿怎么用纸尿裤

现代科技比较发达，发明了纸尿裤，减轻了爸爸妈妈不少负担，爸爸妈妈不必再为每天洗尿布而烦恼了。对于新生儿来说，一般每天用 6～8 片纸尿裤，当然具体要用多少片纸尿裤还要根据宝宝的尿量而定。新生儿虽然大部分时间都躺在床上，但并不是一动不动的，小宝宝也经常会不停地踢腿，如果纸尿裤选择得不合适，会把宝宝的大腿磨红，甚至是磨破。爸爸妈妈在选择纸尿裤的时候，一定要选用有伸缩弹性的剪裁或设计的纸尿裤。一般有弹性腰围设计的纸尿裤能够贴合宝宝的腰围，这样就不容易摩擦宝宝的肌肤，也不会产生红肿现象了。而且，贴身的纸尿裤不论宝宝怎么动，都不会出现外翻、脱落或漏尿的现象。

另外，纸尿裤是否具有良好的透气性也是相当重要的。太过厚重、不透气的纸尿裤会让宝宝感觉非常不舒服，尤其是夏天会将宝宝的私处捂出很多汗，容易引起尿布疹，甚至引发炎症。所以，要选择比较轻薄的纸尿裤，这样透气性会比较好。爸爸妈妈在购买纸尿裤之前，可以先索要试用装，检测一下纸尿裤的透气性能。可以这样检测纸尿裤：爸爸妈妈用自己的脸碰触纸尿裤，体验一下纸尿裤的材质是否柔软、舒适；还可以对着纸尿裤吹气，感受纸尿裤的透气性好不好。

【心智发展】

母乳喂养——建立起母亲和孩子的情感纽带

天下的父母都有相同的心理，都希望培养出优秀的孩子。培养孩子的第一步，最重要的是什么？聪明的妈妈都会从喂养和怀抱婴儿开始。当你将小宝贝轻轻地揽在怀里，让他吮吸你甘甜的乳汁时，会有一种骨肉之情产生。这对育儿是至关重要的。婴儿自一出生就喜欢妈妈的怀抱，妈妈将宝宝环抱在怀里喂奶时，婴儿会有一种精神上的满足感。在这里要提醒各位新妈妈，一定要用自己的乳汁去喂养孩子。孩子的出生让你有了新的称呼“妈妈”，望着怀里的小人儿，新妈妈会逐渐产生母性，在宝宝吮吸母亲的乳头时，这种母性越来越强烈。通过喂奶，新妈妈与宝宝会建立起浓厚的感情。母乳是妈妈给予宝宝生命的第一份美好礼物。它提供全面的营养，能有效预防过敏、感染及多种慢性病，并促进宝宝大脑的最佳发育，其优势是任何替代品都望尘莫及的。更重要的是，你和宝宝之间能通过哺乳的亲密接触，建立起牢不可破的感情联系，为宝宝一生的身心健康打下坚实的基础。

■ 婴儿会有情绪不安的表现，容易焦虑忧愁，是怎么回事呢

很多是因为婴儿出生后和母亲一起的时间太少，享受的母爱太少，甚至没有吃过母乳，直接通过人工喂养。宝宝与母亲之间没有深厚的骨肉之情，少了维系感情的纽带，宝宝的心理发展就没有了保障。而人工喂养可能会助长婴儿的一些不良情绪和不良反应，这对以后孩子性格与人格的形成都会留下阴影。其后果令人担忧。

■ 只有母亲才能促使孩子的心灵健康成长

母乳的喂养，对于孩子身心的成长是最重要的。而且，初次给婴儿喂奶的时候，母子双方都需要作出相当大的努力。因为这不像奶瓶那样轻轻地吮一下即可流出来。母亲喂奶时，应尽可能多地让宝宝接触自己身体，母亲一边喂奶，一边与小宝宝交谈、对视，鼓励并帮助宝宝抚摸母亲的乳房及身体。母亲的搂抱、皮肤接触以及母亲的体温、心跳等，都能对婴儿产生良好的刺激，使婴儿获得愉悦、舒适的感觉，逐步建立起与母亲之间的亲密情感。所以，喂奶这一项重大工程，妈妈需要努力，婴儿也需要努力。

当今社会，有不少的妈妈因为过分追求美丽，怕喂奶导致乳房变形或者影响身形，而不愿意对自己的孩子进行母乳喂养。只考虑自己、对自己的孩子不管不顾的妈妈是没法教育好自己的孩子的。孩子缺少母乳喂养导致的结果，也许 10 年、20 年后妈妈才能明白。但是到那时才明白，已经太晚了。

■ 没有孩子就没有母亲

其实母亲与孩子之间的关系很微妙，孩子的出生将母亲与怀里的小宝宝紧密联系在了一起。想要和宝宝建立起良好的亲情关系，产后最初的一个星期非常重要。也许很多人都会陷入对母性的认识误区，认为只要是女性，天生就有母性的本能。实际上这并不合理。母性是在刚刚生产后的一段时间内，通过一些外界的刺激加之母亲自身的努力才会完善起来的。通过与宝宝的接触，每天看着宝宝的变化、耳边听着婴儿发出的各种声音、抱着宝宝喂奶等，在这些刺激下，母性才一天天强烈起来。

面对刚出生的孩子，所有的妈妈都会产生强烈的责任感。一想到他是从自己身上掉下的一块肉，就觉得母亲很神圣。怀抱着刚刚生下的自己的孩子，只是看一看，甚至一想到孩子，就会油然升起一种疼爱的情感。婴儿在吮吸母乳时，会对母亲造成一定的刺激，会唤起母亲最基本的母性，就会产生强烈的母爱，并满怀信心去接触婴儿，那么，婴儿的心里就会充满安全感与信赖感。沉浸在做母亲的喜悦中、充分领悟着母爱的母亲，其乳汁流

出情况和乳汁质量都会很好。

■ 为什么你是“这个”孩子的母亲

刚出生的婴儿因为无法用言语表达，所有很多时候会用哭来传递信息。“白天哭，晚上哭，没有原因地大哭大闹，真是烦死人了。”不少妈妈这样抱怨着。相反地，“就知道睡觉，从来不哭闹，怎么跟其他小孩不一样呢”，遇到这种情况的妈妈也不少。孩子哭闹个不停，妈妈会觉得难以忍受；孩子不哭不闹，妈妈又觉得宝宝另类。其实，不管我们的宝宝是怎样的状况，妈妈们都要用关爱的心去面对种种重复的事情，用爱去守护这个襁褓里的小宝贝。正是因为你能读懂、最了解的就是“这个”宝贝，所以你才是“这个”孩子的母亲。

有喜、有忧、有笑、有趣，这就是育儿路。育儿路上充满着喜与忧，爸爸妈妈们一定要保持良好的心态，要接受孩子最自然的形态，不要用成人的思维去包装孩子。要多陪伴在孩子左右，给孩子充足的关爱。育儿路还很长远，让我们一起快乐向前迈进吧！

■ 情感纽带（亲子关系）由信赖开始

宝宝用响亮的啼哭声宣告自己来到了世界上。爸爸妈妈也在这一声声哭啼中，感受着升级父母的难以言语的欣喜。宝宝在刚出生时，纯净得如小天使，拥有未受污染的、纯洁的心，小小的身体里蕴藏着无限的潜能。对任何婴儿而言，都需要一个适合其身心发展的舒适环境，需要足够他成长的营养，更需要关爱。

给予宝宝充沛的营养与爱，为宝宝提供舒适的环境，保护宝宝，陪伴他经历成长的各种发育阶段，这一责任是重大的。能够承担这一责任，并满怀使命感地去完成，只有宝宝的父母了。总有些新爸爸妈妈认为刚出生的孩子只是在吃睡间无力地存活着。新爸爸妈妈要注意了，千万不要认为“宝宝什么都不懂”，尽管他还不会说话，但是他会用身体传递自己的信息。身体不舒服了，想被妈妈抱会儿了，尿湿了，他都会用自己的表达方式，由身体将信号传递出来。婴儿也在一天天地接受着新环境。

■ 要建立亲子关系情感纽带，就得真正了解孩子，了解孩子发出的信号

只有跨出了这一步，你才会与孩子有顺畅的沟通。不会言语的宝宝会用声音来表达自己的情绪，需要父母细心体察并能积极满足他的心理需求。新生婴儿消极情绪较多，当渴了、饿了、冷了、困了、尿布湿了，他都会用哭声来表示；在宝宝哭闹时，妈妈要第一时间将他抱起来，微笑地看着他，并轻轻地拍着，与宝宝说说话。妈妈温暖的怀抱和满含疼爱的眼神会让宝宝显露出愉悦的情绪。给宝宝喂奶、换尿布的时候，妈妈要微笑着注视着宝宝的眼睛，轻柔地对他说“宝宝吃奶了”、“宝宝真乖”，让宝宝感知妈妈的声音，从心底产生舒适的感觉。妈妈要常常对婴儿进行轻柔的宠爱的触摸并夸夸他的小身体。

细心的妈妈对宝宝的表达方式应该特别关注，当宝宝哭闹或者扭动小身体来传达“肚子饿了”、“尿布湿了，不舒服”等信号时，妈妈能理解宝宝的意思，给予正确的处理，并和宝宝进行感情交流，那么亲子之间的关系便能更紧密地联结在一起，孩子对爸妈的信任感会在这一时期打下牢不可摧的基础。

母乳喂养——为孩子未来学习提供帮助

前面讲到母乳喂养的优点，主要是在营养学和免疫学方面的好处。这里谈一下母乳喂养对于孩子未来学业的影响。母乳喂养和人工喂养对孩子未来的学习和成长有什么大的影响吗？

一位日本专家做过这样的调查：他发现上小学的孩子中有的孩子注意力很难集中。教室窗外飞过小鸟、飘过树叶、同学文具掉到地上等小的外界干扰都会使这部分孩子注意力分散。这会直接影响他们在课堂上的学习效果。深入了解之后，专家发现这部分孩子中很大一部分都是吃奶瓶长大的——人工喂养。这样的结果让专家非常吃惊。通过深入的分析，专家终于揭示出了其中的原因。

■ 两种情景

我们在前面“了解新生儿”中介绍了新生儿的有效视觉距离只有25～30厘米。而这恰恰是一个母亲抱着自己的宝宝喂奶时母子两个人脸和脸之间的距离。让我们想象一下如下的两种情景：

- **在母乳喂养状态下。**当孩子饿了发出哭声，母亲马上会来到孩子身边，开始喂哺。宝宝吃到的是温度、浓稠都刚刚合适的母乳，可以一直吃到饱为止。这一段时间，妈妈往往一直爱怜地看着自己的宝宝，宝宝的视觉也正好能够看到妈妈那一张充满了慈爱的最美丽的面庞。宝宝同时获得了生理的（饥饿）的满足和心理的满足。这样的注视可以持续宝宝吃奶的全过程，每次20～30分钟，每天少则六七次，多则十几次，持续几个月甚至一年以上的时间。
- **在人工喂养状态下。**当宝宝饿了发出哭声，看护人（很多时候不是妈妈，而是保姆或者是奶奶、外婆）不是马上响应宝宝的需求，而是先去厨房冲调奶粉，冲调好了之后，再拿来给宝宝吃。这时候看护人往往会考虑“冲调得够不够”、“温度合适不合适”、“吃慢了会不会凉了”、“奶嘴大小是否合适”等在母乳喂养中根本无须考虑的问题，而忽视了与宝宝眼神的交流。宝宝找不到妈妈的目光，一边叼着奶嘴，一边目光就会开始游移——东看西看。这样的行为持续宝宝吃奶的全过程，每次20～30分钟，每天少则六七次，多则十几次。

■ 不同的过程产生不同的结果

从以上两种情况可以看到，在母乳喂养条件下，孩子在最重要的工作——吃奶过程中每天都进行了多次、每次20～30分钟甚至更长时间的专注力锻炼。这些孩子长大后很容易把注意力集中到他感兴趣的地方，心无旁骛地把一件事做好。而同样的时间和强度，人工喂养的孩子得到的是“分散注意力”的训练。久而久之，这些孩子就会养成注意力难以集中的习惯。一个上课、做作业经常走神的孩子很难想象会有出色的学习成绩。

■ 关键在哪里

了解了原因后不难发现，并不是所有人工喂养的孩子一定会注意力不集中，而母乳喂养的就一定会注意力集中。关键的因素在于：在喂养小婴儿的时候，一定要与宝宝有目光的交流，让宝宝与你有长时间的对视和互动过程。这样才能让宝宝在获得生理满足（吃饱）的同时获得心理的满足。而且，在孩子刚刚出生就开始自然的集中注意力的训练，为孩子未来的学习奠定了一个良好的基础。

母乳喂养——影响孩子未来心理情感的健康

母乳喂养和人工喂养对孩子未来的心理健康和情绪情感水平有什么大的影响吗？经科学研究调查得出，母乳喂养的孩子要比人工喂养的孩子更能有效应对社会压力。

从一系列详细的调查研究可知，成长过程中遭遇父母离婚或分居的孩子焦虑指数比其他孩子高。而孩子的焦虑指数与他们是否曾接受母乳哺乳有明显联系。充分接受母乳哺乳的孩子比没有或较少接受母乳哺乳的孩子更不容易感到焦虑。对于父母的离异，那些经过母乳喂养的孩子的焦虑情况只会增加 2 倍，而不是母乳喂养的孩子却要增加 9 倍。两者竟然可以产生如此明显的差距，可见母乳喂养对孩子的影响有多重要。

帮助孩子自我减压的因素并不是母乳喂养的行为本身，而是孩子在生命早期与母亲的亲密身体接触。婴儿在母乳喂养时与母亲有更多的接触经历，会使他们在长大后有更好地应对压力的能力。一方面母乳喂养可以为孩子提供有助于健康和发育的营养物质，另一方面母乳喂养既会直接影响母子间的接触质量，又会间接影响他们之间的交流，这些状况对儿童应对生活中的压力会产生长期的影响。所以，坚持母乳喂养，会为孩子未来面对社会压力时提供重要的帮助。

新生儿具有神奇的五大本领

科学家们在婴儿的潜能研究中取得了举世瞩目的成果。这些成果扭转了传统的观念，改变了人们看待婴儿的习惯眼光，使早期教育的理念更科学、更加深入人心。人们渐渐认识到，其实每个正常的新生儿都有我们意想不到的潜能。作为新一代的爸爸妈妈，我们更需要了解这一方面的知识。

一般来说，新生儿具有神奇的五大本领：

■ 模仿能力

小宝宝在出生后，世界上的一切对他而言都是新奇的，所以他会有很强的好奇心去学习、去认知。在出生 8 小时后，他还会模仿妈妈吐舌头呢。首先，你可以温柔地抱起宝宝，聚精会神地看着宝宝，将宝宝的所有注意力都集中到你的脸上，确保让他一直盯着你看。然后你面对宝宝，慢慢张嘴，尽力将你的舌头伸出来，并一次次地重复这个动作。如果宝宝一直在看你的脸，他可能已经在嘴里慢慢移动自己的舌头了。随着一点一点地移动，他会很快将舌头伸出嘴外，可爱极了。很多新生儿都喜欢玩这样的小游戏，这不仅可以培养小宝宝的模仿能力，而且利于增进父母与孩子之间的感情。

■ 声音定向

在家里添了小宝宝之后，很多家庭都尽量保持安静，生怕一丁点声音使宝宝受到惊吓。事实上，让宝宝感受各种不同的声音，可以训练宝宝的听力。你会发现，在小宝宝完全觉醒的状态下，拿一个小铃铛，在距离他的耳旁 10～15cm 处轻轻摇动，发出很清脆柔和的叮当声，他会立刻把眼睛或头转向发出声音的方向，寻找发声物体。新生儿喜爱轻柔、旋律优美、节奏鲜明的音乐曲调，所以你可以给宝宝播放欢快的儿歌。宝宝还喜欢听高调的声音，喜欢听人说话，对妈妈的声音尤其偏爱，所以妈妈们一定要多和小宝宝说话或者给他讲故事。如果出生后孩子每天都听大人讲故事，他就会建立对其一生都产生影响的阅读兴趣与习惯。他的专注力、语言能力的发展会惊人地超前。

■ 注视与追视

小宝宝喜欢看东西，小小的眼睛总是转来转去地看个不停。他特别钟爱图书和一些鲜艳颜色的东西，如红球或黑白分明的靶心图、条形图、字母等，越复杂的图案，他越爱看。小宝宝还特别喜欢看人脸，最爱看的要数母亲慈爱的笑容。当妈妈俯下身子与宝宝亲切对视时，孩子就会紧紧地盯着母亲的脸，尤其喜欢盯着眼睛，仿佛在对视间打开了他心灵的窗口。所以，经常和宝宝对视可是和宝宝建立深厚感情的利器哦！因为喜欢注视人的眼睛，所以小宝宝对戴眼镜的人会更为关注。妈妈们在哄宝宝玩时，可以把红球拿到孩子眼前，在引起宝宝注意之后，慢慢移动红球，在红球移动时，婴儿的目光甚至头部都会追踪着红球。在新生儿期，妈妈们可以好好培养一下宝宝的专注力，为他以后的成长奠定良好基础。

■ 触觉、味觉和嗅觉

新生儿的触觉、味觉、嗅觉都很灵敏。所有的新生儿都知道紧紧地贴着妈妈的怀抱，当你抱起他时，他总是喜欢紧贴着你的身体，依偎在你的怀里，享受着怀抱的温暖。当宝宝哭闹时，抱起他，并轻轻地拍着、摇动着他，或者用手轻轻抚摸宝宝的小肚肚和小屁屁，宝宝都会停止哭闹的。这是在充分利用孩子的触觉安慰他。只要妈妈用乳头或手碰触到宝宝的嘴角，哪怕是轻微的一下，宝宝马上蠕动小嘴，作出吮吸动作，并将脸左右转向寻找可以吸吮的东西。新生儿的味蕾已经发育得很好了，可以品尝出酸、甜、苦、辣等刺激性较强的味道，对不同的味道会有不同的反应。当他吃到奶或者糖水时，会表现得很愉快，还会继续张嘴品尝，而在你喂他一些苦药水或者酸的东西时，他会有非常不愉快的表情，甚至会紧紧地闭着嘴巴。新生儿在闻到一种气味时，会有心率加快、活动量改变的反应。他能区别自己母亲奶水的气味。当你的手抚摸他的手指时，他会本能地将你的手紧紧地攥住，还会对着你微笑。这些变化，有兴趣的爸爸妈妈可以试一试，成功后你一定会感到高兴无比，这可是亲子交往的最好形式。

■ 运动能力

新生儿在出生后就已经具备了较强的运动能力。例如：

● **爬行反射：** 当小宝宝趴在床上时，妈妈用手抵住他的两脚，小宝宝会趁势向前蹬。

● **行走反射**：当你用双手扶住婴儿，使他直立站在床上时，他会有想往前走的冲动，借助你扶着他的力气，一摇一摆地向前走。虽然动作软绵绵的，样子却也煞有介事。

● **游泳反射**：婴儿在浴盆里洗澡时，可以整个身子没入水中而不会呛水。

● **牵拉反射**：将自己的手指放入新生儿的手心，并轻压他的手掌，这时小家伙便会紧紧抓住你的手指，动作敏捷而有力，你能立即感到手指被婴儿攥紧（抓握反射）。很多宝宝的抓握力量足以像做单杠运动一样抓住父母的手指把自己吊起来。

本阶段家庭游戏

■ 做做看

家长可以用手摇铃引导宝宝。先让宝宝背靠在自己的胸前，支撑其身体，利用手摇铃逗弄宝宝，让宝宝可以转动颈部，并观察宝宝手脚的反应。这样做可以锻炼宝宝的颈部和视觉追踪能力。

■ 悄悄话

当宝宝睡醒的时候，妈妈可以用柔和亲切的语调和宝宝讲些“悄悄话”。如：“噢，宝宝（或者叫宝宝的乳名）醒了，宝宝睡得好香啊！睡觉梦见妈妈了吗?”等。每天至少 2～3 次，每次 2～3 分钟。孩子学习语言的顺序是先听后说，家长尽量用简单清楚的语言来引导孩子，这样有利于孩子发展语言能力。

【安全防护】

婴儿漾奶时应注意什么

医学上把婴儿漾奶称为胃食管反流现象，主要表现为婴儿喂奶后已进入胃内的奶汁倒流至口腔并从口鼻溢出来。3 个月以下的婴儿约有 70%每天会漾奶 3 次左右，10～12 次也属正常。婴儿漾奶容易因呕吐物吸入气管造成窒息，或引起吸入性肺炎，或流入耳朵里发生中耳炎等严重后果。

■ 造成漾奶的主要原因

1. 新生儿胃容量小，呈水平位，而且胃的入口贲门括约肌发育差、较松弛，而出口的幽门括约肌发育良好，较紧张，形成出口紧、入口松，奶水容易返流引起呕吐。

2. 喂奶姿势不正确，奶瓶斜度不够，致使瓶中的奶、空气被一并吸入。

3. 喂奶次数过多，一次喂奶量过大，乳母乳头过大、凹陷，或用奶瓶喂奶时橡胶奶头孔眼过大，致使婴儿吸奶过急、过冲。

4. 喂奶时哭啼，或喂奶后让婴儿平卧，或者过多、过早地翻动婴儿，都容易引起婴儿吐奶。

■ 尽量减少孩子漾奶的方法

虽然没有什么好的办法能完全防止漾奶，但是可以把漾奶的情况降至最少。

1. 喂奶前先换尿布，喂奶后尽量少搬动婴儿。

2. 采用合适的喂奶姿势：尽量抱起婴儿喂奶，让他的身体处于45度左右头高臀低的倾斜状态，这样胃里的奶液自然流入小肠，会比躺着喂奶减少发生吐奶的机会。

3. 对于用奶嘴吃奶的宝宝，选择大小最为合适的奶嘴；将奶瓶内的奶水充满奶嘴，不使其吃进空气。

4. 给婴儿采用较为稠厚的奶粉配方。

5. 在婴儿大哭、大闹时不要急于喂奶，不要让婴儿吸空奶瓶。

6. 喂奶完毕一定要让他打个嗝：把婴儿竖直抱起靠在肩上，轻拍他的后背，让他通过打嗝排出吸奶时一起吸入胃里的空气，再把他放到床上。

7. 吃奶后不宜马上让婴儿仰卧，而是应当侧卧一会儿，然后再改为仰卧。

8. 一次喂奶量不宜过多，少量多餐，间隔不宜过密。

9. 宝宝躺下入睡时，将其头稍抬高，身体向右侧卧，使奶汁容易经胃进入十二指肠，同时也可防止溢出的奶误吸入气管或肺发生窒息。

■ 漾奶的正确处理方法

出现漾奶时应立即擦净宝宝口鼻溢出的奶汁和黏液，勿使其流入外耳道，并将宝宝的头摆向一侧，使口腔内的奶水流出，减少吸入气管的可能性。

如果适当地改正喂养方法，随着宝宝年龄增长，胃发育成熟，漾奶现象会逐渐消失。但如果改善了喂养方法，宝宝仍持续呕吐时，则要注意是否存在某些疾病，应及时去看医生，不要贻误病情。

不要猛力摇动婴儿

事情可能会在纯属无意的时候发生。你试过了你能想到的所有方法来安抚哭泣中的婴儿，但是一切都不管用。在灰心丧气的时候，你粗暴地摇晃他或对待他。这两种做法都是危险的。它们可能造成要命的新生儿大脑或脊柱损伤，因为婴儿颈部的肌肉太脆弱了，无力抵抗突如其来的扭动。

每年都有几千名婴儿因为被摇晃而失明，或是大脑受损，或是致死。永远别摇晃你的婴儿。不管什么情况，当你抱着婴儿的时候都要撑住他的头部和脖子。

【成长顾问】

月子不见光，孩子一生视力受影响

“月子里的宝宝怕见光!”基于这句“老人言”，新添了宝宝的家庭总很细心地把房间弄得暗暗的，生怕光亮“刺坏”了宝宝的眼睛。其实，“暗淡无光”的日子才是宝宝最讨厌的呢!

■ 适宜光刺激：宝宝身心发展的需要

感知觉是婴儿心理发展中最早出现的，而视觉又是感知觉中的重要组成部分。从小生活在适宜的视觉刺激环境中，将为他们的知觉和认知发展打下良好基础。

对新生儿而言，离开阴暗的子宫，来到光明绚丽的世界，“光”是相当大的冲击，眼睛将为宝宝提供关于外界70%～80%的信息，因此，视觉潜在能力发掘得越早，越有利于宝宝智力的发展。

在出生后的前几个月里，婴儿的视觉系统成熟得非常快：

● 3个月时，眼睛的聚焦就已接近成人；6个月，视敏度（视力）相当于成人的20%；到2岁时，他的视觉水平已接近成人水平。

● 眼睛的搜索和跟踪能力发展很快。1个月时，可以以一种平稳的眼动追踪一个移动较慢的物体。6个月时，这种能力就相当发达了。

● 颜色知觉能力发展得也很迅速。1～2个月即可对各种颜色加以区分。4～5个月时，已能分辨出属于同一种颜色、但深浅不同的两种色彩了。

在宝宝出生后的前几个月，是视觉发育至关重要的时期，如果在关键期内得不到足够的刺激，对宝宝视力的正常发展可能造成严重的后果。

正确的做法是：让孩子多见光，多看五颜六色的东西；使宝宝的视觉受到相当的光和色的刺激，以提高宝宝视觉的灵敏度。此外，让婴儿感觉到白天亮、晚上暗，开灯亮、关灯暗，还有利于建立条件反射，使婴儿学习到天暗了、关灯了要睡觉；天亮了可睁开眼看看、玩玩等。当然，也不能为了训练宝宝，把房间搞得过亮，大致控制在我们成年人感觉柔和舒适就可以了。

另外，未满月的婴儿在拍照时不要使用闪光灯；洗澡时，避开浴霸的强光。

第2个月

1. 坚持母乳，既能促进宝宝的脑细胞增殖，又能增强宝宝的抵抗力，使宝宝不易生病并更加聪明。
2. 婴儿体重逐渐增加，发育情况良好，母亲应当继续坚持喂母乳。
3. 宝宝注射疫苗后，可以预防一些疾病。
4. 这时候宝宝的颈部肌肉变得更强健了，可以越来越多地控制自己的头部了。
5. 刚出生不久的宝宝神经发育还不太成熟，所以才会经常打嗝，长大后就会自然好转。
6. 宝宝哭的时候得不到大人的回应，久而久之就形成了疏远的、缺乏交流的亲子关系。
7. 充足的营养是婴儿成长的物质所需，而爸爸妈妈的关爱、呵护是宝宝的精神需求。
8. 婴儿从出生就非常努力地以各种方式传递讯息，与爸妈沟通。
9. 给婴儿选玩具时，应尽量选择能让眼睛、耳朵感到愉快的玩具。
10. 夜间喂奶时光线不要太暗，要能够清晰地看到宝宝的皮肤颜色。喂奶后仍要竖立抱起宝宝并为其轻轻拍背，待其打嗝后再放下。
11. 给孩子买回来的小手套和小脚套，一定要把光滑平整的那一面穿在里面。

	生理发育正常均值
体重	4.6～4.9 千克
身高	55.6～56.5 厘米
头围	37.1～37.8 厘米
胸围	36.5～37.3 厘米
前囟	2 厘米×2 厘米
后囟	0～1 厘米

【成长脚步】

每一个孩子的成长轨迹都不同，这里只是大致描述本年龄段宝宝的发育情况。你的孩子的某一单项指标以向前两个月或向后三个月的指标作参考，都是可以的。

■ 颈部力量在提高

满月宝宝的活动依然是没有规律的，但宝宝的每一项活动都是在发展他的综合能力。如俯卧抬头时不仅锻炼宝宝的颈部力量，同时也锻炼宝宝的视觉空间、前庭觉等。现在，宝宝的运动能力有了进步，俯卧时可以把头抬高，竖着抱他时头可以竖立一段时间。

■ 发现了自己的手和脚

在第 2 个月的某个时刻，宝宝会发现自己的手和脚，并且在 12 周前能将手握在一起。然而，宝宝还是不明白手脚是属于他自己的，所以当它们无意间闯入宝宝的视线时，宝宝会感到很着迷。你可以充分利用这一阶段的特点，购买带摇铃的毛绒鞋和婴儿手套，将它们穿（戴）在宝宝身上（开始时一次一个），宝宝就会被自己摇手臂或踢腿时发出的声响所吸引——这就是宝宝了解原因和结果的开始。

■ 抓握反射开始消退

在第 2 个月内，宝宝将失去他本能的抓握反射，这最终将被有意的抓握所取代，宝宝的手也开始放松并张开，如果你把一个轻的摇铃对着宝宝的手掌，他则可以短时间地握着摇铃。宝宝也开始将手伸向物体（如一个挂在他摇篮上的摆动饰物），并试图在可触及的范围内击打物体。起初他抓住或打中物体只是碰巧，要一段时间后他才能准确地抓住东西。

■ 宝宝的视力在改善

随着宝宝的不断长大，他的视力也不断发展，不再只能看到近处了，而能看得更远一点。这时候你要在宝宝的床头挂一些玩具，这样可以促进宝宝眼睛的发育。你也可以拿一个玩具，吸引到宝宝的注意以后，在宝宝的头顶上慢慢移动，让宝宝用眼睛跟随你的动作寻找玩具，训练宝宝的眼部跟踪技能。

宝宝满月后，可以多带他出门转一转，晒晒太阳，看看红花绿草、蓝天白云、各式各样的人，这能刺激宝宝的视觉和其他感官的发育。

【营养美食】

早期脑发育 营养是关键

虽然宝宝聪明与否有天生的原因，但后天的合理喂养也是宝宝聪明的重要因素。6岁之前是宝宝大脑发育的黄金阶段。人在出生后6个月的时候，脑容量是出生时的2倍，2岁的时候脑容量是出生时的3倍，在6岁的时候，脑容量几乎达到成年人的容量。发育期儿童大脑消耗的能量是成人的200%～300%。成年人尽管脑的重量只占人体重量的不到2%，但是却消耗了20%的能量，而婴儿的大脑能量消耗占总体的25%～30%。在2岁时，人的脑容量已经达到成年时的约80%；在儿童大脑发育过程中，每分钟可以产生25万个神经元连接。营养对婴儿大脑在出生前和出生后的发育产生深远的影响，并在很大程度上影响婴儿未来的认知能力发育。这也是为什么营养在生命早期非常重要的原因。宝宝需要足够的营养支撑大脑极速的发育。如果宝宝在脑部发育黄金期缺乏充足的营养，以后再补充只能是事倍功半。

母乳中含有的牛磺酸，既能促进脑细胞增殖，又具有促进神经细胞网络形成及延长神经细胞存活时间的作用，所以母乳中的牛磺酸在婴儿的脑发育进程中发挥着重要的作用，有增加婴儿智能的功效。坚持母乳喂养的宝宝会有更强的抵抗力，不易生病，还会更加聪明。

让新妈妈拥有充足的乳汁

母亲奶量充足时，乳房胀满，婴儿吃奶有力，每次哺乳均能听到几次到几十次的咽奶声；哺乳后，母亲乳房松软，婴儿能安静入睡或玩耍；婴儿每天大便2～3次，呈金黄色，稠粥样；婴儿体重逐渐增加，发育情况良好，母亲应当继续坚持喂母乳。反之，如果母亲乳房不能胀满，乳汁稀薄，每次哺乳已超过30分钟而婴儿仍频繁吸吮，或无其他原因婴儿不能安睡，经常啼哭，婴儿体重不增加或增加不明显，大便量少、发绿等，都表明了母乳不足。

产后有时母亲过于疲劳，睡眠不足，胃口欠佳，或情绪波动，都会影响泌乳。宝宝大便发绿，是因为泌乳量减少之后宝宝能吸到的稀薄的“前奶”减少，饥饿的宝宝会用力去吸富含脂肪的“后奶”，经肠道排出时影响了酸碱度，使大便发绿。只要母亲抓紧时间充分休息，保持心情愉快，调整饮食保证充足营养，多喝促进下奶的汤，如鲫鱼汤、猪蹄黄豆汤、山药炖乌鸡汤等，就一定能解决奶水不足的问题。

若出现短期的泌乳减少，不要急于加添牛奶甚至完全不喂母乳。如果实在有必要加代乳品，也要在先喂母乳之后略作补充，不能取代某次母乳。因为在宝宝饥饿时强有力的吸吮能刺激母亲的垂体分泌激素以促进泌乳。在哺乳过程中，母亲和宝宝能互相亲近进行感

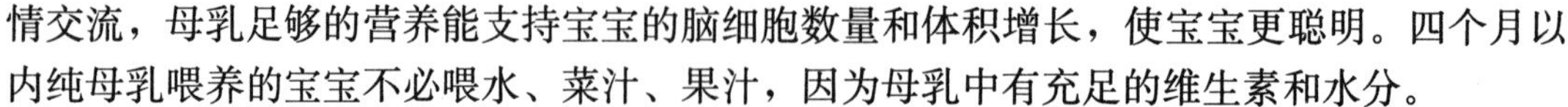

情交流，母乳足够的营养能支持宝宝的脑细胞数量和体积增长，使宝宝更聪明。四个月以内纯母乳喂养的宝宝不必喂水、菜汁、果汁，因为母乳中有充足的维生素和水分。

如何挤奶和存奶

有些妈妈由于特殊情况如上班等不能给宝宝哺乳，又不想断奶，这时妈妈可以将母乳挤出来再喂给宝宝。不论是用手挤还是用器具吸出，操作过程中一定要注意清洁，所用器具和容器要彻底消毒，挤出的奶要尽快冷藏保存。

■ 挤奶准备

妈妈在挤奶之前要保持放松，听音乐、想一下宝宝或者看宝宝的照片等都有助于产生出奶的刺激。接着要按摩乳房，可以从乳房顶端开始，用手紧紧压着胸骨，然后手指打圈以一点为中心进行按摩。按摩几秒之后，可以移动手指到另外一点继续按摩。用这种方式对乳房的每一处进行按摩后，用指尖向乳头方向轻轻拍打乳房。

■ 手动挤奶

用手挤奶时，将拇指放在乳头上面大约4厘米处，并将食指和中指放在乳头下面4厘米处。三只手指紧紧但要温柔地弯曲进行挤压然后再推回原来的位置，轻轻地给乳头施加压力，就像模仿宝宝从乳房吸奶的动作。这个姿势有利于乳房有节奏地将奶水挤出。但一定要注意避免使乳房一些敏感的组织受伤，不要过于用力，而且不要单单挤压乳房表面的皮肤。当奶水逐渐减少为奶滴，你就可以换另外一边乳房了。你可能需要重复几次，尽可能将奶水挤出。将挤出的奶接在一个干净、宽口的容器内。

■ 用吸乳器挤奶

用吸乳器挤奶时，一定要在使用前仔细阅读使用说明书。先把与乳房接触的一面湿润一下，然后将吸乳器放在乳房上，而且乳头要放在中间的开口处。如果吸乳器不是电动的话，你需要不断来回抽动圆筒，而乳房按摩有助于增大奶水的流量。使用电动吸奶器时不要把吸力开得太大，否则容易把乳头弄破或者红肿。刚开始用吸奶器的妈妈，建议先慢慢调整吸力直到有点不舒服了，然后回调一点，这样就可以保证吸力正好是自己能承受的最舒服的又能最大限度地吸出奶。吸奶的时候，不要把喇叭罩使劲按在乳房上，轻轻地贴着保证不漏气就可以了，用力按得太紧反而容易导致局部堵奶。每次吸奶都要吸空，如果不吸空，奶就会越来越少。自动吸乳大概需要20分钟，在完成以后要用一块干净的干毛巾轻轻擦拭乳房。

■ 存放

挤或吸出来的母乳应放在能密封的塑料或玻璃奶瓶里，以便保鲜，也可以使用专门用来存奶的塑料袋。每次取奶要在袋或瓶上注明日期，然后尽快放到冰箱里保存。低于5℃冷藏的新鲜母乳应该在72小时内食用，在低于－18℃的冰箱冷冻室里的母乳可以保存至少3个月。冻奶解冻后，可以在冰箱里冷藏24小时，超过24小时还没食用的奶一定要扔掉，不可以重新冷冻。冷冻会破坏母乳中的部分抗体，所以若非必要最好不要冷冻。

■ 使用

在解冻母乳时，可以把奶瓶或塑料袋泡在温水里或用温水冲瓶身，也可以先在冰箱的冷藏室放一夜。不要使用微波解冻或加热，微波加热会破坏母乳内的抗体和营养成分，而且容易太烫，以致烫伤宝宝。

第2个月宝宝的饮食指导

- 母乳喂养：每次喂50～180克，每3～4小时一次，夜间可以减少一次。
- 人工喂养：每次喂80～180毫升，每3～4小时一次，夜间可以减少一次。
- 辅助食物：温开水、淡糖水或鲜榨的淡果汁，每次35～60克，在白天两次喂奶中间喂食，果汁应该从少量开始，让宝宝习惯后再慢慢增加分量。

【护理保健】

宝宝头形不正怎么办

小宝宝的颈部肌肉发育还不完全，没办法灵活地转动头部，因此你会发现1个月左右的宝宝睡觉时脸总朝着一个方向，那一侧的头就会凹下去，使得宝宝的头看起来左右圆得不等。如果发现宝宝头睡偏了，就要及时纠正，否则宝宝头骨变硬以后再纠正就晚了。爸爸妈妈要时常帮助宝宝翻身，不要让宝宝总朝着一侧睡；如果发现宝宝某侧的头已经凹陷下去了，可以用棉布、枕巾、小枕头等物品垫起来，让凹陷的头部不再受力，慢慢地头就会重新长正了。

宝宝流鼻涕、鼻塞怎么办

小宝宝也会有流鼻涕或鼻塞的现象，特别是2个月以前的婴儿，即使不感冒也会鼻子不通气。如果宝宝鼻塞或流鼻涕的话，在喝奶的时候就会比较痛苦。宝宝的鼻子比较娇嫩，该怎么帮他减轻鼻塞或流鼻涕的状况呢?

若宝宝鼻子堵塞得厉害，爸爸妈妈可以用温热的毛巾敷在宝宝的鼻子上，让热气使鼻子通畅；也可以用棉签蘸橄榄油或香油，在宝宝鼻孔部位涂抹一下，让鼻子中的分泌物软化，方便清洁；使用专门的婴儿吸鼻器，帮助宝宝吸鼻涕；如果宝宝鼻腔深处有分泌物，并且造成了呼吸困难的话，就要请专业的医生清理了。

小宝宝的鼻子比较深，鼻黏膜也非常敏感，只要气温稍有变化就会感染滤过性病毒，因而很容易流鼻涕。当宝宝流鼻涕的时候，要仔细观察他的状况，只要宝宝的精神和心情很好，食欲也没有问题的话，就不必担心了。

预防接种——为什么要接种疫苗

■ 疫苗是安全的吗？

新生儿抵抗能力弱，自身免疫力较低，很容易受到外界病毒的侵扰，因而从出生开始就要按时为宝宝接种疫苗。所有为宝宝接种的疫苗都是经过了药品管理局的严格、安全的检测的，爸爸妈妈们尽可对疫苗的安全性放心。

宝宝注射疫苗后，可以预防一些疾病，并能保护宝宝即使患病也不至太严重。有些疫苗需要注射 1 针以上才能有效。对于某些疫苗来说，每 10 年左右注射一次加强针是有必要的，目的是加强免疫系统的防御能力。

有些疫苗注射后会引发副作用，如发热、注射部位疼痛发炎或肿胀、出现皮疹等，大多数疫苗的副作用都很小。但是，在很少的情况下，反应会很严重。所以注射完疫苗后，要带宝宝在医院中观察 15～30 分钟后再离开，确认宝宝没有严重反应。

■ 疫苗所针对的病症

新生儿自身免疫力差，抵抗力弱，很容易患病，有些疾病甚至会致命。为新生儿注射疫苗，可以帮助他们抵抗一些风险较高的疾病。婴儿需要注射的常见疫苗有：

1. 卡介苗——出生第一针：接种卡介苗，可以增强宝宝对于结核病的抵抗力，预防严重结核病和结核性脑膜炎的发生。宝宝在出生后，就要及时接种卡介苗。如果宝宝出生时没接种，可在 2 个月内到当地结核病防治所卡介苗门诊或者疾病预防控制中心的计划免疫门诊补种。

2. 脊髓灰质炎疫苗——可以吃的疫苗：简称脊灰糖丸，是一种减毒活疫苗，为白色颗粒状糖丸。宝宝出生后按计划服用糖丸，可有效地预防脊髓灰质炎（即小儿麻痹症）。

3. 百白破疫苗——三联针疫苗：百白破疫苗是将百日咳菌苗、白喉类毒素及破伤风类毒素混合制成，可以同时预防百日咳、白喉和破伤风。接种对象是 3 个月以上的宝宝。百白破疫苗必须连续打三针，即 3 个月时注射第一针，以后每隔一个月注射一针。三针连续注射后，才会产生足够的抗体。这些抗体只能维持一定的时间，不能终生免疫，所以在一段时期后还要打加强针。由于大年龄儿童或成人对百日咳菌苗的副反应较大，故 7 岁起加强用疫苗不再含有百日咳细菌成分，而改用白破二联制剂。

4. 麻疹疫苗：麻疹疫苗是一种减毒活疫苗，接种反应小，抗体产生快，免疫持久性好。6 个月以内的宝宝由于有从母体获得的抗体，一般不会得麻疹。所以第一次接种应在宝宝满 8 个月时，等宝宝 4 岁时再复种。

5. 乙肝疫苗：乙型肝炎在我国的发病率很高，慢性活动性乙型肝炎还是造成肝癌、肝硬化的主要原因，因此让宝宝接种乙肝疫苗是非常必要的。乙肝疫苗第一针应在宝宝出生 24 小时内及时接种。

6. 乙脑疫苗：用于预防流行性乙型脑炎（简称乙脑）。接种对象为 1 岁以上的宝宝。由于流行性乙型脑炎在我国流行较广，目前我国已将此疫苗纳入计划免疫程序之中，对所有健康宝宝均予以接种。

7. 流脑疫苗：国内目前应用的是用 A 群脑膜炎球菌荚膜多糖制成的疫苗，用于预防 A 群脑膜炎球菌引起的流行性脑脊髓膜炎，接种对象为 3 岁以上的宝宝。

8. 麻风腮三联疫苗（MMR）：麻风腮三联疫苗为进口疫苗，接种后可同时预防麻疹、风疹和流行性腮腺炎三种急性呼吸道传染病。一般在宝宝满 1 周岁就可接种第一针。

9. 水痘疫苗：水痘是由感染水痘—带状疱疹病毒引发的以皮肤出疹为特征的传染病。水痘病毒具有高度传染性，尤其是在儿童中。主要传播途径为空气飞沫、直接接触和母婴垂直传播。水痘经常在幼儿园、小学中爆发流行。对感染水痘的宝宝，只能采取隔离措施，因此，预防水痘最理想的方法是接种疫苗。宝宝满 2 周岁时，可接种水痘疫苗。

10. Hib 疫苗——小儿脑膜炎、肺炎的克星：B 型流感嗜血杆菌简称 Hib，主要通过空气飞沫传染，5 岁以下儿童尤其是 2 个月～2 岁的婴幼儿很容易被传染。避免宝宝患病的最好方法是及早免疫预防，宝宝满 2 个月就可以接种 Hib 疫苗，疫苗的接种次数根据宝宝的年龄来定。

11. 甲肝疫苗：甲肝疫苗用于预防甲型肝炎。目前主要采用国产的减毒活疫苗和进口的灭活疫苗，都具有良好的安全性和有效性。1 岁以上的宝宝可以酌情接种。

12. 肺炎疫苗：肺炎疫苗主要用于预防由肺炎球菌引起的肺炎、脑膜炎和中耳炎等，一般用于 2 岁以上、体弱多病的宝宝。

13. 流感疫苗：用于预防流行性感冒。1 岁以上、身体抵抗力差、体弱多病的宝宝可以接种。

以上这些疫苗，有些是免费的，有些是自费的，每个城市的规定不一样，爸爸妈妈们可以根据自己所在城市的规定和宝宝的情况为宝宝注射疫苗。

尿布疹的预防和处理

婴儿无法自己控制大小便，因此尿布或纸尿裤是宝宝每日的必需品。爸爸妈妈要尽量帮宝宝把尿布包裹得舒服些，并注意及时更换，以免宝宝难受。包尿布的方法与重点是不要包得太紧，但也不能太松，否则会使尿从旁边漏出来。另外，由于男宝宝和女宝宝的生理特点不同，包尿布的方法也有所不同，男宝宝前面要厚一点，女宝宝后半部要厚一点。

不过，妈妈们都有这样的经验：不论用多么柔软的尿布，或者包尿布的技巧多么高超，都无法避免宝宝得尿布疹。不论是透气性多好、吸水性多强的尿布或纸尿裤，都会带有水分和湿气，如果不及时更换，就会造成宝宝尿布区域的疼痛和炎症。这是因为尿液和粪便沾在宝宝的皮肤上，会刺激宝宝娇嫩的皮肤，使得此处的皮肤红肿疼痛，甚至溃烂。预防宝宝“红屁屁”最有效的方法就是勤换尿布或纸尿裤，保持宝宝尿布区域的清洁和干燥，时常让此处皮肤接触空气。

此外，尿布或纸尿裤包裹得不要太紧，要使空气能够流通。每次更换尿布或纸尿裤时，要为宝宝擦洗尿布区域，等到皮肤彻底干燥之后，可以涂抹一些护臀霜。

如果宝宝的尿布区域遭受了真菌或细菌的感染，会使他的尿布疹变得非常严重，或者持续的时间很长，此时最好带宝宝到医院进行治疗，以免进一步恶化。

【育儿百科】

两个月的宝宝开始学习控制头部

宝宝两个月了，你会发现在他们身上有很多的变化，不再是每天昏昏沉沉地吃了睡、睡了吃了，已经开始和爸爸妈妈有互动了。这时候宝宝的颈部肌肉变得更强健了，可以越来越多地控制自己的头部。一般在 12 周的时候，宝宝就能短暂地抬头了，经过锻炼，宝宝的颈部会越来越有力，能够支撑更长的时间。每天在宝宝清醒的时候（喂奶之后除外），可让宝宝俯卧趴一会儿，让宝宝抬着头待一阵子。试着在宝宝面前放个摇铃或毛绒玩具，鼓励宝宝抬起头看玩具，逐渐地宝宝也会伸手去够玩具。宝宝从第 7 周开始，就可以将两条小腿伸直了，不再像未满月的时候总是蜷着两条小腿。等到 12 周的时候，俯卧时宝宝的头就能抬起很长一段时间了，而且也会用手臂撑起上半身将胸部抬起。

每天让宝宝俯卧一会儿，还有助于他的头后部和头侧部变平，不会因为总是仰躺着而使头部变形。而且经常趴一会儿的孩子会更早地学会翻身和爬行。

婴儿体重增长多快为宜

随着婴儿的不断长大，他们的体重必然要增加，可是增长多少才算是正常呢？一般来说，宝宝每个月应当增长 1 千克，3～5 个月内增长总值达到 6.4 千克。也就是说，宝宝出生 3～5 个月后，如果他的体重比刚出生时增长了 1 倍的话，就是正常现象。当然，对于那些出生时就比较重的婴儿来说，就不可能出现体重增加 1 倍的状况了。

妈妈乳汁分泌的浓度、乳汁的多少、宝宝吸吮能力的强弱、大小便排泄情况等都会影响宝宝的体重，没必要因为宝宝的体重每个月没有增加 1 千克而苦恼。只要宝宝的胃口良好，睡眠不错，精神十足，排泄情况也很好的话（母乳喂养的宝宝每天至少尿 6 次），就没什么问题。随着宝宝不断长大，体重增长的速度也越来越慢，而且会变得不规律。比如出牙或者生病的时候，宝宝的胃口不好，吃得少，体重长得就少，而过了这段时间宝宝胃口变好了，体重很快就能赶上去了。

如果宝宝的体重特别轻，就要找找原因了。如果是妈妈的乳汁分泌较少，一方面妈妈要多吃些有营养的食物增加乳汁的分泌，另一方面也可以添加一些奶粉辅喂；如果是妈妈的乳汁浓度较小，可以请教医生改善一下；如果是宝宝的吸吮力较弱，可以多喂几次奶，让宝宝吃得多一些；如果是宝宝的消化吸收功能较弱，就要到医院检查一下，再进行调理。如果宝宝的体重增加过快的话，也要注意，不要让过胖的宝宝吃得太多，并且要让宝宝多做一些运动，消耗一些脂肪，以免影响宝宝的发育。

婴儿打嗝怎么办

通常说来，婴儿打嗝多为良性自限性打嗝，很快就会好的。打嗝是因为横隔膜痉挛收缩而引起的，一些宝宝在妈妈的肚子里就会打嗝，这是一种常见现象。其实横隔膜不是分隔胸腔和腹腔的一块膜，而是一大块肌肉。它每次平稳地收缩，我们的肺部便吸入一口气；由于它是由脑部呼吸中枢控制，会有规律地活动，我们的呼吸是可以完全自主运作的，我们也不需要时常记着怎样呼吸。打嗝时，横隔膜不由自主地收缩，空气被迅速吸进肺内，两条声带之中的裂隙骤然收窄，因而引起奇怪的声响。

■ 引起宝宝打嗝的原因

● 吃得太快。你是否也遇到过这样的情况？在你饿得眼冒金星之时，冲进快餐店狼吞虎咽之后，有时会引发一阵“嗝嗝”声。匆匆忙忙地进食，会使大量的空气吸入体内，自然会引起打嗝。

● 过分紧张。当你处于精神压力大的状态，身体对氧气的需求量就会增加。结果，你就会像鱼儿一样机械地用嘴吸进很多空气，从而引起打嗝。同样，情绪过度紧张、吸进的空气过多也会引起宝宝不停地打嗝。

● 其他原因：

(1) 对宝宝的护理不当，使他外感风寒，寒热之气逆而不顺，可诱发打嗝；

(2) 乳食不当、不节制或过量食生冷奶水或过服寒凉药物，则气滞不行、脾胃功能减弱、气机升降失常而诱发打嗝；

(3) 进食过急或惊哭之后进食，会使大量的空气吸入体内，也会引起打嗝。

■ 让宝宝停止打嗝的七大方法

其实应该是没有任何有效的方式来停止婴儿打嗝，尤其是不确定为什么会发生打嗝的时候。宝宝若无其他疾病而突然打嗝，一般无须作处理，通常打一会儿就可自行停止，除非发作时间较长，连续 5～10 分钟。以下方法有助于宝宝停止打嗝：

1. 如果宝宝嗝声高亢有力而连续，一般就是受寒凉所致。这时妈妈应抱起他，轻轻地拍拍他的后背，再给他喂上一点温水，给他的胸脯或小肚子盖上保暖衣被，冬季还可在衣被外置一热水袋保温。

2. 如果宝宝因吃奶后腹部胀气，放下平躺时会打嗝。这是因为婴儿在吸奶的时候，因用力吸而吞入太多的空气，造成了胀气现象，因此家长可以在宝宝喝完奶之后，多抱一会儿，轻轻拍宝宝背部，或是轻柔按摩腹部来帮助排气。

3. 如果宝宝是因吃奶过急、过多或奶水凉而引起的打嗝，可将他抱起后刺激其脚底，促使宝宝啼哭。这样，可以使他的膈肌收缩突然停止，从而止住打嗝。

4. 妈妈也可将不停打嗝的宝宝抱起来，用食指尖在他的嘴边或耳边轻轻地挠痒。待宝宝发出哭声后，打嗝的现象就会自然消失。因为嘴边的神经比较敏感，挠痒即可放松宝宝嘴边的神经，打嗝也就会消失了。

5. 喂一点温开水或以有趣的活动如听音乐来转移婴儿的注意力，也可以减轻宝宝的打嗝症状。

不过如果宝宝频繁地打嗝，同时伴有食欲变差、体重减轻或频繁呕吐，就应该带宝宝到医院做详细检查。

■ 6 招有效预防宝宝打嗝

刚出生的宝宝神经发育还不太成熟，所以才会经常打嗝，绝大多数不是病，无须过于担心、惊慌及治疗，通常过些时日等宝宝长大后就会自然好转，一般不会造成影响和后遗症。以下方法有助于预防宝宝打嗝：

1. 如果是“胃食道逆流”造成的打嗝及溢奶，可在喂奶后让宝宝直立靠在大人的肩上排气，且半小时内勿让其平躺，大一点后可添加米粉或麦粉以增加奶的黏稠度，防止打嗝。

2. 如果宝宝打嗝是因为对蛋白分解能力差，可依医师指导使用特殊配方奶粉。

3. 平时喂食宝宝要在安静的状态与环境下，千万不可在宝宝过度饥饿及哭得很凶的时候喂奶。

4. 喂奶姿势要正确，进食时也要避免太急、太快、过冷、过烫。

5. 让宝宝在喝奶的中间休息一下，吃完奶后让宝宝直立站在你腿上，轻轻地拍他的背排气，可防止他打完了饱嗝却还连续打嗝。

6. 天气寒冷时注意宝宝的保暖，避免身体着凉。

■ 无医学根据的处理方式

虽然目前没人肯定知道是什么原因导致婴儿打嗝，但对打嗝总的解决之道是，顺其自然，不必做任何额外处理。特别提醒家长们，有些处理方式，如服用蜂蜜来治疗打嗝或压眼球等，是无科学根据的，家长们切勿相信。

【心智发展】

宝宝的情感智力（一）

婴儿会有情感吗？这是一个很重要的问题。宝宝从出生就有自己的感情，但常常被大人忽略。爸爸妈妈只会留意宝宝吃什么、穿多少、睡多久、智力和身体发育是否符合标准，对宝宝的情感世界却不太了解，也不太关心用什么方法能让宝宝更好地控制情绪、理解他人、融入社会、维持良好的人际关系等。事实上，培养宝宝的情绪适应能力和教会他如何睡觉、控制饮食一样重要，甚至更重要。

■ 婴儿也是有情感的

你会问：“这么小的孩子有什么情感?”无数研究表明，情感智力（情商）是最重要的一种智力，其他所有能力都是以此为基础发展而来的。很多智力高超的人，却因为情商低下而无法在社会上立足。所以，要从小开发宝宝的情感智力，即便是只有几周、几个月的宝宝也可以接受情商教育，包括对事件的反应、通常的情绪、自我调节和忍受挫折的能力、活动水平、兴奋程度、平静情绪、社会交往能力、对新情况的反应等。

■ 婴儿的情感世界是什么样的

和成年人一样，婴儿的情感世界也是由脑边缘系统控制的，最先发育的是较低的部位，包括杏仁体，用于控制人的情感。杏仁体负责产生原始情感，它会提醒大脑的其他部位进行相应的反应。当有事情发生时，它会积极调动大脑的其他部位产生反应。在它的调配下，脉搏会加快跳动，肾上腺素也开始分泌。上部的脑边缘系统在4～6个月开始发育，这时候宝宝会出现有意识的情感。随着脑部的不断生长发育，宝宝的情感也会不断丰富。

下面我们解读0～4个月宝宝的情感发展，后面还会讲述4～8个月以及8～12个月宝宝情感发展的内容。

● 这时的宝宝虽然小，但也是由原脑控制着一切。刚出生的宝宝的情感是一种自然而发的情感，不受控制，如肚子胀痛引起的面部扭曲等。几个星期之内，宝宝就能学会微笑，还会模仿大人的表情，这就说明宝宝已经开始注意别人的情感表达方式了。满月后的宝宝就会用哭来表示不舒服、疲劳或饥饿；高兴或兴奋时会微笑或咯咯地笑；开始和父母对视，时间越来越久；出现了有意识的社会性微笑；还能做出简单但重要的联想："如果我哭了就会有人来抱我。"之后，宝宝就会明白用哭和面部表情能让妈妈做出反应，满足自己的要求。当你在宝宝哭的时候做出回应，他就体会了依赖，学会了信任；当你微笑着模仿宝宝的表情时，宝宝就学会了如何用表情吸引别人。

● 对于还不会说话、不会自由行动的小婴儿来说，他们能够引起外界对自己关注的唯一方法就是"哭"。宝宝的哭声在新爸爸新妈妈听来很迷茫，不知道宝宝到底是怎么了。这个时期宝宝的哭只是表达情感的方式，也是唯一的方式。宝宝哭的时候是在表达："我需要帮助，快来帮帮我!"特别是最初的6～8周，宝宝会哭得非常厉害，爸爸妈妈可能要花上几个星期的时间才能了解宝宝的哭声的含义，肚子饿时的哭声，尿布湿了的哭声，想让人抱的哭声，觉得害怕的哭声，身体不舒服时的哭声……每种都不一样，需要爸爸妈妈仔细了解，并做出相应的反应。如果爸爸妈妈能够熟练地解释宝宝的各种哭声，并且做出正确的回应，那么宝宝就能更加顺利地进入"非哭声交流"阶段，也就是宝宝在第12～16周出现的状况。那时候大多数婴儿的情绪已经稳定了，一天中哭的时间少了，父母也更容易理解和安慰他们。

宝宝一哭就马上把他抱起来吗

该如何面对宝宝的哭呢？是宝宝一哭就马上把他抱起来吗？祖父母在照看孙儿的时候会这样做。有些妈妈怕惯坏孩子，怕给宝宝养成有求必应的习惯，不到喂奶的时候，就是不去看宝宝，随他啼哭。有些倔犟的宝宝会越哭越使劲，声音也一次次地提高，歇斯底里地哭闹着，用声音召人前来哄他。宝宝在使劲地哭喊仍得不到回应的情况下，会产生两种可能的反应：

一种可能是宝宝生气了，他会情绪很不安定，经常无休止地哭闹叫唤，总是有事没事地哭个不停，难以消停。这就是人们常说的"难缠儿"、"夜啼郎"。这种婴儿长大后脾气也大，经常心神不定、坐立不安，很可能成为没事就捣乱的学生。

另一种可能就是，宝宝渐渐不哭闹了，开始疏远亲人，对亲人的喊叫也不去回应，很少和他人对视，不会用眼睛传达感情，渐渐变得冷漠起来，对别人的哄逗、说话不愿意搭理，也很少对人微笑。照此发展下去，宝宝视听的神经通路不能按时发育，认知能力的发展和语言沟通的学习都会产生障碍。而且他不再用心感受亲人的关怀与爱抚，不信任身边的亲人，将来长大后也会变得性格孤僻冷漠，不信任他人，很难对别人产生同情或者怜爱的感情。

不论是哪种情况，都会使宝宝对自己所处的环境感到害怕、失望或气愤，因为他觉得没有人会关注他的需求，没有人在意他的存在。这样的宝宝长大后，也许会很独立，但由于从小缺乏爱的交流，他们易对周围的人和环境产生愤怒，性格会变得孤僻、不好相处。在婴儿时期没能和父母建立起良好的亲子关系的孩子，长大后也会变得很难管教。婴幼儿时期缺乏父母关注的宝宝，会形成这样的观念：给他带来安全和保护的只有他自己。如果一个孩子认定"只有自己才是可信赖的"，那么他与父母间的关系就会产生许多问题。

到底要怎么做才能既满足宝宝的亲情需要，又不会太过宠溺他呢?

■ **我们不提倡宝宝一哭就把他抱起来，但是也绝不能忽视宝宝的哭泣**

正确的做法是在宝宝哭的时候，爸爸妈妈迅速出现在宝宝的面前，给他一个大大的微笑，和他说说话："宝宝起来了！为什么哭呢?""宝宝想喝奶，还是尿湿了啊?"一边说，一边检查一下宝宝的状况，看看他到底需要什么，再根据具体情况决定要不要把他抱起来。这样做，既能让宝宝在第一时间安心，又能"延迟满足"宝宝的需求，不会让他养成不抱就不停止哭泣的习惯。如果你不能立即出现在宝宝的面前，在听到哭声的时候，可以大声对宝宝说："宝宝不哭，妈妈在做饭，马上去看你！"三四个月的宝宝在听到爸爸妈妈的声音以后，就会安心了，一般不会再大哭大喊，当然你最好还是在一分钟之内出现在宝宝的面前。

越小的宝宝越容易和父母建立起亲密无间的关系，而且这种关系也能够持续得更长久。所以，在婴儿期，爸爸妈妈们一定不要吝啬自己对宝宝的关爱哦！

婴儿在用他的身体和情绪进行沟通

婴儿的需要只靠食物等一些物质要素来满足是远远不够的。在宝宝身边待久了，会渐渐知道对宝宝的关注、体贴、爱护、担心等对宝宝的健康是有绝对的必要性的。充足的营养是婴儿成长的物质所需，而爸爸妈妈的关爱、呵护是宝宝的精神需求。营养物质的满足，为宝宝的身体成长提供了物质资源。对宝宝精神层面的关爱，会让宝宝的心理、情感、智力都能健康成长。只有既满足宝宝的物质营养，又给予宝宝精神上的疼爱与照顾，宝宝才会身心健康地全面发展。

为人父母的都想了解自己的孩子，都想知道孩子想要什么，想把整个世界给孩子。当然，婴儿也强烈地需要被了解，他们还不完全具备语言功能，只能用身体与爸妈沟通，他们的这种沟通模式，需要父母的理解，更需要父母清楚地明白他们所表达的意思。所以说，婴儿与父母之间的联系是相互的。婴儿从出生就非常努力地以各种方式传递讯息，与爸妈沟通。他们的小动作会激发起父母心中的情感，父母不管是心理上还是行动上都会有所反应。父母对宝宝的语言、神情、动作也会让宝宝有所反应，这是个双向互动的过程。现在想想，你和孩子是不是也有这样的过程呢?

婴儿初期玩具的选择

玩是孩子的天性，而玩具又是体现孩子天性的工具。一款好的玩具，不仅能满足婴儿的感官刺激及需求，更能激发婴儿的无限想象力，促进宝宝智力的发展。婴儿自出生以后会收到一大堆各式各样的玩具，面对种类繁多的玩具，用心的妈妈该如何选择?

首先要注意的是不能没有选择地将玩具随便给孩子。无论多大月龄的婴儿，都会有适合这一时期的玩具，我们可以将玩具按照婴儿的月龄归类收拾好，到了适合的时间再拿出来给宝宝玩。

婴儿一诞生，爸爸妈妈就开始陆续给他买玩具了。爸爸妈妈们购买玩具的时候可要多花点心思。用笔写一个便条，贴在购买的玩具上面，说明这个玩具适合孩子多大时玩。或许宝宝在这一时期会对此玩具表现得毫无兴趣，但别着急，选择在恰当的时候给孩子恰当的玩具才是明智之举。

只有充分了解宝宝，才会清楚宝宝想要什么、喜欢什么。平时要多与宝宝接触，多观察孩子的行为举动，揣摩宝宝心理，掌握宝宝的生活习惯，才会发现孩子对什么最感兴趣。要对宝宝的心理与行为报以理解的态度，因为他毕竟还是个小孩子，需要绝对的理解和正确的引导。

给 0～3 个月的婴儿选玩具，应尽量选择能让眼睛、耳朵感到愉快的玩具。给宝宝听一些音乐或看一些色彩鲜艳的东西以刺激宝宝的听觉与视觉，帮助宝宝增强看与听的能力。这个时期适合的玩具有：

- 可以悬挂在天花板上的五彩缤纷的风铃；
- 可以挂在婴儿床边的旋转的音乐盒；
- 手握的摇铃；
- 玩具闹钟等。

可利用玩具的响声和音乐声来训练宝宝的听觉。注意：声音要柔和动听，时间不要持续很长。也可以在宝宝的床栏杆上系上五颜六色的气球，宝宝也会看得心花怒放。

本阶段家庭游戏

■ 飞机起飞了

家长把垫子铺好，给宝宝脱去外套及长裤，仅留内衣及尿布，让宝宝仰躺在垫子上，双手从宝宝肋下两侧伸入背下，轻轻向上提起，使其腰部头部及手脚维持平放，从一数到五再放下。每次做这个游戏的时候家长还可以配合语言，如“宝贝，飞机起飞了，呜呜……”，之后再放下，重复五次后休息。接下来，家长让宝宝趴卧，双手从其两侧伸入胸下，轻轻向上提起其腰部，令其头部及手脚自然垂放，从一数到五后再放下，重复五次后，让宝宝休息。

■ 小红球　小蓝球

1. 家长分别将两个不同颜色的球放在手上，吸引宝宝的注意；
2. 给宝宝念儿歌：“小红球，小蓝球，一眨眼睛不见了”；
3. 念“小红球”的时候，将拿红球的手稍稍举高，在宝宝面前慢慢晃动两下；
4. 念“小蓝球”的时候，将拿蓝球的手稍稍举高，在宝宝面前慢慢晃动两下；
5. 念“不见了”的时候，速度稍快地将两只手背到身后，或者将一只手背到身后。

这个游戏不仅可以帮助宝宝区别两种颜色的不同，而且通过把球藏起来，还可以帮助宝宝感觉数量变化，锻炼空间知觉并感受物体在空间中的运动。

■ 小宝宝做体操

让宝宝舒服地仰卧在婴儿床上，两腿伸直，家长两手轻握宝宝的脚腕，活动膝、髋关节及下肢。

1. 抬起宝宝的双脚与床面呈45度，帮助宝宝屈曲左腿至腹部；
2. 拉回宝宝的双脚，使双腿伸直与床面呈45度；
3. 放下宝宝的双脚，让宝宝舒服地仰卧；
4. 换右腿重复以上动作。

这个游戏可以帮助宝宝较好地活动下肢关节和肌肉，促进宝宝身体动觉的发展。在做这个游戏的时候可以给宝宝配一首节奏简单、旋律优美的儿歌，促进宝宝语言能力的发展。

【安全防护】

夜间喂奶的安全

到了夜间，特别是后半夜，当宝宝要吃奶时，忙碌了一天的妈妈睡得正香，蒙蒙眬眬中给宝宝喂奶，尤其是躺着喂奶，很容易发生意外危险。

夜间喂奶时，光线暗，视物不清，妈妈不易发现宝宝的皮肤颜色是否正常，也不易发现宝宝是否溢奶。妈妈困倦时，躺着喂奶容易忽视乳房是否堵住宝宝的鼻孔，使宝宝发生呼吸道堵塞。

妈妈应该像白天一样坐起来喂奶，喂奶时光线不要太暗，要能够清晰地看到宝宝的皮肤颜色。喂奶后仍要竖立抱起宝宝并轻轻拍背，待打嗝后再放下。观察一会儿，待宝宝安稳入睡就可关灯，但一定要保留暗一些的光线，以便宝宝出现溢奶时及时发现。

帮宝宝拍嗝的正确姿势如下：

- 直立抱在肩上。不论是站还是坐，妈妈都要将宝宝尽量直立抱在肩膀上，以手部及身体的力量将宝宝轻轻扣住，再以手掌轻拍宝宝的上背部即可。

● 注意：

（1）妈妈应在自己的肩上放置小毛巾，以防宝宝溢奶。

（2）在拍嗝时，以一定的力量将宝宝固定抱住非常关键，但是要注意不能遮住宝宝的口鼻。

（3）拍打和按摩可以交叉使用，在试过几次之后，如果宝宝还是没有打嗝，可将宝宝换到另一侧肩膀再继续拍。

● 端坐在大腿上。妈妈坐着，让宝宝朝向自己坐在大腿上，一只手撑在宝宝的头、下颚及肩膀之间，另一只手轻拍宝宝的上背部即可。

小心线头缠绕——如何给婴儿穿袜子和戴手套

看着自己可爱的宝宝，所有的家长都愿意把最好的东西给他，在穿着方面，经常把他打扮得像个漂亮的天使。

但我们在这里建议你，给孩子买回来的小手套和小脚套，一定要反过来穿戴，即把有毛边的那一面穿在外边，把光滑平整的那一面穿在里面。原因是，孩子的小手指和小脚趾很容易被小手套或脚套里面的线丝缠住，如果缠得过紧，很可能导致某一个手指或脚趾的坏死。孩子这个时候还很小，不能够表达出他的难受和不舒服，家长会把他这时候的哭闹与饥饿等可能的其他原因混淆，从而造成不可挽回的结果。

因此，即使天气冷，也尽量不要给孩子戴手套和脚套。如果一定要戴，就把它反过来。

【成长顾问】

母亲的抚爱——如果爱你的宝宝，请多抚爱他

妈妈经常抚爱自己的宝宝，可以让宝宝情绪稳定，还能增进母子之间的感情。

母亲抚爱宝宝的方式有很多。可以利用喂奶时，温柔地怀抱宝宝，用手抚摸孩子的小屁股，亲吻宝宝的脸颊；还可以将宝宝的手放在妈妈的乳房上，鼓励他用小手去摸乳房；也可以在喂奶时深情地注视着宝宝，使他与母亲凝视，进行眼神的交流。妈妈要和宝宝进行温柔的对话，使宝宝尽早熟悉妈妈的声音。妈妈也可以用手抚摸婴儿的小手，让他感受你手心的温暖，或者抚摸宝宝的小脸蛋，微笑着去逗逗他。总之要让宝宝充分感受妈妈给予的爱，使母子关系更加亲切。母亲的爱抚可以全方位地训练婴儿的皮肤触觉、听觉、视觉，还可以增强宝宝大脑皮层细胞的活动能力。不仅如此，母亲经常爱抚婴儿，还可以培养宝宝良好的性格，使宝宝产生愉悦的心情。宝宝会因为母亲的爱抚而产生微笑，或者张开嘴巴发出喉音模仿妈妈的声音。这就是婴儿的学习过程。比如，婴儿在出生一段时间后，会睁开眼睛注视着妈妈的脸，此时，妈妈一定要面对宝宝用轻柔的声音和他说话。可

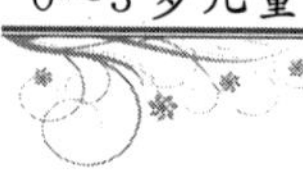

以像这样说："宝宝在看妈妈呀！""我的宝宝是不是饿了？"听到妈妈的声音后，宝宝的手脚都会动起来，就连面部表情都会随之丰富起来。

换尿片的机会也不能错过。在给婴儿换尿片时，妈妈可用手轻轻地抚摸宝宝的小屁股，还可以称赞宝宝："宝宝的屁股真嫩啊！"这样的肌肤接触，宝宝会十分享受，还能增进妈妈与宝宝之间的感情。

第3个月

1. 宝宝满两个月之后，就可以给他喂少量的蔬菜汤汁。
2. 初次喂果汁最理想的时间是在中午，要在吃奶后1小时进行。
3. 疫苗的接种是有时间规定的，是按照宝宝的月龄进行安排的。
4. 宝宝排便量和次数都没有一定的标准，只要每天喝奶正常，两三天才排一次便也不用太担心。
5. 母亲生病用药，怕药物通过乳汁影响宝宝。确有很多的药物对婴儿有明显影响。
6. 3岁以前使用安慰奶嘴，不会引起啃咬过度，从而影响宝宝牙齿的发育。
7. 爸爸妈妈为宝宝进行适当的视觉训练可以促进宝宝的视觉发展。
8. 在母亲的逗弄下产生笑，是婴儿在出生2～3个月之后才会有的现象。
9. 宝宝会根据母亲的表情与语气，从心底感受母亲的情绪。
10. 宝宝快三个月了，看见什么都想摸一摸、咬一咬。喜欢没事四处张望，喜欢有人哄他逗他，而且还会在你哄他的时候对你甜甜地微笑。
11. 婴儿的语言发育还不完善，妈妈要以爱的眼神去注视婴儿，和他进行情感的沟通。

	生理发育正常均值
体重	5.5～6.1千克
身高	58.8～60.1厘米
头围	38.6～39.6厘米
胸围	38.7～39.8厘米
前囟	2厘米×2厘米
后囟	0～1厘米

【成长脚步】

每一个孩子的成长轨迹都不同，这里只是大致描述本年龄段宝宝的发育情况。你的孩子的某一单项指标以向前两个月或向后三个月的指标作参考，都是可以的。

■ 身体

第三个月的宝宝已经有很大的变化。宝宝的颅骨是膜状的软骨，有几个点在钙化，称为成骨中心，在骨缝交接处仍是软骨，随着脑子增大而膨隆。有些患佝偻病的婴儿由于成骨中心的不扩大，颅骨有乒乓球样的感觉，即颅骨仍处于膜状软骨的水平，这是婴儿的佝偻病最先发现的体征。

■ 吃——可以有规律地授乳

宝宝的吃奶量逐渐增加，母亲食欲好、情绪稳定就会有足够的母乳喂养孩子。和新生儿期比较起来，此时孩子醒来的时间也变长了。授乳的间隔为2～4小时，一天6～8次，已经较稳定了。为了使宝宝的生活变得有规律，可以慢慢地减少夜间的授乳，只要白天让他多喝一点奶，就不必担心营养不足。

■ 睡——几乎能安睡整夜

夜间几乎完全不必喂奶了。白天睡眠已成规律，上午睡一次，中午和下午也各睡一次。如果每天上午在他醒时带他到户外玩耍，玩时他也会十分清醒而且易于形成习惯。

■ 体重约为刚出生时的2倍，体格因各人的差异有所不同

因为喝奶量比以往增加，所以这个时期身体的成长是整个婴儿生涯中最明显的，体重大约每天增加30克，到给孩子庆祝“百天”的时候，他的体重已经约为刚出生的2倍。这样的体重增加显著得令人觉得不可思议。身高每个月大约长4厘米。体格会因各人体质的不同而有差异。

■ 动作更加灵活，活动更活泼

原始的反射动作渐渐消失，虽仍无法完全按照自己的意志行动，但已渐渐地可以自己转动身体。反射性的左右同时动作的手足，现在开始独立动作，伸伸手臂，脚会踢来踢去的。把能发出声音的玩具让宝宝握着，他会稍微地拿起来，但是还不会玩玩具。不论是手部的活动，或是脚部的活动，都还不是想象中的那么灵活。同样年龄的小孩也有各种不同的成长程度。

■ 意识到手

婴儿会有把手伸到眼前盯着看、舔自己的手的动作，这是婴儿已意识到手是身体的一部分。对人的成长发育而言，这是动作发展重要的第一步。下一步即可自由地掌握手的动作。当他在舔自己的手时不要阻止他，让他做自己喜欢的事。

■ 表情也很丰富

宝宝的表情开始变得丰富，看到妈妈的时候会微笑，但还不会区别东西。高兴的时候会发出单声“呀—呀”或是“咕—咕”。妈妈要看着婴儿的眼睛，跟他说话。

■ 对妈妈的声音与动作的反应

视觉与听觉已经开始发达了，能够认出妈妈的声音。当他哭泣的时候哄他，他就会停止哭泣，对妈妈的动作也会有反应。这个月的宝宝开始认识母亲，能侧转身体作 90 度翻身。

■ 叫声拉长

出现咿咿呀呀的双元音，宝宝叫唤更加自如，乐意与人对答。而且此时宝宝容易发笑，喜欢与人交往。有的宝宝见人就笑，十分可爱。

■ 头可以抬起来

让婴儿趴着时，他开始会把头抬起来一点，但是也有个体的差别。

■ 开始对色彩有感觉

对明亮鲜艳的颜色会注视，也会用眼光追踪它，刚开始时只能看见较近的东西，慢慢地就可以看见远一点的东西。

【营养美食】

给宝宝加喂一些果汁

宝宝满一个月之后就可以开始让他喝一点果汁，让他除了奶和水之外，习惯不同果汁的味道，使宝宝顺利地进入离乳期。宝宝开始可能会不习惯，如果他不想喝的话，妈妈不要勉强他喝。

喂果汁最理想的时间是在中午，要在吃奶后 1 小时进行。因这时的宝宝比较活跃和清醒，而且吃奶后 1 小时胃中的奶量已基本排空，属于半饥饿状态，较容易接受除奶外的食物。果汁不宜掺入奶中，因为果汁属弱酸性饮料，在胃内能使乳汁中的蛋白质凝固成块，不易吸收，造成宝宝营养不足。

开始时先试用一种果汁，观察 24 小时宝宝的全身状态，如大便性质有无改变、皮肤有无过敏等。如无不良反应，可持续喂 7～10 天。然后更换另外一种果汁，再观察有何反应，如喝多种果汁均未发现有不良反应，即可交替饮用了。

开始时每日喂 1 次果汁，每次 5～10 毫升，纯果汁中要加等量的温开水稀释，用小汤匙舀，一点点送入宝宝的口中，让他慢慢吸吮、慢慢品味。随着宝宝的长大，可增加到每日 2 次或 3 次，每次的量可增至 15～20 毫升。也可以兑少量温开水用奶瓶来喂，循序渐进。

■ 果汁的做法

果汁最好自制。制果汁时，双手要彻底洗净，餐具、碗、匙、奶瓶等必须彻底煮沸消毒。可选用每个季节最盛产的新鲜的成熟的水果。春天可用橘子、苹果、草莓；夏天可用西瓜、桃子；秋天可用葡萄、梨；冬天可用苹果、橘子、柠檬等。先将水果洗干净，用开水烫后去皮，然后用榨汁机榨汁；没有榨汁机的家庭可先把要榨汁的水果放在杯子里捣碎，用小匙挤压取汁或用消毒纱布拧挤出果汁。每回要适量制作，如有剩余，必须倒掉或大人吃掉，不能留到下次。

特别要注意：要现吃现做，且不宜给宝宝喝市场上销售的成品果汁。市售的成品果汁或多或少都含有食品添加剂；且大多不是原汁，而是配制成的，不能为宝宝补充所需的维生素，即使有些果汁含有少量原汁，但经过消毒加工后，维生素所剩无几。因此，给宝宝喝的果汁最好是爸爸妈妈亲自做的。有些孩子很喜欢喝果汁，父母看他高兴也就不加限制，这是不对的。2 个月左右的孩子一天喝 50 毫升左右的果汁就足够了。

给宝宝加喂一些菜汁

宝宝 2 个月之后，就可以给他喂少量的蔬菜汤汁，目的也是与喂果汁一样，让宝宝习惯不同的味道。具体喂食的要求也与喂果汁一样。

■ 菜汁的做法

胡萝卜汁：胡萝卜洗净并切小块，放入小锅内加 30～50 毫升水煮沸，再用小火煮 10 分钟，过滤后将汁倒小碗。（注：胡萝卜直接生长在土壤中，易受到污染，建议皮削厚一点，只留下胡萝卜的芯作为原料。）

白菜叶或油菜叶汁：在小锅内加 50 毫升水煮沸，将洗净的菜叶 6 片切碎后放入沸水内，煮 1 分钟后关火，待温度适中后过滤倒入小碗。（注：菜叶洗净后，再在清水中泡 20 分钟，以除去残留农药。）

特别要注意：菜水要现做现吃。长时间放置的菜水亚硝酸盐增高，会导致高铁血红蛋白血症，甚至可导致亚硝酸盐中毒。

第 3 个月宝宝的饮食指导

- **母乳喂养：**每次喂 90～180 克，每 3～4 小时一次，夜间可以减少一次。
- **人工喂养：**每次喂 90～200 毫升配方奶，每 3～4 小时一次，夜间可以减少一次。

● **辅助食物**：温开水、凉开水、各种季节当令鲜榨的果汁、胡萝卜或白菜等蔬菜的菜水，每次 50～90 克，可在白天两次喂奶中间任意选择其中一种轮换喂食。

【护理保健】

预防接种——常见的问题

■ 生病的孩子注射疫苗

一般来说，疫苗的接种是有时间规定的，是按照宝宝的月龄进行安排的。可是宝宝特别是 1 岁以内的婴儿很容易患病，感冒、发烧、流鼻涕、咳嗽等症状时有发生，如果宝宝生病了，他还能接受疫苗注射吗?

宝宝患有感冒、呼吸系统过敏症、轻微的胃部流感甚至低度的发烧都不会降低疫苗的有效性，也就是说此种情况下可以接种疫苗，不会对宝宝造成有害影响。但是，如果宝宝患有高烧等状况严重的疾病时，就必须推迟注射疫苗了。因为大部分疫苗都会有些副作用，诸如发热、嗜睡、出疹子等症状，会让正在生病的宝宝感觉更不舒服，而且也很难分辨疾病的症状和疫苗副作用之间的区别。

总而言之，如果你的宝宝在注射疫苗当日或前几日有不舒服或生病的状况，一定要向医生说明，医生会分析所接种疫苗的副作用、滞后接种疫苗是否会对宝宝有影响、疾病的具体状况等方面，来决定是否继续为宝宝接种疫苗。

观察半岁以内宝宝的大便很重要

婴儿除了哭闹以外，没有其他的表达方式，该怎么样知道宝宝吃的食物是否合适、宝宝的身体是否健康呢? ——答案是：看宝宝的大便。第一个月中，我们讲了新生儿大便的情况。在孩子能够与你进行顺利的语言交流之前，观察宝宝的大便情况，是了解宝宝健康状况的重要途径。给宝宝换尿片的时候，不要忘了观察一下宝宝的大便，从颜色、形状、软硬程度、气味等各个方面都能看出宝宝的身体是否健康。

■ 未加辅食的母乳喂养的宝宝

粪便呈黄色或金黄色，稠度均匀如药膏状，或有种子样的颗粒，偶尔稀薄而微呈绿色，呈酸性反应，有酸味但不臭。宝宝每天排便 2～4 次，如果平时每天仅有 1～2 次大便，突然增至 5～6 次大便，就要考虑是否患有疾病。如果宝宝平时大便的次数就比较多，而宝宝的一般情况良好，体重不减轻而是照常增加的话，就说明宝宝一切正常。添加辅食后，宝宝大便的次数会相应减少。

异常状况及其处理方式如下：

1. 出现蛋花汤样大便，每天排便5～10次，都是黄色水样夹奶瓣或成黏液样粪便，说明宝宝消化不良。这时要立即减少食量，适当喂淡盐水，如果两三天后大便仍不正常，就要到医院诊治。

2. 绿色絮状水样的大便一般出现在宝宝着凉或吃了难以消化的食物之后，表现为每天大便多达10次以上，宝宝精神不振，吐奶厌食，口唇干燥，可能是中毒性消化不良，容易并发脱水、酸中毒，应及早诊治。

3. 宝宝也会出现便秘的状况，可以用热水浸浴的方法予以改善。盛一盆温热水（水温适度），抱住婴儿的两腿，让其后臀浸入水中，两分钟后从水中抱出，休息两分半钟，再次浸入水中，如此重复数次，可以使宝宝不再便秘。

■ 以牛乳或配方奶粉喂养的宝宝

大便颜色淡黄或呈土灰色，比较硬，呈中性或碱性反应。由于牛奶中的蛋白质多，因此大便有明显的蛋白分解后的臭味。一般每天排便1～2次，有的宝宝经常是1～2天才排便一次，只要大便不是十分干硬，宝宝排便也不困难的话，也属于正常现象。如果增加奶中的糖量，或适当添加水分，就会增加排便次数，并且大便也会变得柔软。人工喂养的宝宝在两顿奶之间加喂些水，大便就能变得软一些。有时候宝宝的大便里会有一些奶瓣，这是没有消化吸收的脂肪与钙或镁化合成的皂块，只要量不多就不算异常现象。如果宝宝的大便颜色变绿，有可能是腹泻的征兆。代乳品的调配是否合适，对宝宝的消化吸收有很大影响，比如牛奶中脂肪过多，会使大便次数增多，出现不消化的奶瓣；蛋白质过多，糖量过少的话，大便就容易干燥，或有奶块；糖分过多，大便就会发酵、变稀、泡沫多、发绿色、酸味重，宝宝会腹胀有气。

异常状况及其处理方式如下：

1. 深棕色泡沫样且量多的大便，一般表示淀粉类食物摄入过多。

2. 在天气太热、饮水过少、衣服穿得太多、多汗或其他原因导致宝宝失水的情况下，大便为黄色颗粒状。

3. 如果宝宝的大便呈淡黄色，液状，量多，发亮，在尿布上或便盆中可以滑动，表示食物中的脂肪过多，需要增加糖分、减少奶量。

■ 刚开始添加泥糊状食品的宝宝

不论是母乳喂养还是奶粉喂养的宝宝，添加辅食后每次大便量会增加，大便的硬度比单纯奶喂养的稍软一些，呈暗褐色，臭味增加。初加菜泥时，宝宝大便中常排出少量的绿色菜泥，有的父母以为是消化不良而停止添加菜泥。实际上这种现象是健康婴儿更换食物时常发生的。只要没有腹泻，就不必停止加辅食，几天之后宝宝的肠胃就会习惯了，这种情况也会随之消失。

开始养成定时大便的习惯

从2个月左右开始，可以训练宝宝排便，让宝宝养成定时大便的好习惯。婴儿肠管的长度是其身长的6倍，有利于营养的吸收，但肠管的神经支配功能还未完善，肠壁肌肉不发达，肠管内容易充气，因此调节功能和消化能力都比较差。所以婴儿排大便的次数也相应较多。等到宝宝三四个月或六个月以后，一般每天可以只排一次大便。因此，从 2 个月左右可以开始训练婴儿排大便的习惯，使婴儿的消化排泄功能规律化，减少消化不良的情况发生。排便时间最好选在清晨，这对婴儿一天的吃、玩、睡都有好处。晚上临睡前排便也可以，这样可以使婴儿在夜间睡得比较踏实。开始训练前，首先要掌握婴儿每天大便的时间，根据宝宝自身的规律选定排便时间，进行有意识的训练。

便秘了怎么办

婴儿每次的排便量和次数都没有一定的标准，只要宝宝看起来心情很好，每日所喝奶量正常，体重正常增加，就算是三天才排一次便也不用太担心。如果宝宝营养充足，排便时肛门会有点血丝出现的话，可能就是便秘了。这时妈妈可以帮宝宝揉揉肚子，促进肠胃消化、蠕动；或者在宝宝的肛门处涂些肥皂水、凡士林、橄榄油或是婴儿油等，帮助软化便便，顺畅排出；或者让宝宝喝一些果汁或是麦芽汁，也能帮助排便。如果这些方法都不见效的话，就要去医院请医生治疗了。

除了便秘之外，如果你发现宝宝的大便中有血混在一起，或者大便呈黑色，而且有很多黏液的话，就算宝宝的情况很好，也要将大便拿到医院请医生查看分析一下，以免延误病情。

了解鹅口疮

也许你会很困惑，一向胃口很好的宝宝，为什么一含到奶头或奶嘴就大哭大闹呢？这时你应该检查一下宝宝的口腔。也许你会发现宝宝的嘴唇和舌头上有一层白色的覆盖物。用干净的湿毛巾擦一下，如果擦下来的白色物体是奶，那就不用担心了。但是，如果白色覆盖物很厚，而且擦不掉，那就可能是“鹅口疮”了。鹅口疮是一种由真菌引起的婴儿口腔感染疾病，患病的宝宝会感觉很痛，表现烦躁，并拒绝喝奶。如果宝宝得了鹅口疮，要及时去医院治疗，在治疗的同时要注意消毒。

鹅口疮的病菌主要聚集在乳头和奶嘴上，所以妈妈在喂母乳前一定要清洁自己的乳头，而奶瓶和奶嘴更要每天都消毒。特别要注意的是，清洁和消毒必须彻底，否则会引起鹅口疮的反复发作。

发生生理性腹泻不用急

有些宝宝吃母乳后会腹泻，每天大便 7～8 次，为黄绿色的稀便，里面混有少量的奶瓣，也有时稀糊糊的像打碎的蛋黄。这就是生理性腹泻的症状。

由于宝宝的胃肠功能尚未发育成熟，或者有的宝宝属于过敏体质，都会出现生理性腹泻，多见于 6 个月以下母乳喂养的婴儿。患有生理性腹泻的宝宝，外观常显得比较虚胖，脸部常有湿疹，出生后不久就出现上述症状的大便，气味发酸，但没有臭味。如果宝宝除了大便次数多，且不成形以外，没有其他不良反应，而且精神和食欲都很好，体重照常增长，那就不要乱吃药，也不必停母乳，只需按照宝宝的生理特点，到六七个月时添加辅食，自然就能恢复正常了。

乳母应如何谨慎选择用药

许多乳母病了也不敢用药，怕药物通过乳汁影响宝宝。母亲的这种担心是有道理的，虽然大多数药物乳母用后对婴儿无害，但确有为数不少的药物对婴儿有明显影响。

药物通过乳汁影响婴儿取决于两个因素：

1. 药物在乳汁中的浓度。浓度高的药物易对婴儿产生影响。

2. 药物的毒副作用。有些药物在乳汁中浓度不高，但药物本身毒副作用大，也易对婴儿产生影响。

临床用药有数千种，许多药物没有进行会否通过乳汁影响婴儿的实验，这里提供部分药物的成分名，供乳母选择用药时参考。

■ 有些药物乳母应该禁用

如澳隐亭（抗震颤麻痹药），会抑制乳汁分泌。可卡因（麻醉药），会引起婴儿可卡因中毒。环磷酰胺（免疫抑制剂），会抑制婴儿免疫功能，使白细胞减少。多角胺（治偏头疼药），会引起婴儿呕吐、腹泻、抽风。锂制剂（精神科用药），可在婴儿体内蓄积。甲氨蝶呤（抗肿瘤药），毒性作用与环磷酸胺相同。苯茚二酮（抗凝剂），易致婴儿出血。苯环哌啶（麻醉药），会令婴儿产生幻觉。苯丙胺（大脑皮层兴奋药），会使婴儿兴奋而致睡眠障碍。尼古丁，会使婴儿呕吐、腹泻、心跳快。

■ 有些药物乳母应该慎用

如阿司匹林（解热镇痛药），可致婴儿代谢性酮中毒，容易出血。吡咯醇胺（抗过敏药），致婴儿嗜睡、兴奋、拒奶、哭叫。苯巴比妥（镇静安眠药），母亲长期用此药，突然停掉，婴儿会抽风。扑痫酮（抗癫痫药），致婴儿嗜睡、吃奶困难。氧丙嗪（精神科用药），致婴儿多睡。氨霉素（抗生素），抑制骨髓而发生贫血。灭滴灵，母亲单次用药，应停乳 12～24 小时。胃复安（止吐剂），对婴儿中枢神经有强烈作用。安苯硷（止喘药），会致婴儿兴奋。呋喃旦丁（抗感染药），会致婴儿溶血。异烟肼，会引起婴儿中毒。阿托品，会抑制泌乳，同时引起婴儿中毒。安定剂，会引起婴儿体重减轻，严重的会致高胆红素血症。雌二醇（雌激素），停药时会致女婴阴道出血。

■ 大多数药物乳母都可以服用

如抗高血压和治疗心血管疾病的药物：硫甲丙脯酸，地高辛，抑胺苄心淀，甲基多巴，心得安等。抗感染药物：各种青霉素，各种先锋霉素。各种维生素，如 B_1、B_6、叶酸、K_1 等。这些药物对婴儿无害。

以上内容仅提供参考，涉及具体药物请咨询医生。

【育儿百科】

如何训练把尿

婴儿的膀胱肌肉层比较薄，弹性组织还没有发育完善，贮尿机能差，神经系统对排尿的控制与调节功能也很差，所以婴儿排尿次数比较多。两三个月大的婴儿，吃完奶或喝完水之后，15 分钟左右就会尿尿，而且不会一次尿完，一般 10 分钟左右会尿第二次，再过 10 分钟左右尿第三次，之后会隔比较长的时间再排尿了。因此，从宝宝 2 个月开始，妈妈就可以观察宝宝尿尿的规律，对宝宝进行把尿训练。

一般在睡眠前、睡醒后、饭前、饭后、喝水后、外出前及回来后，训练婴儿的排尿习惯。爸爸妈妈可以在这些时间段抱起宝宝呈尿尿状，嘴里发出“嘘……嘘……嘘……”的声音，让宝宝对排尿形成条件反射，训练一段时间以后，宝宝就会习惯把尿了。等到宝宝想尿尿的时候，他们就会哭闹着让大人来把，而不会随意尿了。但要注意的是，一定要按照婴儿的排尿规律进行把尿，不能太频繁地把尿，否则会使婴儿反感把尿，出现哭闹、尿短、尿频的现象，反而不利于婴儿的健康和排尿好习惯的养成。

安抚奶嘴的使用

宝宝吸安抚奶嘴有利有弊。大多数妈妈都只是片面地认识安抚奶嘴，所以对是否给宝宝使用安抚奶嘴一直有争议。正确使用安抚奶嘴对宝宝成长有一定的好处。

■ 宝宝自我安慰的需求

每当宝宝感到疲惫、烦躁或是试图适应那些对他来说新鲜又陌生的环境时，就需要许多特别的安慰和照顾。如果其他的安慰方法，如食物、晃动、轻拍他的背部、妈妈温柔的怀抱、温柔的音乐或歌声，都不足以平息他的烦躁，让他平静，如果他出生已 3 个星期以上，那就该考虑求助于安抚奶嘴了。

一般情况下，宝宝要比想象中聪明得多，他清楚地知道妈妈的乳头和塑料制品之间的差异。当宝宝希望得到妈妈的照顾、安慰时，他会坚决地选择妈妈而不是安抚奶嘴。安抚奶嘴使宝宝形成自我安慰的行为，这样能让疲惫的妈妈腾出时间来好好休息，尽快恢复过来。

■ 使宝宝睡眠更敏感

宝宝口含安抚奶嘴入睡时，一般不会用趴着的睡姿，这样就减少了窒息的可能。并且，使用安抚奶嘴的宝宝睡觉时都比较敏感，如有不舒服的感觉会主动醒过来。这些特点都可以防止宝宝发生猝死。

如果安抚奶嘴能帮助宝宝顺利入睡，使他形成有规律的睡眠，那就是件非常好的事。通常在宝宝睡着后，安抚奶嘴会从他的嘴里掉出来，如果他哭闹不止，就需要将它重新放入宝宝口中。一般宝宝到了 6 个月就会自己把掉出去的安抚奶嘴找回来。

■ 安抚奶嘴对牙齿的影响

安抚奶嘴是否对宝宝的牙齿造成损害，要根据使用的频率、程度、时间长短来判断。如果宝宝只在一岁以前偶尔使用安抚奶嘴，那就不会影响他的牙齿的发育。要让宝宝正确使用安抚奶嘴，在一岁以后不要再使用安抚奶嘴。如果宝宝平时安抚奶嘴不离口，那就会影响到他的牙齿了，出牙的时间可能会比正常的晚，或是牙齿长得不整齐，以及出现两个牙齿重叠等现象。

■ 大多数的宝宝到了 6～9 个月的时候会自己主动戒掉使用安抚奶嘴的习惯

这时候的宝宝开始学习坐、爬等技能，他们的兴趣集中在伸手去抓东西时的快乐，这些不断增长的技能和控制能力已经让他们觉得很满足。安抚奶嘴对宝宝来说已经不那么重要了。让宝宝完全放弃安抚奶嘴，最晚不能超过 2 岁。

■ 使用安抚奶嘴的安全提示

1. 每天用婴儿专用洗洁精清洗安抚奶嘴。如果安抚奶嘴碰到脏东西或掉在地上，应马上把它清洗干净。

2. 不要在安抚奶嘴上系绳子。因为宝宝在使用的时候，过长的绳子可能将宝宝的脖子、胳膊绕住，还可能绕在儿童床上，让他不能活动。

3. 及时为宝宝更换新的安抚奶嘴。旧的、有裂纹的、有小孔的以及上面的部件不齐全的安抚奶嘴要及时更换。一般两个月就要换一次新的，如果宝宝吸吮的力量很大，就要更频繁地更换。

4. 如果宝宝总是咬安抚奶嘴，就要给他准备磨牙的玩具了。避免孩子把安抚奶嘴咬掉、咽下而阻塞孩子的气管，发生窒息的危险。

2 岁以前使用安抚奶嘴，不会引起啃咬过度，从而损害宝宝牙齿的发育。当然，一般宝宝都不会这么长时间地使用安抚奶嘴。要注意的是，对于母乳喂养还不稳定的婴儿来说，不要给他们使用安抚奶嘴，否则会造成婴儿对奶头的认知混乱，而影响吃母乳。

如果你的宝宝需要使用安抚奶嘴，请一定选择适合宝宝年龄段的安抚奶嘴，这样奶嘴才会契合宝宝的口腔，不然会影响口腔、牙齿的发育。另外要多准备几个安抚奶嘴，方便清洗和更换。

喂奶时不要让婴儿睡着

妈妈们给宝宝喂奶，特别是给 3 个月前的宝宝喂奶，经常发生宝宝喝着喝着奶就睡着了，可是睡不了一会儿就又闹着要吃奶的状况。这样吃吃停停，不仅宝宝吃不好，妈妈也会觉得很累。所以妈妈在喂奶的时候要注意观察宝宝的动静，如果宝宝吸吮无力，节奏变慢，可是又没有吃到平时的量的话，就要适当地活动一下宝宝，如轻轻地搓揉宝宝的耳垂或脚心，也可以改变一下抱的姿势，或将奶头从宝宝的嘴中抽出等，这样都能重新让宝宝兴奋起来继续吃奶。如果使用了各种方法都没能让宝宝醒来，而且宝宝也没有意愿再吃奶的话，就不必勉强了，让宝宝睡觉好了，并可以根据情况将下次喂奶的时间提前。

0～6 个月宝宝的视觉训练法

宝宝出生以后，视力也是逐渐发育而成的。宝宝满月以后，如果爸爸妈妈能为宝宝进行适当的、健康的视觉训练的话，就可以促进宝宝的视觉发展。

1. 悬挂玩具。在婴儿床上吊一些颜色鲜艳的、带响声的玩具，用以吸引宝宝的眼球。注意：玩具不要挂在正对宝宝眼睛的上方，也不能距离宝宝的眼睛太近，而且要经常变换位置，以免引起宝宝斜视。

2. 一起玩“光”的游戏。妈妈可以在宝宝清醒的时候，用包着红布的手电筒吸引宝宝的注意力。妈妈手拿手电筒时左时右、时远时近地在宝宝面前移动，别忘了和宝宝说说话。也可以把手电筒一开一关，不断变换位置，让宝宝追踪光的位置。

3. “藏猫猫”应该是每位妈妈都会和宝宝玩的游戏，把手绢放在宝宝的脸上，掀起后再蒙住，不断重复，每天进行 1～2 分钟。这种明暗训练的刺激对宝宝非常重要，经常接受光刺激的宝宝通常在 1 个半月时就想要抓住眼前发光的东西，而未曾接受光刺激的宝宝会到 3 个月以后才有这个动作。

4. 妈妈要经常有意识地让宝宝注视自己的脸，俯身和宝宝说话、呼唤宝宝的名字、经常对宝宝微笑，注意要不断变换宝宝注视的角度。这样的活动能让宝宝感受到妈妈的爱，增进母子之间的感情。

5. 看远方能训练宝宝的视力的发展。妈妈抱着宝宝站在窗前，引导宝宝看远处的景物。抱着宝宝在户外活动的时候也应多这么做。

婴儿有两种笑的形式

新生儿都是用啼哭来宣告自己降临人间的，但是婴儿在舒适的时候会笑。

婴儿的笑大致有两种：一种是自然发生的笑，即使身边无人也会时时显露笑的表情。此外，婴儿睡着的时候也会呈现出默默的微笑。这种微笑是宝宝自发的行为。另一种笑和前面所说的微笑略显不同。那就是母亲在宝宝身边努力营造出快乐温馨的气氛，微笑着注视宝宝，当宝宝和妈妈视线对上的时候，宝宝会因为心灵的舒适感而微笑。这种微笑在宝宝出生一两个月后，只要妈妈耐心引导逗乐，常常可以见到。在刚出生不久的婴儿脸上偶尔也能看到这种微笑。

婴儿或许具有感知周围气氛的特殊功能。刚出生不久的宝宝，会对某种气氛产生感觉，甚至有所反应。婴儿出生后不久所显露的让人疑惑不解的睡眠微笑，学术上认为是由于睡眠中眼球急速转动所致。在母亲的逗弄下产生笑，是婴儿在出生 2～3 个月之后才会有的现象。这种笑是由与妈妈之间的交流引起的，是妈妈与宝宝之间善意沟通的有力证据。它和婴儿出生不久的微笑有着本质的区别。刚开始，宝宝可能不去理会妈妈的逗弄，不做任何表示。渐渐地他会和母亲进行这样的沟通，或许妈妈哄逗宝宝三次，宝宝能有一次用微笑回应。哄逗得久了，宝宝就会适应妈妈的这种沟通，并且积极回应。由此，宝宝可以感受气氛的观点就得到了有力的证实。

在与宝宝接触时，要关注宝宝的感受，重视宝宝感受气氛的这种能力。婴儿可以敏锐地感受大人的内心活动。所以，不管宝宝是否产生微笑，我们都要满怀爱心，微笑面对宝宝，让宝宝在一个祥和愉悦的气氛下茁壮成长。

婴儿与母亲的笑脸

婴儿的心情与母亲的情绪是有很大关系的。婴儿在听音乐时常常显得很高兴，尤其是听到他在母体中听过的曲子，会异常开心。或许他是找到了一种熟悉感，再现了他在胎中听歌的记忆。很可能是因为在听这首曲子的时候妈妈心情愉悦，脸上绽放着笑容，甚至随着音乐哼唱着。一般情况下，婴儿极其容易因妈妈的这种心情和表情而产生反应。当妈妈听着乐曲感觉心情舒畅，发自内心地感叹着音乐旋律美妙的时候，宝宝看着妈妈的笑脸，感受着妈妈的欢喜，也就被这种气氛感染，觉得无比的舒适与高兴，笑得如桃花般灿烂。反之，如果妈妈不喜欢音乐，愁眉苦脸、闷闷不乐地听着乐曲，宝宝能否感受到快乐呢？会不会有愁苦的感觉呢？

或许每个母亲主观上都想保持愉快的心情与快乐的表情去接触宝宝，但是，面对婴儿的种种突发状况，母亲不知不觉就会出现忧郁、焦躁的表情。母亲的表情会彻底出卖内心世界。宝宝也会根据母亲的表情与语气，从心底感受母亲的情绪。所以，妈妈们要注意控制情绪，不要让不良的情绪导致消极的表情，影响宝宝的心理。

如何给宝宝照镜子

妈妈可以给宝宝照镜子吗？这个是完全可以的。有些家庭尤其是老人坚决不让婴儿照镜子，说是会把宝宝的魂照掉，甚至用布把镜子裹住，这样的想法和做法都是不科学的。照镜子不会对宝宝的健康产生不良影响，相反，照镜子是孩子自我认识的重要过程。

可以为宝宝准备一面小镜子，由妈妈拿着和宝宝一起照镜子。宝宝刚开始照镜子会比较发愣，因为他看着镜子里的人会觉得好奇。妈妈可以告诉宝宝，镜子里那个可爱的娃娃是宝宝，抱着他的是妈妈。照镜子久了，宝宝看到镜子里的自己会十分活跃开心，这时候，妈妈可以在镜子前面做一些动作，如将宝宝的手举起摇一摇，摸摸宝宝的鼻子、小耳朵等面部器官，边摸边给宝宝解释这是宝宝的鼻子、耳朵等。照镜子渐渐会变成宝宝的乐趣，经常照镜子的宝宝还会冲着镜子里的“小伙伴”笑，或者吐舌头，还会伸出小手去摸一摸镜子里的小人儿。而且，宝宝会借助镜子很快认识自己的面部器官。照镜子还可以增进宝宝的视觉、听觉、触觉的发育。妈妈可以给宝宝玩一些打不碎的小镜子，为宝宝提供一个“小朋友”。

促进宝宝爬行期前的智能发展（一）

时间过得很快，转眼间宝宝三个月了，他的生活也开始逐渐丰富起来，开始了对周围事物的探索，每天都处在一个感知的、微笑的、品尝的和触摸的世界。他看见什么都想摸一摸、咬一咬，喜欢没事四处张望，喜欢有人哄他逗他，而且还会在你哄他的时候对你甜甜地微笑。宝宝乐此不疲地研究着所有他好奇的事物，为此忙得不亦乐乎。因为他不断地探知着，所以他的能力发展也相当快。他不再总是盯着天花板，而是竖起头观看四周。当他躺着时，头部和眼睛运动的范围扩大到 180 度，看事物更方便了。在他完全清醒的状态下，不再安于孤独躺着，而是希望妈妈抱抱他，多对着他说说话，做点小游戏逗他玩，或者给他展示一些让他觉得新奇的东西。他需要看得更多、听得更多，喜欢你唱歌给他听，喜欢用小手摸一摸玩具，甚至放到近处摇一摇以探究竟……他依靠这些去感知事物、认识世界，从而全面发展各种能力。

■ 触摸感知提升宝宝的智能

我们常说“心灵手巧”，宝宝的手指充分体现着他的智慧。手不仅是宝宝的运动器官，而且还是智能器官。要让他的小手去感触更多不同的事物。尽量让他去触摸质地不同、形状各异的东西。塑料的小球、方块积木、绵软的毛绒玩具、金属的手镯、橡皮娃娃、柔软的床单、坚硬的墙壁，还有宝宝身上穿的小衣服，这些都可以让宝宝去触摸一下，让他感觉不同物品带来的不同触感。

■ 运动感知提升宝宝的智能

3 个月的小宝宝四肢已经有很不错的运动能力了。如果你仔细观察会发现他已经俨然一副“拳击手”的架势。他会花很多时间去玩弄自己的小手。妈妈可以拿起宝宝的小手向前伸出，去击打挂在他胸前的小玩具，他很快便会自己去击打身边曾经只能看见而碰不到的小东西。这是一种手眼的协调活动，是一种特殊的技能，需要宝宝大脑皮层中的感觉中枢与运动中枢的共同协调才可以完成。妈妈应该把玩具悬挂在宝宝头顶够得着的地方，或者半固定在他伸手可以触摸到的位置，让宝宝可以去击打、触摸这些玩具。当然，得保证这些玩具干净卫生、结实耐用，而且不会发出刺耳的声音和耀眼的闪光。妈妈也可以不时地更换一下宝宝击打的玩具，这样，我们的这个小小“拳击手”就会从这样的击打活动中既获得乐趣，又得到好奇心的充分满足。

音乐有助于宝宝的成长发育

音乐用声音传递着心灵的情感，音乐是音响世界中最美丽、最动人的花朵，是人类灵魂的体现。音乐对我们心灵的影响、思想的感化，都是潜移默化地完成的。悦耳动听的音乐不仅给人带来听觉上的享受，还可以陶冶性格，培养情趣，而且能丰富人的心理世界，提高想象力，启迪创造力。

现代脑科学证明，人的左脑是逻辑的、语言的脑，而右脑是感受的、音乐的脑。左脑的逻辑支配着右脑的情感，右脑的感受丰富着左脑的语言。缄默无言的右脑洋溢着情感的波澜和创造的欲望及活力。在宝宝学会说话之前，优美健康的音乐，能为宝宝右脑的发育提供精致的素材，为右脑的发育增加了特殊的营养，为右脑的发展开拓了更宽广的道路。

要让宝宝会欣赏音乐，首先得增强宝宝对声音的分辨力。婴儿对声音的敏感性可以在游戏中得到发展。除了拨浪鼓、小铃铛发出的声音，还可以有节奏地拍打双手，或者用手指去敲击桌面，也可以抑扬顿挫地跺脚，都可以产生不同的节奏与声音，帮助宝宝培养乐感与节奏感。

■ 妈妈该如何为小宝宝选择音乐

适合婴儿听的音乐应以旋律优美、节奏明快为选择标准。中外古典音乐感情丰沛，富于美感；现代轻音乐优美纯净、节奏舒缓；描写儿童生活的音乐轻快、明朗、活泼，这三种音乐将是你的最佳选择，都是训练宝宝右脑的好材料。

给宝宝播放音乐要注意：在特定的时间播放一首乐曲，一次播放时间不能过长，以5～10分钟为宜。播放音乐时，务必将音量调至最小，逐渐增大音量到比你平时讲话声音稍大点就好。这样做可以给宝宝一个接受的过程，让他心情舒畅地享受音乐带来的乐趣。

本阶段家庭游戏

■ 声音在哪里

1. 让宝宝仰卧在垫子上，耳朵勿紧贴垫面，以免影响听力。

2. 先在宝宝的右边做出声音刺激，宝宝会在瞬间集中注意力倾听，接着在右边寻找声源。

3. 接下来可以换音量较小的玩具，来刺激幼儿的听觉反应。

4. 等着宝宝可以找出声源后，可变换不同的声音在不同的方向出现，训练宝宝的反应。

■ 小宝宝坐轮船

在宝宝精神状态较好且空腹时，妈妈平躺在床上，将宝宝两臂屈曲于胸前，舒服地俯卧在妈妈的腹部。

1. 妈妈把双手放在宝宝脊背上轻轻按摩，帮助宝宝放松。

2. 妈妈慢慢进行深呼吸，使腹部稍有起伏，说："宝宝坐轮船啦！"让宝宝感受到妈妈身体的缓慢运动。

3. 用手指轻触宝宝的足心，让宝宝进一步感觉与妈妈的身体接触。

4. 如此反复两三次。

身体接触可以帮助宝宝和家长建立起良好的亲情和依恋关系，而良好亲情关系的建立对宝宝日后良好人格的塑造都是非常有意义的。

宝宝掉在地上了!

虽然任何妈妈都不希望发生这样的事情，但是尽管再小心呵护，也会偶有发生。宝宝摔下床后，妈妈的悔恨是无以复加的，但后悔埋怨是无用的，重要的是马上对症处理宝宝的情况，并且自此引以为戒。

1. 时刻注意宝宝的安全。尤其在父母早上睡眠不足的情况下，不可掉以轻心。暂离时一定在床周围垒上东西（这尚不能完全保证安全），或放在安全的护栏床内。

2. 摔下床也许是一件难免的事。一旦发生，不要过于惊慌，不要心急火燎地将宝宝从地上抱起，动作不要过猛，以免导致其他不必要的伤害。

3. 宝宝如果摔下后，能够马上大哭，一般脑部受伤的可能性较小。小宝宝最怕摔到后脑，如果面朝下摔，一般危险性较小，只进行外伤处理即可。宝宝多从床上摔下，高度最多60厘米，宝宝一般不会受到太严重的损伤。尤其一岁以内的宝宝，前囟门尚未完全闭合，颅内有缓冲，引起脑出血等情况的几率会非常低。

4. 宝宝摔到头部后，没有出血，有小肿包时，应立即用冷敷处理。如果肿包较大或较红，可先抹点香油应急，或用湿润的土豆片贴上，有止痛化淤的辅助作用。

5. 宝宝摔后一段时间，尽量与宝宝说话、逗逗他，转移其兴奋点，不要抱着他睡觉。如果宝宝摔后哭完很快就睡着了，也要在一小时内将其叫醒。如果宝宝醒后大哭，就是没有什么问题了。

6. 即使摔到头部，也不要总怀疑是脑震荡。脑震荡的特征是会有一段时间的意识和知觉丧失。如果宝宝一直意识清楚，就不会有问题。宝宝如果有呕吐，可能是受惊吓所致的呕吐，也可能是暂时性脑部受到震荡，一般呕吐两三次后就好了，不同于脑震荡。即使是脑震荡，如果是轻度的，也不会有任何后遗症。

7. 宝宝摔到头部后，应观察两天。这两日内尽量让其多休息，少活动。如果两日内宝宝精神一直很好，食欲正常，就可以完全放心了。

8. 宝宝不小心掉下床后，必须先确认其是否骨折，若有骨折则应该立刻将受伤部位固定，不要移动。如果家人不会固定受伤部位，必须等急救人员来操作，以免因为处理不当而造成更严重的伤害。

9. 宝宝掉下床后如果发生流血的状况，可先进行止血处理。最简单有效的就是直接加压止血法。可拿一块干净的纱布放在伤口上直接加压，直到出血停止。如果宝宝流鼻血，可以用手压住其鼻子上方（鼻根处）以帮助止血。但不要把宝宝的头仰起，以免血液返流到胃部引起刺激性呕吐。

10. 如有以下几种情况应立即去医院：

（1）头部有出血性外伤；

（2）宝宝摔后不动，没有哭，或者哭声很微弱，出现意识不清醒、半昏迷嗜睡或者有脸色发青、发紫的情况；

（3）在摔后两日内，又出现了反复性呕吐、睡眠多、精神差或剧烈哭闹；

（4）摔后两日内，出现了鼻部或耳内流血、流水、瞳孔不一等情况。

一般如果摔到头部后引起重度脑震荡或颅内出血，会很快发作，最晚也在 24 小时内就会发作，所以有症状要尽快去医院。

【成长顾问】

育儿的根本在于“眼神”

眼睛是心灵的窗口，人们往往透过眼神传递情感。婴儿的语言能力还不完善，很多时候，做爸爸妈妈的要学会通过宝宝的眼神了解他的小心思。所以说，育儿的根本在于“眼神”。要以爱的眼神去注视婴儿的眼睛，和宝宝进行情感的沟通。

人与人在对视间都会传达一定的讯息，就连刚出生的婴儿，也会和以温柔的感情注视他的人对合视线。母爱就是靠这种眼神对话来传达的。年轻父母要怀着温柔的心情去怀抱婴儿，以充满爱的眼神去注视婴儿，这种由眼睛和眼睛的对话产生的“心与心的对话”，对培养婴儿健康的身心具有十分重要的意义。

看了下面这个实例，相信你会更理解眼神的魅力。日本著名育儿专家内藤曾讲到，他和负责新生儿保健的女医生一起查房时，让女医生惊奇的是，在他检查的时候，不管哪个婴儿都十分温顺乖巧。对此，内藤先生认为让宝宝听话不需要什么戏法和诀窍，重要的是抱婴儿的大人怀有的感情及传达这种感情的眼神。要尽量怀着纯真的心去抱婴儿，用亲切温柔的眼神和婴儿沟通。在怀抱婴儿时，不能有诸如“哭得让人心烦”、“得想个法让他不这么闹人”这样的想法，哪怕有一丝这样的杂念，婴儿都会识别出来，并表现出不接受。

哺养婴儿也是有诀窍的，这就是充分运用眼神。即使是刚出生的婴儿，当你用慈爱的眼神注视婴儿的眼睛时，婴儿也会注视你的眼睛，双方视线接触就传达了一种爱的情感，会产生“心和心的呼应”，这会使婴儿情绪稳定，心灵得到安慰，对婴儿身心的健康成长有很大的意义。

综上所述，传达爱心只需要用温柔的真挚的感情去怀抱婴儿，用关爱的眼神去注视婴儿，就可以轻松完成。用爱的眼神去注视宝宝，宝宝的心里会产生安全感。传达爱心的眼神，不管你给宝宝倾注多少都不为过。让妈妈和宝宝一起沐浴在爱的注视下吧！

第4个月

1. 能够得到充分的爱的婴儿，会信心百倍地成长。信心百倍的孩子将会有一种能充分发挥其才能或充分利用机会的精神。
2. 泥糊状食物使婴儿逐渐适应成人饮食，为断奶做准备，为一岁后正确进食、均衡膳食打下基础。
3. 给婴儿加喂辅食的数量，要由少到多；加喂的品种，要待婴儿适应一种后，再加喂另一种。
4. 婴儿饮水以温白开水为主，适当辅喂菜汁及鲜果汁，但不宜服糖水或其他成品果汁饮料。
5. 玩具里的小零件要经常检查固定，防止脱落被孩子误吞堵住气管。
6. 妈妈一定要为宝宝创造一个多彩的世界让他多看看。
7. 带宝宝身处热闹的人群中，让他充分利用嗅觉、触觉、听觉、视觉去探知。
8. 宝宝流口水后，马上用清洁的小毛巾为其擦掉。选择的小毛巾也应是质地柔软、吸水强的，最好是棉布手帕。
9. 面对难以教养的宝宝，母亲的情绪不能太过焦躁，要认识到“我的宝宝是与众不同的，需要我多花点力气去照顾”。

	生理发育正常均值
体重	6.22～6.8 千克
身高	61.1～62.4 厘米
头围	39.8～43.8 厘米
胸围	40.1～41.2 厘米
前囟	2 厘米×2 厘米

【成长脚步】

每一个孩子的成长轨迹都不同，这里只是大致描述本年龄段宝宝的发育情况。你的孩子的某一单项指标以向前两个月或向后三个月的指标作参考，都是可以的。

■ 头部开始可以抬起来

3 个半月左右，竖直抱着的时候，差不多一半的婴儿的头部可以抬起来，并保持几十秒钟。另一半则仍在发育当中，可以不用担心。

■ 会伸手抓东西

宝宝会把双手放到眼前玩耍，凡眼睛所看到的东西都想用手去拿。若把玩具放在婴儿旁边，他会自动把手伸过去拿，并暂时握着不放，眼睛和手可配合着玩耍。

■ 用嘴舔东西

不管手里拿到任何东西都想放进口中舔尝，这与新生儿的反射动作不同，乃是完全出于婴儿自己的意思。

■ 看到立体的世界

对于已经可以仰视及远眺的婴儿而言，抱着时的眼睛位置变高及远眺时所看的世界变为立体。之前所看到的平面事物已经变深变高，有极大的变化。因视力的发达可清楚看到东西，可渐渐地理解东西的远近及立体感。

■ 手掌、舌、口的感觉也更发达

将到手的东西放入口中舔尝的动作更加频繁。对婴儿来说，学习对不同东西的触感十分重要，借由这种刺激，也可使手掌、唇、舌的感觉更加发达。

■ 视力和听力

婴儿的视觉机能发育得比较完善了，视觉能跟随鲜明的物体移动 180 度，逐渐能够集中看距离较远的带有声音、色彩鲜艳和活动的物体，最远视觉距离逐步可达到 4～7 米，视觉能明显地转向声源。听觉也有了明显发展。

■ 心智发展——明显地表达自己的主张

此时期宝宝心理的发展十分明显，能把自己的感情很清楚地表现出来。高兴及心情好时，就会发出满足的声音并笑起来；若遇到厌烦及不喜欢的事物也会大声地哭泣。不只是被逗弄时会笑起来，有时也会自己发出笑声，天真无邪地表露自己的主张及感情。

■ 营养——有规则地喂奶

3个月左右，喂奶时间的间隔要逐渐拉长，以每天5次、每次约隔4小时来喂食，晚上睡觉后至早上起床为止可以不用喂食。这种有规则的喂食对以后的断奶十分重要，不要因大人的步调而弄乱了宝宝的饮食规律。

■ 准备开始断奶的食品

早上10点左右喂奶之后及12点左右想喝水时，用汤匙给婴儿喂食1匙蔬菜汤。如果孩子不喜欢喝也不要勉强，让孩子习惯食物味道及用汤匙喂食十分重要，所以要有耐心。

■ 其他

- 俯卧时能用手撑起身体；
- 能从俯卧翻身变成仰卧；
- 会抓奶瓶；
- 被撑住呈站立姿势时，能用腿支撑体重；
- 注视汽车并对汽车做出反应；
- 能识别父母的声音和抚摸；
- 当父母靠近时会发出微笑；
- 会自我安慰（通过吸吮拇指或是含着乳头或奶嘴入睡）；
- 一次能睡至少6小时；
- 会模仿某些词语的音调；
- 听到声音会转过头去；
- 会用手抓脚；
- 会看着物体移动。

【营养美食】

了解泥糊状食品

由母乳或其他乳制品喂养为主向固体食物喂养为主过渡的生长发育时期，称为“换乳期（或食物转型期）”。在换乳期（食物转型期）内，乳类仍是供应能量的主要营养源，泥状食品是必须添加的食物，生后第4、5、6个月及时正确地添加泥糊状食物，对婴幼儿的发育、发展意义重大。婴儿3个月以后，特别是5～6个月时，唾液腺已成熟，胃的容量也增大了，唾液中及胃肠有消化糖的淀粉酶，使胃肠的消化能力大大增强。这些加喂的泥糊状食品可补充满足婴儿生长发育的需求。

随着婴儿逐渐长大，从液体食物向固体食物过渡时，母奶或其他奶制品中的营养成分无法完全满足婴儿生长、发育的能量和营养素需求，需要泥糊状食物提供补充能量和其他营养素（维生素、微量营养素等）。吸吮、吞咽是婴儿先天就会的生理功能，而咀嚼功能发育需要适时生理刺激，换奶期及时添加泥糊状食物是促进咀嚼功能发育的适宜刺激。咀嚼功能发育完善对语言能力（构音、单词、短句）的发育有直接的影响。许多换奶期泥糊状食物添加不好的婴儿，后期语言发育多有迟缓、不良等障碍，继而导致认知不良。泥糊状食物扩大了婴儿味觉感受的范围，使婴儿逐渐适应成人饮食，为断奶做准备，还可防止日后挑食、偏食、拒食等不良进食行为的发生，为一岁后正确进食、均衡膳食打下基础。

添加泥糊状食品的原则

由于婴儿每吃一种新食物，都可能有些不习惯，而且他们的消化和吸收功能尚未成熟，容易出现功能紊乱，所以添加辅食必须注意以下几点原则：

1. 宝宝要身体健康，消化能力正常。

2. 要循序渐进，一样一样地加。宝宝吃惯了一种且大便正常时再增加另一种，一种食物通常要适应一周左右才能再添加另一种，让宝宝慢慢地适应，这样做也便于找到过敏源。不能在同一时间内添加多种辅食，如果同时添加多种食物后出现过敏的现象，就很难弄清楚到底是哪样食物引起宝宝的过敏了。

3. 要遵循先素后荤、由少到多、由稀到稠、由细到粗、由软到硬、由淡到浓渐进的原则。水果、蔬菜、谷物应作为首选食物。由于婴儿在饥饿时容易接受新食物，在刚开始加喂辅食时，可以先喂辅食，后喂奶。待婴儿习惯了辅食之后，为了不影响他吃奶的兴趣，可先喂奶，后喂辅食，以保证婴儿营养的需要。

4. 少盐不甜。婴儿肾功能还没发育成熟，在 4～6 个月孩子吃的泥糊状食物中加盐，会加重婴儿肾脏的负担。不甜是指少在孩子食物中加糖；少喂高糖、高碳水化合物类的食物；不喝或少喝糖水、饮料；尽量不选择含糖的钙剂等。因为糖或碳水化合物都可以产生能量，它们顶替了孩子一日能量需求的一部分，会导致吃奶量下降；4 个月前过早喂碳水化合物会由于淀粉酶活性不足，食物不能充分消化，而导致食物在肠道酵解、产酸、刺激肠道，从而发生腹泻；孩子从小过于喜欢甜食，会影响他适应其他口味的食物。

5. 辅食添加应在吃奶前。因为这时宝宝正是饥饿时，容易接受。

6. 泥糊状食物的添加需要按一定的顺序来进行，才会使婴儿更好地吸收。添加的顺序为：2～3 个月时，可加菜汁、果汁、米汤；4～5 个月时，可加鸡蛋黄、米粉或代乳粉、菜泥、鱼泥、水果泥（如用小勺刮苹果）；6～7 个月开始添加虾肉泥、鸡肉泥、猪肉泥、牛羊肉泥；8～10 个月时，可加鸡蛋、软饭、小饺子或馄饨、碎肉、碎菜、豆制品、小块蔬菜等。

7. 泥糊状食品的烹饪要适度，同时要注意饮食卫生。

8. 应采用新鲜、优质的食品，不要做得太多，够吃一顿即可。

9. 夏季炎热及婴儿生病时应暂缓添加辅食，防止引起消化道疾病。

蛋黄的添加

新生儿体内储存的铁主要来自母体。足月新生儿体内储存的铁是很有限的，仅够出生后四五个月造血之用。而早产儿和多胎儿从母体得到的铁质就更少了。胎龄越小、胎数越多，体内的铁含量就越少。而母乳中的铁质又跟不上婴儿的需求，所以需要加喂蛋黄。蛋黄是一种营养比较丰富的食品，它含有一定量的优质蛋白质、卵磷脂、维生素，还含有一些无机盐，如铁、钙、磷等，是便于婴儿消化吸收、补充铁质、预防缺铁性贫血的良好食物来源。足月母乳喂养的婴儿可在出生后3～4个月在主食中添加蛋黄，早产儿和多胎儿从满月后就可开始添加。人工喂养的婴儿，可在出生后第2个月加喂蛋黄。喂时要特别注意，不足6个月的婴儿只能喂蛋黄，不能喂鸡蛋清。因为婴儿消化系统发育尚不健全，肠壁很薄，渗透性很高，而鸡蛋清的蛋白为白蛋白，分子小，可以直接通过肠壁进入婴儿的血中。这种异体蛋白为抗原，可以使婴儿体内产生抗体，再次接触这种蛋白时，则会出现一系列过敏反应与变态反应性疾病，如湿疹、荨麻疹、喘息性支气管炎等。

建议妈妈们在给宝宝添加第一顿辅食时，最好优先选择加蛋黄泥。因为蛋黄的味道不太好，有的宝宝不太容易接受，如果辅食添加顺序不当，先添加了口感好、味道甜、味道重的食物，会导致宝宝不愿吃蛋黄泥。

■ 添加蛋黄的方法

开始添加蛋黄时，把鸡蛋煮熟，每天取四分之一个蛋黄，用少量的开水、奶或米汤调成糊状，用小汤匙在白天喂奶前喂食，以锻炼宝宝用匙进食的能力。宝宝食用后，无腹泻等不适症状，大便正常，再逐渐增加蛋黄的量，两周后可增加至每天二分之一个蛋黄，半岁以后就可以食用整个蛋黄乃至整只鸡蛋了。

人工喂养的婴儿，最好在第二个月开始加蛋黄。可将八分之一个蛋黄加少许牛奶调为糊状，然后将一天的奶量倒入调好的糊中，搅拌均匀。煮沸后，再用文火煮5～10分钟，分次给孩子食用。应当注意的是，奶煮熟后放凉，要存入冰箱中，每次食用时都要煮开，以免孩子食入变质的牛奶引起不良后果。6个月时，可每日加喂1个蛋黄，或吃蒸鸡蛋羹。开始时可用蛋黄蒸成蛋羹，以后逐渐加蛋白蒸成蛋羹。

在添加蛋黄的过程中，如出现消化不良，可暂时停止添加蛋黄或维持所能接受的蛋黄量，待大便正常后再行少量增加，不能操之过急。

宝宝需要足够的饮水

■ 水是我们身体的主要组成部分

水是细胞和体液的重要组成部分，也是人体的六大营养素之一，它的重要性仅次于空气。水可协助运送营养物质、排泄废物，还有调节体温、润滑和保护人体器官和组织的作用。对于婴幼儿来说，每日保持足够的水分摄入是必不可少的健康条件。一个体重、身高比例正常的宝宝，身体水分含有量占体重的70%～75%，早产儿占80%，成人占60%～65%。因此，一定要保持宝宝体内水分的正常含有量。

■ 水摄入过少或过多都有害

宝宝新陈代谢旺盛，热量需要较多，但肾脏浓缩功能较差，因此所需水分相对较多。

此外，活动量、外界气温和食物性质也影响宝宝对水的需要量。多吃蛋白质和矿物质时，排泄这些物质所产生的废物需水较多，身体对水的需要量也因此而增加。如果补水不及时，体内就容易缺水。但如果给予宝宝的水超过了正常需要量，也没有好处，白白增加了尿量的排泄，也增加了心、肾的负担，产生不良作用。每天宝宝体内水的摄入包括饮水、奶、汤类等饮品和从蔬菜、水果中摄入的水分。宝宝的水分排泄途径包括尿液、汗液、呼吸带出的水分和随粪便排出体外的水分。

■ 4 个月前母乳喂养的孩子通常不需要单独补水

对于 4 个月以前、采用母乳喂养的宝宝，如果妈妈勤喝水，饭后多喝汤，适当吃新鲜的蔬菜和水果，母乳中的水分充足，宝宝出汗不多，就不需要再额外喂宝宝喝水了。如果宝宝爱出汗，家里闷热，通风不好，妈妈本身又不爱喝水，就要考虑适当给宝宝喝水。

■ 吃配方奶的孩子要加喂点水

喝配方奶的宝宝的肾负荷是母乳喂养的宝宝的 3 倍左右，为此宝宝需要更多的水分，以排出废物。对于 4 个月以前、吃配方奶的宝宝，除了喂奶以外，在两次喂奶的间期，妈妈还需要给宝宝喂上 30～50 毫升的温开水。

■ 婴儿补水应用白开水

婴儿饮水以温白开水为主，适当辅喂菜汁及鲜果汁，但不宜服糖水或其他果汁饮料。绝对不建议用果汁或菜汁（会含钠等其他元素）代替白开水。建议给宝宝在餐后适量饮用大麦茶水（满月后即可添加），在健脾暖胃的同时还有清洁口腔的作用。

煮沸后冷却至 20℃～25℃的白开水，具有特异的生物活性，它与宝宝体内细胞液的特性十分接近，所以与体内细胞有良好的亲和性，比较容易穿透细胞膜，进入细胞内，并能促进新陈代谢，增强免疫力。过冷或过热的水，都会损伤宝宝娇嫩的胃黏膜，影响消化能力。宝宝在夏天最好饮用温度与室温相同的白开水，而冬天则饮用 40℃左右的白开水最适宜。白开水不仅能补充宝宝流失的水分，还能够散热，对于宝宝来说，白开水是最好也是最安全的补水选择。

■ 观察宝宝是否缺水

一岁以内的宝宝，父母可以通过观察以下现象来判断宝宝是否缺水：

1. 尿布：在 24 小时内少于 6 块湿尿布，6 小时内没有湿尿布；
2. 尿液：始终是暗黄色（也有可能是内热，需要加大饮水量），量少；
3. 情绪：烦躁、啼哭；
4. 囟门：可能会凹下去；
5. 口：嘴唇干燥，失去天然黏性；
6. 皮肤：可能会缺乏弹性。

脱水还有一些更常见的症状，包括腹部不适、发烧或口腔疼痛、牙龈或咽喉疼痛。

如果妈妈怀疑宝宝脱水，应及时就医检查。

本月食谱——宝宝泥糊状食品的制作

- **果泥**：将水果洗净去皮，去核，切成碎块状，加适量糖，隔水蒸烂，搅拌成泥。
- **苹果泥**：将苹果切开，用匙轻轻刮下泥状物即可。
- **香蕉泥**：将香蕉去皮在盆内用匙搅烂，即成香蕉泥。
- **红枣泥**：将枣洗净后煮约 20 分钟，去核去皮压成泥。
- **南瓜泥**：将南瓜洗净去皮，蒸熟压碎。
- **苹果胡萝卜泥**：果菜各半洗净，苹果去皮去核切碎，胡萝卜煮熟挤压，倒入碎苹果中一并煮烂，搅匀。
- **蔬菜泥**：取适量的新鲜无农药污染的绿叶蔬菜，如小白菜、小青菜等，洗净，捣碎，去掉菜筋，和菜汁一起放入锅中，加适量的植物油与食盐，煮熟，即成菜泥。菜泥含有较多的维生素、矿物质，是母乳中尤其产后 6 个月后的母乳中所缺少的，对帮助宝宝消化、防止大便干燥、减少肠道毒素多有益处。
- **蔬菜猪肝泥**：猪肝 25 克，洋葱、西红柿和菠菜叶共 30 克。猪肝洗净去筋膜后剁成泥，将蔬菜择好洗净切碎，将肝和菜放入适量肉汤中煮沸加盐搅匀。

第 4 个月宝宝的饮食指导

主要食品：母乳。

餐次及用量：800 克/日，每 3～5 小时喂一次，90～180 克/次。

辅助食物：

1. 开水：温开水、凉开水；
2. 水果汁：橘子汁、西红柿汁等；
3. 菜汁：胡萝卜汤；
4. 蛋黄：先添加四分之一，慢慢过渡到二分之一。

以上果汁、菜汁等可轮流在白天两次喂奶中间饮用，每次 90 克。

【护理保健】

婴儿感冒

小宝宝们不怎么出门，食物也比较单一，他们也会感冒吗？是的，他们也会感冒，一般是因为被看护者所带有的病毒传染而得病。婴儿的感冒症状与大人一样，也会有打喷嚏、流鼻涕和咳嗽的症状。有时候，宝宝们也会发低烧，大约 38℃。这个年龄的宝宝用鼻子呼吸时会出现困难，比如鼻腔充血等，而感冒更会加重这个问题。感冒时宝宝吃奶会比较痛苦，因为他们无法一边用堵塞的鼻子呼吸，一边吮吸喝奶。

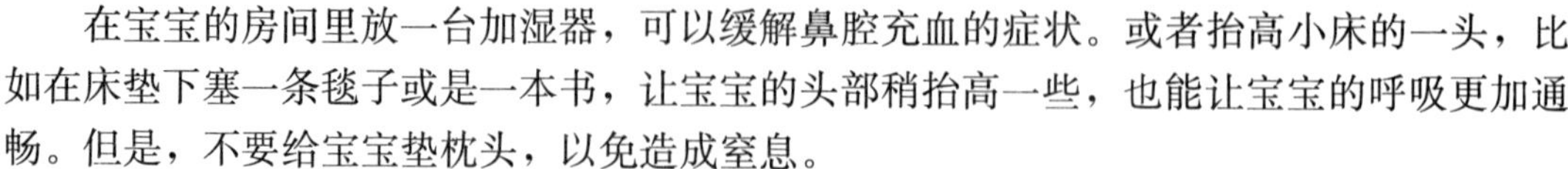

在宝宝的房间里放一台加湿器，可以缓解鼻腔充血的症状。或者抬高小床的一头，比如在床垫下塞一条毯子或是一本书，让宝宝的头部稍抬高一些，也能让宝宝的呼吸更加通畅。但是，不要给宝宝垫枕头，以免造成窒息。

男宝宝的鞘膜积液

经常有妈妈发现自己儿子的两个阴囊大小不对等，有一边看起来会有些肿胀。通常出现这种状况，是因为宝宝的小阴囊中有少量的液体积存，也就是常说的“鞘膜积液”症。还有一些宝宝会有疝气，也就是有一部分肠子从腹部滑到了阴囊里，导致阴囊肿胀。很多妈妈会为此而担心，其实在宝宝 1 岁以前，鞘膜积液都能够自行吸收；而疝气的状况在 6 个月左右时也能自然痊愈。如果 1 岁之后宝宝的鞘膜积液还没有吸收的话，就要到医院进行治疗了。如果宝宝因为阴囊肿胀而觉得剧烈疼痛，而且阴囊看起来发红，摸起来很硬的话，有可能是外伤或炎症导致阴囊肿胀，这种情况要立即去医院治疗。

家庭小药箱

宝宝出生了，爸爸妈妈要准备一个家庭小药箱，一是为自己方便，当宝宝有小病轻伤时可以自己解决；二是可以在到达医院之前进行紧急处理，以解燃眉之急。那么，家庭小药箱里该准备什么药呢？

■ 常用西药

- 解热镇痛药备 1～2 种：泰诺、白服咛、巴米尔、美林等；
- 止吐、止泻药：吗叮啉、思密达、妈咪爱、金双歧、口服补液盐等；
- 维生素类药品，钙制剂：伊可新、小施尔康或小儿善存片等；
- 外用药：包括抗生素软膏、抗生素滴眼液、碘酒、酒精和各种型号的创可贴；
- 用于扭伤包扎或防止伤口污染的弹性绷带；
- 用于退热、镇痛止血、化淤消肿的冰袋；
- 用于缓解尿布疹疼痛的尿布疹膏或护臀霜；
- 其他：生理盐水、大小不同的纱布、医用胶布、棉签、剪刀、镊子、一次性的针管（灌注生理盐水冲洗伤口时使用）等。

■ 常用中成药

- 1～2 种感冒类药：小儿热速清口服液、双黄连口服液、小儿感冒颗粒、藿香正气水或藿香正气软胶囊等；
- 1～2 种咳嗽类药：小儿感冒宁糖浆、小儿肺热咳喘口服液、健儿清解液、川贝止咳露等；
- 1～2 种消化类药：小儿健胃消食口服液、王氏保赤丸、婴儿素、麻仁润肠丸等；
- 其他：京万红烫伤膏、如意金黄散、开喉剑、肤痒冲剂等外用药。

■ 经常检查和更新

家庭小药箱备好之后，还要经常检查药品的有效期；做好药品名称的记录；就诊时携带已用过的药品记录；把药箱放在宝宝拿不到的地方。

妈妈们还要注意，不要自己随意增减药量，用药的剂量和种类还是要遵医嘱。孩子不是成人的简单缩小，很多对成人有效的药物对孩子是致命的。不要随意给宝宝用药！

【育儿百科】

孩子有足够的睡眠吗

除了每日保证充足的营养以外，宝宝的成长发育还需要睡眠。充足、良好、适量的睡眠有助于宝宝的健康发育。你知道自己的宝宝每天该睡多长时间的觉吗？一般来说：

- 新生儿每天要睡 16～20 小时，但他们不能持续睡很长时间；
- 2～3 个月的宝宝每天需要睡 14.5～15.5 小时，小睡 3～4 次；
- 4～6 个月的宝宝每天睡 12～14 小时，小睡次数为 3 次；
- 7～12 个月的宝宝每天要睡 11.5～12.5 小时，小睡次数 2～3 次；
- 12 个月以后的宝宝每天要睡 11～12 小时，白天只睡 1 次；
- 到上学前，大多数宝宝根本不再睡午觉了，只要晚上睡足 10～11 小时就行了。

如何哄孩子睡觉

怎样哄宝宝睡觉，如何让他们快速、安静地睡觉，也是妈妈们很头痛的问题。要让宝宝从小养成良好的睡眠习惯，这样等他们长大以后就能好好睡觉，如果你想着等宝宝懂事以后再培养他的睡眠习惯的话，那恐怕是难上加难了。那怎么才能让宝宝从小养成良好的睡眠习惯呢？下面的一些方法可以供你参考：

■ 临睡前不要玩得太疯

从宝宝 3 个月开始，就可以适当地进行睡眠训练了。要让宝宝习惯早睡，一般晚上八点以后就不要再逗他玩了。可以陪宝宝玩一些比较安静的游戏，比如给他讲讲故事，听听舒缓的音乐，念念儿歌，玩一些声音很小的摇铃类小玩具等等。把电视关掉，关上灯或开一盏光线比较暗的灯，和宝宝一起躺在床上，唱个摇篮曲或讲个故事，让宝宝在安静的环境中睡着。记得不要抱着宝宝哄他睡觉，而要让宝宝学会自己睡着。

■ 让宝宝学会区别黑夜和白天

对于黑白颠倒的宝宝来说，最重要的是让他们学会区分白天和黑夜。用光和声音来促进宝宝生物钟的形成，对比光亮和黑暗，让宝宝明白白天和黑夜是不一样的，白天应该醒着，而黑夜一定要睡觉。比如，在早上宝宝该起床的时候，把他放在光线充足的地方，给宝宝一个拥抱，用轻柔的音乐将他唤醒，告诉他“天亮了，起床了”。而到了晚上，宝宝入睡前一两小时内，把室内的光线调暗，关掉所有的灯或只剩一盏夜光灯，然后告诉宝宝“天黑了，该睡觉了”。这样训练几次之后，宝宝就能自然而然地形成天亮起床、天黑睡觉的生物钟了。

■ 宝宝夜间小哭小闹的应对方法

妈妈们最头痛的应该就是宝宝半夜的哭闹了，其实宝宝半夜醒来，一般开始的时候都只是小声地哼唧哼唧，这时妈妈先不要着急给他喂奶，可以轻轻拍一拍他或摇一摇小床，尽量哄宝宝再次入睡，这样可以让他逐渐学会抵抗饥饿，学会忍耐，慢慢地夜间就可以越睡时间越长了。如果宝宝开始放声大哭，那就是真饿了，这时候可以给他喂点奶，之后再哄他入睡。不要宝宝一有动静就去哄，就去喂奶，这会让宝宝变得依赖性很强。

■ 发现宝宝的睡眠规律

想让宝宝形成早睡早起的生物钟，最重要的是让他们养成晚上定时睡整觉的习惯。每个宝宝都有自己的生理规律，爸爸妈妈们要善于发现宝宝本身的睡眠规律，根据这些规律，为宝宝制定睡眠时间表，让宝宝通过睡眠达到最好的心理状态。

■ 顺从宝宝的习惯性动作

你的宝宝睡觉的时候有没有一些小习惯？比如，要抱着自己心爱的娃娃，或者要拉着妈妈的手，或者要叼着安抚奶嘴等等，如果没有满足他们的意愿，宝宝们可能就不肯睡觉。如果你发现宝宝有一些睡觉习惯的话，不妨满足他的意愿，顺着宝宝的习惯哄他睡觉，这样能让宝宝感到安心，也能很快地入睡。

■ 睡前帮宝宝洗个澡

每天晚上临睡前，帮宝宝洗个热水澡，既干净，又能舒缓宝宝的神经，洗完澡后让宝宝躺在床上，一边喂奶一边轻拍宝宝，很快宝宝就能安然入睡了。不过，你的宝宝如果不那么热爱洗澡的话，就不要在睡前洗澡了，以免哭闹引起情绪激动，反而难以入睡。

■ 每天都要遵循就寝程序

要为宝宝安排一个整体的就寝过程，每天让宝宝按这个过程入睡，这样才能帮助宝宝养成规律的睡眠习惯。比如，睡前30分钟左右开始关掉屋里的大灯，帮宝宝刷牙、洗脸或洗澡、上厕所、换睡衣、进行睡前抚触、喂奶，在昏暗、安静地环境中陪宝宝睡觉。每天都进行这个过程，就会让宝宝明白，当这个过程做完的时候就是该睡着的时候了。所以，爸爸妈妈们也要坚持一贯的做法，不能今天一个花样，明天一个方案，让宝宝无法形成习惯，无法养成良好的睡眠规律。

婴儿枕头有讲究

很多新手爸爸妈妈都不知道该给宝宝准备什么样的枕头，其实3个月以前婴儿的脊柱是直的，自然弯曲还没有形成，平躺时宝宝的背部和后脑勺在同一平面上，肩和头基本处于同一宽度，因而不论是仰卧还是侧卧，都不需要睡枕头。如果你怕宝宝吐奶的话，把宝宝的上半身垫高就可以了。

3个月以后宝宝的脊柱开始弯曲，同时颈部向前弯曲，胸部渐渐向后弯曲，身躯长得比头要快得多，肩也渐渐比头宽出许多。3个月以后的宝宝在睡觉时，如果仍然想让头、颈、胸处于同一平面上，就要枕枕头了，这样才能让宝宝睡得舒服。如何为宝宝选择一个合适的枕头呢？有利于宝宝健康发育的枕头高应为3厘米，宽为15厘米，长为30厘米，太高或太低的枕头都会造成宝宝的脊柱畸形。枕芯的软硬度要合适，以松软不变形为好。枕芯要选用棉布材质，枕套要经常换洗。

宝宝穿衣如何选择

给宝宝准备的衣物应该是柔软、宽松、透气、吸汗、不掉色的棉质品；衣服的样式要简单，便于穿和脱。穿衣前一定要记得把衣服的标签取下，避免割伤宝宝的皮肤；放置在有樟脑丸的衣柜里的衣服，取出给宝宝穿之前应先放在室外晾晒，防止萘中毒而引起新生儿溶血反应。

在最初的几个月里，宝宝经常需要换衣服、换尿布，样式太复杂的衣服穿脱都不方便，所以要给宝宝穿样式简单的衣服。比如“和尚服”，是从侧面解开的一种款式，很适合给新生宝宝穿着。尽量不要给宝宝穿套头衫，因为宝宝头大脖子软，套头衫很不好穿，每次给宝宝穿套头衫时容易惹得他大哭。

宝宝柔弱娇嫩，因此妈妈们总怕给宝宝穿得太少。特别在秋冬交替的时候，很多宝宝被层层衣服包裹，再盖上厚厚的被褥，小脸热得红彤彤的。其实宝宝穿得太多不仅手脚被束缚住而使活动受影响，也不利于散热，宝宝喝奶或活动时身上的汗就无法挥发，反而容易感冒。

想知道宝宝到底冷不冷，可以摸摸他的小手，手心暖暖的而且没有出汗就表示穿得正合适。应根据温度变化给宝宝加减衣服，通常来说宝宝比大人多穿一件就可以了。

【心智发展】

感觉统合能力训练

常常听到妈妈们在说着孩子每天的进步。是的，经过了几个月的成长，宝宝会协调眼、手、耳、鼻、口、身体去感知周围事物了，向前跨了一大步。我们需要继续对宝宝进行综合感官训练，让宝宝把看、听、摸、嗅、尝等感觉联系起来，增强宝宝感知世界的能力。这就需要妈妈多给孩子制造机会，让宝宝接触到更多、更广的事物。不过一定要注意安全。

给宝宝的玩具最好选用质地轻软的塑胶制品，方便宝宝握捏，颜色要鲜亮，能发出吸引宝宝的声音的玩具更好。玩具还应选没有棱角、干净卫生的，以免影响宝宝健康。还得选宝宝不容易啃破的、不会被宝宝吞食的玩具，因为这个月龄的宝宝拿起一样东西总想先放进嘴里咬。最好用橡皮筋悬挂玩具，可以在宝宝睡觉的小床上方悬挂色彩鲜艳的玩具，位置最好是在宝宝胸前够得着的地方，方便宝宝将玩具拉到自己眼前玩。

玩玩具时必须有大人在场，千万注意不要让孩子被绳子缠绕住脖子。玩具里的小零件要经常检查固定，防止脱落被孩子误吞堵住气管。成人要陪伴孩子一起玩，一方面注意宝宝的安全，一方面可以引导解析。你也可以让宝宝品尝一些不同的口味，如喝喝糖水、尝尝酸的果汁等。也可以让他闻一闻香味，如闻宝宝润肤露等生活物品。还可以让他听听闹铃的声音，拍拍巴掌制造声音对于宝宝也是不错的选择。天气不错的时候你也可以带他去逛逛，去公园欣赏花草，看看来往的人群和不同的车辆。让宝宝处在热闹的人群中，让他充分利用嗅觉、触觉、听觉、视觉去探知，使综合感官得到良好的训练。

在此过程中，妈妈们一定要耐心地陪孩子，但凡接触到的东西都要讲给宝宝听，能摸的让宝宝摸一摸感觉一下，可以摇动的就和宝宝一起摇一摇，陪伴、帮助孩子身心舒畅地去感知事物，和宝宝一起享受探索的乐趣。

让宝宝多看看

小宝贝降临人间不久，就会东张西望了。妈妈们一定要为宝宝创造一个多彩的世界让他多看看。可以在墙上贴一些图画，内容包括人物、风景、动物、水果等。

■ 会对图画有自己的喜好

妈妈可以将宝宝竖抱起来，这个阶段的宝宝可以自己将头伸直，几乎不用扶托。抱着他，让他看看墙上的彩图。宝宝会转动小眼睛认真地去看这些图画，这时，你会发现宝宝或许对其中的某一幅图画表现得尤为喜爱，看着图画会乐呵呵地笑，高兴得手舞足蹈，甚至想伸手去摸一摸。通过观察，你可以进一步去研究宝宝喜欢的图是什么颜色的。对此，你可以测验一下宝宝：在图画相应的位置大面积地涂上不同的颜色，不用考虑图画的轮廓问题，然后将两幅图画分别放在不同的地方，最后抱着宝宝依次欣赏，就可以摸清宝宝更喜爱哪一幅图画。

■ 会有自己喜欢的色彩

每个宝宝对所喜欢的图画都有不同的选择。有些宝宝喜欢鲜亮的色彩，有些却喜欢层次分明的轮廓。一般情况下，婴儿都会喜欢一些亮眼的暖色，如黄色、粉色、红色等。有的宝宝喜欢人物或者动物的图像。

■ 喜欢动态的东西

会动的东西更能吸引宝宝的关注。妈妈可以将彩色气球拴在宝宝的胳膊或者小腿上，当宝宝稍微一动，气球就会随着摇来晃去，宝宝会开心地用眼睛追随着晃动的气球，这样可以练习宝宝的视力追随。手巧的妈妈也可以自己制作一个彩色的小球，挂在宝宝眼前，让宝宝观赏玩耍。

宝宝喜欢看街上来往的汽车，每次看到都会随着汽车的移动而转动小脑袋。宝宝还喜欢看电视中会动的人物图像。晚上，爸爸抱着宝宝去追妈妈，这样的游戏让宝宝有动感，而且随之晃动的影子也令宝宝高兴不已。

■ 最有兴趣的是自己的小手

宝宝对身边的事物都有着浓厚的兴趣，他已经对自己的小手产生兴趣了，你会发现他开始将双手伸到胸前，转动、玩弄着小手。妈妈可以给宝宝的手上带个小铃铛，宝宝在摇动小手的时候会发出声响。听着自己的小手制造出的声音，宝宝会觉得十分新奇，高兴得手舞足蹈。也可以给宝宝的手上系一条彩带，吸引他去观看自己的手。在这之前，宝宝的活动有限，现在眼睛可以看到小手了，这就是宝宝成长中的进步。有时，宝宝还会用小手握着大人放的花铃棒或者其他一些易握物品放入口里。

如果宝宝的衣袖过长，或者被包裹得太严实，就会失去这些活动的可能性。宝宝用眼睛观察小手，是眼睛与手联系的第一步，也是手眼配合的开端。爸爸妈妈一定要配合宝宝的这些活动。

让宝宝多听听

自打出生，宝宝的世界就充满着不同的声音。他的小耳朵会听到许多的声音，如哄逗宝宝的声音、房间的脚步声、大人的说话声、各种物品发出的声音等。

■ 对妈妈的声音最敏感

让宝宝听觉最灵敏的要数妈妈的声音。宝宝在饥饿时会哭闹个不停，只要听到妈妈走向自己的脚步声伴着妈妈温柔的声音：“来了，妈妈来了，宝宝不哭哦”，他就一下子停止哭泣，东张西望地等待哺乳。人工喂养的婴儿，在听到准备奶瓶的声音时，也会停止哭闹，转头四处寻找等待。宝宝在啼哭的时候，听到妈妈的声音“妈妈在，妈妈抱”会一下子安静下来，等待妈妈将自己抱起来。如果妈妈很快抱起宝宝哄逗，宝宝心里就会获得安慰。

■ 对音乐和外界声响感兴趣

宝宝开始感知周围的声音，在听到熟悉的音乐旋律时，会有欢喜的表情。有些乐曲会让宝宝“欢呼雀跃”，挥动着小胳膊，两只健壮的小腿不停地蹬来蹬去。妈妈可以为宝宝制造更多活动的机会，例如将那种厚实的可以发出声响的塑料袋放置在宝宝的双腿下方，当宝宝无意间蹬腿时，听到哗啦的声音，会因为好奇或者意外的惊喜再次蹬腿，并高兴地沉浸在这个小活动中。也可以在他的手边悬挂一个声音清脆悦耳的小铃铛。他无意中碰撞发出的声响会引诱他刻意地用手去碰小铃铛。这些由声音引起的宝宝的活动，可以渐渐使宝宝注意意外发出的声音，从而为了这种意外的惊喜而有意地进行肢体活动。这样的活动

模式会让宝宝更加的兴奋，更乐意用自己的肢体去创造这样的快乐，让宝宝的肢体活动变成快乐的源泉。

■ 节奏感和韵律感的萌芽

宝宝喜欢听爸爸妈妈的声音，更喜欢听他们唱歌，尤其边唱歌边伴随着动作，宝宝会更投入地欣赏。如爸爸在唱“我要飞得更高，飞得更高”这句时，将宝宝举起来，宝宝会因为声音产生条件反射，每当听到爸爸唱这句，都会做好被人举起的准备，欢喜而期待着。妈妈在给宝宝唱歌时，可以根据歌词做个滑稽可笑的动作同宝宝逗乐，宝宝会十分喜欢这样的互动，并逐渐形成声音与动作配合的条件反射，将来长大学习儿歌需要配动作时会灵活有节奏。

本阶段家庭游戏

■ 亲子交谈

1. 在宝宝情绪愉快时，运用各种方法逗引宝宝发音，与他“交谈”。

2. 说笑逗引：抱起宝宝，与宝宝面对面，用愉快的口气和表情与他说笑、逗乐，使宝宝发出“呃、啊”声或笑声。

3. 玩具逗引：用宝宝喜爱的玩具、图片逗引他发音，一旦他兴奋地手舞足蹈时，就会发出“咿、啊”之声。

4. 户外活动逗引：在户外活动，遇到宝宝感兴趣的人和物，他也会高兴地咿呀作语。

5. 轮流逗引：家庭成员可轮流同宝宝逗乐。

宝宝在母亲怀中更爱笑，更爱笑出声音，四肢及全身都愉快地活动。为逗引宝宝主动发音，你就要富有感情地称赞他，轻柔地抚摸他，与他“你一言，我一语”地“交谈”。这个游戏有助于帮助宝宝控制发音器官、理解语言，能促进亲子情感交往。

■ 和宝宝一起跳舞

1. 选择一些轻柔而节奏舒缓的音乐，如一曲华尔兹或一首民谣，放录音或自己哼唱。

2. 把宝宝温柔地抱在怀里，轻轻地从一边到另一边地摇摆，向前、向后迈着舞步，合着音乐的节拍转身或旋转。

3. 你和宝宝的运动，将刺激宝宝耳朵里的感觉器官和小脑，发展他的听觉、位置觉和平衡觉，这些感觉能力是他学会坐、站和开步走时所必需的。

4. 如果你随着音乐哼唱，宝宝还会受到来自你胸部振动的刺激。

这个游戏有助于宝宝的听觉发展，也有助于培养宝宝对韵律的感知。

【安全防护】

防止婴儿烫伤

烫伤是婴儿时期最容易发生的意外事故，常常发生在给婴儿洗澡、喂牛奶、喂水、用热水袋或电热毯取暖时，所以在婴儿护理过程中要特别注意防止烫伤。

1. 用盆洗澡时，应把盆放在适当的位置，先放入冷水，再加热水，边加水边用手试水温，待水温适合后，再给婴儿洗澡。

2. 喂奶或喂水时先把奶瓶倒置，把奶滴在手背上，或把奶瓶挨着脸试一试，感觉不烫后再喂。

3. 使用热水袋保温时，不要注入开水，热水即可。要把塞子塞严，并用毛巾或防护袋包好，放置的位置也不能紧紧贴着婴儿的身体，而要保持一定的距离，以保证安全。

4. 电热毯虽然使用方便且比较普及，但对婴儿不安全，温度调错了或恒温器发生故障就会过热而引起婴儿烫伤。

婴儿烫伤后的处理

1. 烫伤后应立即把烫伤部位浸入洁净的冷水中。烫伤后愈早用冷水浸泡，效果愈佳，水温越低效果越好，但不能低于－6℃。用冷水浸泡时间一般应持续半个小时以上。这样经及时散热可减轻疼痛或烫伤程度。

2. 烫伤不严重（指表皮发红未起泡的1度烫伤），一般可在家中先做处理。头、面、颈部的轻度烫伤，可用冷开水或淡盐水冲洗清洁创面，并涂一些烫伤药膏，不必包扎，以使创面裸露，与空气接触，可使创面保持干燥，并能加快创面复原。对发生在四肢和躯干上的创面，可涂上紫草油或烫伤药膏，外用纱布包敷。

3. 这时候向创面上涂抹任何东西都是愚蠢的行为，比如牙膏、酱油、云南白药、烫伤膏等，这样做既会影响医生对病情的判断，又会造成创面的感染。婴儿烫伤后应立即送专科医院诊治，以免延误时机，造成不良后果。

4. 对于严重的各种烫伤，特别是头面、颈部的烫伤，因随时会引起孩子休克，应尽快送医院救治。

5. 如婴儿发烧，局部疼痛加剧、流脓，说明创面已感染发炎，应及时请医生处理。

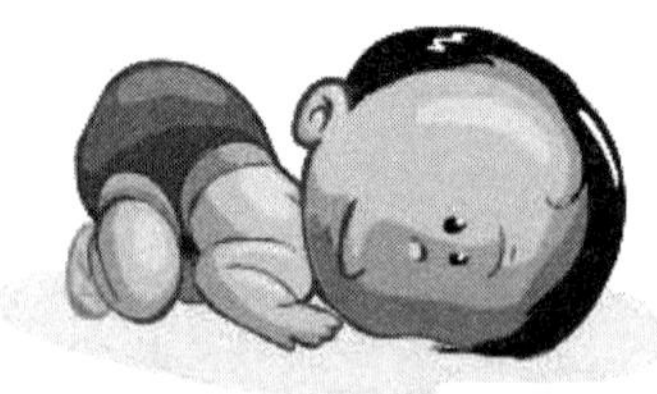

【成长顾问】

养育花费精力照顾的宝宝

常听到“一龙生九子，九子各不同”这样的说法。没错，是这样的道理，没有完全相同的两个人，哪怕是刚出生的婴儿，也都完全不一样，都有自己的特点。

这样的实例很多。有些婴儿在被抱起的时候，十分温顺乖巧，似乎很享受。但是有的婴儿却反应极其强烈，你刚一抱起他，他就“打雷下雨”，阵势庞大。相同的拥抱得到的却是不一样的回应。除此之外，在妈妈第一次给宝宝喂奶时，母亲和宝宝都在摸索，喂奶进行得很不顺当，这样的情况比较多。在喂奶不充分，宝宝得不到满足时，有些宝宝依然显得很温顺，有些宝宝却会为此大哭大闹。这可以理解为天生性格上的差异，导致这样的不同行为。根据宝宝的行为，我们可以做个比较笼统的分类：一种是情绪相对比较稳定，在什么情况下都非常温顺，易哄易养育的婴儿；一种是情绪不太稳定，暴躁不安，爱哭爱闹，妈妈难以对付的婴儿。两类婴儿在性格上的差异，是与生俱来的，从呱呱坠地的那一刻起就已经形成。

相对容易养育的孩子很少哭闹折腾大人，母亲会静心和宝宝接触，心平气和地照顾宝宝，宝宝也会在这样的环境下健康快乐地成长。但是，如果宝宝比较能折腾，没事老哇哇地哭个不停，就需要花费更多精力去照顾。但是他无休止、没道理的哭闹会让母亲难以心平气和，母亲甚至会为此情绪暴躁，大动肝火，抱怨着“这孩子怎么这样呢？怎么就一点点都不听话呀”。

不管母亲面对孩子的情况怎样焦躁不安，婴儿的心情都不会得到改变，依然我行我素地哭闹着。但是，如果母亲情绪变化很大，婴儿会为此受到影响，会哭闹得更加厉害，这就会产生恶性循环。时间久了，母亲和婴儿的心情都会变得很糟糕，他们心与心的纽带就难以联结了，也不会产生良好的母子沟通。如果婴儿在0岁的时候与母亲之间的心灵纽带就不能很好地联结，其后果令人担忧。这会导致以后母亲与孩子之间的感情不深，还会给孩子的心灵造成消极的影响，使孩子的心理不能健康全面地发展。

母亲对宝宝产生的影响力不容忽视，母亲有着怎样的心理准备和情绪反应，会直接导致宝宝的心灵朝着好坏两个不同方向成长。面对难以教养的宝宝，母亲的情绪不能太过焦躁，要认识到：“我的宝宝是与众不同的，需要我多花点力气去照顾。”领悟了这一点，在宝宝哭闹的时候，母亲就不会心烦意乱，而是冷静地耐心十足地去哄宝宝。母亲心安神定是养育宝宝的良策，是宝宝心灵成长的“灵丹妙药”。

第5个月

1. 宝宝开始感觉到一些情感，并且用脸部表情、咿咿呀呀的声音表达出来，而不仅仅是靠哭声表达了。
2. 宝宝在社会及情感方面的特质也会越来越明显。他开始对食物、活动、玩具和人有自己的偏好了，并且会想办法让你知道。
3. 当婴儿撒娇哭闹的时候，应该快速走到他的身边，微笑着注视着他的脸。
4. 从营养角度讲，不同品牌的牛奶配方奶粉没有太多的区别。
5. 添辅食时，一天喂一顿，先加蛋黄后加淀粉，喂了几种不同的淀粉类食品后，要开始添加水果，一次一种。
6. 除了药物退烧以外，物理降温也是常用的方法，特别是对6个月以内的婴儿来说，物理降温法更为有效。
7. 减轻宝宝出牙疼痛的最好的方法，就是找个东西让他咬，让他磨牙，这样既能缓解疼痛，又能帮助乳牙的萌出。
8. 等宝宝长出几颗牙以后，就可以帮他刷牙了。可以购买那种套在食指上的牙刷，蘸着温水为宝宝刷牙。
9. 有些病毒性疾病，如病毒性感冒、秋季腹泻等，是自限性疾病，经过适当处理，一般1周左右就能自然痊愈。
10. 宝宝长期都是由老人带养，一定会对老人产生心理上的依赖关系，也就是将之视为心理上的妈妈。

	生理发育正常均值
体重	6.78～7.3千克
身高	63.1～64.5厘米
头围	40.9～42.0厘米
胸围	41.1～42.3厘米
前囟	2厘米×2厘米

【成长脚步】

每一个孩子的成长轨迹都不同，这里只是大致描述本年龄段宝宝的发育情况。你的孩子的某一单项指标以向前两个月或向后三个月的指标作参考，都是可以的。

■ 头部可以完全地抬起来

竖抱着时头部可以抬起来，这不单是保持头部的挺直，而是不管任何姿势，头部都可以按照自己的意思活动而不会歪斜。如果到了这个时期，头部还一点点能直立的感觉都没有时，要找医生诊察。

■ 能靠着东西坐了

大部分宝宝在大人的帮助下可以靠在沙发上坐一会，头部可以保持直立几分钟。但腰腹部力量控制得还不好，如果离开支撑，就会歪歪地倒下去。有的4～5个月大的婴儿，就算妈妈用手支撑着他坐着，也会倒下去的。等到6个月大之后用手撑着他，他会有坐的姿势，但还是软软的，7个月大之后宝宝就可以一个人坐着了。但是最初的时候还是不太稳定，所以到时要在宝宝身后放一靠垫供其靠着。

■ 手的运动机能更加发达

这一时期的宝宝，可以把东西握得很好，对看得见的东西明显表现出兴趣，总是想用手摸摸看，手拿得到的东西不管是什么都想把它放入口中，以确认触感（所以在婴儿的四周不要放置危险的东西，千万注意）。这是想由自己向外面的世界探索的意识表现。但是，抓东西时，仍无法灵活地使用手掌及手指做出较细微的动作。

■ 婴儿的感觉

可以两眼看东西：这个时期可以用两眼看东西、区别东西的高低远近。婴儿借由实际的触摸而了解到所看见物体的位置，在提高对物体关心的同时，也扩大感兴趣的领域。

■ 心智发展

运动机能发展的同时，也累积了不少体验。因此，婴儿的感情也变得更加复杂。婴儿不仅会被妈妈逗笑，也会自己发出笑声。想表达自己的意志时，会不断地诉求直到如自己所愿。已可初步看出文静的、温和的及倔犟的等性格，而且孩子间个性的差异会越来越明显。

■ 营养

开始断奶前的食品准备：本月前后可开始喂断奶食品；为使婴儿习惯各种不同的味

道，可将马铃薯等根菜类、白菜等叶菜类、香菜根等绿黄色蔬菜放在一起煮汤，味道以清淡为佳。

■ 运动机能

进入第 5 个月的婴儿，机体的运动机能发育得很快。俯卧时，能用前臂支撑抬头，直抱时头能保持平衡；能从仰卧转到侧卧；能从成人手里拿玩具；会玩自己的手和衣服。

■ 其他

- 会看着葡萄干或其他的小东西；
- 听到拨浪鼓的声音，会把头转向拨浪鼓；
- 当被拉着坐起来时能把头直起；
- 会用手把食物送到嘴上；
- 会模仿某些声响。

如何挑选配方奶粉

配方奶粉又称母乳化奶粉，它是为了满足婴儿的营养需要，在普通奶粉的基础上加以调配的奶制品。它除去牛奶中不符合婴儿吸收利用的成分，改进母乳中铁的含量过低等一些不足，是婴儿健康成长除母乳之外的最佳食品。因此，给婴儿添加配方奶粉成为世界各地普遍采用的做法。从营养角度讲，不同品牌的配方奶粉没有太多的区别。以牛乳为基础之婴儿配方奶，适用于一般的婴儿。市售婴儿配方奶粉的成分大多符合宝宝需要，不同品牌有些成分比例不相同，并且按月龄分为不同阶段。

一些生理状况特殊的婴儿，需要食用经过特别加工处理的婴儿配方食品。此类婴儿配方食品，需经医师、营养师指示后才可食用，依其成分特性可进一步分为：

- **早产儿配方奶粉。**早产儿因未足月出生，消化系统发育更差，此时仍以母乳最合适或使用专为早产儿设计的早产儿配方奶粉，待早产儿的体重发育至正常才可更换成普通婴儿配方奶粉。早产儿配方奶粉中的主要成分已经修正为适合早产儿食用，如乳糖改为葡萄糖聚合物、中链脂肪酸油取代部分长链脂肪酸油。

- **不含乳糖婴儿配方奶粉。**依原料来源可分为：以牛乳为基础的无乳糖婴儿配方奶粉，以及以黄豆为基础的无乳糖婴儿配方奶粉。后者不含乳糖，乃针对天生缺乏乳糖酶的宝宝及慢性腹泻导致肠黏膜表层乳糖酶流失的宝宝而设计。宝宝在拉肚子时可停用原配方奶粉，直接换成此种配方，待腹泻改善后，若欲换回原奶粉时，仍需以渐进式进行换奶。

- **水解蛋白配方奶粉。**又称为医泻奶粉，其提供的营养可完全满足宝宝的需求，只是营养成分已经事先水解过，食入后不需经由宝宝的肠胃消化即可直接吸收。部分水解奶粉适用于有较轻度腹泻或过敏的婴儿。完全水解奶粉适用于严重的腹泻、过敏或短肠症候群的婴儿。

● **元素配方奶粉。**适用于患最严重的慢性腹泻、过敏或短肠症候群的婴儿。

● **乳清蛋白配方奶粉。**它所含的酪蛋白会在宝宝胃里形成凝乳，从而让宝宝长时间都不感到饿。这种奶粉会让这个阶段的宝宝便秘。所以，除非是医生或营养师建议，否则，最好不要给宝宝选用。

怎么给孩子喂配方奶

如果宝宝需要人工喂养的话，在使用配方奶粉的时候，也要注意一些事项，否则宝宝的健康可能因此而受影响：

● 冲调奶粉的水必须是完全煮沸的。

● 冲泡奶粉的水的温度要适当，与体温差不多即可。水温太高的话会使奶粉中的乳清蛋白凝结，影响消化吸收；也会破坏一些维生素和免疫活性物质。

● 不要用纯净水或矿泉水冲奶粉，将自来水煮沸后放凉至40℃左右，再用来冲奶粉就可以了。

● 冲调的奶粉量及水量必须参照奶粉罐上的指示，奶水过浓或过稀都会影响宝宝的健康。如果奶粉浓度过高，会增加宝宝血管壁的压力，使胃肠消化能力和肾脏排泄能力难以负担，甚至发生肾衰竭。奶粉冲得太稀的话会导致蛋白质含量不足，从而引起营养不良。

● 泡好的奶如果没有吃的话，常温下存放不能超过2小时。没吃完的奶就不要再留到下顿吃了，可以丢弃，或由大人吃掉。

● 冲调好的奶不能再煮沸，否则会使蛋白质、维生素等营养物质的结构发生变化，这样就失去原有的营养价值了。这样的奶对于宝宝来说，营养是不够的，会造成营养不良。

正确地给宝宝增加淀粉食品

宝宝在4个月时唾液分泌量增加，唾液和肠道中的酶也逐渐能消化淀粉类食物。这个阶段的宝宝对营养的需求也增加了，单靠乳类已不能满足宝宝的需要。这时，可适当加入一些淀粉类食物，如稠米汤、米粉等。宝宝早期添加的淀粉类食品最好是大米制品，因为有一部分宝宝对麦类食物中的谷蛋白过敏，容易引起腹泻，所以最好等宝宝大些再添加麦类食品。但大米易引起便秘，若发现便秘，应改喂燕麦片粥。

添加淀粉类辅食最好不要过早，因为宝宝在4个月前由于唾液分泌量极少，唾液淀粉酶活力很低，小肠消化淀粉的胰淀粉酶的活性也很差，宝宝对淀粉类食品的消化能力较弱，如在此时添加淀粉食物，会导致宝宝消化不良。此外，过早地添加淀粉类食物，还会影响乳中其他营养素如钙、铁的吸收。过早地添加淀粉食品的宝宝患佝偻病的比例较高，这是因为谷物中含磷高，由此改变了宝宝原有食物中良好的钙磷比值（钙磷的最佳比值为10∶4），导致钙的吸收减少，从而影响了宝宝的骨骼发育。另外，过多的淀粉食物使蛋白质的摄入比例减少，宝宝容易长得虚胖，但体质却在下降。用汤匙喂宝宝淀粉类食物可锻炼嘴和舌的协调能力，辅食越稀，宝宝越易吸收，最好是一汤匙淀粉类食物加4～6汤匙水，随着月龄的增大，加水量也随之减少。许多宝宝喜欢的是无刺激味的原味豆腐，可切成小方粒让宝宝以既有趣又有营养的方式自己吃。如果和其他已熟悉的食物拌在一起，味道更佳。

第5个月宝宝的饮食指导

出生后5～6个月是宝宝的断奶过渡期，这个时期应该慢慢增加除果汁、菜汁、蛋黄泥糊之外的其他泥糊状辅食。添加时要注意温度、分量都要适中，由一种到多种，由稀到稠，由淡到浓，由少到多，循序渐进，让宝宝有一个适应和习惯的过程。添加的辅食可以包括：果汁、蛋黄、水果泥、土豆泥、豆腐、鱼泥、肉泥、菜汤、米糊、米粉、鱼肝油等。

- **母乳喂养：**每次喂110～200克，每4小时一次，每天5次（上午：6时、10时，下午：2时、6时，晚：10时）。如果母亲要上班，母乳喂养尽量不要少于三次，其他可由代乳品补充。
- **人工喂养：**每次喂110～200毫升，每4小时一次，每天5次（上午：6时、10时，下午：2时、6时，晚：10时）。
- **辅助食物：**各种季节当令鲜榨的果汁、胡萝卜或白菜等蔬菜的菜水，每次50～100克，可在白天两次喂奶中间任意选择其中一种轮换喂食。二分之一个蛋黄制成泥糊，可在上午10时和下午2时喂奶前各喂1次。大米或燕麦稀粥，可在上午10时喂奶时添加1次，开始时喂一到两汤匙，待宝宝习惯后再加至三汤匙。

【护理保健】

宝宝发烧的物理降温法

当宝宝发烧超过38.5℃的时候，就要采取措施降温、退烧了。除了药物退烧以外，物理降温也是常用的方法，特别是对6个月以内的婴儿来说，物理降温法更为有效。下面介绍几种物理降温的方法：

- **头部冷敷法：**在凉水中浸泡毛巾，稍拧干后敷在宝宝的额头上，5～10分钟换一次。也可以用热水袋灌入冷水（冰水或小冰块更好），用毛巾包裹住枕在宝宝的脑后。
- **温敷法：**与冷敷法类似，只是将凉水换成比宝宝的体温低2℃～3℃的温水，浸泡毛巾后将温湿毛巾敷在宝宝的胸腹部，10～15分钟换一次毛巾。如果宝宝出现发抖、面色发灰的现象，要立即停止敷用。
- **酒精擦浴法：**取适量酒精或白酒，加入等量的温水，用小毛巾浸泡后轻擦宝宝的四肢和腋下、肘部、颈部等血管丰富的部位，新生儿要避开心脏部位。进行擦拭的时候，要注意避风，擦过的部位要及时盖上，以免宝宝着凉。

这样的情况需马上送宝宝去医院

由于宝宝娇弱柔嫩，爸爸妈妈们总是怕宝宝有什么闪失，一遇到宝宝有个咳嗽、打喷嚏，就急忙去医院，其实大可不必如此紧张，宝宝能够自己抵抗一些小病症，频繁地出入医院反而会增加交叉感染的危险。不过，如果你发现宝宝有这些症状的话，就一定要立即去医院就诊：

1. 下肢卷曲，拉直时哭闹会加剧。
2. 体温正常，却时常惊厥。
3. 前囟门突起，伴有腹泻呕吐。
4. 面色发黄，食欲下降，乏力无神。
5. 吃、喝、尿都比平时多，却出虚汗，四肢无力。
6. 发烧并同时：超过 38℃且持续两三天不退；出现急躁、不精神、脖子硬、咽喉发炎症状；服退烧药后体温仍在 40℃以上；昏睡或手足抽动。
7. 咳嗽并伴有这些症状之一者：咳嗽剧烈，呼吸急促，有呼噜声，鼻孔张大，嘴唇发紫；咳嗽不停，同时发烧在 2 天以上；咳嗽剧烈，3 天后仍未减轻；宝宝不爱活动，食欲差。
8. 呕吐腹泻并伴有如下症状者：连续多次呕吐或腹泻；昏睡不醒，4～6 小时不排尿，哭无泪水；呕吐多次，呕吐物带血或呈黄绿色；呕吐伴有腹疼，发烧；排便次数多，且稀、臭，含油脂；水泄 2 天以上，无精神，眼窝下陷。
9. 宝宝腹痛不止，但无排泄要求；排尿时腹痛；右下腹痛感强，伴有呕吐；腹痛便虫等。
10. 严重喘息的症状：3 个月以下宝宝喘息 1 小时以上；呼吸无力，嘴唇、指甲发紫；喘息持续时间达 8 小时以上，呼吸费力。

带孩子看病要注意什么

看病吃药对孩子来说很难避免，但医院既是治病的场所，也往往是传播疾病的地方，怎样才能较快治愈已有的疾病，避免“着”上其他疾病呢？

■ 就近治疗

有些家长比较迷信大医院。医院是病人集中的地方，医院越大，病人越集中，室内环境越会受到严重的污染。孩子看一次病，一般至少要在医院逗留 2～3 小时，患病的孩子本身抵抗力就差，在这样的环境中逗留这么长的时间，很容易通过呼吸道或直接接触等渠道，“着”上其他患儿散布的病菌，造成旧病未愈又添新病。孩子的病，伤风感冒、拉肚子等常见病占绝大多数。这些常见病一般医院都能诊治，没有必要舍近求远去大医院。

■ 不要乱投医

孩子看病用药后，病情的好转要有个过程。有些病毒性疾病，如病毒性感冒、秋季腹泻等，是自限性疾病，经过适当处理，一般 1 周左右就能自然痊愈。有些家长心中无底，只要孩子不退烧，就急着带孩子去好几个医院。每到一处，医生都要从头了解病情，重新检查。生病的孩子需要好好休息，过多地去医院有害无益。如果孩子精神较好，没有异乎寻常的哭闹、严重的吐泻或抽风等情况就不必忙着去医院。

■ 简单扼要地向医生诉说病情

恰当地诉说病情，是医生诊治疾病的重要资料，能使孩子得到及时有效的治疗，有利于疾病的早日康复，减少复诊。医生需要了解的情况一般有：疾病发生的时间，主要症状，病情变化过程，如系复诊还要说明用药的效果。有时医生还要了解宝宝过去曾患过哪些疾病，打过哪些预防针，孩子和家庭成员对哪些药物过敏。家长事先应把这些情况考虑好，前面部分，主动向医生介绍；后面部分，当医生问到时，迅速准确地回答。

■ 看病时注意防病

在医院候诊，要采取一些适当的防护措施，如观察了解周围患儿的情况，与呼吸道传染病的患儿尽量离得远一些，与消化道传染病的患儿避免直接接触。在呼吸道传染病流行季节，最好给孩子戴一个 6 层纱布的口罩，可挡住病菌。看完病回家后，成人和孩子都要彻底洗手，给孩子服药前成人也要洗手。服药后要注意观察孩子情况，如出现与原来疾病无关的症状或其他不良反应时，应立即停药，及时就诊。

【育儿百科】

婴儿出牙时的状况及处理

大多数宝宝会在 4～8 个月时出牙，一般第一颗牙冒头的时间在宝宝 6 个月时，也有的宝宝在 3～4 个月时就会长出第 1 颗牙。宝宝出牙时间的早晚与家族遗传有很大关系，不过如果超过 1 岁还没出牙的话，最好进行一些检查。

长牙的宝宝通常都会牙疼。减轻宝宝出牙疼痛的最好方法，就是找个东西让他咬，让他磨牙，这样做既能缓解疼痛，又能帮助乳牙萌出。市场上有专门用于磨牙的牙胶，用之前放在冰箱里冰一冰，让宝宝咬着，可以缓解肿胀灼烧的感觉。也可以用磨牙棒或橡胶玩具，只要是安全、卫生的物品，都可以让宝宝磨牙。有些宝宝能够安然度过长牙期，还有些宝宝长牙期会有一些比较痛苦的症状，比如烦躁不安，吃奶时哭闹不停，流口水导致嘴巴四周出现皮疹，牙龈红肿或发炎，喜欢啃咬橡皮玩具、自己的手指或物体的边缘（如桌子边、毯子边等），夜里醒来的次数增多，等等。不过，出牙并不会造成感冒或发热。如果宝宝在长牙期间感冒，只能说他正好感染了感冒病毒；发热也是一样。

不要让宝宝过于频繁地咬太凉或冰冻的东西，以免脸部脂肪细胞被冻死而出现棒冰型脂膜炎，这种炎症会导致宝宝的脸颊两侧长出红色的、硬硬的肿块。这些肿块会慢慢消失，不用特别处理，但还是不要让宝宝长时间、频繁地接触太凉的东西。

5 个月时要为宝宝刷牙了

当宝宝的牙齿萌出后，就要为他进行口腔护理和牙齿清洁了。宝宝长出第一颗牙以后，就应当带他去看牙医进行牙齿检查，最晚推迟到 1 岁左右。等宝宝长出几颗牙以后，就可以帮他刷牙了。可以购买那种套在食指上的牙刷，蘸着温水为宝宝刷牙；也可以用纱布蘸温水为宝宝清洁牙齿。一般 1 岁以前的宝宝都不必使用牙膏，如果要用的话，一定要选择不含氟的牙膏，以免引发宝宝氟中毒。

【心智发展】

宝宝的情感智力（二）

■ 4～8 个月的宝宝

这时宝宝的上部脑边缘系统开始发育了，他开始学会辨认家人的面孔、地点以及物体，与周围环境的互动变多了，甚至开始享受其他孩子的陪伴，还会注意到家里的宠物。很多宝宝在这个阶段有了更多的欢乐和笑声，而少了忧虑和眼泪。你会发现宝宝开始感觉到一些情感，并且用脸部表情、咿咿呀呀的声音表达出来，而不仅仅是靠哭声表达了。

宝宝现在的情感世界变得更加复杂了，但也开始显示出控制情感的能力，比如你把宝宝放下让他睡觉，他开始会有点闹，但很快会通过自言自语、吸吮安抚奶嘴，抱着最喜欢的玩具或毯子而使心情平复，直到最后自己睡着。一般脾气温和型的宝宝会较早出现这种情况，不过自我安慰的能力也可以通过后天的学习而获得。所以你可以帮助宝宝掌握最初的情绪适应能力。

即使宝宝还不具备自我安慰的能力，但他们也会接受别人的安慰。比如，听到妈妈的声音、看到妈妈的身影都能让宝宝感到安慰。这时候的宝宝可能会生气了，在一个地方待的时间太长、心爱的玩具被别人拿走、妈妈出门不在身边等情况都会导致宝宝生气。他们可能会因此大哭、尖叫、蹬腿或捶胸。宝宝现在已经有能力处理一些问题了，比如他会和大人们嬉闹以获得关注；观察妈妈的脸部，看她是否对自己的呜咽有反应，当最终被抱起来的时候，他看上去一副扬扬得意的神情。

与此同时，宝宝在社会及情感方面的特质也会越来越明显。他开始对食物、活动、玩具和人有自己的偏好了，并且会想办法让你知道。这时的宝宝还不会说话，但也会试图模仿大人的发音和各种变化的语调。宝宝不再愿意待在婴儿床或餐椅里，因为他们会有被限制、被束缚的感觉。宝宝现在还不会主动与其他孩子玩，但是比以前更有兴趣和小伙伴待在一起了。有些宝宝可能会害怕陌生人或比较活跃的孩子，遇到这种状况，他会哭泣或把头埋在你的怀里，这是在告诉你："快带我离开这里。"宝宝现在不仅能感觉到自己的感觉，而且还希望有人对这些感觉做点什么，比如获得爸爸妈妈的回应。

如何面对神经质宝宝

比如一个一直用母乳喂养的宝宝，妈妈在他 5 个月大的时候给他喂了点辅食，但是出现了便秘的现象。于是妈妈变得很紧张，总是不停地问"这么大的宝宝吃辅食没事吧?"这种不安情绪通过肌体传给了宝宝，因而破坏了其大肠的植物性神经的平衡，引起了便秘。听起来有些不可思议，可是医生告诉妈妈这是正常现象，有些宝宝便秘会长达 10 天的时候，妈妈的心情就放松了，而宝宝的便秘也就不治而愈了。

有些宝宝看起来有些神经质。你可能不知道，大部分神经质的宝宝都是因为有一位神经质的妈妈或爸爸。上面的案例中，妈妈担心宝宝便秘会使其健康受损，这种担心和紧张传递给宝宝，使宝宝变得神经质，因而加重了便秘的状况。而当妈妈心情平和的时候，宝宝的紧张情绪也消失了。因此，爸爸妈妈在育儿时保持良好的心态、愉悦的心情是非常重要的。

当然，确实有些宝宝是有神经质的症状的，他们通常会具有以下特征：

- **容易大哭。**一点点轻微的刺激就能导致婴儿大哭。
- **容易受惊。**对于轻微声音敏感的婴儿，可以算是神经质的宝宝。不过 1～2 月的婴儿听到"砰砰"的关门声，会突然举起手来，就像高呼万岁那样，这种情况属于反射运动，爸爸妈妈不必担心。
- **不是睡眠时不喝牛奶。**神经质的婴儿通常只在昏昏欲睡的时候喝牛奶，而且他们的太阳穴往往会暴起青筋。
- **不能熟睡。**看上去似乎是睡觉的样子，但只要有小小的声音就会惊醒，并哇哇大哭的宝宝，属于神经质的类型。

神经质的婴儿通常会出现痉挛、没有耐性、难以安心的状况，并且会大声地啼哭且持续很长时间。遇到这种情况，不要惊慌失措，否则只会引起宝宝的不安。宝宝在不安时会紧紧抓住毛巾和毯子不放，或把它们衔入口中，这都是为了抑制不安情绪。

许多神经质的孩子，在某个方面会具有敏锐的感觉，将来也会具有优异的直观判断力。所以，妈妈们应该深信自己有一个值得培养的孩子，并认真地对待。重要的是妈妈要经常保持轻松大方的姿态，自然、豁达、愉快地培养孩子。

促进宝宝爬行期前的智能发展（二）

5 个月的宝宝已经不再是每天吃了睡、睡了吃了，他们白天清醒的时间越来越长，在这些时间里他们会动来动去的，你也应该抓住这段时间对宝宝进行适当的感官训练，从而促进他的智力和身体发育。

这个阶段的宝宝会很喜欢撕纸，给他准备一些纸或传单，陪宝宝一起撕纸玩，这么做可以锻炼宝宝手部肌肉的发育。最好选用稍薄的彩色印刷杂志，不要用报纸。现在的报纸油墨中仍然含有大量的铅。稍薄一些是为了宝宝能撕得动。你可以双手扶着宝宝的腋下，让宝宝双脚站在你的腿上，让他快乐地在你的腿上蹬踏着玩。这样宝宝的脚和腿也变得灵活、强壮了。还有一些游戏和活动，都有助于训练宝宝的运动能力，进而开发宝宝的智力，爸爸妈妈有空的时候不妨和宝宝一起玩一下。

- **"藏猫猫"。**这是每个婴儿都喜欢的游戏。妈妈和宝宝玩游戏的时候，用一条大手帕蒙住自己的脸，对宝宝说："妈妈在哪儿呢?"稍等几秒钟，从手帕后面露出头，并对宝宝说："嗨，妈妈在这儿呢!"这个过程会引得宝宝"咯咯"直笑。多玩几次以后，你会发现宝宝也会拿块毛巾或枕巾蒙上自己的脸，或者干脆把头钻到被子里和你玩"躲猫猫"了!
- **仰卧拉坐。**这个游戏可以锻炼宝宝的颈部肌肉，也会让宝宝适应"坐"的动作。玩的时候，让宝宝仰卧在床上，妈妈拉着宝宝的双手说"坐起来"，宝宝就会随着拉力坐起来，并且能够将头伸直。
- **俯卧撑。**这个游戏可以让宝宝为学习匍匐前进和为爬行做准备。让宝宝俯卧在床上，并用手撑起上身，使胸脯完全离开床面，只用腹部和手支撑身体。这时宝宝的视野变得开阔了，头可以向不同的方向转动，看到很多新鲜事物。只要宝宝的体位稳当，可以让他在床上或地上趴20～30分钟。如果在周围放一些玩具，他会很努力地去够。

本阶段家庭游戏

■ 滚动的小皮球

家长为宝宝准备一个红色的皮球。

1. 让宝宝俯卧在床上，双臂屈曲于胸前，逗宝宝慢慢抬头；
2. 拿出红色的皮球放在宝宝的正前方，吸引宝宝的注意；
3. 妈妈推一下皮球，让皮球向远离宝宝的方向滚动，让宝宝的目光追随。

红色的物体非常容易吸引宝宝的注意，通过游戏可以帮助宝宝练习抬头，提高宝宝的身体运动智慧和空间知觉能力。

【安全防护】

牙龈受伤——没出牙的宝宝

还没长牙的宝宝牙龈出血一般有两种情况。一种情况是因为婴儿的口腔组织、牙龈等黏膜薄嫩，血管丰富，受到轻微刺激如进食、吮吸等时容易出血，这种出血多能自行停止，出血量较少。另一种情况是在无任何刺激时自动流血，出血量较多，无自限性，这种情况通常是由病理因素引起，如急性感染、营养不良等。另外，维生素C缺乏也会引起触碰牙龈时出血，甚至自动出血。此时应到医院就诊，明确诊断，并与一些血液系统疾病进行鉴别。牙龈受伤的宝宝需注意口腔卫生，多喝白开水，用淡盐水清洁口腔，饮食宜清淡温凉，在医生指导下用药。

婴儿异物入体的紧急措施

4～5个月的宝宝开始能抓握玩具及物体，而且特别喜欢那些一手能掌握的东西，如豆子、花生米、珠子、小巧克力球、纽扣等物品。小东西拿到手之后，宝宝会用自己的身体探索手上的东西，通常是往身体有洞洞的地方塞塞看。宝宝的口腔、耳道、鼻腔应该是异物进入的前三名。当异物入侵孩子的身体时，身为家长应该怎么办呢？

■ 耳朵异物

东西进入鼻腔或者耳朵的几率应该是最大的，通常塞入的东西多半是豆子、糖果、棉花、小弹珠等小物件。宝宝将东西塞入以后一般是不会告诉家长的，等到身体绝对不舒服了才会哭闹。大部分入耳的异物都应该是在外耳道部分，外耳道的神经很敏感，所以当异物进入耳朵时，家长先不要着急，观察清楚情况以后再做相应的处理。如果是一般小件异物侵入，可以将宝宝的头和上半身侧着甩甩，看是否能将异物甩出来；若甩不出来，家长需要就近找耳鼻喉科医生，用仪器将异物吸出。

假如宝宝耳朵进的是小虫，家长可以将食用油等油性物质倒入宝宝的耳朵，把小虫淹死在耳内，然后让宝宝侧着头，小虫即可顺着耳道流出耳朵。

■ 鼻腔异物

如果宝宝的鼻腔发出异味或流出恶臭带血的浓液，很可能就是有异物进入了鼻腔。家长可以先让宝宝平躺在床上，用手电筒看看是否真的有异物入鼻。如果异物只有部分进入鼻腔且可以挑出时，家长可以直接取出。如果异物入鼻太深，不能直接取出，可试着用手堵住未被阻塞的鼻腔，并让宝宝的嘴巴紧闭，用力做擤鼻涕的动作，看是否能将异物逼出。也可用棉花或把纸巾卷成小条伸入鼻腔刺激鼻黏膜，使宝宝打喷嚏将异物喷出。确定无法将异物取出后，家长应尽快带宝宝到耳鼻喉科就诊，让医生处理。

■ 异物从嘴巴进入食道或气管

宝宝总喜欢将东西塞进嘴巴，而嘴巴内通往身体的通道分别是气管和食道。从食道进入的异物中，小颗的水银电池是最危险的东西之一。水银电池内含强碱性物质，对身体的危害非常大，一旦发现宝宝有吞食电池的状况，应立即去医院。

如果宝宝吞入的是其他直径小于两厘米的物体，没有卡在食道而吞进肚内的话，一般可以自然排出。如果吞入的异物是尖锐有棱角的或卡在食道里，就需要经医师判断，看需要如何取出。当家长发现宝宝有吞咽异常时，如一直流口水、一吃东西就吐、吞东西会疼痛、只能吞液体不能吞固体等，家长就应该怀疑宝宝是否食道里有异物，立即就医。

当宝宝吃奶或其他食物时，不要逗他笑，也不要在他没吞咽完口中的食物时就让他躺下，或口含食物到处走、跑，这都是非常危险的，容易导致咳呛，甚至造成气管堵塞，导致窒息。带核的或过小的颗粒状食物，如花生米或糖果，是常见的呛入宝宝气管的物品。如果家长发现宝宝突然出现明显的咳嗽，就要有所警觉。

异物入气管可能造成窒息，若 4 分钟之内不能采取急救，后果将不堪设想。异物入气管的急救方法有：

- **对一岁以下宝宝这样做：**一般咳嗽时能把异物咳出来就没事，如果咳不出来，家长可将宝宝翻身转趴在大人膝盖上，空掌重拍后背后 5～6 下，看能否将异物拍出；若宝宝咳不出来又呼吸困难，就必须赶快到医院找医生急救处理。

另外，需要进行心肺复苏术时，将宝宝的腿抬高、头放低，在宝宝两侧乳头连线中点下一指宽处，用两指压胸的方式帮助宝宝恢复呼吸。

- **一岁以上会站立的宝宝：**参看 2 岁第 1～3 个月的内容。

■ 眼睛异物

一般来说，宝宝不会主动放东西进眼睛，进入眼睛的大部分是灰尘、沙子、玻璃碎片或睫毛。当异物进入眼睛的时候，最简单的解决方式应该是让宝宝试着眨眼或哭泣，看异物能否顺着眼泪流出来。由于角膜是一个神经非常敏感的地方，任何小小的东西，如睫毛、小玻璃碎屑或沙粒在上面，都会让人感到非常不舒服。如果泪液仍无法让异物流出，建议家长最好还是带宝宝就医。

【成长顾问】

隔代教养的优势和劣势

隔代教养是现在很多家庭中普遍存在的教养方式。据统计，有 70%的双独生子女父母（夫妇双方都是独生子女）家庭只生不养，把自己孩子的养育工作交给老人。这样的教养模式一定会对孩子的未来、家庭的未来和社会的未来产生深刻的影响。这里我们深入探讨一下这一问题。

■ 隔代教养的客观存在环境

- 年轻的小夫妻还留恋在青春浪漫的生活中，宁可上网打游戏、与朋友聊天、出去旅游，甚至养一只小狗，也不愿意承担起抚养自己孩子的责任。
- 现在的孩子家长面临双重压力：一方面是事业的压力，正处于个人事业发展的关键时期；另一方面是育儿的压力，不肯让自己的孩子落后于人。父母们处于无奈的境地，往往会选择他们熟悉的“事业”，而放弃所不熟悉的育儿。
- 老人传宗接代的思想严重，看到子女不愿意生孩子，就许诺“你们只要把孩子生下来，剩下的事情你们就不用管了”，结果就是年轻的父母真的不管了。

■ 隔代教养的劣势

● 重“发育”轻“发展”

宝宝一直是由爷爷奶奶带大的。小的时候爷爷奶奶很怕把宝宝磕着碰着，出门要不就是抱着，要不就是放在童车里。到了两三岁还是如此。等宝宝上了幼儿园，老师发现宝宝的运动机能很差，就不敢对宝宝放手，也是拉着抱着，生怕孩子动作不灵活磕坏了家长怪罪。这样宝宝的三年又过去了。等到宝宝上了小学，问题出来了。同学不愿意跟宝宝玩，因为他“笨”，老师也不喜欢宝宝，因为他太娇气。宝宝的情绪很不好，不知道他自己错在哪里，这么不受别人的喜欢。

从这个例子可以看出，这种重“发育”、轻“发展”，给别人养孩子千万别出事的老人育儿观念，当时不会出问题，但随着孩子的成长，问题就会逐渐显现。

所谓重发育就是：老人觉得吃好穿好就可以了，孩子这么小能懂得什么啊！但是孩子要有一点磕了、碰了，老人就很紧张，所以平时对宝宝的限制比较多，不能捡这个、不能拿那个，这里不干净、那里很危险的……这就限制了宝宝对世界的和对事物的探索求知的欲望。

轻发展：孩子只有多跑多跳身体才能强健，孩子只有多摸多碰智力才能得到开发，孩子只有多接触多体验才能形成健康人格。例如让宝宝自己抱奶瓶、自己用勺子把饭送进嘴巴、自己尿便后提起裤子、自己将鞋帽归位、自己收拾玩具、帮助成人摆放碗筷、自由地涂鸦……而这些恰恰是老人很难提供给孩子的，甚至经常替代孩子去做的。

● 知识老旧难更新

有的老人养育知识没有更新，还是用旧的养育方式。如宝宝 4 个月后才能添加淀粉，但是老人沿用老的养育方式很早就给宝宝添加了糕干粉、藕粉等；宝宝发烧应该给宝宝脱减衣服降温，有的老人还不断地给宝宝盖被“捂汗”……当子女要求老人做出改变，他们总会说“你们小的时候就是这么长大的，这不也挺好的”。

这是典型的刻舟求剑的思想。时代变了、环境变了、知识进步了，可爱的老人们却还固执地把自己的育儿观念停留在二三十年前，用 20 世纪的方法养育 21 世纪的孩子。

● 成为孩子的心理妈妈

宝宝长期都是由老人带养，一定会对老人产生心理上的依赖关系，也就是把其当作心理上的妈妈。年轻的母亲在孩子生活中只是生理上的母亲。在宝宝小的时候父母觉得省了很多事，随着孩子年龄的长大，特别是上学以后，父母开始管教孩子，会发现孩子和父母的情绪是抵触的，父母很难管教。因为在孩子成长的早期一直是老人带大的，所以孩子的情感建立是错位的。

另一个重大的问题是，当这些孩子刚刚进入青春期，很多就要面临老人去世。因为隔代双方情感链条牢固，老人去世对孩子来讲是情感上的一次重大打击。

● 生活习惯和行为方式偏异

临床发现，由祖父母喂养的幼儿，更易出现挑食、偏食等不良习惯。老人的心都比较软，四个心软的老人面对一个独生子女，很多问题就会走向极端。比如在吃饭问题上迁就孩子，想吃什么吃什么，不想吃什么就不吃什么。长期娇惯在一定程度上易导致孩子偏食，而孩子偏食是一种极为不良的饮食习惯，长久偏食会给孩子的健康发育带来危害。

不少老人管教孩子都倾向于两种极端：过严或者过松。前者喜欢什么事情都要督促孩子，经常检查孩子的行为，希望孩子按照大人所计划好的线路去成长，一切行动听指挥。后者是溺爱孩子，放任孩子的行为。这都会导致孩子的生活和行为习惯发生偏异。如果老人们的意见再不统一，各人按各人的想法来，孩子就更加混乱了。

■ 隔代教养的优势

隔代教养也不是毫无优点。很多老人保留着中国传统文化中的观念和意识，又因为老人会与孩子长时间在一起，就会对孩子世界观的建立产生良好的影响。

现在也有很多老人很重视宝宝的养育和教育，自己不断地学习，知识不断地更新，在养育中让宝宝多尝试新鲜的东西。这样的隔代教养会好很多，但是还是需要注意，为了宝宝健康的成长，孩子和老人的关系不能超越孩子和父母之间的关系。

应对婴儿期宝宝的撒娇哭闹

你有没有碰到过宝宝撒娇哭闹呢？如果是 2～3 岁的孩子，真的是比较常见，可你知道吗，其实婴儿出生后 4 个月左右就会撒娇哭闹了。比如，小宝宝自己躺在床上，没有饿，没有大小便，也没有哪里不舒服，可是却会哭起来，而且这种哭虽然声音很大，但是却没有眼泪。这就可以认为是一种撒娇哭闹了，只要大人出现在宝宝的眼前，或把宝宝抱起来安抚，他们就会立刻停止哭泣。

在宝宝第 2 个月，我们讨论了“宝宝一哭就马上把他抱起来吗”，这里我们补充一下：当婴儿撒娇哭闹的时候，妈妈应该快速走到他的身边，微笑着注视着他的脸。一般宝宝看到了妈妈的笑脸，就会感到心安了，慢慢地就会停止哭泣。千万不要每次宝宝一哭就抱他，这会让他养成坏习惯。

宝宝撒娇哭闹的时候，除了微笑地注视宝宝以外，也可以和他说说话。要注意的是不要用太大的声音急促地和婴儿说话，否则会使婴儿产生兴奋，反而哭闹得更厉害。一定要用温和的声音，语速也要相应变慢。

当然，如果宝宝哭得很厉害的话，也要适当地抱一抱宝宝。当宝宝停止哭闹再次躺到床上后，别忘了用温和的心情、温柔的眼神注视宝宝的眼睛一会儿。这个过程很重要，如果你这样做了，下一次宝宝再撒娇哭闹的时候，就不用再抱他了。

第6个月

1. 随着月龄的增长，可按不同月龄婴儿的需要和消化能力添加辅食，使其逐渐适应，为顺利过渡到断奶创造条件。
2. 宝宝躺着吃奶的时候，很容易含着奶就入睡了，这会使牙齿受到严重的腐蚀，还容易引起耳鼓发炎。
3. 宝宝看起来只会哭闹，饿了、困了、累了、想让妈妈抱了等所有情况，都是用哭来解决。不要认为，满足了宝宝不哭的要求就可以了，这么大的婴儿也是需要沟通的。
4. 从现在开始到宝宝完全学会走路的这段时间是宝宝练习爬行的最佳时期。
5. 为以后爬行、站立、走路做好准备，6个月左右的宝宝可以进行站立练习了。
6. 生活在完全无菌环境下的宝宝反而容易生病，因为他的免疫系统得不到锻炼和发育。
7. 在玩塑料玩具时，不让宝宝用嘴啃塑料玩具，玩塑料玩具后要洗手，并做到饭前洗手，最好不用手抓食。
8. 宝宝喜欢摇头，其中隐藏着很多秘密。要仔细观察，找出宝宝摇头的确切原因，确保宝宝的健康。

	生理发育正常均值
体重	7.2～7.8千克
身高	64.8～65.3厘米
头围	41.8～42.8厘米
胸围	41.9～43.0厘米
前囟	1厘米×2厘米
牙齿数	0～2颗

【成长脚步】

每一个孩子的成长轨迹都不同，这里只是大致描述本年龄段宝宝的发育情况。你的孩子的某一单项指标以向前两个月或向后三个月的指标作参考，都是可以的。

■ **不需要支撑就可以坐着**

大部分宝宝不需要外力的支撑就可以独自坐在床上，并保持头部的自由活动。这为他们形成对这个世界的认识，解放双手，探索感兴趣的事物提供了进一步的有利条件，帮助他们向成为一个独立的个人迈进了一大步。由不支撑就无法坐着的情形，进步到能独自坐着，这是因为脊髓神经的发育已达到腰部，肚子、腰、屁股的肌肉已经能支撑腰部所致。

■ **个别差异更明显**

之前的体重每天可增加 20～30 克，但现在会有约 10 克的体重差别。由于身体的活动更加活跃，体重的增加较少，肌肉更发达，体格较结实。此时期婴儿的胖、瘦等体型上的个别差异较明显。

■ **四肢更加有力量，有些孩子已会翻身**

满五个月之后，婴儿的发展，由脑脊髓神经的上方开始，渐渐延伸至腰部，此时由于腰部可以自由地转动，因此借由扭腰而会翻身了，四肢也开始能把身体撑起来，脚部的力量也变得很有力。撑着他的腋下把他放在地上时，他的脚会很用力地踢，好像要跳跃起来。手部很有力量，可以把东西弄出声音。运动量也增加了，不管对于什么都会感兴趣，同时也会把东西抓起来玩，所以在婴儿的周围不要放置危险的东西，这点要特别注意。

■ **自己的脚丫最最香**

对于运动能力发展较早的婴儿来说，有时候会发生突然把身体翻过来趴着睡的现象。虽无法按照自己的意志活动脚部，但是这时期可发现婴儿用手抓着脚放在口中舔的情形。由于脚部有相当大的力气，若使婴儿站立在大人膝盖上，则他可以蹦蹦乱跳。

■ **记得各种味道的时期**

由于已真正地开始吃断奶食物，在对果汁及蔬菜汤以外的断奶食物的味道仍感到困惑的同时，也逐渐记得各种不同的味道。

■ **任何东西都想伸手去抓**

拿到手的东西仍是往口里送，但由于兴趣越来越强烈，已会以原来仰卧的姿势挪动身体，伸长手去抓远处的东西，并放入口中。

■ 喃喃自语的次数增加

婴儿喃喃自语说的话虽然没什么意义，但对婴儿来说却是努力在说有意义的言语。喃喃自语是说话的练习，婴儿还会发出啊啊等音。这种自发性的发音，是向以语言来表达意志迈出的一大步。

■ 会一个人玩耍

这个时期，宝宝会一个人玩耍，并把发出“卡啦卡啦”声的玩具摇一摇，使其发出声音或是一个人自言自语。还有，对一些手可拿到的东西，会拍一拍它，让它们发出声音并拉一拉它。

一个人玩耍是建立创造力、自立心的表现，但是一段时间之后就要看一下他，千万不要完全放任他一个人玩耍，要不时地跟他说话，如说：“你一个人玩呀？好棒喔!”或是“在玩什么呀?”有时也可跟他一起玩。

■ 渴望听到大人说话

即使喜欢一个人玩耍，但隔一会儿宝宝也会用啊啊和哭闹声表示需要你与他交流。虽然这时他还不能表达什么完整的意思，但你经常使用亲切温柔的话语，对婴儿的语言能力发展、情绪与感情的发展会有很大的帮助。

■ 其他

- 用手把食物送到嘴上。
- 模仿某些声响。
- 听到声音会转过头去。
- 把一块积木从一只手传递到另一只手。
- 会发出喳喳声或咂舌声。
- 会长出第1颗牙。
- 能让两块积木相互撞击。
- 用手指做耙的动作把小的物品捡起来。
- 会发出“mama”或“dada”声，但并不是在喊妈妈或爸爸。

婴儿不宜吃蜂蜜

蜂蜜是营养丰富的滋补品，含有丰富的果糖、葡萄糖和维生素C、K、B_2、B_6以及多种有机酸和人体必需的微量元素，是治疗多种疾病的良药。但是在百花盛开之时，蜜蜂难免会采集一些有毒植物的蜜腺和花粉，若正好食用了有致病作用的花粉酿制的蜂蜜，就会使人中毒，容易出现中毒反应。蜂蜜在酿造、运输和储存等一系列过程中，极易受土壤和灰尘中肉毒杆菌的污染。而肉毒杆菌芽孢适应环境的能力极强，在100℃的高温下仍可存活。成年人因为抵抗力强，吃了被污染的蜂蜜后，通常不会发病，但一周岁以内的婴儿，由于体内免疫系统尚未发育成熟，抵抗力低，吃了含有肉毒杆菌芽孢的蜂蜜后，芽孢即可在婴幼儿体内发育为肉毒杆菌，极微量的肉毒杆菌毒素就会使婴儿中毒，引起可怕的婴幼儿肉毒中毒，其症状与破伤风相似：经一至三周便秘后，出现弛缓性麻痹，哭声微弱，吸吮无力，呼吸困难等。据调查，婴幼儿急死症中，有5%的婴幼儿是因肉毒中毒而引起死亡的。所以，家长们一定要注意，不要给一岁以内的婴幼儿喂食蜂蜜。

主要营养素的来源

1. 钙含量高的食物：鱼、虾、牛奶、肉卷、蔬菜、豆腐、蛋类、酸奶、奶酪、萝卜叶、带骨大马哈鱼等。

2. 铁含量高的食物：牛羊肉、鸡蛋、葡萄干、杏脯、肝、芝麻酱、豆类、粗粮、绿叶蔬菜、粮食制品等。

3. 蛋白质含量高的食物：牛羊奶、畜肉类、禽肉类、蛋类、鱼、虾、大豆类、芝麻、瓜子类、干果类等。

4. 维生素A含量高的食物：动物肝、蛋类、奶类、有色蔬菜、薯类、鱼油、胡萝卜等。

5. 维生素B_1含量高的食物：谷类、蔬菜、瘦肉、内脏、蛋黄等。

6. 维生素B_2含量高的食物：蔬菜、豆类、花生、粮食、瘦肉、内脏、蛋黄等。

7. 维生素B_5含量高的食物：动物肝脏、酵母、谷类。

8. 维生素C含量高的食物：蔬菜、水果等。

第6个月宝宝的饮食指导

主要食品：母乳

餐次及用量：（日均量约1 000克）每隔4小时喂1次，每次120～220克。

辅助食物：

1. 温水、各种果汁、菜汤等，喂奶时每次喂100克。

2. 米粥、面片汤：1～2次/日，上午10时、下午2时添加，开始每次1～2汤匙，后渐加至4汤匙。

3. 菜和肉的添加：少量的剁碎的鱼肉或者鸡肉与烂米粥、碎菜或面片汤一起食用，3～10克/次。

【护理保健】

当心宝宝斜视

很多新生宝宝都是“对眼”。一般来说，到了 6 个月，眼睛就会变得正常。每位父母都希望自己的宝宝能有一双明亮、传神、美丽的眼睛，那么就要经常观察宝宝的眼睛，发现有问题就要及时治疗。宝宝出生 6 个月以后，就要注意观察宝宝的眼睛是否有斜视，一旦发现就要及早治疗，以免耽误宝宝眼睛的发育。

■ 什么是斜视

正常的眼睛在注视前方的时候，两个眼球应该都处于眼眶的正中间。如果有一个眼球偏向一侧，导致两只眼睛不对称的话，就是俗称的“斜眼”，医学上将其称为“斜视”。如果宝宝有斜眼的话，在看东西的时候就不会再使用那只斜视的眼睛，久而久之这只眼睛的视力就会下降、退化，对宝宝的视觉功能会造成很大的影响。如果斜视的那只眼睛长期处于废弃的状态中，就会造成宝宝弱视。再有，斜视患儿的两只眼睛看东西不能一致，通常是一只眼睛注视目标时，另一只眼睛的视线偏斜在目标的一边，斜视患儿还会把一个物体看成两个，从而形成复视。另外，斜视还会直接影响宝宝的外貌，使他们被别的小朋友讥笑，导致心理反常，影响宝宝的正常生活。

> **斜视不是练出来的**
>
> 如果你的孩子故意做一次对眼，那么不用担心眼睛回不到原来的位置上。我从来没有看到过谁因为近距离看电视而变成对眼。事实跟你想象的并不一样。

■ 宝宝斜视可以治疗吗

医学研究表明，婴幼儿处于视觉系统发育阶段，在这个时期抓紧治疗眼疾，通常是可以成功的，可以让宝宝重新获得立体视觉，防止斜视的继续发展。在发现宝宝有斜视的时候，一般采用给好眼戴上遮眼帘的治疗方法，如果效果不好，就需要进行手术治疗。

■ 早期发现最重要

要想让患儿在早期进行及时的治疗，就要在早期发现问题。爸爸妈妈们要随时观察宝宝的视力发展情况，3～6 个月的时候可以把玩具放在宝宝眼前方 30 厘米左右处，然后上下左右移动，看看宝宝的双眼和头是否能随玩具的移动而移动；7～8 个月的时候，妈妈拿着玩具由远而近地移动，让宝宝观看移动的玩具，如果宝宝的眼球可以从原来的正位随玩具移动，且双眼球向内移动的话，就说明眼睛是正常的。

当然，最重要的是要在平时进行预防，避免宝宝出现斜视，也就是要注意让宝宝的双眼正视物体。比如，悬挂玩具的时候，要挂在宝宝胸部的正上方，而不能挂在眼睛上方和距离眼睛太近的地方，而且悬挂玩具的位置也要经常更换，这样就能避免宝宝眼睛斜视或弱视。

宝宝便秘了

宝宝每天到底应该排便多少次呢？什么样的状况是便秘呢？宝宝每天大便的次数因人而异，有的每天1～2次；有的每天1次；也有的两三天才大便一次。只要宝宝大便时很通畅，没有不舒服或疼痛感，便质不硬，食欲、精神等各方面都很好就没问题了。

如果母乳或牛奶不足，也就是宝宝没有吃饱的话，大便就会变得坚硬且很难排出来。看看宝宝的体重增长是否正常，如果有所欠缺的话，适当给宝宝多喂些奶，有可能缓解便秘的症状。断奶期间，可以多给宝宝吃一些蔬菜和水果，补充纤维质有助于排便。另外，白天要让宝宝多运动，这样也能促进消化吸收，使大便通畅。

如果通过食物调整、增加运动的方式无法缓解宝宝便秘的情况，可以用棉签蘸一些婴儿油、香油涂抹在宝宝的肛门和肚脐周围，以画圆的方式按摩宝宝的腹部，可以促进胃肠蠕动，帮助排便。如果宝宝便秘得比较厉害，没有食欲，或排便时因疼痛而哭闹，就应当带他到医院进行相关的治疗。

认识佝偻病

佝偻病是儿童常见的一种营养病，主要是由于维生素D缺乏，引起钙磷代谢失常和骨骼改变，并同时影响神经、肌肉、免疫等组织器官的功能，导致儿童生长发育不良。发病早期的表现为神经精神症状，如夜惊啼哭、睡眠不宁、多汗枕秃、烦躁不安等。继而出现骨骼改变，如颅骨软化，形成乒乓头或方颅，胸骨前突形成鸡胸，下肢由于负重变形，形成“O”形或“X”形腿。

■ 发生佝偻病的主要原因

1. **日光照射不足。**人的皮肤在日光中紫外线的照射下可以合成维生素D，这是人类维生素D的重要来源。因为日常食物中维生素D含量甚少，难以满足需要。小儿室外活动过少、冬春季节日光照射不足、居于大气污染严重的城市等都可以导致紫外线照射不足，使皮肤合成维生素D的量减少，引起机体维生素D缺乏。

2. **食物中维生素D摄入不足。**食物中维生素D的含量较其他维生素少，动物肝脏、鱼肝油、蛋黄等含有一定量的维生素D，其他绝大多数食物含维生素D极微。因此，如果日光照射不足，又不能补充含维生素D的食物，容易造成缺乏。

3. **食物中钙摄入不足。**在我国居民的饮食习惯中，一般婴幼儿才喝奶，2岁以后就不喝了。奶类含钙量多且易吸收，谷类食物含钙普遍低微，以谷类为主食，进食奶类、豆类少，就易引起钙缺乏。

4. **需要量增大。**儿童处于生长发育的旺盛期，需要维生素D和钙相对较多，如果摄入不足，光照又不足，容易造成缺乏。

5. **疾病的影响。**某些疾病，如胃肠道疾病、肝胆疾病，都会影响维生素D的体内合成与活化，引起缺乏。

■ 佝偻病的防治措施

1. **鼓励儿童多做户外运动。**让他们在阳光下经常活动，获取足量的光照，刺激皮肤合成维生素 D。

2. **多进食含维生素 D 和钙丰富的食物。**尤其在冬春季及多雨多雾季节，应适当吃些动物肝脏。每日一个鸡蛋，儿童期不应“断奶”，坚持每日饮奶或吃奶制品。日本人提出“一杯牛奶强壮一个民族”的口号，值得我们借鉴。在农村和贫困地区存在奶类供应不足的问题，可以喝豆浆或多吃些豆制品。此外，含钙丰富的食品还有小虾皮、海带、油料种子和一些蔬菜，可多吃些。

3. **必要时可补充鱼肝油和钙片。**必要时可补充鱼肝油和钙片，但必须注意防止过量摄入鱼肝油而引起维生素 A 和维生素 D 中毒，钙剂也不能过量摄入，应在营养师或医生指导下适量服用。

【育儿百科】

如何选择奶瓶、奶嘴及消毒

对于人工喂养的宝宝来说，拥有合适的奶瓶和奶嘴是非常重要的。那么，该如何为宝宝选择奶嘴和奶瓶呢？现在市面上奶瓶的材质大致有两种：一种是玻璃的，另一种是 PC（即聚碳纤维，一种无毒塑料，俗称太空玻璃）的。大部分家长认为玻璃奶瓶安全无毒，而塑料奶瓶的成分是有机化合物，含有毒素。其实，现在的塑料奶瓶也多采用安全无毒的材质。玻璃奶瓶虽然容易清洗，不容易变质、变形，但是很容易破碎，对宝宝有潜在的危险，而且玻璃奶瓶容易过热，不方便宝宝自己捧着喝奶。所以，现在已有许多家长开始选用安全无毒的塑料奶瓶了。该给宝宝准备多大容量的奶瓶呢？市面上比较常见的奶瓶容量有 125ml、150ml、200ml、250ml。不同制造商的数字会稍有差异。也有小于 100ml 的小奶瓶或大于 300ml 的超大奶瓶。应当根据宝宝的食量和用途来挑选奶瓶的容量。容量小的奶瓶适合小月龄的宝宝，或是用来喝水或果汁，容量大的奶瓶适合大宝宝，也可以装辅食。通常情况下，120～150ml 和 250ml 的奶瓶是使用率最高的奶瓶。

奶嘴是奶瓶的重要组成，奶嘴的好坏决定了宝宝会不会接受这个奶瓶。目前市场上的奶嘴大多用硅胶制成，也有一部分是用橡胶制成的。相比之下，硅胶奶嘴软硬适中，更接近妈妈的乳头，还能促进宝宝的唾液分泌，帮助其上下颚、脸部肌肉的发育，宝宝比较容易接受。奶嘴的孔眼要大小合适，这样宝宝在使用奶瓶的时候才会感到舒服。圆孔型的奶嘴是最常见的类型，奶水会自动流出，宝宝吸吮起来不费力，适合无法控制奶水流出量的小宝宝。圆孔型奶嘴的大小一般分为 S、M、L 三种。小圆孔适合喝水，中圆孔适合喝奶，大圆孔则更适合用来喝米糊等辅食。十字形孔型可以根据宝宝的吸吮力来控制奶水的流量，不容易漏奶，孔型偏大，可以用来喝果汁、米粉或其他粗颗粒饮品，适合各个年龄段的宝宝。Y 字型奶嘴的奶水流量稳定，能避免奶嘴凹陷。就算宝宝用力吸吮，吸孔也不会裂大。孔型较大的，可以在添加辅食时使用。

婴儿睡着吃奶的害处

人工喂养的宝宝，最好不要让他们躺在床上吃奶。宝宝躺着吃奶的时候，很容易就含着奶入睡了，这会使牙齿受到严重的腐蚀，还容易引起耳鼓发炎。因为奶水有可能会顺着耳咽管流向耳鼓的后面，使细菌在聚积的奶水里繁殖，造成耳鼓发炎。

很多婴儿 6 个月以后就能坐起来了，妈妈会让他们自己吃奶，通常宝宝吃着吃着就会抱着奶瓶睡着了。这样不仅会损害宝宝的牙齿和耳朵，也会让他们养成无法离开奶瓶睡觉的习惯。等宝宝再大一些，比如 9 个月、15 个月或 21 个月的时候，如果你想夺走奶瓶让宝宝睡觉的话，就会招来宝宝的哭闹抗议。所以，不要让宝宝自己抱着奶瓶躺在床上吃奶，而要让宝宝坐在妈妈腿上或婴儿椅里吃奶，并且宝宝吃完奶就要及时拿走奶瓶，免得宝宝对奶瓶产生依赖。

【心智发展】

语言培养——让宝宝在沟通中学习

小宝宝们看起来只会哭闹，饿了、困了、累了、想让妈妈抱了等所有情况，都是用哭来解决。不过，你千万不要以为，满足了宝宝的要求，不让他再哭就完成了任务，婴儿也是需要沟通的。研究表明，多和宝宝交谈，让宝宝处于语言丰富的环境中，可以使宝宝开口说话的时间提早，并且语言能力相对较强。因为宝宝最初学习语言的方法就是模仿，爸爸妈妈对宝宝说的每一个词、每一句话都会被他记在心中，听到的话越多就表明宝宝储备的知识越多，自然说话时掌握的程度就比较好。该如何与宝宝进行交谈呢？和宝宝一起玩玩具，帮宝宝换衣服、洗澡，或者给宝宝拿他想要的东西的时候，都可以先和宝宝说说话，告诉他物品的名称，正在进行的动作，玩的方法，干什么用，等等。不要觉得宝宝不会回应就不和他说话，要知道宝宝会记住你说的每一句话的。多说一些复杂的、完整的语句，再加一些生动有趣的形容词或副词，会使宝宝的语言储备更加丰富。

初期的爬行准备练习

一般宝宝在三四个月的时候会学会翻身，到六七个月的时候就能连续打滚了，这样的翻滚可以为宝宝学爬奠定基础。该如何让宝宝学会打滚呢？用玩具诱导是个不错的方法。拿一件宝宝喜欢的玩具，先放在宝宝身体的一侧，让宝宝侧翻，之后再把玩具放在宝宝的头顶，诱导宝宝趴过来俯卧。之后再把玩具放到宝宝身体的另一侧，让宝宝翻滚成仰卧姿势。最后把玩具放到稍远点的地方，帮助宝宝连续翻滚到玩具旁边拿取。多练习几次后，宝宝就会自己连续翻滚了。不过在宝宝翻滚的时候，要准备一块面积较大的地方，比如在地上铺一块凉席或毯子，清除障碍物以防止受伤。如果在床上翻滚的话，要注意别让宝宝掉下床。

从现在开始到宝宝完全学会走路的这段时间是宝宝练习爬行的最佳时期。不要怕宝宝的衣服会脏，不要怕宝宝总趴在地上会凉，实际上宝宝是非常喜欢爬行的。只要宝宝想爬，在做好安全措施的前提下，就让他爬个够。不过，也有些宝宝是先学会站立或走几步路之后才会爬行的，这也属于正常现象，爸爸妈妈不必担心。

关于如何教会宝宝爬行的更全面内容，请见“第8个月——心智发展”。

如何带宝宝做直立练习

6个月左右的宝宝可以进行直立练习了，为以后爬行、站立、走路做好准备。爸爸妈妈双手抱在宝宝的腋下，让他在你的膝头或床上练习直立，或者，力气的大的爸爸妈妈还会一只手扶着宝宝，让宝宝站在自己的另外一个手心里。每次练习1分钟左右，每天可以练习1～2次，让宝宝熟悉站立的感觉。如果宝宝不喜欢练习的话，也不必强求，等他再大一些，有兴趣后再练习就行了。

要注意的是：把握好直立行走和爬行之间的先后关系。一定要先学会爬行。直立练习可以提高宝宝腿部的肌肉力量，为爬行打好基础。

本阶段家庭游戏

■ 蹦蹦跳

1. 扶着宝宝腋下让他站在你的腿上，任他在腿上蹦蹦跳；
2. 随着时间的增加，渐渐地不举宝宝，宝宝也会在腿上试着跳跃。

在游戏期间妈妈要念一些儿歌，或者说“蹦蹦跳”一类的语言，逐渐让宝宝听懂。这样的游戏可以发展宝宝的下肢力量，为站立做准备，训练言语与动作的联系能力。扶腋站立时，宝宝会用臂夹住大人的手防止滑脱。

【安全防护】

6个月内婴儿的安全环境

4～6个月的婴儿会翻身了，这是指婴儿会从仰卧位翻到俯卧位或者从俯卧位翻到仰卧位。请用如下指标检查你的家庭环境是否对宝宝是安全的：

1. 要选用有栏杆的婴儿床，只要婴儿在床上，注意随时拉起栏杆，拴好挂钩，不可因离开时间短心存侥幸。往往事故都出现在一瞬间。

2. 选婴儿床要注意栏杆间的距离，以不会卡住婴儿的头和肢体为宜。

3. 不要用绳子拴玩具并放在床上，一不小心绳子便会绕在婴儿的脖子上，十分危险。

4. 床上不要放空塑料袋以免罩住婴儿的头部，不要放爽身粉、别针、易破碎的玩具等。

5. 枕头、被子让婴儿靠坐时，要牢靠，不可选过于松软的枕头和被子，以免婴儿坐不稳而把头埋在里面引起窒息。

6. 婴儿的床不可过软，过于软的床不利于婴儿抬头、翻身、坐、爬、站；不利于脊柱弯曲的发育；软床加上柔软的枕头、被褥是造成窒息的潜在危险因素，应尽量避免。

如何给玩具消毒

家长要明确的概念是，给玩具清洁和消毒的目的不是给宝宝创造一个完全无菌的环境，而是通过经常地、及时地消毒的方式来降低不断繁殖着的单位面积或单位体积内细菌病毒的数量和浓度。生活在完全无菌环境的宝宝反而容易生病，因为他的免疫系统得不到锻炼和发育。如果能经常接触少量的细菌病毒，可以使人的免疫系统保持一种积极的活跃的状态，有利于宝宝免疫系统的发育，保持身体健康。

■ 玩具的清洁消毒应该掌握的原则

1. 玩具在购买后应先清洁再给孩子玩。从商店买回的玩具、用品虽然是新的，也应该先清洁再给孩子使用，如果是别人赠送的东西更要这样做。玩具在生产、包装、运输、销售的各个环节不可避免地会沾染到一些看不见的细菌病毒，清洗一下再给宝宝玩会更安全。

2. 玩具清洁消毒的频率通常以每周 1 次为宜，家长也可以根据玩具的使用频率和材质灵活掌握。要给玩具专门准备一块抹布，不能用清洁家居的抹布来擦拭宝宝的玩具，抹布上附着了大量的细菌病毒，用这样的抹布来擦拭玩具，只会越擦越脏。

3. 要选择婴幼儿专用的清洁剂、消毒剂。不要用普通的消毒剂为宝宝的玩具消毒，因为这些消毒剂可能会对宝宝的呼吸道产生刺激。

4. 玩具洗涤后要用大量清水冲洗（电动玩具除外）。用流动的清水冲洗非常重要，可以尽量减少洗涤剂的残留。玩具清洗后要在通风和阳光直射处晾晒，彻底风干。在干燥的环境下，细菌、病毒的繁殖速度比在潮湿的环境中要慢得多。

5. 玩具的材质和类别不同，清洗消毒的方法也有所不同：

（1）毛绒玩具。可选择婴幼儿专用的洗衣液清洗，有抗菌防螨功能的更好。充分漂洗干净后在向阳通风处晾干，阳光中的紫外线可以起到杀菌消毒的作用。一些劣质的毛绒玩具的表面容易隐蔽灰尘、细菌和甲醛，易导致儿童流泪，皮肤起红斑，严重时还能诱发皮肤病及其他传染病。应尽量购买容易清洗且正规、合格的毛绒和布艺玩具，购买之后，先清洗一次，再给宝宝玩耍，并定期进行清洗和消毒。

(2) 塑胶玩具。可用干净的毛刷、婴儿专用的奶瓶清洁液清洗，然后用大量清水冲洗再日晒晾干。

(3) 固齿玩具。直接接触宝宝口腔的玩具可用奶瓶刷、婴儿专用的奶瓶清洁液、奶瓶消毒锅、餐具消毒柜等清洁。为了慎重起见，家长在购买这类玩具时，应仔细阅读说明书，弄清玩具的消毒方式，以免造成玩具损坏或材料变质。

(4) 木制玩具。可选择干净的纱布或手帕、婴儿专用的奶瓶清洁液清洗。木制玩具在潮湿的环境下容易发黑霉变，所以给宝宝玩之前要清洁干净并充分干燥。

(5) 电动玩具。可选择洁净的湿布、无菌纱布和75%的医用酒精。在清洁电动玩具前要先拆下电池，然后用洁净的湿布擦拭。想彻底消毒电动玩具，可以从药店购买无菌纱布并蘸取75%的医用酒精擦拭表面，待酒精完全挥发殆尽后再给宝宝玩。

(6) 秋千、滑梯等户外玩具。可选择干净的布块或毛巾、肥皂、水、75%的医用酒精清洁。有些拿到户外玩的玩具，回家后也应及时用肥皂水清洗后再给宝宝玩。

预防塑料玩具中毒

目前市场上塑料玩具的品种琳琅满目，因颜色鲜艳，经久不褪色，所以深得宝宝的喜爱。但宝宝在玩塑料玩具时要预防镉中毒。因为制作商在制作过程中掺入了镉。镉元素有较高的毒性，进入人体可以引起中毒，导致肝肾病、高血压、心脏病、骨质疏松等。镉在胃肠道内的吸收率为15%，一旦进入人体内后不易排泄。宝宝在玩塑料玩具时，常常喜欢把玩具放在口中，或玩后不洗手即用手抓食吃，啃手指，这样就把镉摄入体内，久而久之会发生慢性镉中毒使宝宝出现体重减轻、骨骼疼痛、蛋白尿等症状。家长一定要做好预防工作，在宝宝玩塑料玩具时注意卫生，不让孩子用嘴啃塑料玩具，玩塑料玩具后要洗手，并做到饭前洗手，最好不用手抓食。

散发浓香的塑料一般包含苯、甲醛等多种对人体有害的物质。长期闻这些味道，会令人感到头痛、软弱无力，对宝宝的生长发育极为不利。一些质量低劣的画棒、涂漆的积木、拼图类玩具中还可能含铅。所以家长在为宝宝购买塑料玩具时，一定要谨慎选择。

保护爬行期的儿童

● 将台灯、桌上的电话等推到桌子后部。沿着桌腿将电线旋起，塞进电插座。用结实的塑料盖盖住所有的电源插座。不要用便宜的或旧的盖子，因为那样的盖子易破损，会给宝宝带来危险，即使插座盖着盖子，也不要让宝宝用手摸，更何况，不是每个插座都有盖子。

● 要束紧窗帘上的线。可以到市场上买个收缩线，也可以将线系在窗框高处的钉子上。

● 收起长桌布，否则，儿童沿着桌边很容易扯下桌布。可用合适的垫子代替。

● 给橱柜、抽屉等配上安全锁。

● 在洗澡室门口配上儿童够不着的门锁。

● 如果住跃层，楼上要装上安全门，但是不要仅仅依靠它，有时门开着也容易出问题。在楼梯顶上装上有插销的安全门。用任何类型的安全门，都要谨防宝宝爬过去。

- 当宝宝学会爬楼梯时，父母要教他学会拐弯。下楼梯时，把孩子带到楼梯顶，在最上一阶楼梯抱起他，让他转过来，当父母下一个台阶时，拉他的一条腿下来，然后再拉另一条腿下来，直到他学会这样做。当宝宝准备下楼梯时，父母要站在后面，抱着他的腰，让他自己下楼梯。这样一遍又一遍地重复练习。
- 不要拉宝宝的双臂并抬高他。否则，容易引起肩部或肘部脱臼。
- 要为宝宝选择适合他年龄的玩具，应把这些玩具放在不带盖的盒里。
- 要选用符合安全规则的供婴儿在内爬着玩的携带式围栏，在父母被别人叫走时，可以把他安全地放在里面。选购时，要选那些轻便的、可携带的、有厚垫子的和周围栏杆结实的。
- 确保所有的窗户都可以锁上，不要指望窗帘能防止宝宝跌出去。
- 阳台栏杆要用网状物盖上，这样，宝宝才不能将头伸出去。

【成长顾问】

如何应对宝宝流口水

宝宝流口水是一种常见的现象。可以分为正常的生理性流口水和病理性流口水两类。

■ 生理性流口水——口腔结构的原因

4个月以后，宝宝开始吃含淀粉的辅食，刺激唾液淀粉酶的分泌。加上此时有的小宝宝还喜欢吮吸手指等，更加重了唾液腺的分泌。5～6个月以后，宝宝的唾液腺发育成熟了，唾液量的分泌也相应增多了。而宝宝的口腔小而浅，吞咽功能又不健全，不会把流出来的口水咽下去，所以口水就“漫过大堤”。

■ 生理性流口水——长牙的原因

当宝宝刚长牙的时候，牙龈组织难免有肿胀疼痛感，而牙尖又比较娇嫩，此时宝宝流出来的口水可以起到润滑的作用，防止牙齿周围发炎症状的出现。宝宝流出来的口水可以保持口腔潮湿和清洁，也可以对宝宝刚长出来的小牙起到清洁的作用，防止蛀牙的形成。口水可促进宝宝味蕾的发育，从而提高宝宝的食欲；也可促进嘴唇和舌头的活动，使宝宝尽早学会说话；更可促进吞咽动作的成熟与完善。

■ 如何应对生理性流口水

由于口水是偏酸性的，宝宝的皮肤又比较稚嫩，所以口水流出到宝宝的嘴角、脸颊等部位，时间长了就会出现发红等症状。宝宝一旦有口水流出，应马上用清洁的小毛巾擦掉。擦的时候要小心，最好是“沾”。选择的小毛巾也应是质地柔软、吸水强的棉布手帕。

要注意经常为宝宝用温水洗洗嘴部和下巴。等到宝宝学会吞咽以后，口水自然会减少。等到3岁之后，流口水的现象就自然消失了。

■ 病理性流口水

还有一种流口水是由某种疾病引起的，比如口腔炎、鹅口疮、神经麻痹、咽炎、智能低下、脑炎后遗症等都会引起病理性流口水。这种类型的流涎就需要医生诊治了。

怎么区分宝宝的流口水是生理性的还是病理性的呢？病理性流口水的宝宝会伴有过度哭闹、不吃奶等表现，这些都是疾病的表征；如果是智力方面有问题的宝宝，可能会过分安定，没有正常儿童的行为；如果宝宝3岁以后还在流口水，也要考虑是病态反应，需要及时就医，以免延误治疗。

> 用过的小毛巾要经常洗烫，并放在阳光下晾晒。避免用含香精的湿纸巾擦拭，以免刺激宝宝皮肤。

第 7 个月

1. 7 个月的宝宝已具有咀嚼功能，胃肠的适应能力已逐渐增强，添加的食物种类扩大了，食物逐渐由液状变为糊状和小块状。
2. 妈妈们可鼓励宝宝用汤匙自己吃饭，也可以做一些易于用手抓取的食物，让宝宝自己抓着吃。
3. 大多数宝宝到了 7 个月的时候，已经长出两颗或更多的牙齿，妈妈该考虑如何清洁宝宝的口腔了。
4. 对于那些断乳期、不爱使用奶瓶的宝宝来说，用杯子喂他们喝奶粉、妈妈挤出来的母乳或牛奶，是不错的选择。
5. 给宝宝玩电动玩具的时候要小心，使用不当会造成宝宝听力、情绪受损。
6. 半岁以后的宝宝不像以前那样只认眼前的东西了，自己玩的玩具被人拿走时，会尖叫甚至大哭表示反抗。
7. 7 个月左右的宝宝能看懂大人的表情了，知道大人什么样是高兴，什么样是生气。
8. 到 7 个月时，宝宝基本上会坐会爬了。宝宝的活动空间加大了，危险也增加了，一定要注意宝宝的安全。
9. 婴儿吸吮手指是一种满足自身需要的方式。
10. 婴儿期的宝宝不要和宠物有过于亲密的接触，宠物身上有一些细菌或寄生虫，会导致宝宝过敏。

	生理发育正常均值
体重	7.7～8.3 千克
身高	67.0～68.6 厘米
头围	42.8～43.9 厘米
胸围	42.9～43.9 厘米
前囟	1 厘米×2 厘米
牙齿数	0～2 颗

【成长脚步】

每一个孩子的成长轨迹都不同，这里只是大致描述本年龄段宝宝的发育情况。你的孩子的某一单项指标以向前两个月或向后三个月的指标作参考，都是可以的。

■ 会翻身的婴儿增加

大部分的婴儿已会翻身。早学会翻身的孩子不但能左右自由翻，还会滚来滚去。不过个体差异颇大。衣服穿太多或肥胖的孩子动作难免不便，所以引不起兴趣去翻身。因此若比别人慢 1～2 个月也不必担心。

■ 能坐稳了

6 个月以后的宝宝在父母的帮助下，已经能够坐得很稳了。宝宝一开始独坐的时候，因为身体还不稳，所以头会向前倾，还会用自己的双手在身体前面支撑，这样就不会摔倒。等宝宝真正能坐稳的时候，他的头就能竖立了，手也不必再支撑身体，而是可以自由地拿着玩具玩耍了。能够坐稳的宝宝，视野大大增加，比躺着时自由多了。刚能坐稳的宝宝，一次不要坐得太久，10 分钟左右就可以了，以后每次增加 5 分钟，达到 30 分钟就是极限了，否则会影响宝宝的脊柱生长。

■ 开始自喂食物和学用杯子喝水

自喂食物和学用杯子喝水除了对宝宝双手的协调性是很好的锻炼，对宝宝的口腔肌肉协调性也是很好的锻炼，同时对宝宝的语言发育有帮助。

■ 尝试爬行

孩子尝试爬行，随心所欲地移动身体，会带给婴儿很强的独立感。当婴儿学会爬行后，他们的生活及他们父母的生活都会发生相当大的改变。

■ 睡

有些宝宝从半岁起白天只睡两次，上午睡一次，下午睡一次，晚上整夜安睡，觉醒时间延长。

■ 对妈妈有反应

宝宝很喜欢被爸爸妈妈哄抱，会投以微笑表达感谢，有时宝宝还会在爸爸妈妈陪伴时发出愉快的声音。7 个月的宝宝对妈妈的反应更加特别，总会想让妈妈抱一抱，如果妈妈出门了，宝宝会因为看不到妈妈而感到不安。这个时期的宝宝，开始会认人了，他们会记住经常见到的或有特殊标记（如戴眼镜、留大胡子等）的人。

■ 能够了解家人与他人的区别

在这之前，婴儿看到任何人都会笑，谁抱他都可以，都会很开心。可是 6 个月之后他就开始认生了。对于经常相处的家人及偶尔看到的人可清楚地区别。看到家人以外的人跟他说话时，比较容易认生的婴儿就会哭，也有完全没有这种现象的婴儿，但是还是会有点不安，或是板着脸孔，看着抱他的妈妈。

■ 对别的宝宝表达关心

如果宝宝身旁有一个与他年龄相仿的婴儿，宝宝会表现出强烈的关心，有时会出声跟对方讲话，有时还会用手摸对方。所以，爸爸妈妈要多带这时期的宝宝到公园或儿童乐园玩耍，以增加他与同龄人的接触机会。

■ 对声音辨别很敏感

宝宝现在的听力已经相当发达了，也会对所听到的声音产生反应。如果听到的声音很悦耳，宝宝就会显露愉快的表情；如果听到的声音很刺耳，宝宝就会皱眉表示不快。宝宝在这个时期还会分辨声音，妈妈和陌生人叫他的名字，宝宝都会转过头看，不过表情反应还是有差别的。

■ 认生的孩子常有的行动表现

认生的孩子就算是被妈妈抱着，也会不时偷偷地看其他人，这是一种为了获得更多的认知所发挥的能力表现。这时候只要很单纯地对他笑一笑即可。

■ 其他

- 宝宝能发现自己的玩具被人取走而表示反抗。
- 懂得大人说“不许”而停止不干。
- 会向人招手“再见”。
- 开始萌出两颗下门牙。
- 手脚的动作因经验增加而更灵活。
- 对外界越来越好奇。

【营养美食】

需添加的食物

在消化方面，7 个月的宝宝已具有咀嚼运动，并开始出牙，胃肠适应能力已逐渐增强，加之已适应了前面阶段的食物，此期间可以添加的食物种类扩大了，而且食物的质地也应逐渐由液状变为糊状和小块状。在这一阶段，可以喂宝宝混合谷类的食物，如营养奶糊等，为宝宝提供较多的蛋白质和营养素，同时让宝宝尝试不同质地、不同口味的新食物。另外，要注意铁质的补充，由于宝宝从胚胎肝脏贮存的铁质此时已完全用完，所以在这一阶段还需添加肉泥、肝泥、蛋黄或全蛋、蔬菜泥、水果泥等，增加含铁的食物以保证宝宝摄入平衡的膳食。在添加上述食品时，可将其搅拌在稀饭中一起喂宝宝，或者直接选用未添加防腐剂、香料及色素等的市售谷类食品喂养宝宝，这样一方面满足宝宝所需，另一方面可减轻妈妈们制作食品的辛劳。

在为宝宝添加辅助食物时，不要喂宝宝那些无益或危险的食品。有些食品不能提供给宝宝适宜的营养并且有可能引导宝宝养成不健康的饮食习惯，如煎炸的食品、加香料的饮料、巧克力等。另外，有些可能引起哽噎的食物，即使在有人看管的情况下，也不应给宝宝吃。这些食物包括生而硬的水果或蔬菜，如葡萄、樱桃或浆果、花生米、黑桃仁、油炸土豆片及小块硬糖等。

如何让宝宝顺利接受固状食品

宝宝现在开始从吃泥糊状食品向吃固态食品（大人食品）转变了，可是很多宝宝却不爱吃，该怎么让他们爱吃饭呢?

1. **为宝宝示范如何咀嚼食物。**仔细观察宝宝在吃东西的时候，会不会用舌头把食物往外推呢。如果有这种现象说明宝宝还不习惯咀嚼，所以爸爸妈妈要为宝宝示范如何咀嚼食物并且吞下去。放慢速度多试几次，让宝宝一遍遍地尝试，等他学会了咀嚼，自然会爱上吃食物的。

2. **喂宝宝食物的时候，要按食量喂食，速度不要太快。**要让宝宝有时间充分咀嚼。喂完食物后，让宝宝休息一下，不要进行剧烈活动，也不要马上喂奶。

3. **时常变化食物的口味和种类，可以刺激宝宝对食物的喜爱。**可以在宝宝喜欢的食物中加入新材料，注意所添加的食物的分量和种类要遵循由少到多的原则。有时宝宝会不喜欢某种食物，不妨试试变换一下烹调的方式，或者暂停食用这种食物，但是要逐渐添加其他类的辅食。七八个月的宝宝已经有好几颗牙了，他们不再喜欢泥糊状的食物，把苹果泥换成苹果片，也许宝宝就爱吃了。

4. **宝宝很喜欢色彩鲜艳的东西。**把不同颜色的食物精心搭配在一起，就能激起宝宝的食欲。

5. **半岁以后的宝宝逐渐有了独立自主的心思，他们更喜欢自己用手抓食物吃。**妈妈们既可以鼓励宝宝用汤匙自己吃饭，也可以做一些易于用手抓取的食物，让宝宝自己抓着吃。当宝宝能够把食物送到嘴里时，别忘了夸奖他一下哦！这样做能够满足宝宝的成就感，自然也就能激起宝宝吃饭的欲望了。

6. **宝宝玩得正高兴的时候，如果叫他们吃饭，一定会激起强烈反抗的。**所以，在开饭前 10 分钟，提前预告宝宝该吃饭了，摆好餐桌，放好餐具，盛好饭。当宝宝心里有了准备的时候，再叫他们吃饭就容易得多了。

7. **为宝宝准备一套色彩鲜艳、图形可爱的餐具。**这样可以促进宝宝的食欲。

对消化不良有改善的食物

1. **苹果泥。**洗净苹果，切成两半，用不锈钢小勺刮出苹果泥，边刮边喂婴儿。由于苹果泥的纤维很细，对胃肠刺激少。而且苹果中含碱与果胶，有吸附作用，又含有鞣酸，起收敛作用。婴儿每天都应吃一定量的苹果泥。开始吃1/4个苹果，观察婴儿大便的情况，如无异常，可逐渐增加。

2. **胡萝卜汤。**将胡萝卜捣碎后煮烂，滤出其汁，再加水加糖煮沸后，供婴儿饮用。胡萝卜中含有碱质、果胶，有助大便成形并起吸附细菌、毒素的作用。

3. **焦米汤可止泻。**米粉或面粉炒至黄焦后，加水煮成糊状，加糖食用。这种淀粉类食品经炭化后，有较强的吸附作用。

本月食谱——具有调理功能的汤水的做法

■ 腹泻、呕吐——白开水＋小米汤、苹果水、胡萝卜水

孩子脾胃弱，很容易患上腹泻、便秘等消化道疾病。夏天是孩子患感染性腹泻的高发季节。腹泻、呕吐都容易造成宝宝体内水分和电解质的丢失，如果不能及时补充水分，就有可能造成宝宝脱水。宝宝腹泻，一定要及时就医，按医生的处方给宝宝吃药、喝白开水。小米汤、苹果水和胡萝卜水都有止泻、健脾的作用，给宝宝食用有助于宝宝腹泻、呕吐症状的改善，还可以及时补充所失水分。

■ 脾胃不和——白开水＋薏仁水、大米汤

宝宝的消化系统还没成熟，有时吃下的辅食过多、过硬、过稠等，都容易引起消化不良、脾胃不和，除了去医院看医生服用调整脾胃的药物外，父母可以用一些薏仁或大米煮水给宝宝喝。薏仁和大米有健脾、利湿的作用，对脾胃功能的恢复有好处。让宝宝喝薏仁水或大米汤既能补充水分，又能起到调理脾胃的辅助作用。

■ 感冒、发烧——白开水＋鲜果汁、淡盐水

宝宝在感冒、发烧时，身体会比平日流失更多的水分。感冒和发烧期间也应尽可能让宝宝正常吃奶，奶里含有大量水分，可以为宝宝补充水分。除此之外，要多给宝宝喝一些白开水，有助于宝宝补水和退热。稀释后的鲜果汁含有丰富的维生素，有利于宝宝抵抗疾病。少量喝些淡盐水可以补充水分和杀菌。

■ 肺热咳嗽、痰多——白开水＋梨水、荸荠水、豆浆

如果宝宝有肺热的症状，表现为咳嗽、有痰，可以煮些荸荠水或梨水喂宝宝喝。荸荠水和梨水可以清火，如果在梨水中加些百合或川贝一起煮，效果更好。黄豆经浸泡后磨汁做成豆浆，煮沸后加少量冰糖在清晨空腹饮用，可以健脾宽中，润燥掐水，清肺止咳、化痰；治疳积瘦弱、肺热咳嗽等。

■　便秘——白开水＋白萝卜水、青菜水、无花果茶

宝宝便秘除了请医生做诊断治疗外，还可以让宝宝吃些富含粗纤维的食物，多喝水。白萝卜有通气、行气的功效。无花果能补脾益胃，润肺利咽，润肠通便。将无花果泡 3 个小时再煮成无花果茶给宝宝喝可治宝宝脾胃虚弱、消化不良、肺经燥热、咽喉疼痛咳嗽、肠燥便秘等。用白萝卜或青菜煮水让宝宝喝都可以有助于缓解宝宝便秘。

第 7 个月宝宝的饮食指导

母乳/人工喂养：每次喂 180～250 克，每天 3 次，早午晚各一次。两次喂奶之间添加辅食，可补充适量奶。参考喂养时间表：早上 6 点喂奶；上午 10 点喂断乳食物并加奶补充；14 点喂奶；18 点喂断乳食物并加奶补充；22 点喂奶。

辅助食物：温开水、凉开水、各种季节当令鲜榨的果汁、胡萝卜或白菜等蔬菜的菜汤，每次 80～120 克，可在两次主食中间任意选择其中一种轮换喂食。果泥、菜泥、肉泥、米粥、蛋羹等断乳辅食，可在上、下午任选一种喂 1 次。每次 5～8 汤匙，可逐渐适量增加。还要添加切成片状的馒头干、饼干等，让宝宝自己抓住啃吃，以便锻炼宝宝的咀嚼能力，帮助牙齿的生长。

推荐食谱：豆腐粥

原料：米饭 1/6 碗，肉汤 1/2 杯，豆腐 1/10 块，盐若干。

做法：（1）将豆腐切成小块。

（2）将米饭、肉汤、豆腐加水放在锅中同煮。

（3）煮至黏稠时加入适量的盐调味。

【护理保健】

消化系统的疾病

宝宝的消化系统还没有发育完全，在添加辅食之后，很容易出现消化不良的现象，严重时还可以引起消化系统疾病。比较常见的是下痢，也就是拉肚子，还有急性消化不良、疝气等病症，这对于宝宝来说都是很危险的。

■　单纯性下痢

也可称为“单一症候性下痢”，通常的症状是排出混合着颗粒的绿色大便。如果宝宝身体状况良好，体重增长正常的话，就不需要减奶量，也不用限制饮食。但是要注意防止宝宝出现脱水症状，宝宝拉肚子的时候要为他们多补充冷开水或离子饮料等，还要在便后用温水清洗宝宝的小屁屁，以免皮肤溃烂。

■ **白色便体下痢症**

三岁以下的宝宝很容易出现白色便体下痢症，开始的症状和感冒有些像。典型症状是会排出白色的水样大便，还会出现呕吐，每天可能会吐十次以上，大约要吐两三天才能停止。下痢持续一个礼拜以上，就会出现脱水的症状，所以一定要多补充水分，但要注意应少量多次地补充，以免引起更多的呕吐。如果你发现宝宝精神不好、眼神呆滞、非常疲惫，就要立即带他去医院治疗。

■ **急性消化不良**

如果所添加的辅食不合适，或辅食喂得太早的话，会引起急性消化不良症，主要症状也是呕吐、腹泻。如果你知道是哪种食物引起宝宝消化不良的话，只要停吃这种食物即可。等宝宝腹泻、呕吐症状完全消失后，应重新添加辅食，注意食物量要由少到多，食物种类要由单一到复杂。

为宝宝清洁口腔

绝大多数宝宝到了 7 个月的时候，已经长出两颗或更多的牙齿了，并且开始每天吃 1～2 顿辅食了，这时妈妈们就需要考虑如何清洁宝宝的口腔了。其实早在乳牙萌出之前，就应该为宝宝清洁口腔了。那时候应当使用 4 厘米×4 厘米的纱布，蘸着温开水或淡盐水，轻轻地擦拭宝宝的牙床、口腔内壁和舌头。当宝宝长出乳牙以后，在 1 岁之前依然可以使用纱布擦拭法。不同的是，要用食指裹住蘸了温开水或淡盐水的纱布，伸入宝宝口腔擦拭舌头、牙龈和口腔黏膜，然后以水平横向的方向循序刷牙，先刷下颚牙齿的外侧面、内侧面、咬合面，再刷上腭牙齿的外侧面、内侧面、咬合面，总之要“面面俱到”。

当然，你也可以选用那种套在手指上的乳牙牙刷为宝宝清洁口腔，方法和用纱布清洁一样。由于宝宝的口腔黏膜非常柔弱，在帮他们清洁口腔的时候，动作一定要轻柔，以免弄伤宝宝的口腔而难以愈合。如果在清洁口腔的时候，宝宝很抗拒，不肯配合，那就不要勉强，一定要慢慢来，否则宝宝以后会厌恶刷牙的。另外，不要让宝宝接触酒、含酒精的饮料、各种碳酸饮料，这些饮料都会损害宝宝牙齿。

【育儿百科】

谨防音乐玩具“吵伤”宝宝

5 个多月的丁丁特别喜欢妈妈买的电动小汽车，一打开电源开关，小汽车就会在地上旋转、前进，还会发出很大的音乐声。只要听到小汽车的音乐声，丁丁就会很兴奋，不再哭闹了。妈妈感觉也很开心，以为找到了让宝宝不再哭闹的法宝。可是玩了一段时间，妈妈发现丁丁总是烦躁不安，不再喜欢这个小汽车了，甚至把小汽车放在他面前，就会引起丁丁大哭。于是妈妈不再让丁丁玩小汽车了，可是丁丁还是很烦躁，不如以前乖了。于是，丁丁妈妈带他去医院，才发现丁丁的听力受到了轻微的损伤，进而影响了他的情绪。

现在的婴幼儿玩具，可以说是琳琅满目，花样繁多。每个宝宝都喜欢玩具，特别是那种能放音乐、会发光，还会动来动去的电动玩具，更是宝宝的最爱。不过爸爸妈妈在给宝宝玩这种电动玩具的时候也要小心，使用不当会造成宝宝听力、情绪受损。

人在普通室内谈话的声音一般是 40～60 分贝，这是小宝宝能够承受的范围。如果电动玩具的音量超过这个范围，就可能会损伤宝宝的听力，而且这种损伤可能是永久性的。长时间被噪音污染的宝宝，会情绪失控，烦躁不安，哭闹不止。而且电动玩具上的电池、螺丝钉等小零件，很容易被宝宝吞食，造成窒息等伤害。所以，最好不要选择发声玩具给 3 岁以下的宝宝玩。如果一定要买，也要选择正规品牌的适合宝宝年龄的玩具。

【心智发展】

婴儿熟睡时也能学习

一项新的研究显示，婴儿似乎在睡觉时都能学习。新生儿大多数时间都在睡觉，这个能力对于他们迅速适应周围世界至关重要，并且有助于确保他们存活下来。

在对 26 个出生仅 1～2 天、正在睡觉的婴儿进行的实验中，科学家们弹一个音，然后朝婴儿的眼睛吹一次气，在半个小时的时间里重复 200 次。每个婴儿的头皮和脸上贴有 124 个电极，记录实验中他们大脑的活动。

这些婴儿迅速认识到，在听到一个音后，会有人对他们吹气。实验显示，婴儿在每次听到一个音后闭紧眼睛的概率平均提高了 4 倍。

专家称："他们学习的速度之快令人吃惊。研究中的时间是 30 分钟，但我认为他们实际上只用了一半的时间就学会了。"我们知道，婴儿的工作就是当个信息收集者，像海绵一样吸收数据。但我们并未意识到，他们在熟睡时也在进行这项工作。

婴儿游泳有助于增强运动能力

让婴儿进行游泳锻炼，有助于孩子在随后发育中获得更好的平衡性等运动能力。

在对两组儿童的测试中，其中一组从两三个月大就开始接受每周两小时的游泳课程，内容包括在水中追逐漂浮物和适度潜水等，这种训练一直持续到孩子 7 个月大；另一组并没有接受游泳锻炼。这两组儿童在父母教育水平、家庭经济环境等方面都差不多。在这些孩子 5 岁时，对他们的运动能力进行对比显示，在踮脚走路、单腿独立、跳绳、玩球、抓沙包等测试中，在婴儿时期进行过游泳锻炼的孩子会显示出更好的平衡性和抓取物体的

能力。

7个月宝宝的心智发展

■ 找玩具

婴幼儿需要在玩中获得成长。半岁以后的宝宝玩的时候，不再像以前那样只认眼前的东西了，现在他们能发现自己正在玩的玩具被人拿走，并用尖叫、乱动甚至大哭表示反抗。6～7个月的宝宝开始具备观察能力了，你可以和他一起玩“藏找玩具”的游戏了。可以把玩具藏在被子底下，稍微露出点儿头，让宝宝进行寻找。如果宝宝找不到的话，你可以拉着宝宝的手让他摸一摸被子里鼓鼓的地方，或者让宝宝看到玩具露出的地方。玩几次以后，宝宝就会发现自己的玩具不见了，也会到经常藏玩具的地方进行寻找了。

■ 识物体

半岁以后的宝宝可以认识更多的物品了，他们喜欢认马路上的车、路边的花和树，也喜欢认知自己心爱的玩具名称。同时，宝宝会用目光去看或伸手指向东西所在的地方。并对自己注意到的事物的名称会记忆得比较深刻，所以这时候你要仔细观察宝宝的目光，看他们正在看向哪里，如果发现他正在看路上的车，就对他说：“小汽车。”车开走后还可以问宝宝：“小汽车呢?”宝宝通常会指向车开走的方向，这时你可以说：“小汽车开走了。”这样慢慢地宝宝就能记住“小汽车”，以及与之相关的语句。

这个阶段的宝宝还喜欢敲东西听响声，比如拿积木对敲，用积木敲桌子，摇铃铛，等等，听到自己把东西弄出了响声，宝宝会觉得很高兴。另外，宝宝现在的手、眼配合比以前准确了，当他看到沙发罩垂下的流苏上的小球的时候，不但会盯着看，还会伸手抓住它玩。

■ 理解他人的想法

半岁以后宝宝的理解能力大大提高了，特别是能听懂爸爸妈妈说的“不许这……”、“不许那……”。比如，宝宝在用奶瓶敲桌子，你对他说：“不许敲!”注意要板住面孔，这样宝宝就会明白不该敲桌子。其实，5个月左右的宝宝就能看懂大人的表情了，知道大人什么样是高兴，什么样是生气。在这个月他能凭听词汇去理解大人的要求，而抑制自己的动作，这又是一个进步。如果你认为宝宝的行为不正确，就要流露出失望、生气的表情，让宝宝知道自己做错了；如果你总是对宝宝笑脸相迎，即使他用手打你的脸，你也不肯训斥他的话，就会让宝宝变成“不懂事”、“不会理解别人”的任性的孩子。有的家长太宠孩子，不会对孩子板脸，让宝宝随心所欲地做任何事，不提出任何要求，总觉得宝宝太小，不懂事，“长大了自然就懂了”。如果大人从不对宝宝板脸，任凭宝宝做任何事，就会使宝宝不懂得约束自己，不懂得看大人的脸色，等到他真正长大了，你就会看到他成为一个以自我为中心、不能善解人意的人。

爸爸妈妈不能随自己心情的好坏而经常转变对孩子的态度。如果心情不好时不允许宝宝做的事情，心情好的时候又允许做了，便会使宝宝产生混乱，无所适从，没办法培养宝宝的规则意识。

■ 动作语言

6个月以后的宝宝可以用手势来表示语言了。比如，爸爸要上班了，妈妈可以举着宝宝的手挥动并说："爸爸，再见！"这样的行为做久了，宝宝就明白了招手是表示再见的意思。只要听到说再见，宝宝就会做出招手的动作。还可以用拱手表示"谢谢"，用摇头表示"不"，等等。用动作表示语言，是宝宝与他人交往的欲望表达，预示着他日后学习语言能力的高低。爸爸妈妈要经常鼓励宝宝用动作表示语言，并用这些动作与他人交往，这将为宝宝说话奠定基础。

■ 认识更多成人

六七个月的宝宝开始会认人了，这时要在日常生活中，结合成人的活动教宝宝了解家庭成员与自己的关系。比如，奶奶拿来宝宝的衣服，可以指着奶奶说："宝宝，奶奶来了，奶奶给你拿衣服。"妈妈给宝宝喂奶时，也可以说："来，让妈妈抱着你喝奶。"爸爸上班前可以和宝宝打招呼："宝宝再见，爸爸去上班了。"平时也可以和宝宝玩找人的游戏，"谁是妈妈？""爸爸在哪儿？""爷爷干什么呢？"……渐渐地，在外面玩的时候，也可以教宝宝和别人打招呼，说："阿姨，再见！""小哥哥在跑！"等。慢慢地宝宝就会熟悉自己身边的人了，即使还不会说出这些人的称谓，但也能表现出不同。

■ 多模仿、多重复

宝宝白天醒着的时间逐渐增多了，醒来时不再是安静地躺着，而是想要玩耍，还会观察周围环境中有趣的物品，或玩自己的手、翻身等。这时爸爸妈妈要陪宝宝一起玩，并教他怎么玩。比如，可以和宝宝玩捉迷藏的游戏，也可以教宝宝玩小汽车。宝宝在婴儿期的活动还是以无意识的行为为主，但是模仿力却是超强的。爸爸妈妈和宝宝玩的时候要有意识地教他模仿，将宝宝感兴趣的动作重复做几遍，让他触摸、感受、聆听，在玩的过程中发展动作及感知等心理能力。

本阶段家庭游戏

■ 洗澡游戏

给宝宝在澡盆里放上合适水温的洗澡水，让宝宝在盆里坐着，给他一个或者几个水里能玩的玩具，一边洗澡一边玩，洗完澡后坐在盆中央，一个大人扶着宝宝腋下，另一个大人握着宝宝的双脚，边拍打水边念儿歌：

"小青蛙 小青蛙　　整天呱呱呱
绿草地上爱打滚　　池塘边上玩泥巴
小青蛙 小青蛙　　整天呱呱呱
绿叶黄花好热闹　　天空飞翔是我家
我是小青蛙　　　　爱洗澡的小青蛙"

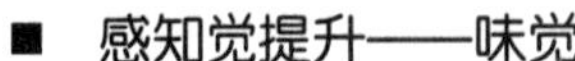

■ 感知觉提升——味觉

1. 父母用手沾盐水，伸入幼儿嘴中，碰触舌头。观察幼儿脸部表情的变化。

2. 再用滴管吸稀释的柠檬汁，滴于幼儿的舌上。观察幼儿脸部的表情和沾盐水的表情是否一样。

3. 用滴管吸糖水沾在幼儿的舌上，比较幼儿脸部表情的变化和前两次有何不同。

【安全防护】

宝宝居室中的安全

一般四个月的宝宝已经会翻身了，到七个月时，宝宝基本会坐会爬了。宝宝的活动空间加大了，居室中的危险也增加了，家长一定要注意宝宝在居室中的安全。

● 吊式玩具很容易使宝宝被悬吊的绳子缠绕而发生危险。无人看护时，不要把玩具系在栏杆之间或挂在床的上方。应将玩具系在宝宝抓不到的地方。一旦宝宝能够坐起来，一定要摘掉所有的吊式玩具。

● 好奇的宝宝不会愿意老老实实地躺在床里，所以千万不要轻视婴儿床外部的环境。不要把宝宝放到靠近有发热体或者有窗帘、布料垂下绳线的地方，避免宝宝受伤。

● 宝宝的头部骨骼相对较软，如果婴儿床的防护栏间隔过大，就有可能发生宝宝的头钻进去，被困在两条围栏之间的情况。购买婴儿床时，保证护栏之间的间隔为4.5～6.5厘米。

● 软绵绵的床上用品虽然看上去很舒服，但是宝宝一旦抱住，就有可能挡住头部，影响呼吸。不要使用活动的塑料床垫罩或防水床单，也不要在床上放置包装袋、塑料纸等东西，以免缠绕宝宝的头而导致窒息。宝宝一岁前，不要使用被套。

● 桌椅的棱角最好贴上海绵或橡胶皮，以防止碰撞危险，如果条件许可最好让宝宝在空旷的房间玩。组合式柜子或桌子等家具，应将其固定好。任何柜子都不应该有可供婴儿踩、抓的地方。餐桌上不要使用桌布，避免宝宝把桌布拉下来，从而把盘子、碗、玻璃杯、刀具及其他危险物品也通通拉落到身上。

● 千万别因一时粗心而让宝宝独自进入或靠近像浴室、窗台这样危险的区域。宝宝独自进入浴室容易发生浴缸溺毙的危害，后者则容易引起宝宝高空坠楼的极大危险。

● 宝宝看到洞或者是细微空隙就喜欢把小手伸进去。因此家中的插座、插头必须封好，折叠椅这类危险家具也要尽量避免使用。

和宠物接触时

现在越来越多的家庭在养狗或猫等宠物，对于现在的独生子女来说，有一只宠物陪在他们身边，可以让宝宝不那么孤独，也能让宝宝学会怎么照顾宠物，怎么付出爱。不过，虽然家养的宠物洗得很干净，也会定期打预防针，但动物终归是动物，它们身上会有一些不知名的细菌或寄生虫，有可能会导致宝宝过敏，所以处于婴儿期的宝宝最好不要和宠物有过于亲密的接触。

等宝宝长大一些以后，能够懂得自己洗手，不会把手塞到嘴里的时候，就可以让他们和宠物一起玩耍了。教导他们爱护动物，照顾宠物，喂食、玩耍、遛弯等，让宝宝从和宠物玩耍的过程中获得快乐，同时也可以培养他们的爱心。最重要的是，宠物也会有生老病死，如果自己养的宠物过世了，宝宝会伤心，父母也可以借此机会教导宝宝珍惜、爱护生命。当然，如果你的家庭不适合养狗或猫这样的宠物，养金鱼或小鸟等动物，也可以达到同样的目的。

如何用自行车带孩子

家长用自行车幼儿座椅携带孩子的时候应格外注意以下规则：

- 选择有头部保护装置、手扶装置和安全带的儿童座椅。骑自行车的时候切记不要用背带把孩子背在身上。
- 骑自行车携带孩子之前，要先用装有重物的座椅练习一下。等熟练掌握了带重物的技巧，有信心掌握平衡以后再开始骑车带孩子。
- 骑自行车的时候不能携带不满一岁或者体重超过 18 千克的孩子。
- 如果用安全带把孩子固定在自行车幼儿座椅上，那就必须给孩子佩戴头盔。
- 不要把孩子单独留在自行车幼儿座椅上，也不要当孩子还在座椅上的时候就将车子支在某处。许多孩子就是因为从支立着的自行车上摔下来而受伤的。
- 成年人骑自行车的时候也应佩戴头盔。
- 要尽量在安全、不拥挤的自行车道上骑车，而不要在马路上骑行。
- 不要在天黑以后骑自行车。

【成长顾问】

纠正婴儿吃手指

婴儿吸吮手指，是一种满足自身需要的方式。早在妈妈肚子里的时候，宝宝们就会吸吮手指。出生后，宝宝两个多月开始就会吸吮手指了，不过这时候吸吮手指是一种本能的无条件反射。比如，当奶头碰到他的脸时，他就会立即转过头来用嘴找奶头，找到后便开始吸吮。随后，只要有东西碰到他的脸时，他就会同样认为是奶头，去寻找和吸吮。随着宝宝手臂动作的发展，当他自己的手触到嘴边时，也会迫不及待地吸吮起来，慢慢地就会养成吸吮手指的习惯。还有一些会导致宝宝吸吮手指的原因。

● 宝宝感到饥饿的时候，除了用哭来表示以外，还常常把手指塞到嘴里借以充饥；

● 如果宝宝觉得没吃饱的话，或者不到十分钟就吸光了奶（由于奶瓶的奶孔太大等原因），没有充分满足宝宝的吸吮时间，也会让他继续吃小手指来满足吸吮的欲望；

● 当妈妈不在宝宝身边的时候，为了寻求心理上的自我安慰，宝宝也会吸吮手指；

● 当通过哭闹无法满足愿望的时候，宝宝也会吸吮手指进行"自我安慰"；

● 宝宝发现颜色鲜艳、造型可爱的玩具的时候，就想用嘴咬一咬，看看到底是什么东西，没有玩具的时候就会咬手指代替。

总之，他们通过吸吮手指而得到舒适感和安全感。不过随着婴儿的长大，爸爸妈妈们要纠正他们吸吮手指的习惯，否则会直接影响宝宝身心的健康发育。

当婴儿会翻身、爬行时，他们的小手就会接触到各种不同的物品，自然会有很多的病菌附带在手上，这时吸吮手指的话，极易引起婴儿肠胃炎症和寄生虫病。同时，吸吮手指还会影响牙齿的整齐排列，导致口唇变形，手指溃烂、变形等。所以，必须防止和纠正吸吮手指这个不好的习惯。让宝宝不再吸吮手指的方法有：

● 引导宝宝对周围事物的兴趣，不要让他们沉迷于吸手指的快乐中；

● 给宝宝准备一些可以用手抓握的玩具，当宝宝想吸手指的时候，就引导他们玩玩具；

● 和宝宝一起玩会用到手的游戏，如抓挠、拍手、手指歌、滚球等；

● 适当让宝宝拿一些可吃的食物，特别是长牙期的宝宝，让他们拿一些耐嚼的食物，如磨牙棒、饼干、烤馒头片、削过皮的水果等，可以帮助他们磨牙；

● 1岁以上的宝宝可以通过语言说教进行纠正。

第8个月

1. 7～8个月宝宝的大拇指与四指出现了分化，手部的精细动作能力更强了，可以用手指捏取东西了。
2. 经常和宝宝做一些说话的游戏，可以促进宝宝语言能力的发育。
3. 婴儿呕吐的原因很多，绝大多数是因为喂养不当引起的。
4. 电视图像有颤动，让婴儿看电视会增加眼睛的疲劳度，从而降低视力，故婴儿不宜看电视。
5. 添加辅食后要注意观察宝宝的皮肤，看看有无过敏反应，如皮肤红肿，有湿疹，应停止添加某种辅食。
6. 让宝宝多多爬行，可以促进他们的生长发育。
7. 7～8个月时婴儿母亲的乳汁明显减少，所以8～9个月后可以考虑断奶。
8. 学步车不仅不能帮助宝宝尽快学会走路，反而会限制宝宝的行动发育。

	生理发育正常均值
体重	8.0～8.7千克
身高	68.3～70.0厘米
头围	43.3～44.5厘米
胸围	43.4～44.4厘米
前囟	1厘米×2厘米
牙齿数	0～2颗

【成长脚步】

每一个孩子的成长轨迹都不同，这里只是大致描述本年龄段宝宝的发育情况。你的孩子的某一单项指标以向前两个月或向后三个月的指标作参考，都是可以的。

■ 身高

7～9个月的婴儿，每月平均增长1.2厘米左右。

■ 体重

7～9个月的婴儿，每周增加120～190克，平均每月增长500克。

■ 胸围

此月龄胸围仍比头围略小，增长不大。头围在6个月后增长较快，比出生时可增8厘米。

■ 免疫力有所降低

7个月以后，免疫力降低了，易受感染，同时容易引起全身病变。如对小儿支气管炎、扩散性结核病、败血症，要特别注意防止传染病源。因此，玩具要经常清洗、消毒（有的可用消毒水洗泡后，再用清水冲洗干净、晾干，有的可用肥皂擦洗，有的可通过阳光中的紫外线消毒）。成人和婴儿拿吃的东西前一定要洗手，婴儿所用的奶瓶、小碗等，仍应每天消毒。注意室内空气新鲜，但不要让婴儿在睡觉时直接吹着风，防止受凉，室内温度最好在18℃～24℃。

■ 体型有些结实

体重增加得少，但运动机能发达，行动范围扩大，运动量随之增加，故体型会稍微结实一些。

■ 会坐

8个月之后，他慢慢会翻身了，也可长时间地坐着。妈妈叫他的时候也会回头看，并会自己玩玩具。另外，请不要让他离开你的视线范围。当然也有个人差异的不同，同一年龄的婴儿不可能全都是同样的成长方式。总之，得到婴儿信赖，亲切地照顾他是最重要的。

■ 能腹爬及倒退

有些孩子能倒退爬或腹部着地向前爬。能顺利爬行之前，每个孩子都会有不同的爬行个性和变化。

■ 手指灵巧

两手不但能自由活动，手指也能灵活运用，如双手玩积木，撕报纸或用手指抓或扔东西等。

■ 婴儿的感觉——两眼视物的功能完成

以两眼看东西的功能大致完成，所以对自己所在位置的上下、左右、宽度有立体感觉。能正确判断物体和自己之间的距离，爬行动作因而更加活泼。

■ 其他

- 能自由挥舞双手，手指的动作逐渐发达，开始喜欢更高难度的游戏。
- 满 7 个月的宝宝能坐稳，会翻滚，开始学习匍行和扶站。
- 俯卧时能坐起来。
- 可以开始学认第一个身体部位。
- 用食指抠洞。
- 会把玩具给亲人。
- 用动作表示语言更加丰富。
- 一手拿一块积木，将两块积木敲击到一起。
- 会用拇指和食指捡起小东西（钳握）。
- 会挥手表示再见。
- 不需支撑就能坐住。
- 有的孩子抓住物体或人能站起来。

【营养美食】

8 个月宝宝吃的学问

8 个月起，母乳量开始减少，有些母亲的奶量虽然没有减少，但质量已经下降，营养成分不足，应该逐渐实行半断奶，给宝宝增加辅食，以满足宝宝生长发育的需要。在这个月里，母乳充足的不必完全断奶，但不能给宝宝只喂母乳，一定要加多种代乳食品。母乳喂养的宝宝每天早中晚喂 3 次母乳，上下午各添加一顿辅食。人工喂养的宝宝，也不能给宝宝只喂牛奶或配方奶，要增加代乳食品，每天奶的量仍要保持在 600～750 毫升。这个时期宝宝从母乳或奶粉中得到 60％的营养，剩余的 40％的营养从辅食中得到。建议：宝宝吃饭或者喝奶的时间要间隔 3 个半小时至 4 个小时，要尽量让宝宝在肚子饿的状态下吃饭，不要频繁喂养。

■ 如何吃肉

宝宝 8 个月时，可以开始接受肉类食物了。可适当多吃一些富含蛋白质的食物，如豆腐、奶制品、鱼、瘦肉等。对宝宝来说，最易消化的是鱼肉，应将鱼刺挑出，把鱼肉捣碎喂宝宝吃。应将新鲜的瘦肉炖烂，用刀切断纤维，捣烂后再喂宝宝。不宜用街上买来的肉馅，因为肉馅中有些难以消化的筋腱。未炖烂的肉也会使宝宝难以消化和吸收。

■ 注意观察、现吃现做

添加辅食后要注意观察宝宝的皮肤，看看有无过敏反应，如出现皮肤红肿、湿疹，应停止添加这种辅食。此外，还要注意观察宝宝的大便，如大便不正常也应暂停添加这种辅食，待其大便正常、无消化不良症状后，再逐渐添加，但量要小。制作辅食的过程及器具要注意保持卫生，所有用具要经常消毒，以防病毒侵入宝宝体内引起疾病。给宝宝添加的辅食最好现吃现做，如不能现吃现做，也应将食物重新蒸煮。

■ 不能因为吃饭而不喝奶

由于宝宝已经能吃菜泥和肉末，也可吃豆腐，所吃的食物基本上和成人相似了，许多家长便认为喂饭可以代替喂奶，因而将奶量减少。有些母乳喂养的宝宝由于母亲已去上班，又未用惯奶瓶，于是干脆不喝奶，或只在母亲下班后喝少量母乳。这样的话营养不能满足发育所需，会使宝宝在几个月内体重少增加或完全不增加。宝宝对添加了一段时间的淀粉类食物刚刚能部分消化和吸收，肉类是新添加的，还未能消化和吸收，如果奶量摄入不足，蛋白质来源缺乏，而宝宝习惯赖以生存的奶量失去供应，就会使宝宝生存于半饥饿状态，所以不能增加体重。

宝宝奶量供应是否足够还会影响他以后身高的发育。儿童身高的发育有两个快速增长期。第一个是出生后到 1 岁，在第一年增长 25 厘米，第二年增长 12 厘米，第三、四两年共长 12 厘米，第五、六、七三年共增长 14 厘米，以后增长缓慢。到青春前期是第二个快速增长期，女孩九至十一岁增长 9～11 厘米；男孩十一至十三岁增长 11～13 厘米。在宝宝快速增长之前必须有营养物质储备，特别是优质蛋白质和钙。在食物中只有足够的奶才能供给宝宝这两种最关键的营养素，因此，在断奶后维持配方奶的供应很重要。

宝宝必须添加牛初乳吗

卫生部要求“婴幼儿配方食品中不得添加牛初乳以及用牛初乳为原料生产的乳制品”。专家称，牛初乳是乳牛产崽后 7 天之内的乳汁，属于生理异常乳，其物理性质、成分与常乳差别很大，产量低，工业化收集较困难，质量不稳定，不适合用于加工婴幼儿配方食品。牛初乳对婴幼儿来说不是传统食品，也不是必需食品。长期食用牛初乳对婴幼儿健康影响的科学研究较少，缺乏牛初乳作为婴幼儿配方食品原料的安全性资料。

宝宝的口味究竟有多咸

日常生活中，总可以看到这样的情形：为了给宝宝添加可口的辅食，很多父母喜欢先尝一尝，感觉一下咸淡。父母以自己的口味来判断咸淡，这样做很可能会产生不良现象，就是给孩子做的食物太咸。大量的流行病学资料证实，食盐的摄入量和高血压的发病率有高度相关性。盐吃得越多，患高血压的风险性就越大。婴幼儿的食盐摄入量究竟应为多少呢？

宝宝对食盐的敏感度要高于成人，当食物中食盐的含量为0.25％时，成人可能感觉不到咸，而婴幼儿却完全可以感知到。这是因为对食盐的敏感度是随着年龄的增长逐渐降低的。因此，父母感觉咸淡可以的时候，对宝宝来说可能已经比较咸了，而这时宝宝又不会表达，时间长了，宝宝就对这个咸度产生耐受，从主观上也就认可了这个咸淡度。如果父母不有意加以控制的话，宝宝以后的食盐摄入量在大多数情况下还会逐渐增加，这样对宝宝的健康可能产生潜在的危害。

对于孩子的饮食应该从小就提倡清淡，因为重口味习惯养成后，在成人阶段刻意变为清淡很不容易做到。

大量的食盐对婴幼儿尚未成熟的肾脏来说是一种负担。中国营养学会对6个月以内的婴儿摄入钠的推荐量是一天200毫克，完全换算成食盐才是0.5克，而其他食物中也含有一定量的钠，如酱油、味精。因此，专家建议，对6个月内的宝宝，辅食中没必要添加食盐，以清淡饮食为主，让宝宝从小就开始低盐饮食。6个月以后，可以考虑适当添加一些，但父母也不要自己先尝食，如果以自己的标准来衡量饭菜的咸淡，又会步入误区，只要每天给宝宝1～2次添加盐的辅食即可。

第8个月宝宝的饮食指导

母乳/人工喂养：每次喂奶180～250克，每天2～3次。参考喂养时间表：早上6点喂奶；上午10点喂断乳食物并加奶补充；14点喂奶或断乳食物加奶；18点喂断乳食物并加奶补充；22点喂奶。

辅助食物：温开水、凉开水、各种季节当令鲜榨的果汁、胡萝卜或白菜等蔬菜的菜汤，每次100～130克，可在两次主食中间任意选择其中一种轮换喂食。果泥、菜泥、肉泥、米粥、蛋羹等断乳辅食，可在上、下午任选一种喂1次。每次5～8汤匙，可逐渐适量增加。还要添加切成片状的馒头干、饼干、面包片、蛋糕片等。

【护理保健】

宝宝呕吐的不同原因

婴儿呕吐的原因很多，绝大多数是因为喂养不当引起的。如喂奶不定时，有时吃得太多，有时又吃得太少，因而使小儿的胃蠕动不规律。人工喂养的小儿吸吮的奶嘴孔眼过大，吃奶时吸进大量的空气，若小儿在喂奶后哭闹，吸进的气体会由胃底向上排出，把吸进的奶带出来，就会造成呕吐。所以对于小儿呕吐先要在喂养方法上找原因。如果不是以上原因引起的，就要想到是否有消化道异常，最常见的是小儿胃扭转。治疗方法很简单，就是喂奶时应采取立位喂（小儿头靠着母亲的上臂竖起来），这样就能使扭转的胃逐渐恢复正常位置，呕吐症状也就会好了。还有一种原因是胃上口（医学上叫贲门处）肌肉松弛，使胃在蠕动时把吃进去的奶或物从这里溢出，引起呕吐。矫治方法是把奶加稠，减少流动性，防止上溢，松弛的贲门会随着小儿月龄的增长逐渐恢复正常。

呕吐的小儿若伴随着肚子痛（小儿哭闹）、精神不好、发烧，就要考虑小儿是否患有急腹症，如急性阑尾炎、肠套叠、胃幽门肥大等，总之有腹痛性呕吐应及时找医生就诊。

如何给宝宝喂药

给宝宝喂药是一件困难的事情，相对来说冲剂、糖浆一类的药物比较好喂，也可以混合在果汁里喂宝宝喝。不过有的宝宝比较敏感，即使是混在果汁里的药，也会被他们推开，甚至拒绝再喝果汁。遇到这种情况，不如果断地把药塞到宝宝嘴里，之后再喂一些好吃的东西。

■ 丸药和药片的喂法

对于 1 岁以内的小宝宝来说，他们还不太会吞服药丸和药片，最好将丸状或片状的药捣碎，用温水调成稠液状，再放些白糖，然后再喂宝宝吃。有些宝宝吃药后容易呕吐，不妨在调药汁时加一点生姜汁，再喂宝宝服用就能缓解呕吐的症状了。喂药后，再喂一两勺白开水，既能帮助宝宝吞咽药物，又能解除嘴中的药味。记住不能用茶水服药，否则其中的儿茶酚胺会引起宝宝过度兴奋。再有，中药和西药不能同时服药，最好间隔 30 分钟以上分开服用，这样才能使药物的疗效得到最好的发挥。

宝宝为什么老是放屁

即使是只吃奶的婴儿，也是会放屁的哦！8 个月大的宝宝，每天要吃 2～3 顿的辅食，食物进入肠胃经过消化，偶尔放个屁更是正常现象了。不过，如果宝宝总是连续放屁，那就要找找原因了。不同的屁可以体现出宝宝肠胃的不同状况。

● **如果宝宝的屁特别臭，伴随呃逆不断，还带股酸味的话，说明宝宝消化不良了。**这时可以减少奶量，多喂一些白开水。辅食方面要减少高蛋白和高脂肪食物的摄入，把食物调得稀一些，有助于消化吸收。也可以在辅食中加一些含有双歧因子或益生菌的冲剂，增进宝宝肠胃的消化吸收功能。

● **如果宝宝不停地放屁，但是屁不臭的话，可能是因饥饿引起的肠蠕动增强造成的。**通常在这种情况下，还能听到阵阵肠鸣音，只要及时喂宝宝吃饭，就能改善放屁的症状了。

● **如果宝宝不仅放屁多，而且大便也多的话，多数是因为宝宝所吃的食物里淀粉含量过高引起的。**减少含淀粉多的食物，多吃一些含蛋白质、脂肪的食物，就可以改善宝宝多屁、多便的状况了。

想要宝宝少放屁，就要让他们的肠胃功能保持正常。喂宝宝吃饭的时候，速度不要太快，教会宝宝细嚼慢咽，这样食物吃到肚子里会比较容易消化，而且不会吸入太多的空气而总打嗝。

【育儿百科】

培养1岁内婴儿的穿衣习惯和能力

婴儿时期的宝宝肯定不会自己脱穿衣服，不过爸爸妈妈却能帮助他们养成良好的穿衣习惯：

- 要让宝宝有积极穿衣服的兴趣。
- 宝宝的衣服从内到外都要整齐、干净；脱下的衣裤鞋袜，要按顺序依次放在固定的位置。
- 枕头、被子也要叠放整齐。
- 要为宝宝勤换衣物，及时清洗换下来的脏衣服。

婴儿不宜看电视

前面讲到，婴儿视力的距离，随年龄变化逐渐由近到远，3个月前的婴儿，只能看到放置在他眼前的玩具和物品，以后可注视1米左右距离的物体，以及更远处活动着的物体。8个月龄的婴儿是不适合看电视的。因为，电视图像比实物显得模糊，加之播放的电视图像有颤动，质量差的电视播放时图像效果更差，让婴儿看电视会增加眼睛的疲劳度，从而降低视力。还是应该让他们多摆弄玩具或物品。当然，偶尔让八九个月以上的婴儿在2米以外的位置看几分钟电视，还是可以的，但不要每天都看。

【心智发展】

适合8个月～1岁宝宝的玩具

玩具是宝宝成长过程中必不可少的陪伴，适合的玩具可以促进宝宝感官和智力的发展，帮助他们认识周围的事物，还可以发展他们的动作和语言能力，并使其心情愉快，同时还能培养宝宝对美的感受力。7～9个月的宝宝还不会走路，可以进行的活动比较少，仅限于看、动手敲、听音乐拍手、用眼睛寻找失去的东西、扔东西、把木块放进塑料盒、撕纸、在纸上乱画、抓取摆动着的玩具等。根据本阶段宝宝的发育特点，爸爸妈妈可以为

他准备以下玩具：

- **操作运动类**：软球、摇铃、套环、套杯、彩色积木、八音盒、转伞等运动兼具观赏娱乐性的玩具，有助于发展宝宝的动作及感知和运动能力觉。
- **拟人娃娃类**：娃娃是生活中最接近的、最熟悉的形象，除了能让宝宝玩以外，还可以教他们认识人体各个部分的名称。
- **生活用品类**：小碗、小勺、小篮子、小桌椅、小衣柜等生活用品类的玩具，可以让宝宝认识物品的名称和用途。
- **卡通动物类**：鸡、鸭、兔、熊等动物玩具和卡通玩具是宝宝比较喜爱的，通过这些玩具能让宝宝认识动物的名称。

亲戚、朋友、家人都常会给宝宝买各种玩具。家长要注意，每次宝宝玩玩具的时候，只要准备两三样就行了，这很重要。玩具太多反而会影响宝宝的专注力。不过可以经常更换玩具的种类，以便让宝宝随时保持新鲜感和兴趣。爸爸妈妈最好能和宝宝一起玩玩具，教他摇手铃、滚皮球、拍娃娃等，还可以跟宝宝互动起来。抱宝宝站起来、坐下、向前爬，抱着宝宝转圈或举高高，让宝宝的游戏内容更丰富。另外，爸爸妈妈要随时收拾好宝宝不想玩的玩具，这样能让宝宝养成收拾玩具的好习惯。

学习事情的起始过程与结束

如何让宝宝学习事情的起始、过程与结束呢？其实，宝宝出生后所做的每一件事，都会让他明白事情是如何开始，如何进行，如何结束的。比如，喂奶的过程就是一个很好的学习过程——开始时饥肠辘辘的宝宝会用力吸吮乳汁，然后渐渐吃饱并得到满足，最后美餐结束，心满意足地睡着。从渴望得到食物到如愿以偿，这个过程周而复始，就会让宝宝明白事情有开始就有结束的道理。稍大些的宝宝会扔玩具后再捡回来；玩“藏猫猫”游戏；与家人分别再见面；等等。他们从心理对事情的发展有了自己的理解，这能激发宝宝的思考，让他们学会有始有终这样的概念和规律。

如何促进爬行期宝宝的智能发展

8 个月以后的宝宝更热衷于对自己周围的世界进行探索了，特别是已经会爬的宝宝，就更喜欢自己满足自己的欲望了。宝宝现在已经不满足只是玩玩具了，他更希望妈妈能和自己说说话，能陪自己一起玩、一起看书或到户外玩耍。

这个年龄段的宝宝对于声音很感兴趣，你可以把小婴儿的笑声、哭声和爸爸妈妈说话的声音录下来，随时放给宝宝听，一定能让宝宝很高兴的。现在宝宝发现爸爸妈妈出现的时候，会停下自己的玩耍招呼爸爸妈妈，这是他想要和爸爸妈妈玩的表现，所以这时你不论多忙也要和宝宝玩一会儿。只是在宝宝身边放一大堆玩具是远远不够的。妈妈要尽量多陪伴在孩子身边，对宝宝多说一些话，多爱抚宝宝。这样让孩子的心灵会得到满足。

宝宝现在对带发条或开关的玩具，以及吓人的玩具很感兴趣。为了增强宝宝的记忆力，可以和宝宝玩藏找玩具的游戏；经常和宝宝做一些说话的游戏，可以促进宝宝语言能力的发展。

宝宝开始扔东西

7～8个月宝宝的大拇指与四指出现了分化，手部的精细动作能力更强了，并且可以用手指捏取东西了。你会发现这个时期的宝宝很喜欢扔东西，别生气，这是因为宝宝已经能有意识地支配手的动作了，并且为手和手臂的活动感到高兴，他需要通过实验来检验自己的力量。所以，你要尽量满足宝宝扔东西的需求，可以准备一些小型的玩具，或小木块、乒乓球、羽毛球、软的海绵球或布球等物品，让宝宝往塑料盆或塑料筐里扔，可以拿起来，扔出去，再拿起来，再扔出去，多次重复来发展宝宝手臂的动作。宝宝会乐意这样玩，并兴奋地挥动手臂扔出手里的玩具。在扔的过程中锻炼了婴儿手臂的动作和力量。

最好不要用学步车

很多10个月的宝宝能够拽着东西站起来了，也有的想要迈步走一走了。很多妈妈会给宝宝买一辆学步车，把宝宝放在里面，既安全，又可以让宝宝尽早学会走路。应当这样做吗？国内外的最新研究表明，学步车不仅不能帮助宝宝尽快学会走路，反而会限制宝宝的行动发育。研究结果表明，使用学步车组的婴儿，坐、爬及走路的表现都比较一般，并且在贝氏量表的动作发展（PDI）及心智发展（MDI）两项指标中，得分都低于未使用学步车组的婴儿。学步车对宝宝还可能造成伤害。

- 坐在学步车里的宝宝可以借助车轮毫不费力地滑行，从而使宝宝失去了肌肉运动锻炼的机会。
- 宝宝的骨骼中含胶质多、钙质少，骨骼柔软，长期用学步车，宝宝两膝盖内侧突出膨大，两小腿向外撇，两膝关节靠拢时踝关节不能并拢，看上去像“X”形腿；有的宝宝两条小腿向外弯曲，两踝关节关拢做立正姿势时，膝关节不能靠拢而呈“O”形，腿部骨骼变形形成罗圈腿。
- 在学步车中的宝宝每秒可以移动1～2米，且宝宝头部较重，所以很容易在快速移动的过程因地面不平或被楼梯、台阶挡住而翻倒。由于宝宝的头部暴露在车身架的外面，所以很容易造成头部受伤。
- 学步车的高度没调好也容易使宝宝扭伤踝关节。
- 宝宝在学步车中自由活动时可以摸到利器、火炉、热水或有毒物品等，容易造成划伤、擦伤、烫伤以及中毒等意外伤害。

因此，若使用学步车一定要慎重，最好不要使用。如一定需要使用，建议家长做好如下预防措施：

- 将通往楼梯口的门关好；

- 加高门槛，不要让学步车中的宝宝在不平的地面上活动；
- 让宝宝避开火炉、热水等可能会造成伤害的物品；
- 将宝宝活动区内的移动电线、绳索、桌子等障碍物移开；
- 让宝宝远离厕所及其他水源。

正确安装和使用汽车儿童安全座椅和安全带

汽车上的安全座椅和安全带只有在正确安装的情况下，才能起到保护儿童安全的作用。然而在实际使用当中，高达 90％的安全座椅存在着某种程度上的使用不当现象。所以在使用前，要首先保证孩子的安全座椅确实已经安全地固定在汽车上。然后必须仔细检查安全座椅，以防缺少部件。发生过撞车事故的座椅绝对不可以再次使用。

■ 婴儿汽车座椅

专为体重不足 9 千克、身长 69 厘米左右的婴儿使用，可以安装在汽车的后座上，并且面向车的后部。这么做的目的是在撞车或者急刹车的时候保护婴儿的颈部。这种座椅的最大优点是，它有把手，并且可以从底部取下来。这种座椅一般都有一个罩子，可以遮住向婴儿眼睛照射来的阳光。它的后背上还有插锁，可以安在多数（商场内使用）的购物车上。有些生产厂商还设计了可以安放汽车婴儿座椅的轻便婴儿车，以方便汽车婴儿座椅从汽车上卸下来以后使用。它的结构材料可以机洗。

■ 儿童汽车安全座椅

儿童汽车安全座椅是为更大一些的学步幼儿设计的。它适合体重约 18 千克、身长 107 厘米左右的孩子使用。这种座椅既可以后仰，也可以垂直坐立，材料也可以机洗。它可以面向前安放，也可以面向后安放。

不要在座椅的扶手上边挂玩具。在车祸中最容易使孩子面部受伤的就是玩具。即使汽车的侧面装有乘客保护气囊，也不要把孩子放在前面的座位上，而只能放在后面的座位上。实际上，所有的孩子坐在后面都比较安全。

让孩子在座椅上坐稳并系好安全带还有另一个好处：孩子系上安全带以后比不系安全带的时候表现得更听话。

【成长顾问】

对于过分依恋妈妈的宝宝

宝宝小的时候都会依恋妈妈，特别是半岁到三岁这个年龄段的宝宝，有不少都很黏妈妈。妈妈应该有过这样的经验，早上着急要出门上班，可是宝宝却赖在你身上哇哇大哭不让妈妈走，这时的妈妈一定既着急又心疼。该怎么做才能让宝宝减少对妈妈的依恋呢？

1. 逐渐和宝宝疏远，但不要突然离开。很多妈妈会趁着宝宝玩耍或睡觉的时候偷偷出门，等宝宝发现妈妈不在了，哭一阵也就好了。但是长此以往，会让宝宝缺乏安全感，他会为了不让妈妈消失而更加黏着妈妈。

2. 妈妈在准备开始上班之前，可以让家人或保姆主要照看宝宝，自己在远处做事，但要随时让宝宝看到自己。慢慢地扩展为妈妈出去一小会儿，之后再回来，在出去之前记得一定要和宝宝打招呼。经过一段时间的训练，宝宝就会知道妈妈虽然会离开，但还是会回来的，这样宝宝就不会总黏着妈妈了。

3. 逐步减少妈妈与宝宝相处的时间，让爸爸、爷爷、奶奶等人用更多的时间和宝宝相处。比如，以前90％的时间都是妈妈和宝宝在一起，现在可以抽出30％的时间让爸爸和宝宝在一起，30％的时间让其他人陪伴宝宝，这样宝宝就能逐渐适应和其他人相处，就不会只黏着妈妈一个人了。

4. 经常带宝宝去公园、游乐场、儿童乐园等人多的地方，把宝宝介绍给其他孩子和家长，让宝宝接触更多的人，和别的孩子一起玩，这样宝宝就不会对和妈妈的分离产生焦虑了。

5. 如果宝宝平时只和妈妈一个人玩，自然会对妈妈很依恋。玩游戏的时候，妈妈不妨多找几个人，让爸爸、爷爷、奶奶、邻居家的小朋友等都和宝宝一起玩游戏。这样既能让宝宝学会和别人合作，也会使宝宝明白即使妈妈不在身边，也能和别人一起玩。

第 9 个月

1. 宝宝在这个时期会比较黏人，不喜欢接触陌生人。记忆力变得更好。开始形成自己的规律，不想适应新环境。宝宝会出现挫折感，因而会通过哭泣、发脾气或伤害自己来宣泄情感。
2. 宝宝们会独自玩耍，这样能够让宝宝有机会进行独立思考，培养独自解决问题的能力。
3. 宝宝能理解别人在批评自己了，并会表示愤怒，故不宜在别人面前批评宝宝。
4. 宝宝已逐渐适应了断奶食品，活动能力增强，生长发育极快，应给宝宝增加食物的品种，提供更多的营养素。
5. 宝宝体温超过 38.5℃时，就要及时服用退烧药，因为宝宝的中枢神经系统尚未发育成熟，体温超过 40℃时就会诱发抽搐。
6. 宝宝到了 9 个月左右，能到处爬了，应给宝宝养成良好的卫生习惯，不要再穿开裆裤了。
7. 多让宝宝到户外玩耍，晒太阳，这样能促进体内生成维生素 D，有效地吸收磷和钙，促进宝宝生长发育。

	生理发育正常均值
体重	8.3～9.0 千克
身高	69.7～71.3 厘米
头围	43.8～45.0 厘米
胸围	43.7～44.9 厘米
前囟	1 厘米×2 厘米
牙齿数	0～4 颗

【成长脚步】

每一个孩子的成长轨迹都不同，这里只是大致描述本年龄段宝宝的发育情况。你的孩子的某一单项指标以向前两个月或向后三个月的指标作参考，都是可以的。

在本月龄对宝宝来说最重要的是练习爬行，学会手膝爬，并顺带站起来跨步。

■ 吃

宝宝可以吃肉了，暂时不宜让宝宝吃饺子等有馅的食品，宜吃炖烂剁碎再蒸过的瘦肉。每周吃一次猪肝、鸡肝或猪血等含铁丰富的食物。可以增加菜泥的量，如土豆泥、胡萝卜泥、菠菜泥等，逐渐过渡到半固体及固体食物。

■ 宝宝学认第二个身体部位

有的宝宝喜欢学认肚子、肚脐眼儿、脚丫或屁股，无论他学会哪个部位都应当鼓励，不要以为只学会五官才算数。有时宝宝喜欢伸出食指去取东西，可以让他学会“大拇哥”、“二拇弟”或者让他学喜欢的第 5 个小手指，宝宝的兴趣要受尊重。

■ 手指对握有了很大提升

宝宝拿东西的方式已经有所改变，主要由拇指、食指和中指将物体拿稳。这时无论拿到什么都放入嘴里啃咬，那是因为宝宝想知道这东西能不能吃。妈妈在制止时总是说“不能把东西放到嘴里”，这时宝宝就会认识“嘴”这个部位。

■ 身体语言变得很丰富

宝宝用姿势表示语言的频率在今后的两三个月达到最高峰，他的动作不但种类多，而且精确。宝宝会展开胳臂学鸟飞和蝴蝶飞，会用两个食指点点学虫虫飞。不但会用手去“谢谢”和表示“再见”，还会用手指竖在头上学兔子耳朵，会用双脚跺地表示跳。会用手拍胸脯表示自己或表示想你。宝宝学到的一切都是通过模仿大人而来的，要教宝宝用多种姿势去表达自己，除了用摇头表示不要和用点头表示要之外，可用面部表情和动作代表更多的意思。

■ 能听懂一点妈妈的话了

宝宝长期和妈妈接触，对妈妈的声音极其熟悉。8 个月的时候，这个小小人就开始辨别成人不同的态度、脸色和声调，并表现出不同的反应。现在，宝宝已经开始通过观察妈妈的表情，懂得怎样的表情表示妈妈高兴，而怎样的表情显示出妈妈正在发脾气，也逐渐理解妈妈强调的“不可以”、“危险”、“别乱动”等话语。在听到妈妈说危险时，会停下自己的行为。当身边有人时，宝宝会发出啊啊声引人注意。

■ 坐得很稳

让他坐着时，不但会伸直背坐得稳，甚至会弯着身体，伸手去拿想要的东西，或双手拿东西且坐得稳稳的。

■ 能以四肢爬行

本来以肚子着地爬行，运用双手前进、后退的小孩，开始会以四肢爬行，自由地在广大范围内活动。若能依其意志让他自由爬动，不但能满足其好奇心，也有助于其身体发展。

■ 能以手指抓东西

手指运用得越来越灵活，已能用大拇指和食指抓小东西。铜板、线头、饼干屑等任何掉在地上的小东西都会引起小孩的注意，捡拾后常送入口中。

■ 喜欢有声音的东西

由于手指已十分灵巧，所以能以两手握住长棒子等东西，因为对声音有兴趣，常喜欢用鼓槌打鼓、抓会出声音的音乐盒、拿汤匙敲桌子等，还会倾听音乐，在这些快乐的、区别的声音的过程中，可以记住不同的声音，发展音感。

■ 其他

- 身体语言的发展在今后的两三个月达到峰值，宝宝的动作不但种类多，而且精确。
- 能听懂大人在谈论自己，喜欢别人的称赞，会因觉得不好意思或害羞而躲到妈妈身后或躲入妈妈怀里。同时也理解别人在批评自己，会表示愤怒，故不宜在他人面前批评宝宝。
- 会自由爬行并且能随意移动。以前只能远看东西，现在想靠近去确认了。
- 听到自己的名字会做出反应。
- 能听懂一些词，如“不”和“再见”。
- 会模仿你发出的某些声音。
- 会用食指拨弄东西。
- 会用手指喂自己吃东西。
- 会用杯子喝水。
- 独自变成坐姿。
- 宝宝认识了玩具名称，会听声取物。
- 个别孩子会有意识地称呼大人。

【营养美食】

断奶后期的食物

断奶后期要渐渐减少母乳的量，每天喂奶 3 次，吃断奶食品 3 次，而且量也要大致相当。渐渐将母乳改为阶段适合的配方奶粉或鲜奶，并帮助宝宝用杯子喝奶。

这个时期宝宝已逐渐适应了断奶食品，活动能力增强，生长发育极快，已开始出牙，因而这个时期宝宝的食物品种增加，提供更多的营养素；食物中所含的 2～4 毫米大的软颗粒，可被宝宝的牙床轻易磨碎，从而起到锻炼牙齿的作用，并提高进食兴趣。

另外，要经常改换烹调的方法，以增进宝宝的食欲。准备幼儿食品时，除要考虑营养均衡之外，不要让他吃太硬的东西，其他东西也应切成细小形，让他吃得很轻松。

可以增加菜泥的量，如土豆泥、胡萝卜泥、菠菜泥等。制作菜泥时用开水将切碎的菜煮软取出用勺子压烂，如果家中有咖啡隔（滤网）可把菜放入，用勺子把菜从隔子中挤出，隔出纤维。家中若有粉碎机可用机器先将菜打得很碎，放入锅中煮烂喂宝宝吃。记住要让宝宝在吃辅食的同时喝掉 600 毫升的牛奶。牛奶可用来调米粉、蒸蛋羹、调稠粥。同时吃一些固体食物，如饼干、馒头片。当宝宝要食物时，妈妈举起食指说“1 块”，然后给他一块饼干。使宝宝听惯了“1”和看到举起 1 个食指，自己得到 1 块饼干。以后当大人问他“你要几块饼干”时，他会模仿大人举起食指，你就给他 1 块，渐渐使宝宝认知数字 1。

主要食物的营养成分

1. **小米**：小米含有较多的蛋白质、脂肪、钙、铁、维生素 B 等营养成分，被人们称为健脑主食。

2. **蛋类**：蛋类不仅是极好的蛋白质来源，而且蛋黄中的卵磷脂经吸收后释放出来的胆碱能合成乙酰胆碱，有提高儿童记忆力和接受能力的作用。如果儿童每天早餐吃 1～2 个鸡蛋，不仅可以强身健脑，还能使孩子在学习中精力旺盛。

3. **大豆**：大豆含丰富的优质蛋白和不饱和脂肪酸，它们是脑细胞生长和修补的基本成分；大豆还含有 1.64％的卵磷脂、铁及维生素等，适当摄取可增强和改善儿童的记忆力。

4. **鱼类**：鱼肉含球蛋白、白蛋白及大量不饱和脂肪酸，还含有丰富的钙、磷、铁及维生素等，适当摄取可增强和改善儿童的记忆力。但幼小的孩子食用时，应注意别让鱼刺卡住他的喉咙。

5. **虾皮**：虾皮中含钙量极为丰富，每 100 克虾皮含钙约 2 000 毫克。摄取充足的钙可保证大脑处于最佳工作状态，还可防止其他缺钙引起的儿科疾病。儿童适量吃些虾皮，对增强记忆力和防止软骨病都有好处。

6. **牛奶**：每 100 克牛奶含蛋白质 3.5 克、钙 125 毫克。牛奶中的钙有调节神经、肌肉的兴奋性功用。儿童每天早饭后喝一杯牛奶，有利于改善认知能力，保证大脑高效地工作。

7. **葱蒜**：葱蒜中含有“蒜胺”，这种物质对大脑的益处比维生素 B 还强许多倍。平时让儿童多吃些葱蒜，可使脑细胞的生长发育更加活跃。

8. **肝肾**：动物的肝脏和肾脏含有丰富的优质蛋白和糖脂质，并含有大量的胆碱和铁。胆碱能改善大脑的记忆；铁质供应充足，红细胞运输氧气，使思路更敏捷。

9. **核桃**：核桃仁含 40%～50%的不饱和脂肪酸，构成人脑细胞的物质中约有 60%是不饱和脂肪酸。可以说，不饱和脂肪酸是大脑不可缺少的建筑材料，核桃仁能益血补髓，强肾补脑，是强化记忆力和理解力的佳品，儿童常吃核桃仁对大脑的健康发育很有好处。

10. **杏仁**：大颗的甜杏仁有养心、明目、益智的功效，常服可使孩子变聪明。

11. **大枣**：大枣含大量的维生素 C 和微量元素，有安神益智的作用，增强儿童入睡后的“潜在记忆”。

12. **龙眼肉**：龙眼肉有养血安神的作用，常食用可改善孩子的健忘现象，有强心益智的功效。

13. **苹果**：苹果含有增强记忆的苹果醇素。吃新鲜苹果效果更佳。

14. **葡萄**：葡萄是公认的最佳的抗氧化剂之一，能补肝肾，益气强记，益智聪明，吃紫色葡萄效果更佳。

15. **黑木耳**：能净化血液，轻身强记。常食用可使记忆力和思考力得到显著提升。

16. **芝麻**：富含各种营养素，对孩子来说芝麻又是一种很好吃的食物。每 100 克芝麻酱约含铁 58 毫克，同时还含有丰富的钙、磷、蛋白质和脂肪。可把它夹在馒头或面包中给孩子吃，或者用它拌菜吃也可以。

第 9 个月宝宝的饮食指导

母乳/人工喂养：每次喂奶 180～250 克，每天 2～3 次。参考喂养时间表：早上 6 点喂奶；上午 10 点喂断乳食物并加奶补充；14 点喂奶或断乳食物加奶；18 点喂断乳食物并加奶补充；22 点喂奶。

辅助食物：温开水、凉开水、各种季节当令鲜榨的果汁、胡萝卜或白菜等蔬菜的菜汤，每次 80～120 克，可在两次主食中间任意选择其中一种轮换喂食。主食应给予稠粥、烂饭、面条、馄饨、包子等，副食可包括鱼、瘦肉、肝类、蛋类、虾皮、豆制品及各种蔬菜等。注意应将食物做成很小的软粒状，有助于宝宝吃得轻松。

推荐食谱：蔬菜牛肉粥

原料：牛肉 40 克，米饭 1/4 碗，菠菜 1 棵，肉汤 1/2 杯，土豆、胡萝卜、洋葱各 1/5 个，盐若干。

做法：(1) 准备牛肉精肉并磨碎。

(2) 将菠菜、胡萝卜、洋葱、土豆炖熟并捣碎。

(3) 将米饭、蔬菜和肉末放入锅中煮，并用盐调味。

【护理保健】

如何合理使用退烧药

宝宝生病了，不论是感冒还是腹泻，发烧都是很常见的症状。爸爸妈妈们一看到宝宝发烧就很着急，总怕宝宝会烧坏，于是刚一有发烧的苗头就急忙给宝宝吃药。其实这样的做法并不好。

1. 宝宝发烧只是一种症状，退烧并不是主要的任务，找到发烧的原因才是重中之重，如果刚一发烧就吃退烧药，反而会掩盖真正的病因，给医生的诊断带来困难。

2. 发烧是人体抵抗疾病的一种反应，能够消灭病原体，为炎症痊愈创造有利条件，所以宝宝刚开始发烧的时候，可以多喝一些温开水，不要急着服退烧药。

3. 退烧药只能治表，并不能真正治病，有时宝宝因为服用退烧药而出汗过多，容易损失大量的水分和盐分，反而会变得身体虚弱，抵抗力降低。

那么什么时候应该让宝宝服用退烧药呢？一般认为小儿体温超过38.5℃时，就要及时服用退烧药，因为宝宝的中枢神经系统尚未发育成熟，体温超过40℃时就会诱发抽搐。另外，不同病症引起的发烧，治疗方法也不同，如得肺炎时要注射青霉素，得痢疾时要服用复方新诺明等。如果宝宝高烧不止，要及时去医院检查，切不可盲目用药。

退烧药有水剂、锭剂、栓剂和针剂之分，对于婴幼儿来说，水剂退烧药较温和，最普遍使用的是含扑热息痛的糖浆，如小儿美林糖浆、小儿百服宁滴剂等，阿斯匹林锭剂的退烧效果也不错。退烧药的剂量和种类，还是要遵医嘱而定。

婴幼儿体温的测量方法

婴儿的体温比大人略高，一天内的体温差在一度以内，一般在36℃～37.5℃之间都属于正常。如超出这个范围，就是发烧，38℃以下为低烧，38℃以上为高烧。当然，每个宝宝的体质不同，体温也会不同，爸爸妈妈们要充分了解自己宝宝的体质和体温。该如何为他测量体温呢？

■ 量体温的时间

要在宝宝吃奶、喝水或吃饭后30分钟测量体温。

■ 额头的量法

妈妈可以用额头贴触的方法来测量体温，用自己的额头贴触宝宝的额头，根据宝宝额头的温度来判断是否发烧，但是无法得知宝宝确实的体温。你也可以购买一种测量额头温度的额头探热贴，既方便快捷，又不会引起宝宝的厌烦。

■ 腋温的量法

腋下夹体温计是测量体温的常用方法。让宝宝安静地平躺在床上或坐在椅子上，向侧面拉开宝宝的一只胳膊，先擦去腋窝下的汗，然后把体温计有水银球的一端放在宝宝的腋下中间夹紧。爸爸妈妈要按住宝宝夹体温计这一侧的胳膊，不要让他乱动。测量 5 分钟后就可以取出体温表，然后看一看水银线所标示刻度的数字，那就是宝宝的体温了。

■ 肛温的量法

还有一种肛门测量体温的方法，让宝宝仰躺在床上，两脚举高，将前端涂有婴儿油的体温计插进肛门约 3 厘米之处量体温。不过如果宝宝患有下痢，或烦躁不安地动来动去的话，就无法测出准确的体温，因此尽量避免使用肛温量法为宝宝测体温。

【育儿百科】

幼儿不宜穿开裆裤

刚出生的婴儿都会穿开裆裤，这是为了更换尿布方便。不过宝宝到了 10 个月左右，已经能到处爬，有的甚至已经能走了，为了让他们养成良好的卫生习惯，要开始训练他们不再穿开裆裤了。

当宝宝学会在地上爬后，如果还穿开裆裤，就会使生殖器暴露在外，这样脏东西就很容易进入尿道口或阴道口，导致宝宝生病。特别是女宝宝的尿道比较短，如果有脏东西感染的话，很容易造成尿路感染，使细菌进入膀胱或肾盂，引起急性膀胱炎或肾盂肾炎。而且穿开裆裤的宝宝很容易腹部受凉，导致腹泻、感冒等。所以，这个时候应该让宝宝穿封裆裤，也可以避免宝宝将豆类等小东西塞入阴道或尿道内，减少致病和危险的因素。慢慢地穿惯了封裆裤，宝宝也会比较快地学会控制大小便。

随着宝宝的渐渐长大，他的活动能力会增强，活动范围也会相应增大，穿上宽松式的、臀部宽大的、裤脚稍小的封裆裤，会让宝宝在玩耍的时候更安全、更干净，也更舒服。

多到户外玩耍

对于 1 岁以内的宝宝来说，母乳、配方奶粉或牛奶是他们主要的食物来源，这些食物中都含有丰富的钙，所以说小宝宝们体内所含的钙是足够的。可为什么还有的宝宝一体检就显示缺钙呢？甚至有的还会得佝偻病？主要是因为宝宝的体内缺乏维生素 D，因而无法充分吸收钙。通过吃食物摄取的维生素 D 远远不能满足人体的需要，人体内的维生素 D 主要是通过阳光照射皮肤，将皮肤内的 7-脱氢胆固醇转化后合成的。一般情况下每天接受日光照射 2 小时以上，才能保证体内的维生素 D 充足。所以，要多让宝宝到户外玩耍，多晒太阳，这样不但能促进体内生成维生素 D，有效地吸收磷和钙，还能使宝宝的眼界扩大，心情愉快，促进其生长发育。

爸爸妈妈们可以在外面找一块比较干净、平坦的空地，铺上席子，让宝宝在席子上爬或玩玩具。宝宝在户外活动时间的长短，要根据季节和气温高低来决定。例如，夏季气温在 18℃～28℃之间的话，每天可以在户外玩 4～5 个小时（上午 1～2 次，下午 1～2 次，避开午间 12：00～14：00 最热的时段）。一般来说，如果气温低于 28℃，可以让宝宝在阳光下玩耍，最好戴一顶遮阳帽，避免头部被晒得太过分。胳膊、腿部、臀部都可以晒一晒太阳，这些裸露的部位如果皮肤发红的话，就要让宝宝到阴凉处玩。如果气温高于 28℃的话，就不要在太阳地里玩了，最好在阴凉地玩。而且，每次玩的时间不要超过 30 分钟，避免宝宝因出汗过多而长痱子，可以分多次到户外玩耍。冬季天气好的时候，可以在 12：00～14：00 这段时间每天在户外玩 2 小时左右。

学习用勺子

宝宝开始拿勺子时只是用它来挥动，当他在吃饭时看到大人将勺子插入饭中，他也会把手中的勺子插入饭中，但他并未分辨勺子的凸面和凹面。他看到大人用勺子能盛到食物，而他自己的勺子什么也没有就会很生气。但有时忽然能使凹面向上盛到东西时，由于手的劲儿还未做好持物的准备，盛到了也把持不住就掉下来。孩子学吃饭时总是到处洒落，桌上、衣服上、脸上都不干净，所以大人总是不让宝宝“自己来”，而是强迫喂饭，这常常使宝宝不高兴，有时干脆不张嘴表示反抗。为此，可以在游戏时先让宝宝拿一个大铲子，用米粒或沙土让他坐在地上玩，从一个大碗或一只玩具桶中学铲土，他学会用人铲子的凹面将土铲上来，再放入碗中。宝宝喜欢重复做一种动作，重复学习铲土或铲米粒后宝宝就能学会用勺子盛到食物，而且手上有劲道，盛到的东西就能放入口中。

【心智发展】

宝宝的情感智力（三）

■ 8 个月到 1 岁的宝宝

这时期宝宝的表达能力还不太强，但却有高超的感觉和理解能力。如果你仔细观察，就会发现小家伙的情绪——消极情绪和积极情绪——在一天中不断地变化。妈妈在身边时会很高兴；妈妈出门了会变得沮丧；玩新鲜的玩具会很兴奋；自己穿袜子总也穿不上，会急得哇哇大哭……宝宝会因为有妈妈的陪伴而高兴。如果你在房间的一角叫他，他会回过头来，好像在说：“有事吗?”宝宝现在对自己有了新的感觉，喜欢照镜子或看自己的相片，对着镜子里的自己微笑，或轻拍、亲吻镜子里的自己。很多宝宝在这个时期会比较黏人，对经常见的人很亲近，但是不喜欢接触陌生人。宝宝开始了解大人与小孩的区别，记忆力变得更好了。宝宝开始形成自己的规律，因而不太喜欢妈妈修正自己的规律，也不太想接受新事物或适应新环境。还有，这时候的宝宝大多会出现挫折感，因为他们的交流能力滞后于心理活动，无法说出自己的意愿，因而会通过哭泣、发脾气或伤害自己来宣泄情感。因此对这个阶段的宝宝要耐心引导，给予他们充分的理解，让宝宝能够正确表达自己的情感。

分离焦虑的出现——开始认生期

最近，你有没有发现宝宝变得很黏人呢？不愿意和你分开，就是上厕所也要跟着你一起去。除了妈妈以外，不太愿意让别人抱，也不想和别人待在一起。为什么宝宝会变成这样呢？6 个月时，宝宝对谁都会微笑，谁抱都可以；7 个月的宝宝不太会这么大方了，不过就算是不情愿也会让别人抱一抱；到了第八九个月时，宝宝眼里就只有妈妈了，容不得别人触碰他了。如果看不到妈妈在眼前，宝宝就会变得焦虑和不满。这就是所谓的“分离焦虑”期，是宝宝在社会和情感方面必经的一个重要的发展阶段。

刚进入分离焦虑期的宝宝总是黏着妈妈，会让你觉得很辛苦。渐渐地，宝宝会减轻“分离焦虑”的负担。因为经验告诉他：妈妈总是会回来的。当宝宝能够自己爬行或走路以后，就可以随时跟着妈妈到处走了，这在一定程度上可以缓解他的焦虑。在这个时期，妈妈也要尽量多抽出时间陪陪宝宝，引导宝宝和其他人互动，让他逐渐接受其他人。

下一个月，我们会为你更加详细地讲解“分离焦虑”期对于孩子成长和未来家庭幸福的重要意义。

9 个月之后宝宝的语言发展

■ 语言是从听开始的

8 个月以后的宝宝会断断续续地说一些单字了，对说话的兴趣一天比一天浓，因此很喜欢听爸爸妈妈讲话，也想努力理解爸爸妈妈对自己说的话。宝宝逐渐会听懂一些句子的含义，如“要把玩具收拾好哦”，“早上起来要洗脸”，等等。当有人问他：“妈妈在哪里”的时候，宝宝会表现出寻找的样子。当他发现妈妈的时候，宝宝会高兴得笑起来。当然，这时候的宝宝还不理解“妈妈”、“母亲”的含义，他只知道“妈妈”是他最喜欢的人。

这时候的宝宝虽然只能发出“妈妈”、“爸爸”等简单的音节，但是比起只会“嗯嗯，啊啊”的时期，他们更能呼应爸爸妈妈的谈话，所以会让父母感到很开心。

■ 在生活和游戏中理解语言

八九个月以后的宝宝能听懂一些话了，妈妈应当利用各种机会和他说话，提高宝宝的语言能力。比如早上起床，和宝宝说“早上好，天亮了，该起床了”；穿衣服的时候说“来，伸胳膊穿衣服”、“坐下来穿裤子”、“伸出脚穿袜子、穿鞋”；洗脸时要说“闭上眼睛，擦擦脸”；洗手时要说“把手泡伸进水里洗一洗”等。要教会他认识各种衣服的名称，懂得动作的名称和做法。

还可以用游戏的方法，使他乐于配合。如穿裤子时告诉他要做一个“小鸭钻山洞”的游戏：先捉住“小鸭”——小脚丫，再让“小鸭”钻“山洞”——裤筒。穿鞋子时，可以给宝宝说是要玩个藏脚丫的游戏，然后将宝宝的小脚丫装进小鞋子里。渐渐地，宝宝会十分乐意在妈妈帮自己收拾打点时主动配合，因为他总是觉得这是个好玩的游戏。这样做，不仅能提高宝宝的语言理解能力，养成爱清洁卫生的好习惯，还能培养他配合别人的能力。

■ 说出第一个词

宝宝会说的第一个词通常是“妈妈”，一方面是因为妈妈是宝宝朝夕相处、最亲近的人，另一方面是因为“妈妈”的音比较好发。当宝宝发出“妈妈”的音时，妈妈一定要兴奋地回应他：“哎，妈妈在这呢!”慢慢地宝宝就会了解这个喂他吃饭、抱他玩耍、给他换尿布、洗澡和爱抚的人与“妈妈”之间的关系了，因而就开始有目的地、主动地叫“妈妈”了。这也标志着宝宝真正地会说话了。

有的宝宝会说的第一个词可能不是“妈妈”，而是“爸爸”、“要”、“吃”、“给”、“奶奶”等。一般来说，宝宝所说的第一个词取决于他的经验，以及爸爸妈妈平时教他的或经常和他说的是什么。

宝宝 1 周岁前的最后三个月，是最善于模仿的时期，也是语言能力快速发展的时期。你一定要充分利用这段宝贵的时间，对宝宝进行语言教育，这将对宝宝的语言能力产生重要影响。

■ 对宝宝说话、说话、再说话

怎么样能让宝宝尽快学会说话，并且说得很好呢？最直接的方法就是和宝宝说话、说话、再说话。在日常生活中，把和宝宝有关的词语教给他，如衣服、食物、玩具等的名称，表示颜色、形状的词语，常用的动词，某些称赞语或否定词，等等。注意要使用普通话教宝宝说话，另外要结合宝宝熟悉的亲人、身体、食物、玩具，并配合日常生活中的动作教导，这样宝宝能更快地掌握好语言。

■ 引导宝宝用语言表达

当宝宝指着他想要的东西时，妈妈要告诉宝宝他要的东西是什么，鼓励他模仿说出物品的名称：“宝宝想要大苹果吗?”“你是要小猴子吗?”开始可以将手势和声音结合起来，最后再用词代替手势。教宝宝学习语言的时候，一定要让他保持愉快的心情，这样才能学得快。如果宝宝觉得厌烦或不高兴，就不要强迫他学说话了。另外，宝宝刚开始说话时，都会说叠词一类的“儿语”，不要重复他的儿语，而要保持使用正确的发音教宝宝说话。久之，宝宝自然会改过来。

促进孩子有意义发音从称呼大人开始

当宝宝第一次看到母亲叫“妈妈”时，母亲会十分欣慰。但是宝宝虽然会发“妈”的音，却常常是无意识地乱叫，并非看到母亲时才叫“妈妈”。母亲要让宝宝有意识地称呼大人。当妈妈下班回家时，宝宝会伸开双手要求拥抱，母亲说“叫妈妈才抱”，让他发出“妈妈”的音来才将他抱起。或者当宝宝要吃香蕉时，母亲说“叫妈妈才给你”，宝宝急切地要吃到东西，此时他会说“妈妈”，母亲先亲亲他，夸他“真乖”，然后马上给他吃香蕉。经过多次强化，宝宝要求母亲时会叫“妈妈”，见到母亲时再叫“妈妈”，这就是有意义发音。许多宝宝先会叫“爸爸”，因为母亲在家照料，父亲去上班，每天父亲回家时母亲会抱着宝宝去迎接。送时母亲会让宝宝叫“爸爸”，父亲很高兴会马上接过宝宝亲亲，又举起来游戏。宝宝特别喜欢爸爸这种大幅度的动作，所以许多宝宝先会叫爸爸，而后才会叫妈妈。父母要分辨到底宝宝是无意自己发音自娱还是见人称呼，即区别这个发音是有意还是无意的。

促进沟通能力——让孩子感到被关注

宝宝能听懂大人在谈论自己，喜欢别人的称赞，会觉得不好意思或害羞而躲到母亲身后或躲入母亲怀里。同时宝宝也理解别人在批评自己，会表示愤怒，故不宜在别人面前批评宝宝。在家庭中有时大人之间对话有宝宝在场，可故意诱导宝宝参与，偶然问他一两句话，请他拿出一点儿玩具或用品，使宝宝感到大人也注意到他，他并未被冷落一旁，这样他就会注意地听别人的讲话，从中学习词句。要利用一切工具发展宝宝听懂语言的能力，宝宝看电视时，他喜欢看经常重复几句话的广告和天气预报，让宝宝听儿歌录音带和儿童对话，让他边听边模仿学习，大人也同他一起听，一起模仿，促进听力的发展。

孩子独自玩耍是创造力的启蒙

孩子从出生到长大成人，需要学习无数的知识、无数的技能，长大后才能在社会上立足。不过，对于婴幼儿来说，“玩”就是成长过程中的一项重要活动，与读书、写字同样重要。事实上，婴幼儿主要是通过玩来学习的。玩能促进宝宝大脑各个部分的发育，还能让他们接触到各种新事物，学习并掌握各种新技能。

除了与爸爸妈妈、小朋友或其他人一起玩以外，宝宝们还会独自一个人玩，每种玩法对宝宝的成长都非常重要。特别是独自玩耍，能够让宝宝有机会进行独立思考，培养独自解决问题的能力。比如，宝宝在玩给布娃娃穿衣服的游戏，他会一个人在那儿一边给娃娃穿衣服，一边嘴里念叨着妈妈对自己说过的话，也会自己想出一些有趣的环节，玩得兴致勃勃的。这个天马行空想象的过程中，宝宝的记忆力、学习能力、创造能力等各种能力都得到了培养。

当宝宝一个人玩的时候，你可千万不要打扰他，不要因为有空闲时间就去抱宝宝或加入到他的玩耍中。这会产生很坏的影响。经常中断或者参与宝宝的玩耍，这会使他以后变得不会独自玩耍，而且精力容易分散，很可能变成依赖心极强的孩子。所以，当宝宝在独自玩耍的时候，你要安静地在宝宝身边观看他的玩耍。当宝宝出现厌倦，或因游戏进行得不顺利而哇哇大哭的时候，你再给予他适当的帮助。

从很小就应该给宝宝准备独自玩耍的时间，不必担心他们不会与人相处。有些母亲会因此而担心，有所顾虑，担心宝宝经常独自玩耍，以后可能性格内向，很难融入集体中去，难以和他人接触，没法树立起社会、集体的观念。事实上，0～2 岁的宝宝根本不会与小朋友一起玩，特别是 1 岁以内的宝宝，即使两个人同处一室，也只是各玩各的，两个小家伙可能会为了争夺玩具而将对方推倒在地，或者两人都死死拽着玩具不放手，然后僵持着。这和与朋友一起玩耍时的情形是不一样的。

对于 0～2 岁的婴幼儿，朋友的存在并不是十分重要的。即使在一起，也没有实质的沟通和合作。到了 2 岁半、3 岁的时候，宝宝自然而然会产谋求朋友的欲望。只要没有什么特殊的问题，宝宝是能够和朋友们一起玩耍的，自然就会融入朋友的圈子里。这也是他们那个时候要上幼儿园的原因。

本阶段家庭游戏

■ 叮铃铃，电话来了

妈妈可以准备 2 个玩具电话听筒，让宝宝靠坐在地垫上和妈妈面对面坐着，拿起听筒对着宝宝说："宝宝吗?"这样和宝宝玩打电话的游戏。说："叮铃铃，宝宝在家吗?""在的，你是谁呀?"妈妈就是在分别扮演着两个角色，演示妈妈和宝宝的"对话"，也可以用简单的语言和宝宝聊天。因为刚学会说话的宝宝对说话有很大的兴趣，可通过游戏培养宝宝倾听的能力和语言表达能力。

【安全防护】

怎样处理小伤口

八九个月的宝宝经常乱摸乱爬，未成熟的神经肌肉还不能协调地控制身体各部分的动作，很容易发生擦伤、磕伤、烫伤或者被利器割伤。父母应在家中准备家庭小急救箱（见"第 4 个月"），以及时应付宝宝的小伤口。

若发生轻微的擦伤、割伤等可先用碘酒及酒精迅速擦拭清洁伤口，用棉花或纱布压住伤口或将受伤肢体抬高止血，然后将创可贴的无菌面朝向伤口进行黏贴，或用纱布胶布包扎。宝宝的面部皮肤及黏膜部位（唇、口腔黏膜及生殖器部位）不能使用碘酒，还要留意宝宝对使用的药物是否过敏。如果伤口处容易被弄脏，或随时容易被摩擦，可以使用医用绷带和胶布包扎伤口。绷带可以帮助没有闭合的伤口复原，但要勤换纱布并保持干燥、清洁。如果伤口很深，无法止血或不能将边缘复原，需要到医院处理，以免失血过多或伤口感染。

如果宝宝的身体碰到较硬的物体，皮肤青肿但无破损时，先用冰块冷敷伤处 15～20 分钟，每天敷 3～4 次；3 天后头部以外的青肿可以用热毛巾给宝宝湿敷了，温度要控制在

40℃左右。热敷之前，先把热毛巾贴在自己的手背上试试烫不烫，要让宝宝的皮肤能够接受，每次15～20分钟，每天敷3～4次。这样青肿很快会被吸收。

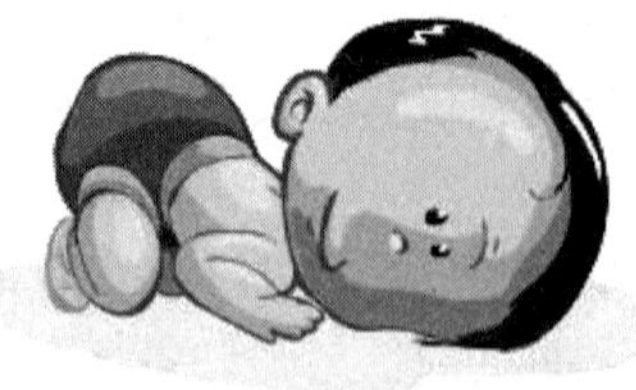

【成长顾问】

与小婴儿的关系

在这个时期，小婴儿对自己周围的世界已经开始热心地探索了，如果已学会爬来爬去，小婴儿就会自己满足自己的欲求。在这之前的阶段也就是从“翻身”开始“匍匐前进”到“坐起来”。这一阶段的小婴儿，若只在旁边放一些玩具是不够的，妈妈要抱起孩子，和孩子多说一些话，多陪伴孩子，这样才能解除孩子因为不能动所引起的不满。

若把小婴儿的笑声和爸爸妈妈的声音录下来给孩子听，应该是很好的。

如果小婴儿发现爸爸妈妈的时候，就会停下自己正在玩的事，这是想和大人一起玩的意思，是表现想一起玩的欲求，这时大人应尽可能地放下手中的事，陪孩子一起玩耍。除此之外，孩子会对带发条或开关的玩具和吓人的玩具表现出很强的欲望。

最后，为了增强孩子的记忆力，做一些把孩子喜欢的玩具藏起来再找给孩子的游戏，会很有效。为了促使孩子语言能力的发育，要经常不断地和孩子做一些说话的游戏。

第 10 个月

1. 10～11 个月的宝宝会把拿在手里的物品扔出去，看它们落在哪里，会发出什么响声。
2. 10 个月岁左右的宝宝通常会产生分离焦虑心理。这是一种本能的心理，对周围的事物产生恐惧，想要爸爸妈妈永远在身边，对自己进行保护。
3. 宝宝的喂养是有个体差异的，有的宝宝吃得多些，有的宝宝吃得少些，甚至一天不同餐次所吃的量也不尽相同。
4. 宝宝 8 个月后，可选一些易用牙床磨碎的食物，帮助宝宝的牙齿萌出。
5. 发烧宝宝的饮食原则：供给充足的水分，补充大量的无机盐和维生素，供给适量的热能和蛋白质，流质或半流质食物是最佳的选择。
6. 宝宝的身体机能尚未发育成熟，自身的免疫力还没有建立起来，从妈妈身上获得的免疫力在五六个月时也逐渐消失了，因此这个年龄段的宝宝会经常生病，这是正常的现象。
7. 9 个月左右的宝宝上下四颗门牙已经长齐了，常会咬破奶嘴，坐着的时候用奶瓶喝水也不方便，应该开始练习用杯子喝水。
8. 为宝宝提供各种物品，如积木、纸盒、瓶子、衣服、围巾等，一边和宝宝玩游戏，一边引导宝宝开动脑筋，充分发挥想象力。

	生理发育正常均值
体重	8.5～9.2 千克
身高	71.6～72.6 厘米
头围	44.1～45.3 厘米
胸围	44.0～45.3 厘米
前囟	1 厘米×2 厘米
牙齿数	0～4 颗

【成长脚步】

每一个孩子的成长轨迹都不同，这里只是大致描述本年龄段宝宝的发育情况。你的孩子的某一单项指标以向前两个月或向后三个月的指标作参考，都是可以的。

■ 爬行，还是爬行

当婴儿学会爬行时，他们的生活及他们父母的生活都会发生相当大的改变。能随心所欲地移动身体，肯定会带给婴儿很强的独立感。爬行可以帮助宝宝达到不同目的。有时，婴儿会快乐而有信心地爬到某个地方，看看发生了什么事情；有时，他们会不安地躲到妈妈身后，害怕看到什么东西；有时，他们会因为讨厌某样东西而从它旁边爬开。学会爬行之后，婴儿获得了更大的自由。不过，父母更需留意他的行动，保证安全。

满 9 个月的宝宝，仍以练习爬行为最主要任务，本月应由手膝爬行进至手足爬行。手足爬行的速度比手膝快，可以捡到滚至远处的玩具。

■ 可以扶着东西站起来

运动机能的发达固然有个体差异，但 9 个月以后的婴儿大部分都能自由爬行，自己坐。因为肩膀、手、脚都十分有力，只要抓着东西就能站起来。这个阶段是身体平衡能力真正开始建立发展的时期，同时也是腰部力量和双腿力量发展的重要时期，四肢的协调能力也在进一步发展。

■ 能同时抓住两个东西

手指渐渐灵活，坐着时可以双手同时握住两个玩具。

■ 婴儿的感觉——有分辨声音的能力

不单是声音，对音乐也有兴趣，会倾听妈妈唱歌，或配合歌曲、音乐摇动身体。

■ 味觉的扩大

断奶食物一天给予 3 次，试过各种口味后，渐渐知道口味的微妙差别。

■ 突然哭叫

有时婴儿会突然哭叫，这不是无原因的，一定要设法找原因。可能衣服穿得过紧，可能太冷或太热，也可能衣服内有东西，扎痛了婴儿。在夏天可能是蚊子、虫子咬了婴儿。如躺在床上，可能是脚或手碰撞在栏杆上，碰痛了。也可能是肚子痛或是饿了、渴了。如没找不到原因，也可能是在撒娇。千万不要不理他，那样他会经常大哭发泄，易形成坏脾气。

■ 旺盛的好奇心

宝宝现在的好奇心超级强，只要是在视觉范围内的任何东西都想用手去碰，去摸一摸，研究研究。不断摸索的活动能满足宝宝的好奇心和求知欲，只要没有危险，应尽情地让宝宝去探索，这对他智力的发育非常有好处。

■ 跟人跟得厉害

宝宝已经会辨认身边的人了，不过在认人的同时，他也越来越喜欢跟人，也就是成了我们常说的“黏人精”。当妈妈移动活动位置时，宝宝总喜欢跟在屁股后面，甚至妈妈上厕所宝宝也想跟着。

■ 对数量概念有了初步认识

宝宝到 9 个月时，就已经能让家长刮目相看了，他能够辨认东西的大小和数量，总是坚持要数量多的东西（如糖块），或要大的东西（如苹果）。当你将两堆数量不同、大小不同的水果放置在宝宝旁边时，宝宝选择的是又大又多的一堆。

■ 自我意识初现

实验证明：让 9 个月的宝宝照一会儿镜子，之后把他的鼻头涂成红色，宝宝就会去摸自己的鼻子。这就说明宝宝认出了镜中的自我，也能够发现自己与他人之间的区别。11 个月左右的宝宝开始出现自我意识的萌芽。50%～65%的宝宝会对镜中的影像做出反应，而少数宝宝已经可以对着镜子玩耍了。

■ 其他

- 本月的一个任务是学习用拇指和食指摄取，学习将物投入碗中或瓶中。
- 有较多孩子会叫爸爸妈妈，这使父母十分欣慰。
- 能用自己的力量保持坐姿。
- 能通过手势和声音来表明他们想要什么。
- 能把积木放进杯子里。
- 会说一两个词，能发出简单的音节，如 da、ga、ha。
- 别人把球给他，他会把球再滚回去。
- 会模仿父母的动作。
- 胖的婴儿比较难以坐稳。一旦会坐，就能坐较长的时间，但不要超过 10 分钟。
- 俯卧翻身成仰卧对于胖的婴儿比较困难，有时是他不想翻身，成人应逗引他。
- 会随着音乐有节奏地摇晃。有时是全身，有时候只是头部、手腕或脚。
- 开始能独站片刻，成人扶着婴儿的双手能走几步。
- 开始懂得简单的语言，并做出相应动作的示意。如不要某种东西时会摇头，再见时会招手，双手合起来上下摇动几下或点点头表示谢谢等。

【营养美食】

宝宝能吃多少

宝宝的喂养是有个体差异的，有的宝宝吃得多些，有的宝宝吃得少些，甚至一天不同餐次所吃的量也不尽相同。妈妈可以根据宝宝的胃口进行合理的调理，慢慢摸索，慢慢给宝宝加量。不要过于强迫宝宝吃多少，根据每次给宝宝添加的量，最好给宝宝定时定量喂养。随着宝宝的慢慢长大，循序渐进地加量。这时宝宝每天只需要一定量的固体食物，当他习惯于吃饭后，就会逐步减少喝奶量。母亲应为宝宝提供丰富的食物种类，吃多吃少随他自由。只要宝宝身高体重的增长令人满意，生长发育正常，食欲也好，大小便正常，就说明宝宝已经吃饱，而且营养也很全面。

10 个月大的宝宝，已经有了一定的判断能力。一般如果宝宝吃饱了，就不再张嘴了，再喂他也不会吃了。这时妈妈就不要再过于强迫了，不要让宝宝吃到恶心、呕吐的程度。如果积食的话，对宝宝更不利。体重增减是最能说明问题的指标。如果宝宝的体重不增反而减轻了，可能存在病症或喂养不当的问题。应定期给宝宝测量体重，观察婴儿体重的增长情况来判断喂养是否充足。一般应每月或每两个月给宝宝称一次体重。一个健康的宝宝每月应增加体重 500 克～1 000 克。若宝宝体重增长不足可能是吃得不够或生病了，应仔细寻找原因，必要时到医院进行检查。

适时断奶有益于婴儿的成长

不管是母乳喂养还是人工喂养或混合喂养，都难以避免断奶问题。所谓及时断奶，就是婴儿长到周岁左右要断奶。适时断奶不论对母亲还是对婴儿来说都很重要，因而必须给予足够重视。

对于母亲而言，适时断奶的最大益处是能解脱繁重的哺乳负担，以便集中精力投入工作。如果过晚断奶，对母亲自身十分不利，会引起内分泌的紊乱，如全身无力、食欲不振、消瘦，甚至会闭经、子宫萎缩等。对于婴儿来说，适时断奶更是意义重大。

■ 适时断奶有利于及时补充营养

母乳虽然营养全面，比例适宜，但婴儿 5 个月左右时母乳不仅量开始减少，质也逐渐下降，有的已变为稀薄的奶水，而且此时母乳中的某些营养素如铁等已渐渐匮乏，不再能满足婴儿生长发育和营养的需要。这时，如果断奶过晚，孩子会营养不良，逐渐消瘦，多病，最常见的是宝宝容易患上营养不良性贫血。因小儿食欲不佳，甚至拒食，于是喂养困难。如果断奶过早，婴儿消化功能尚不健全，过多地增加辅食，会引起消化不良、腹泻或营养不良等后果。因此适时断奶是不可忽视的问题。适时断奶能促使婴儿习惯于食用奶类以外的食物，以免发生营养不良。

■ 适时断奶有利于消化机能的发育

婴儿后半期，消化功能已明显增强，牙齿已经萌出，食物已由流体向半流体乃至固体转化，饮食动作也已逐渐从吮吸向咬嚼过渡。此时断奶后，随着食物种类的增加，能进一步促进消化机能的发育。

■ 适时断奶有利于精神机能的发育

随着智力的发育，特别是5个月以后，婴儿看到成人进食时往往表现出一种“讨吃”的模样。适时断奶后，随着饮食习惯的成人化，一方面应了解婴儿“讨吃”之馋，另一方面食物种类的多样化也使婴儿的感觉功能因受到多种刺激而更加发育。如果奶类喂养的时间过长，婴儿不仅难以与父母分享饮食之乐，而且依赖性强，精神独立得也晚。

■ 适时断奶有利于培养按时进食的习惯

断奶以后，婴儿便与父母一样主要以一日三餐为主，而且进食时间、地点也会比较固定，这无疑有益于养成按时进食的习惯。这种习惯的养成不仅与营养有关，而且因涉及将来的社会生活而更不可等闲视之。

断奶方式不当会给宝宝带来哪些影响

在断奶的过程中，如果父母的准备工作做得充分，宝宝的情绪和身体反应就不会那么大。母亲不在身边或间断性的喂奶，都可作为断奶之前的练习。父母会在不同的时间，停止喂婴儿母乳而改喂奶粉，或者停止用奶瓶而改用水杯。即使刚学会走路的婴儿，依然需带着奶瓶度过比较长的一段时间。给婴儿断奶，婴儿会因为失去母乳而产生各式各样的情绪反应。有些婴儿很快便自动断奶而不必拖很长时间，而有些却相当困难，而且会出现不适应症状。

■ 消瘦，体重减轻

强行断奶，使宝宝的情绪受到了打击，加上又不适应母乳之外的食物，对断奶之后的新食物兴趣不高，吃饭时经常会拒吃。这样，就会引起宝宝脾胃功能的紊乱，食欲差，每天摄入的营养不能满足宝宝身体正常的需求，以致出现了消瘦、面色发黄、体重减轻的症状。

■ 抵抗力差，易生病

由于爸爸妈妈在断奶之前没有做好充分的准备，没有给宝宝丰富的食物，很多宝宝会因此养成挑食的习惯，如只吃牛奶、米粥等碳水化合物类的东西，不吃肉类、蛋类和其他类含蛋白质、矿物质的食物，造成食物种类单调，从而影响了宝宝的生长发育，造成抵抗力较弱，爱生病，特别是容易造成缺钙，而发生佝偻病。

■ 爱哭、没有安全感

宝宝爱吃母乳的原因一是母乳香甜，适合宝宝的口味，是宝宝与生俱来的最好的食物；二是宝宝在吃母乳的过程中，充分体验到了躺在妈妈温暖怀抱中的舒适惬意和特有的安全感。母乳喂养对宝宝来说，除了满足身体发育的正常需求之外，还满足了宝宝正常的情感体验。

如果没有一个循序渐进的断奶过程，妈妈事先没有足够的铺垫，硬性断奶，宝宝会因为没有安全感而产生母子分离焦虑。表现在妈妈一脱离开宝宝的视线，宝宝就紧张焦虑，哭着到处寻找。这个时候的宝宝情绪低落，更害怕见陌生人。

如何让孩子轻松度过断奶期，请看下一个月的内容。

孩子发烧时的饮食

发烧是儿童的常见症状之一，许多疾病都可以引起发烧，它是患病的一种防御性反应。宝宝在发烧期间，身体的新陈代谢加快，对营养物质的消耗会大大增加，体内水分也会明显消耗。同时，由于发烧，宝宝体内消化液的分泌会减少，胃肠蠕动减慢，消化功能会明显减弱。所以，父母注意宝宝发烧时的饮食护理是十分重要的。发烧宝宝的饮食原则：一是供给充足的水分，二是补充大量的无机盐和维生素，三是供给适量的热能和蛋白质，因此高热量、高维生素的流质或半流质食物是最佳的选择。另外，少食多餐，宝宝每天进食以 6～7 次为宜。

■ 发烧时的饮食以流质、半流质为主

稍大宝宝发烧时的饮食以流质、半流质为主。常用的流质有牛奶、米汤、绿豆汤、少油的荤汤及各种鲜果汁等。夏季喝些绿豆汤（加少量糖），既清凉解暑又有利于补充水分。发烧伴有腹泻、呕吐，但症状较轻的，可以让其少量、多次服用自制的口服糖盐水。配制比例为 500 毫升水或米汤中加一平匙糖及半啤酒瓶盖的食盐。1 岁左右的宝宝，4 小时内可服 500 毫升。同时还可适当进食一些补充电解质的食物，如柑橘、香蕉等水果（含钾、钠较多），奶类与豆浆等（含钙丰富），米汤或面食（含镁较多）。症状较重者，应暂时禁食，以减轻胃肠道负担，同时请医生诊治。

■ 好转时可改半流质饮食

当宝宝体温下降，食欲好转时，可改半流质饮食，如食用藕粉、代乳粉、粥、鸡蛋羹、面片汤等。以清淡、易消化为原则，少量多餐。不必盲目忌口，以防营养不良，抵抗力下降。伴有咳嗽、多痰的宝宝，由于不会咳痰，往往将痰咽到胃里，剧烈咳嗽还会引起胃部不适，若进食过多，容易出现呕吐。

父母要特别注意，在宝宝发热期间，不要任意给宝宝增加以前没有吃过的食物，以免引起腹泻。不宜让宝宝过量进食，不宜给宝宝吃海鲜或过咸、过油腻的菜肴。发热是以交感神经系统活动增强为特点的全身性反应。唾液分泌、胃肠活动也会减弱，消化酶、胃酸、胆汁的分泌都会相应减少，过量过油腻的食物如果长时间滞留在胃肠道，就会发酵、腐败，引起过敏或刺激呼吸道，最后引起中毒，加重症状。宝宝发烧几天后，往往不想吃东西，父母会因此很担心，要求宝宝在退热后多吃一些。其实，宝宝在退热后，胃肠道功能尚未完全恢复正常，消化酶的分泌也较少，如果勉强多食，反而有可能引起厌食。对发

烧、时食欲较差的宝宝，家长要有耐心和信心，千万不要勉强宝宝进食，应顺其自然，待有饥饿感时再吃，期间不宜断水，应注意水分的补充。如果宝宝在退热后一星期仍无食欲，应请医生检查，因为可能体内另有病因存在。

■ 几种对孩子发烧有辅助食疗的饮食

● 米汤：将大米煮烂去渣，加入少许白糖调味。米汤水分充足，易被消化吸收。

● 蔗浆粥：将青色新鲜的甘蔗洗净后榨汁 100 毫升，粳米 100 克，加水煮成粥，每天分 2～3 次食用。

● 绿豆汤：将绿豆煮烂，取绿豆汤，加入适量冰糖。绿豆具有清热、解毒的作用，既能补充营养，又有利于宝宝体内毒素的排出，可以帮助宝宝退热。

● 西瓜汁：新鲜的西瓜，去籽取瓤，榨汁，代水频服。如发烧时不伴有其他症状，可以吃少量冰西瓜汁之类的冷饮，帮助降温、利尿。

● 鲜梨汁：鲜梨汁具有清热、润肺、止咳的作用，适用于发烧伴有咳嗽的宝宝。

● 鲜苹果汁：苹果汁中含有大量的维生素 C，既可以补充宝宝体内的营养需要，又可以中和宝宝体内的毒素。

● 鲜橘汁：鲜橘汁有祛湿、化痰、清肺、通络的作用，适用于发烧伴有痰咳的宝宝。

● 银花茶：银花 10 克，煎水加糖饮用。

● 麦冬粥：麦冬 30 克，煎汤取汁。用粳米 100 克，煮半熟时加入麦冬汁及冰糖适量，同煮成药粥，早晚服食。

● 荷叶粥：新鲜荷叶一张，洗净煮汤 500 毫升左右，用滤出的荷叶水加粳米 100 克、白砂糖适量煮粥，每天早晚食用。

第 10 个月宝宝的饮食指导

母乳/人工喂养：每次喂奶 180～250 克，每天 2～3 次。参考喂养时间表：早上 6 点喂奶；上午 10 点喂断乳食物并加奶补充；14 点喂奶或断乳食物加奶；18 点喂断乳食物并加奶补充；22 点喂奶。

辅助食物：温开水、凉开水、各种季节当令鲜榨的果汁、胡萝卜或白菜等蔬菜的菜汤，每次 80～120 克，可在两次主食中间任意选择其中一种轮换喂食。主食应给予稠粥、烂饭、面条、馄饨、包子等，副食可包括鱼、瘦肉、肝类、蛋类、虾皮、豆制品及各种蔬菜等。注意应将食物做成很小的软粒状，有助于宝宝吃得轻松。

观念更新：孩子生病是正常的

0～3 岁的宝宝身体机能尚未发育成熟，自身免疫力也还没有建立起来，刚出生时从妈妈身上获得的免疫力在五六个月时也逐渐消失了，因此这个年龄段的宝宝会经常生病，这是正常的现象，并不能说宝宝体弱多病。适当地生一些病，反而有助于宝宝自身抵抗力的生成。

婴幼儿正处于生长发育期，在没有强大的能力抵抗外界病毒、细菌的侵害时，很容易就会生病。感冒、发烧、拉肚子、呕吐、咳嗽……不论是哪一种病，都会让爸爸妈妈感到心力交瘁。宝宝生病的时候，千万别着急，只要对症下药，没两天宝宝就又会活蹦乱跳的了，因为他们的生命力旺盛，活力十足，恢复能量也是超级强的。随着宝宝年龄的增长，他们的抵抗力也会越来越强。由于感染不同的细菌或病毒而生病，治愈后自然会产生抗体，以后对于相同的疾病就不再那么容易感染了。

还有一些遗传性的疾病，如某些原因造成的“分娩时异常”或“先天性异常”，也会在婴幼儿时期发病，这些疾病比较难缠，不容易治愈，爸爸妈妈们要耐心、细致地对待。

【育儿百科】

练习用杯子喝水

9 个月以后，大多数宝宝上下四颗门牙就已经长齐了，这时候如果还用奶瓶喝水的话，经常会出现把奶嘴咬破的情况，而且宝宝坐着的时候用奶瓶喝水也不是很方便，因此不妨让他们练习用杯子喝水。

市场上有售各种各样的适合不同年龄段的学饮杯、训练杯，重量轻、容易拿，也不易打破，很适合宝宝们进行喝水训练。一开始学习喝水的时候，要为宝宝准备一个两边带手柄的吸管杯，让宝宝学会用嘴吸吮吸管喝到水。由于吸管吸到的水要比奶嘴中流出的水多得多，所以宝宝需要适应一下如何把水咽下去。当宝宝习惯用吸管杯以后，也可以尝试让他们用杯子喝水。

开始练习的时候，在杯子里放少量的水，让宝宝两手端着杯子，妈妈帮助他往嘴里送，注意要让宝宝一口一口慢慢地喝，喝完再添水。不要一次在杯里放过多的水，否则很容易使宝宝呛到。等宝宝能自己拿稳杯子的时候，就可以逐渐放手让他们自己端着杯子喝水了，杯子里的水量也可以慢慢增多了。

让宝宝练习用杯子喝水的时候，一定不能着急，要根据宝宝的情况进行训练，如果宝宝不适应用杯子喝水，那就晚一些再做训练。在训练的过程中，妈妈要经常用赞许的语言给予宝宝鼓励，如“宝宝会自己端杯子喝水了，真能干!”等等，这样能增强宝宝的自信心。宝宝刚开始学用杯子喝水的时候，肯定会洒到衣服上，或弄湿被褥，不要因此就禁止宝宝用杯子喝水，这样会挫伤宝宝的积极性。当宝宝第一次能够独立地喝到水的时候，一定要好好地夸一夸他。多让宝宝进行练习，可以巩固和熟练他们的技巧，很快宝宝就能令人安心地自己喝水了。

等宝宝能用双手托稳杯子喝水后，可以训练他用单手拿杯子喝水，这样能为以后一手拿勺、一手拿碗做准备。

沙子和水对两岁以内孩子的意义

现在的家长总喜欢把宝宝打扮得漂漂亮亮、干干净净的，不肯让他们碰沙子、泥土、水等会弄脏衣服的东西。殊不知，玩沙、玩水对宝宝的发展有很多帮助！宝宝在妈妈肚子里的时候就是生活在“水”中，他们对水有着很深的感情，多让宝宝接触水，可以使他们获得丰富的感官经验。比如洗澡的时候，宝宝坐在浴盆里，用身体感受水温，用小手拍水而溅起水花，伸手抓水却发现水从指缝间流出，对于宝宝来说这些都是妙不可言的触觉经验。沙子是颗粒性的，让宝宝用指尖接触沙子，或用双脚踩沙子的时候，同样能刺激宝宝的触觉发展，这不同于柔滑的、可以流动的水的感觉。将水和沙子搅拌好后，就可以和宝宝一起塑造千奇百怪的造型了，这将大大提升宝宝的手指灵活度和手眼协调能力，还能让他们感受到沙子的粗细、水的冷热，这些都能促进宝宝的发育。

沙子和水的玩法及注意事项

宝宝玩水的时候，爸爸妈妈一定要先确认水量和水温，不要在池塘边、河边等水比较深的地方玩，在家里大盆里装些水玩就可以了。最好使用温水，太凉或太热的水都会使宝宝的皮肤受到伤害。玩沙子的话，也要注意卫生和安全方面的问题：如果在家里玩沙子的话，最好选用细沙，把较大颗粒或危险物品筛掉，在外面玩沙子的话最好选用小铲子、小桶等一类工具玩，尽量避免直接用手抓。家里的沙堆要定期更换，如果沙子曾经加过水，即使沙子已经变干了，也还是需要再次清洁的，不要用漂白水或含氯清洁剂清洗装沙或装水的容器，以免宝宝在玩的时候误触残留物而中毒。游戏过后，爸爸妈妈要帮助宝宝彻底清洁身体，然后换上干净的衣物，特别是要注意清理指甲内、头发里的残余沙粒。

宝宝的生理发展大多还未成熟，很难对某种玩具或某项游戏保持长期的兴趣，唯独在玩沙、玩水的时候能够特别投入，这有助于培养宝宝的专注力。帮宝宝装上一桶水，然后倒在沙坑里，让他观察和感触干燥的沙子和湿润的沙子之间的差异，和宝宝一起垒沙堡，这些游戏都会给宝宝带来欢乐，也会让他们学到很多知识。这里有一些和水、沙子有关的游戏，爸爸妈妈们可以参考一下，然后和宝宝一起玩！

■ 洗澡喽

每天帮宝宝洗澡的过程，就是培养他们与水亲近的最佳时机。让宝宝坐在水中，如果宝宝还坐不稳，爸爸妈妈可以扶着他们。然后，大人用手轻轻地撩水，在水面上制造一些小波纹，或用沐浴海绵吸足水，再滴到宝宝的身体上，这样能够增加宝宝的视觉及触觉经验。如果家里有家庭游泳设备的话，还可以让宝宝带上小游泳圈，泡在水里学游泳，通过水的浮力刺激前庭。当然爸爸妈妈一定要在一旁全程保护，以免出危险。

■ 水垫玩具

里面装有清水的塑胶软垫，不只大人喜欢，对宝宝一样具有吸引力。把宝宝放在充水软垫上，让他们通过变换身体的方向和姿势，感受水垫陷下、弹起的变化，这有助于宝宝的本体觉的发展。还有一些类似的玩具，如利用水的透明度所设计的小型水袋玩具，按键式装水玩具，里面除了装水以外，还会附加一些颜色鲜艳的小玩具，同时可以增加宝宝的视觉刺激。按键式装水玩具在按钮按下后，玩具里的水流及玩具会产生变化，通过观察，可以启发宝宝了解简单的因果关系。

■ 不一样的沙子

爸爸妈妈为宝宝准备一些干净的沙子，让他们用手去抓，体会沙子从指缝流走的感觉。或者在沙堆里加一些水，干沙子变成湿沙子以后，性质和状态都会不一样，这样的发现会让宝宝新奇不已。要注意的是，别让宝宝把沙子吃到嘴里！

如何应对早起的孩子

你的宝宝早上一般什么时候醒来？会不会在太阳还没出来的时候，就闹着要你陪他玩呢？是不是在你睡意最浓的时候，宝宝就已经醒来蹦蹦跳跳地吵闹了呢？如果你的宝宝总是在天没亮的时候就起来，那你就要考虑重新调整一下宝宝的作息时间，不然你会总处于睡眠不足的痛苦之中。宝宝九十个月的时候，不太可能坚持睡足 12 小时一夜，可以让宝宝晚睡一会儿，白天安排他睡 2 小时左右，晚上睡觉的时间就可以相应地推后，这样早上起床的时间也会晚一点。宝宝醒来后会闹，一般是因为天太黑，感到害怕才会叫醒大人陪着他。这样你不妨换一个薄一点的、透光性强一点的窗帘，再在枕头边放一些宝宝喜欢的玩具，如果宝宝在天刚蒙蒙亮的时候起来，能够看见身边有玩具的话，一般就会自己玩起来了，如果运气好的话，你完全可以再睡上半个小时。

【心智发展】

分离焦虑会加强——抓住机会与孩子建立情感纽带

在前一个月，我们简单介绍了宝宝“分离焦虑”初期的表现。这里做一些深度补充。

当宝宝独自玩耍时，如果看不到妈妈便会大声哭着四处寻找。宝宝好奇心旺盛，会四处爬行，发现新鲜事物。与此同时宝宝的不安感也跟着增加，只要妈妈不在身旁就不安心。你应当感到高兴的是，这代表了你的宝宝心理成熟的一次大的飞跃。心理学原理是：在这之前，在宝宝的认识里，与所有的成人都是等距离的，没有太大的分别。现在不同了，他已经认识到爸爸、妈妈和其他的大人是不同的。爸爸妈妈才是最可以依靠和信赖的，能够保护自己的。其他人则可能会有危险。他开始有了像成人一样的“远近亲疏”的概念。这为宝宝未来社会性行为的发展打下了基础。

这时应该紧紧抱抱他，温暖的怀抱可以帮助宝宝消除不安。这时如果宝宝喜欢在妈妈怀里撒娇，那就让他尽情撒娇！这也是宝宝表达情感的方式。

■ 动物也有此本能

其他动物也都具有这种本性，幼崽总是紧紧跟随在妈妈的身后。例如小牛犊就是如此，一旦与母牛分开，就会停止一切行为，直到找到母牛。小牛犊从一出生就具有这种焦虑感是很自然的，否则它们一出生便会走失。但是人类的孩子要到了 1 岁左右的时候，也就是他们学会了走路的时候，才具有这种恐惧感。因此，一旦他们离开了大人，就会急于马上返回。只有在看到大人的时候才会安心地玩耍。

■ 变成一个“黏人精”

许多 1 岁左右的宝宝都会产生害怕与爸爸妈妈分离的心理。这应该是一种本能的心理，幼小的宝宝刚刚能走几步路，发现自己的周围有很多新事物，害怕自己无法处理，因而想要爸爸妈妈永远在身边，对自己进行保护。很多初上幼儿园的宝宝，在幼儿园中的表现不错，可是和妈妈分手的时候却总是很痛苦，哇哇大哭着不肯让妈妈离开，很大程度上也是源于这种心理。也就是说因为宝宝不知道在幼儿园里会发生什么事情，害怕自己无法处理，因而不愿意让妈妈离开。

还有的孩子在睡觉前最害怕同父母分手。因此，宝宝会想尽办法用尽手段拒绝上床睡觉。如果妈妈不管宝宝的情绪，强行离开，孩子就会害怕地哭上好几个小时。最后乏累地睡去。如果妈妈坐在小床旁边一动也不动，也一声不吭，孩子就会老老实实地躺下来。好像是闭眼睡觉了，但是会时不时地看看妈妈在不在。只要妈妈起身朝门口走去，他就会立刻紧张地爬起来，或拉着妈妈的手不让她离开。

■ 开始定位“生理母亲”和“心理母亲”

黏人的同时，预示着宝宝定位他的“生理母亲”和“心理母亲”的开始。所谓生理母亲，是“生育”他的那个人，是从伦理角度他要称呼“妈妈”的那个人。但从心理角度而言，“养育”他的那个人才是他真正建立情感纽带的对象，是能够影响他心灵的人。作为孩子的父母，如果这之前你因为各种原因疏于亲自照顾宝宝，那么现在开始你一定要多多参与到孩子的养育工作中，成为孩子真正意义上的“心理母亲”。只有这样，在孩子长大的过程中，你的教导和影响才能够真正让孩子心悦诚服地接受。否则，孩子的心理母亲如果是孩子的外祖母、祖母甚至是保姆、阿姨，会在孩子未来的成长中发生很多你难以把握的事情。

■ 访客不要太热情

这个时候有宝宝不熟悉的朋友、亲戚来访或会面，一定要提醒对方不要马上上来就抱宝宝。这个时候有的宝宝会表现得很害怕，有的宝宝会表现出很强的攻击性。搞得大家觉得很尴尬。适宜的方法是，家长抱着孩子与对方保持一定的距离，交谈中有愉快的表情和语言。这样过一会儿，宝宝会从爸爸妈妈的态度中看到对对方的接纳，他也就会放松下来。甚至你会看到，宝宝开始会盯着对方看，过一会儿还会表现出希望跟他交流的样子。这个时候就可以抱他了。

所以，爸爸妈妈要对这个时期的宝宝倍加呵护，多让他们学习一些技能，等到宝宝达到一定年龄，可以独自面对困难的时候，宝宝就会变得独立了。

寓教于育儿之中

11 个月的宝宝已经可以学会很多生活技能了，该如何教他们学习呢？最好的办法就是在玩的过程中学习，根据宝宝的兴趣制定学习策略。

■ 吃饭

宝宝现在可以吃各种食物了，包子、饺子、面条、米饭都可以尝试了，只是要做得软一些，不要太咸或放太多的佐料。你会发现宝宝很有兴趣看大人吃饭，总是想要抢大人碗里的饭。通常宝宝单独吃饭的时候会不好好吃，不妨让他和大人一起吃饭，可以让他自己拿勺子舀粥喝，或是拿块儿馒头嚼着吃。这样既能锻炼宝宝的吃饭能力，也能让他多吃一些东西。这个时期的宝宝还要喝定量的奶，才能保证身体的发育需求。

■ 教宝宝认识手指名称

宝宝现在的手指越来越灵活了，你要教他运用手指进行表达。比如，竖起大拇指表示“很棒”；小拇指表示“不太好”；要 1 件东西的时候竖起食指等。爸爸妈妈要进行示范，宝宝就会跟着学，慢慢地就会知道每个手指的名称了。

■ 喜欢小朋友

现在的宝宝对别的小朋友很感兴趣，他喜欢到小朋友多的地方玩耍，特别是喜欢看大点的孩子活动，然后模仿别的小朋友的动作，如摇摆身体、唱歌、跺脚等，也会因为看到别人跑步、踢球、骑小车而感到兴奋。所以，爸爸妈妈要多带宝宝与小朋友接触，在一同玩耍的过程中，也能学到很多技能。

■ 蹲下捡东西

现在宝宝可以渐渐地站稳了，你可以拿一个小皮球或一辆小汽车放在宝宝的脚边，引导宝宝用一只手扶着支撑物，慢慢蹲下身子去捡球或汽车，之后再站起来。

■ 宝宝快快爬

现在宝宝爬得已经相当好了，他能爬着去追赶滚动的皮球了。为了让速度快一些，宝宝会从手膝爬变成手足爬。可为宝宝准备一块宽敞、平坦的地方，好让他多多练习爬行，为学走路做准备。

■ 听音乐和转手腕

爸爸妈妈可以经常放音乐让宝宝听，音乐可以让宝宝心情平静，变得快乐，还能提高宝宝的音乐素养。很多宝宝听音乐的时候都能随着音乐的节奏扭动身体，经常进行这样的练习，会增强宝宝的节奏感。这个时期的宝宝很适合玩拨浪鼓，让他拿着拨浪鼓来回转动，可以增强手腕的灵活性。

■ 拉手学走

当宝宝能够一手扶着家具、一手捡到东西的时候，就可以拉着他的手学习走步了。开始时，妈妈可以和宝宝面对面站着，双手拉住宝宝往后退，让宝宝慢慢地往前走，等宝宝不再害怕离开支撑物后，就可以用一只手拉着宝宝走路了。也可以把椅子一字排开，让宝宝扶着椅子学习走路。宝宝学走路的时候，爸爸妈妈要在一旁看护，尽量不要让他摔跤，否则会使宝宝害怕走路。最好不要使用学步车让宝宝学走路，学步车会让宝宝产生依赖，反而不利于自己学习如何掌握平衡。

本阶段家庭游戏

■ 找东西

家长可以准备一个小球或者大人能一手握住的其他小东西，宝宝和妈妈面对面坐着，妈妈先当着宝宝的面把小球藏在妈妈的手里，让宝宝找。慢慢增加难度，把小球藏在身后、被子下等。这个月龄的宝宝虽不会说，但能听懂一些话了。家长需要给宝宝多做练习，“听说话的时候同时看家长的动作”，这样可以帮助宝宝理解每个词汇的含义。这个游戏一定要边玩边说，用手势和动作来辅助词所要表达的意思，如“看灯”，“给妈妈”，“放到下面”，等等。

当宝宝嗜睡时

在宝宝的头部受到撞击之后，父母要细心观察宝宝 48 小时内的状态是否跟平时一样，如有无呕吐、精神不振、惊跳、嗜睡、肢体运动异常等。如果出现嗜睡，在白天可以每隔两个小时就叫醒他一下，不用跟他说话，只要确认他能够很轻易地被唤醒并没有昏迷发生就可以了，在确认之后可让宝宝继续睡。如果在夜间可以叫醒两次，分别在半夜 12 点及凌晨 4 点。如果他睡的时间比往常同时期都要长，且不能把他轻易唤醒，就应该及时到医院接受检查。

当宝宝发生憋气时

婴儿的大脑神经组织还没有发育完全，中枢神经功能还不稳定，有些宝宝会在发怒、恐惧、悲伤和剧痛等情绪的急剧变化过程中，因大哭不止导致过度换气，使呼吸中枢受到抑制，出现呼吸暂停、口唇发紫，严重的还会出现四肢僵直，甚至失去知觉意识昏厥等症状，一般持续0.5～1分钟后，症状一般可自行缓解。这种现象是婴幼儿时期常见的发作性神经官能症，而非癫痫或脑部的器质性疾病，多在2岁以内发作，3～4岁后大都自然消失，预后良好。

当宝宝憋气发作时，家长应保持自身情绪的镇静和稳定，用柔和的语气，给予充分的关心和呵护，切忌粗暴地训斥。若憋气发作的时间较长，可以掐人中、印堂、合谷等穴位，使其尽快恢复；亦可按压胸部，可迅速改善缺氧，帮助恢复呼吸；对心跳呼吸停止者现场进行心肺复苏，并就近送医院急诊。切忌将宝宝紧紧搂抱，特别是不要搂住宝宝的脖子，以免造成窒息的严重后果。一旦发现宝宝发作频繁，持续时间过长，发作后有嗜睡，而且并非“闹脾气”引起，应及时去医院诊断，以免延误其他疾病的诊断和治疗，因为屏气时间过长、多发会引起脑缺氧，影响神经系统的发育。

【成长顾问】

一定要盯住宝宝的小手

10个月以后宝宝的手部精细动作更加发达了，他可以灵活地用手指指东西、取东西了。这时候你可以为宝宝准备一些小物品，如小饼干、葡萄干、小块胡萝卜等，让他用大拇指和食指捏取，这样有助于宝宝手指动作的发展。当然，这时候的安全防范工作一定要做好，因为宝宝很可能把小螺丝钉、纽扣电池、扣子等危险物品捏起来，这些东西吃到嘴里可能会引起窒息。所以，你一定要把危险品收好，并告诫宝宝不能拿，吃小块食物的时候，爸爸妈妈也要在宝宝身旁仔细照看。

10～11个月的宝宝还会一项技能，那就是把拿在手里的物品扔出去。食物、积木、小毛巾、小皮球等都是宝宝最爱的投掷物，他会把物品扔出去，看它们落在哪里，会发出什么响声。你可能很快就厌倦了来回捡拾宝宝扔出去的玩具，千万不要生气，时刻提醒自己宝宝还小，他需要通过这个游戏进行学习。你可以准备一些箱子，纸的、塑料的、木头的，让宝宝往里面扔东西，这样既能满足宝宝的好奇心，又避免了到处捡散落的物品。

莫扎特音乐会使孩子变聪明吗

研究人员于1993年发现，大学生倾听莫扎特音乐10分钟后在短时间内显示出更好的空间思维能力。这一发现引起科学界的轰动。人们迅速使这一发现变成了下述推测：听音乐会使人变得聪明，简称“莫扎特效应”。但事实并非如此。

■ 为什么恰恰是莫扎特音乐

因为当时的研究人员认为，莫扎特的所谓非凡视觉能力反映在由他谱曲的音乐中。人们认为这种音乐会在听众身上引起类似于莫扎特在谱曲时所具有的那种大脑活动。

在产生莫扎特热潮的过程中，人们忘记了这一点，当时的研究仅限于空间视觉能力，并不包括对智力的影响。人们同样不假思索地从短期效应中推断出长期效应。

■ 听音乐到底对孩子有好吗

一段时间后，研究发现，莫扎特音乐对智力成绩所起的作用往往与休息和放松条件有关联。听其他音乐或进行热烈的讨论也会产生促进作用。因此，“舒伯特效应”或“贝多芬效应”也是可能的。听音乐对孩子肯定没有坏处，但也没有理由推测，听古典音乐会使孩子变得聪明。

音乐对于孩子成长的影响很复杂，主要体现在音乐素养的培养、情操的陶冶、情绪的影响几个方面。音乐是语言之上的表达，更能够准确地抒发和呼应人的情绪情感。因此，从小让孩子多接触古典音乐，以及其他类型的音乐，对孩子未来综合素质的提高大有好处，而不要只把眼光局限在提高孩子的智力水平上。

第 11 个月

1. 10～12 个月的婴儿总喜欢把喂进嘴里的饭吐出来，再用手指拨弄，这时候是宝宝由口分辨到手分辨的过度，宝宝逐渐开始用手来感知和探索周围的事物。
2. 男孩会比女孩重一些。宝宝的体重增长并不是均衡的，如 1 个月之内没有增长，也不必担忧，只要总体上有增长就可以了。
3. 不停地对宝宝说话，可以促进他的语言发育能力，要把生活中发生的每一件事，用清晰准确、生动形象的话语讲给宝宝听。
4. 宝宝很喜欢看图画书，应选择图文并茂、色彩鲜艳、主题画面突出、字体大小适中、背景简单干净的图画书。
5. 经常更换宝宝玩的玩具，不要一次给宝宝太多，否则会使宝宝不耐烦，哪种玩具都玩不好。
6. 宝宝就是在不断探索中成长的。应充分发挥宝宝的创造力，并在探索的过程中教会他如何保护自己，远离危险。
7. 能够得到充分的爱的婴儿，会信心百倍地成长，信心百倍的孩子将会有一种能充分发挥其才能或充分利用机运的精神。

	生理发育正常均值
体重	8.8～9.4 千克
身高	72.3～73.8 厘米
头围	44.5～45.7 厘米
胸围	44.4～45.6 厘米
前囟	1 厘米×1 厘米
牙齿数	0～6 颗

每一个孩子的成长轨迹都不同，这里只是大致描述本年龄段宝宝的发育情况。你的孩子的某一单项指标以向前两个月或向后三个月的指标作参考，都是可以的。

■ 体型变成幼儿型

爬行、扶站等运动范围扩大，运动量增加，所以体重增加得慢，甚至减少，但这不表示发育有问题。若除了体重增加得慢之外没有其他症状，情绪也好，则不需担心。

■ 开始走步

婴儿在10个月大之后，扶着东西站起来时的动作更顺利了。11个月大之后会扶着东西慢慢地走步，且能走2～3步；也有的婴儿可以不扶着东西自己走路了，但这还是很危险的，稍微有一点不平衡他就会转换成爬行的方式。这个时候，妈妈不需要伸出手去牵他，只要在旁给他鼓励即可，从自己最喜欢的妈妈口中听到“呀！好棒喔!”“加油，加油!”时，婴儿自己也会有勇气再次站起来，如果成功了，他就会非常高兴。

■ 手指更加灵巧

已经会用大拇指与食指拿东西的孩子，从现在起更上一层楼，可以灵敏地用手拿小积木等东西。这种运动机能的发展意味着小婴儿已接近一个“小成人”，但同样也意味着周围危险的增多。

■ 即将进入断奶完成期

身体所需三分之二的营养皆由断奶食物摄取，不足的部分可以由奶粉或鲜奶补充。因为宝宝已经差不多可以吃和大人相同的食物了，所以应注意烹调味道淡、煮得较熟烂及不刺激的食物。

■ 能认图片了

满10个月的宝宝学会认图片，会用手去指或用手检出符合大人口述的图片，这是本月最具有特征的事。宝宝能听懂大人的话，会竖起食指来回答大人类似“你几岁啦”的问题。在本月大部分孩子都会称呼“爸爸妈妈”了，个别孩子还会称呼第三个亲人（爷爷或奶奶）。

■ 潦草地写东西

这个时候他们的手指也变得有力了。能很顺利地拿好杯子，会把纸撕破，或是从卫生纸盒里把卫生纸拉出来，他们很调皮，如果妈妈画图给他看，将铅笔让他拿着，他也会模

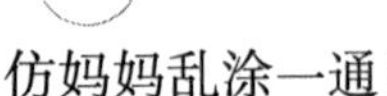

仿妈妈乱涂一通!

■ 婴儿的感觉

对开始扶着学站的小孩来说，最大的不同在于可以从较高的地方来看四周的环境。这之前已能以两眼看东西，也知道距离的远近，但现在，小孩的视野更加立体而宽广了。

■ 自我主张倔强

此阶段开始能明确表现个人好恶和期盼。自己喜欢的东西会努力去拿到，无法以其他东西替代或敷衍。若拿走他手上喜欢的东西，除非还他，否则会一直哭闹不休。

■ 会用手指东西

如指着书上的汽车说“叭叭”，小孩会凝视所指的地方，然后问他“叭叭呢”，他会用手指出来。

■ 个性雏形开始显现

10 个月的婴儿，已显露出个体特性的某些倾向性。例如，有的婴儿不让别人抢走他手中的玩具，有的见别人有什么玩具就想要什么。有的则不声不响，任人摆布，或显出恐惧而啼哭。对成人的引逗，不同的婴儿会表现出不同的反应。有的报以热情的微笑；有的则绷着脸不理睬；有的见人就打，还大喊大叫，以打人为乐。针对以上情况，成人对婴儿的表现，要区别对待。好的行为要加以强化，如点头微笑，拍手说好；不好的行为，要表示不满意，并说：“不乖”，“不好”。10～12 个月的婴儿好模仿。为了使婴儿形成良好的个性，成人的榜样非常重要。成人良好的榜样，家庭和睦的气氛，是形成婴儿良好个性的必要条件。

【营养美食】

10～12 个月婴儿一日食物参考

食物的供给主要是满足人体对热量和营养素两方面的需求。婴儿每日每千克体重热能的需求比成年人高，随着年龄的增加而逐渐减少。10～12 个月婴儿每日每千克体重约需热量 460 千焦（110 千卡），蛋白质虽也能提供一部分能量，但主要的能量来源是乳类、碳水化合物类食物及油脂。婴儿所需的蛋白质也比成年人多，需要它来增加和构成新组织，对婴儿的生长发育起着重要的作用，各种肉类、鱼贝类、豆制品及禽蛋等都富含蛋白质。另一大类营养素是维生素，在体内虽然含量极少，但它参与体内多种代谢过程，是不可缺少的，提供维生素的食物主要是蔬菜和水果。

根据该年龄段婴儿对各种营养素的需求，估算出每日的食物需要量如下：

- 母乳或其他乳类 500～750 毫升；
- 稠粥或软饭每次半碗到 1 碗（100～150 克），每日 2～3 次；
- 油 1 小匙（5～10 克）；
- 全蛋 1 个；
- 肉类（猪、牛、羊、鸡、鸭、鱼类等各类肉均可）每次 25～30 克，每日 2 次；
- 豆腐 1/6 块；
- 切碎的蔬菜 150 克；
- 水果 50～100 克。

断奶后期过渡

这里指的断奶，是指不吃母乳。断奶的具体月龄无硬性规定，通常在 1 岁左右，但不是马上就断，必须有一个过渡阶段。在过渡阶段应逐渐减少哺乳次数，增加配方奶和断奶食品的次数，否则容易引起宝宝不适应，并导致摄入量锐减、消化不良，甚至营养不良。开始在早上、晚上和睡觉前各喂一次，当宝宝完全适应后，再把睡觉前的那一次母乳也改为配方奶。由于大多数母亲有工作，产假过完，一般母亲的奶水明显减少，如果喂奶的次数少，则母亲的奶水会逐渐减少。7～8 个月婴儿母亲的乳汁明显减少，所以 8～9 个月后可以考虑断奶。具体断奶时间，要根据母亲乳汁的质量、季节的情况来决定。

- **宝宝断奶的时间最好在春秋季。**夏天宝宝出汗多，胃肠里几种帮助消化的酶类减少，宝宝本来就食欲不好，消化吸收能力减弱，断奶的话容易导致宝宝腹泻、消化不良；冬季气候寒冷，宝宝容易着凉、感冒甚至患肺炎，也不适宜断奶。故断奶时间应选择在春秋两季。
- **宝宝患病时或有病初愈时不宜断奶。**宝宝患病时消化能力减弱，这时断奶改喂其他食物会造成消化不良，同时还会影响宝宝的康复，所以应在病完全好了以后再断奶。
- **宝宝打预防针时也不宜断奶。**打预防针相当于让宝宝主动接受感染，部分宝宝会出现轻微感染症状，所以也不适宜在打预防针时断奶。
- **选好了断奶的时机，也要掌握一定的断奶技巧。**宝宝已经习惯了母乳，因此断奶需要有一个准备过程。有些妈妈会在乳头上涂抹苦药末或辣椒，用强迫的方法让宝宝断奶，这样做很容易对宝宝的心理造成不良影响。比较科学的做法是，提前用母乳和牛奶或配方奶粉混合喂养一段时间，逐步让宝宝接受牛奶、奶粉和其他食物，渐渐减少喂母乳的次数，慢慢地就能断奶成功了。一般来说，宝宝 6～8 个月时就要逐渐减少母乳次数，增加适合的辅食，如奶粉、豆浆、牛奶、米粉或鸡蛋羹。到了 1 岁左右，宝宝已经长出好几颗乳牙了，这时可以将流质食物变为半固体、固体食物，由泥、粥、羹状变为末、丁、小碎块，经常变化食物的种类和口味，等宝宝喜欢上了各式各样的食物以后，断奶就变得容易多了。在断奶期间，妈妈要有恒心和耐心，只要坚持到底，宝宝都能顺利断奶的！

为什么婴儿喜欢把吃进的饭吐出来拨弄

10～12 个月的婴儿总喜欢把喂进嘴里的饭吐出来，再用手指拨弄，看起来很是调皮。

这时候，母亲不应该责怪他们，因为这是宝宝由口分辨到手分辨的过渡阶段，即宝宝逐渐开始用自己的手来感知和探索周围的事物。宝宝一些看似淘气的行为其实是他在努力探索周围世界的体现。宝宝的好奇心与求知欲促使他做这种事，他就是想把饭吐出来，看看是什么东西，然后再抓起来放进嘴里，仔细嚼嚼是什么味道。对宝宝的这种探索行为，妈妈不应该一味干涉。妈妈可以再给宝宝一把小匙，允许他拿着小匙在碗里拨弄。当他笨拙地用小匙在拨弄时，妈妈就可以顺利地把饭喂完了。

宝宝的任何探索行为都需要保护。家长要积极创造条件，引导他朝着更加深入的方向探索。比如，为宝宝准备更多的材料，让他尝试，或给他提供更多的线索，让他做多方位的尝试。千万不要因为宝宝浪费东西或者弄脏了衣物而轻易地阻止他。

第 11 个月宝宝的饮食指导

母乳/人工喂养： 每次喂奶 180～250 克，每天 2～3 次。参考喂养时间表：早上 6 喂点奶；上午 10 点喂断乳食物并加奶补充；14 点奶喂或断乳食物加奶；18 点喂断乳食物并加奶补充；22 点喂奶。

辅助食物： 温开水、凉开水、豆浆、各种季节当令鲜榨的果汁、胡萝卜或白菜等蔬菜的菜汤，每次 80～150 克，可在两次主食中间任意选择其中一种轮换喂食。主食应给予稠粥、烂饭、面条、馄饨、包子等，副食可包括鱼、瘦肉、肝类、蛋类、虾皮、豆制品及各种蔬菜等。注意应将食物做成很小的软粒状，有助于宝宝吃得轻松。

【护理保健】

婴儿体重增加的规律

我们都知道体重是衡量身体健康发育的重要指标，宝宝的体重增加多少是正常的呢？到底是越胖越好，还是苗条点好呢？一般来说，宝宝体重增长的规律是：

- 1 周岁以内，平均每月长 500～750 克；
- 5 个月时，体重增长为初生时的 2 倍以上；
- 1 岁时为 3 倍以上。

通常男孩会比女孩重一些。宝宝的体重增长并不是十分均衡的，有时 1 个月之内没有增长，也不必过分担忧，只要总体上有增长就可以了。如果宝宝的体重连续几个月都不增长，或者与标准体重相差 10%以上的话，就要到医院进行身体检查了。

婴儿也要戴太阳镜吗

紫外线对眼睛的危害（如白内障）直到老年的时候才暴露出来，所以应该时刻细心保护眼睛。不必购买十分昂贵的太阳镜，只要能防紫外线就行。镜片的暗度与防紫外线的性能没有任何联系，但是它的上面必须涂有专门阻挡紫外线的特殊化合物涂层。婴儿也要使用太阳镜。大多数婴儿都能忍受戴太阳镜。随着年龄的增长，孩子会逐渐习惯于戴太阳镜。

过分清洁：阻断传染病、削弱免疫力

当孩子会爬了，开始探索世界的时候，他们都喜欢到处抓东西，把自己弄得脏兮兮的，还喜欢把抓到的东西往嘴里塞。大人应该避免孩子接触到有害物质，教他们养成勤洗手和讲卫生的习惯。但也不应该把他们关在水晶匣子里。少量接触脏东西有时也是有益处的。因为在满足好奇心的同时，孩子的免疫系统也受到训练，学会识别真正的传染媒介，身体也开始储存一些有益的细菌，就像一个完整的生态系统一样，可以保护身体并帮助身体更好地工作。

研究表明，过度保护孩子免受环境侵害是造成过敏、皮炎和其他免疫系统疾病增加的原因。

专家指出，问题并不在于清洁本身，而是无选择性的清洁。实际上从 20 世纪 50 年代开始就陆续出现了一些与免疫系统有关的新型疾病。有一种理论认为，细菌越多，人体的免疫系统在抗击疾病时就会保持更大的弹性，而我们消灭了很多参与建立耐受系统的“好细菌”，因此我们对于空气中能引起过敏症的物质反应过度。

很多流行病方面的研究成果表明，在童年时期接触过特定细菌的人和没有接触过这些细菌的人之间健康状况存在差异。在柏林墙倒塌之后开展的一次最著名的研究结果显示，东德人罹患过敏症、气喘和其他自体免疫性疾病的人比较少，而且相对富有和洁净，可轻易获得抗生素和疫苗的西德人当中患有上述疾病的人偏多。

由于免疫系统缺乏训练，不够成熟，食物过敏症对儿童的影响程度从 1992 年的 6％增加到 2005 年的 15％，呼吸道过敏从 75％增加到 80％。受到的感染少了，免疫系统的活动也就少了，当然遗传和环境因素也在起作用。不应该让孩子生活在无菌桶里。到野外去，爬爬山，这些对他们都有好处。他们需要玩耍，需要接触大自然。父母应该重新找回现代生活和自然环境之间的平衡。

清洁对人体健康的影响是很复杂的，我们不能放弃多年来形成的卫生习惯。由于良好的卫生习惯，西方传染病的发病率减少了 10％，但自身免疫性疾病增加了 4 倍。

细菌生态多样性的缺乏还会导致其他与免疫系统有关的疾病，如糖尿病、肥胖症和多发性硬化症等。

此外，污染、饮食结构变化、药物及清洁剂等产品的使用也是造成过敏症增多的原因。研究显示，同猫、狗等动物共同生活的孩子得过敏症的风险较低，与其他孩子共同生活也有助于提高自身的免疫力，上幼儿园的孩子就是如此，因为他们会接触到各种各样的细菌。

【育儿百科】

如何哄孩子睡觉

怎样哄宝宝睡觉，如何让他们快速、安静地睡觉，也是妈妈们很头痛的一个问题。要让宝宝从小养成良好的睡眠习惯，这样等他们长大以后才能好好睡觉，如果你想着等宝宝懂事以后再培养他的睡眠习惯的话，那恐怕是难上加难了。那怎么才能让宝宝从小养成良好的睡眠习惯呢？下面的一些方法可以供你参考。

■ 临睡前不要玩得太疯

从宝宝 3 个月开始，就可以开始适当地进行睡眠训练了。要让宝宝习惯早睡，一般晚上八点以后就不要再逗他玩了。可以陪宝宝玩一些比较安静的游戏，如给他讲讲故事，听听舒缓的音乐，念念儿歌，玩一些很小声的摇铃类的小玩具，等等。把电视关掉，关上灯或开一盏灯光比较暗的灯，和宝宝一起躺在床上，唱个摇篮曲或讲个故事，让宝宝在安静的环境中睡着。

■ 让宝宝学会区分白天和黑夜

对于黑白颠倒的宝宝来说，最重要的是让他们学会区分白天和黑夜。用光和声音来促进宝宝生物钟的形成，对比光亮和黑暗，让宝宝明白白天和黑夜是不一样的，白天应该醒着，而黑夜一定要睡觉。比如，在早上宝宝该起床的时候，把他放在光线充足的地方，给宝宝一个拥抱，用轻柔的音乐将他唤醒，告诉他“天亮了，起床了”。而到了晚上，宝宝入睡前一两小时内，把室内的光线调暗，关掉所有的灯或只开一盏蓝色的夜光灯，然后告诉宝宝“天黑了，该睡觉了”。这样训练几次之后，宝宝就能自然而然地形成天亮起床、天黑睡觉的生物钟了。

■ 宝宝夜间小哭小闹的应对方法

妈妈们最头痛的应该就是宝宝半夜的哭闹了，其实宝宝半夜醒来，一般开始的时候都只是小声地哼唧哼唧，先不要着急给他喂奶，可以轻轻拍一拍他或摇一摇小床，尽量哄宝宝再次入睡，这样可以让他逐渐学会抵抗饥饿，学会忍耐，慢慢地夜间就可以越睡时间越长了。如果宝宝开始放声大哭，那就是真饿了，这时候可以给他喂点奶，之后再哄他入睡。不要宝宝一有动静就去哄，就去喂奶，这会让宝宝变得依赖性很强。

■ 发现宝宝的睡眠规律

想让宝宝形成早睡早起的生物钟，最重要的是让他们养成晚上定时睡觉的习惯。每个宝宝本身都有自己的生理规律，爸爸妈妈们要善于发现宝宝本身的睡眠规律，根据这些规律进行调整，为宝宝制定睡眠时间表，让宝宝可以通过睡眠达到最好的心理状态。

■ 顺从宝宝的习惯性动作

你的宝宝睡觉的时候有没有一些小习惯？比如，要抱着自己心爱的娃娃，或者要拉着妈妈的手，或者要叼着安慰奶嘴，等等，如果没有满足他们的意愿，宝宝们可能就不肯睡觉。如果你发现宝宝有一些睡觉习惯的话，不妨满足他的意愿，顺着宝宝的习惯哄他睡觉，这样能让宝宝感到安心，也能很快地入睡。

■ 睡前帮宝宝洗个澡

每天晚上临睡前，帮宝宝洗个热水澡，既干净，又能舒缓宝宝的神经，洗完澡后让宝宝躺在床上，一边喝奶一边轻拍宝宝，很快宝宝就能安然入睡了。不过，你的宝宝如果不那么热爱洗澡的话，就不要在睡前洗澡了，以免哭闹引起情绪激动，反而难以入睡。

■ 每天都要遵循就寝程序

要为宝宝安排一个整体的就寝过程，每天让宝宝根据这个过程入睡，这样才能帮助宝宝养成规律的睡眠习惯。比如，睡前 30 分钟左右开始关掉屋里的大灯，帮宝宝刷牙、洗脸或洗澡、上厕所。然后换睡衣、进行睡前抚触、喝奶，在昏暗、安静的环境中陪宝宝睡觉。每天都进行这个过程，就会让宝宝明白，当这个过程做完的时候就是该睡着的时候了。所以，爸爸妈妈们也要坚持，不能今天一个花样、明天一个做法，让宝宝无法形成习惯，无法养成良好的睡眠规律。

【心智发展】

如何让 1 岁左右的宝宝快速、准确地学会说话

随着宝宝生活经验的增加，他能听懂的话也会越来越多。爸爸妈妈和宝宝说话时要放慢速度，吐字清晰，让宝宝能够听清楚。不妨用用下面的这些方法，可以让宝宝快速、准确地学会说话。

■ 说说说，不停地说

不停地对宝宝说话，可以促进他的语言发育能力，注意不是要你成为絮絮叨叨的唐僧，而是要把生活中发生的每一件事，用清晰准确、生动形象的话语讲给宝宝听。比如，宝宝坐在大盆里洗澡的时候，你可以不停地对他说："小肚子泡在水里，是不是暖暖的?""用手撩撩水，有没有听见水花溅落的声音?""来，在头上到点洗发液，搓一搓，哇！好多泡沫啊!""哟，水凉了，我们该出来了，泡在凉水里会生病哦!"这样的洗澡过程，既会让宝宝觉得很有趣，还能让他学到很多生活用语。

■ 阅读能提高语言能力

卡片、图画书、绘本、故事书等都是最好的语言学习途径，经常抽时间和宝宝一起阅读，既能丰富宝宝的知识，提高语言能力，对宝宝今后学习习惯的养成也大有裨益。

■ 一起听歌、唱歌

有些宝宝话说不清，可是歌却唱得很好。这是因为带有旋律的歌曲更容易被宝宝接受和掌握，他们会根据旋律和节奏记住歌词。每天和宝宝一起听歌、唱歌，选取适合宝宝理解的幼儿歌曲，让宝宝通过理解、记忆歌词学习说话。

■ 听故事学说话

这个方法与看书阅读有异曲同工之处，不同的是爸爸妈妈要事先浏览故事，记住大意后再声情并茂地讲给宝宝听，让他在听故事的过程中学习语言。经典的儿童故事，既能教给宝宝勇敢、诚实、勤劳和关爱等优良品质，也能充分让宝宝感受语言的魅力。

■ 观察宝宝的兴趣

不论是看书，讲故事，还是听歌曲，都要以宝宝的兴趣为依据，不能因为你觉得好就强迫孩子接受，这样做只能增加宝宝的厌恶感。平时你要多观察宝宝的兴趣点，结合他的兴趣选取适合的教具。比如宝宝喜欢汽车，就可以多准备一些和汽车有关的图片、书籍和故事；如果宝宝喜欢洋娃娃，可以带她逛服装店、饰品店，告诉她服装的制作方法、如何搭配才能让娃娃看起来更漂亮；如果宝宝在看书的时候，对画面上的小鸟很感兴趣，你也可以放弃读故事，而给宝宝讲讲和鸟有关的知识……总之，你要时刻围着宝宝的兴趣转，因为宝宝对自己兴趣浓厚的事物学习得更快。

■ 不要指责宝宝的发音

初学语言的宝宝，很多发音都发不准，不要指责、嘲笑他们，只要耐心地一遍遍地用正确的语音进行重复，宝宝自然就能学会如何正确发音了。

■ 适当使用电视和教育软件

选取一些适合宝宝的教育软件，适当让宝宝看一看，可以激发宝宝的学习兴趣。不过尽量少让宝宝看电视，特别是广告，依赖电视去帮助孩子发展语言能力没什么好处。对宝宝语言的学习家长还是得身体力行地去指导。

■ 引导孩子的正确语言

10 个月左右的宝宝已经可以用只言片语表达自己的意愿或感情了，开始的时候只能用“汪汪”表示“狗来了”、“狗好厉害”等意思，2 岁以后才能说出“汪汪来了”等两个词连用的短句。不必特意纠正宝宝的儿语，如“汪汪”、“猫猫”、“玩玩”、“坐坐”等，你只要记得用正确的方式和宝宝说话，慢慢地宝宝就能正常说话了。

只要你能了解和掌握宝宝的兴趣，以宝宝感兴趣的话题为中心，快乐地和他一边玩一边学，就能既快又准确地教会他说话了。当宝宝提问题的时候，请你一定要耐心回答，这对他语言能力的提高是大有帮助的。

给1岁左右的宝宝选择合适的书籍

1岁左右的宝宝很喜欢看图画书，你可以给他买一些图文并茂、色彩鲜艳的图画书，最好是选择主题画面突出、字体大小适中、背景简单干净的书。字图分离的书更适合宝宝看，字图混杂的书看起来很费劲，不要让宝宝阅读。要选择宝宝喜欢的图书，内容与汽车、足球、小动物有关的书宝宝会更喜欢，父母要尊重宝宝的选择，多为他们购买与其兴趣有关的图书。每次购买的图书不要太多，宝宝看完一本再买一本，这样能让宝宝始终保持对图书的兴趣。另外，选择图书时还要注意几点：

- 图书的画面要简单，简单的人物、动物及故事情节更容易吸引宝宝；
- 故事内容要贴近宝宝的生活，这样更便于理解，并促进宝宝思维和想象能力的发展；
- 不要囤积图书，一次不要买太多，可以根据宝宝的爱好与适应能力增添新内容，这样宝宝才会对读书保持长久的兴趣；
- 有条件的话还可以选择带有声响的图书，通过多种感官刺激宝宝脑潜能的开发。

1岁左右的宝宝还不太能看懂书，他们更喜欢“听”书，爸爸妈妈可以每天给宝宝读一个或讲一个故事，等宝宝会说话了，读完故事以后可以和他一起讨论故事的细节。经常进行阅读训练，宝宝自然会发现书中有很多很多新鲜、有趣的事情，并且逐渐养成喜欢读书的兴趣爱好。如果你实在没时间给宝宝读书，也可以让宝宝听有声故事。

适宜的玩具

11个月以后的宝宝能够用双手抓握物品了。当宝宝手里握着一件新玩具的时候，他会用两只手倒换着摆弄、研究；或者拿着玩具敲敲打打地发出响声；还会把玩具举过头顶，然后扔出去；最喜欢的恐怕就是把玩具放到嘴里啃咬了。针对宝宝的动作爱好特点，妈妈可以给宝宝玩耍的玩具有：可洗的柔软玩具，会浮水的玩具，色彩鲜艳的块状玩具，挤压会叫的玩具、橡皮球、不倒娃娃、软或硬塑料制的小动物，长方形或正方形的小积木块（长与宽4～5厘米）。还有一些物品也是婴儿喜爱的玩具，如各种形式独特的有盖和无盖的塑料盒子、彩色塑料小盘等。因此，爸爸妈妈最好给宝宝准备无毒的、不易掉色的塑料、橡胶或木制的玩具，那些铁的、纸的或布的玩具相对来说不太安全，最好不要给宝宝玩。棍状的、带钩带尖或带长把的玩具也不要给这么大的宝宝玩。注意不要一次给宝宝太多的玩具，否则会使宝宝不耐烦，哪种玩具都玩不好。

本阶段家庭游戏

■ 舀米游戏

在这个月家长可以让宝宝玩“舀”的游戏。准备两个小盆，里面放一些大米或者小米。家长先进行示范，用勺去舀小盆里面的米，然后把勺里面的米倒在另一个小盆里，之后教宝宝去模仿完成。如宝宝玩得很高兴，家长可以再准备一些小兔子、小狗等毛绒玩具，让宝宝用小勺去舀一些食物喂给小动物们吃。本游戏可以锻炼宝宝手的控制能力和手眼协调的能力。

■ **扶物横跨**

在一段较近的距离放一件玩具引诱宝宝横跨几步过去取物。如果在宝宝学习爬行处铺上草席或旧毡子，旁边有长沙发或床，宝宝爬行到沙发或床边时会扶住站起。大人可在沙发或床的另一端放一个有声音的玩具招引宝宝去拿，宝宝会双手扶住家具横行跨步走到有玩具的一端去够取。扶物横跨是双手扶物学步的过程，待宝宝跨步动作熟练、身体能保持平衡之后，就能用一手扶物前行而不必横行跨步了。

【安全防护】

宝宝戳伤自己的眼睛怎么办

宝宝的眼睛受伤后，应根据损伤部位和病情作不同处理。如果宝宝眼睛损伤后出现以下任何一种情况，或家长对宝宝的眼睛受伤情况有任何不确定，一定要带他去看眼科医生或急诊：

- 眼睛出现明显肿胀或瘀伤。
- 宝宝觉得眼睛里面有东西。
- 宝宝好像很疼或怕光。
- 宝宝的眼皮有裂口。
- 宝宝的眼睛发红、发肿、眼泪很多或流黏液。
- 受伤的眼睛不能像另一只那么自在地转动。
- 一只眼睛比另一只眼睛往外凸。
- 一只眼睛的瞳孔不圆或和另一只眼睛的瞳孔不一样大。

极其重要的是，在宝宝看医生之前，一定不要让任何人包括宝宝自己碰他受伤的眼睛。如果眼睛的任何一个地方有裂口，擦揉会导致眼睛里的玻璃体液（充斥眼球的无色胶质）流出来，从而造成永久性损伤。

医生会检查宝宝眼睛的损伤情况，然后根据检查结果指导家长该怎么做。如果宝宝的角膜被擦伤了，他可能会开抗生素滴眼液来防止感染。如果有瘀伤，他也许会建议你给宝宝断断续续地冷敷24小时，以减轻肿胀，然后再热敷，直到消肿。少数情况下，如果宝宝的眼睛损伤严重，可能就需要做手术。

【成长顾问】

不要扼杀宝宝的创造力

成功人士的必备要素是什么？就是要有创造力，有创新精神。爸爸妈妈应当从小培养宝宝的创造力，婴儿期的宝宝就具备独特的创造性。有研究表明，婴儿在7个月时就能够对自己所学的动作进行重新组合，之后再解决问题。因此，父母的教育观念、教养行为、兴趣爱好、生活方式等都要以培养宝宝的创造力为前提，不能阻碍宝宝创造力的发展。

很多妈妈都有过这样的经验，带宝宝在外面玩耍，即便是刚刚会走的宝宝，也会对外面的一切深感兴趣。特别喜欢揪树叶、捡石子，更有甚者对垃圾非常感兴趣！妈妈们总认为地上捡的东西很脏，不让宝宝乱捡东西。殊不知，宝宝就是在不断探索中而成长的。与其限制宝宝的行动，不如和宝宝一起探索，充分发挥宝宝的创造力，并在探索的过程中教会他如何保护自己，远离危险。

爸爸妈妈在教养宝宝的过程中，总是会出现扼杀宝宝创造力的行为，这对宝宝的成长发育是非常有害的。

■ 帮宝宝做选择

很多父母认为宝宝还小，怕宝宝遇到危险，而不给宝宝创造独立解决问题的环境，剥夺宝宝自我发展的机会。这样做表面上减少了宝宝犯错误、失败和遭遇危险的机会，却在无形中扼杀了宝宝的创造力。

■ 错用物质奖赏

“如果你好好吃饭，妈妈就给你买小汽车！”相信大部分妈妈都用过使用奖品诱惑的方法让宝宝做事，宝宝为了奖励会去好好做事情，可是却失去了对事情本身的兴趣，只是为做事而做事，缺乏了美好的享受，自然不会有创意。

■ 让宝宝参加等级评定

这种事情一般发生在大一点的宝宝身上，当宝宝学习了一些才艺后，父母就忙着带他们去参加相应的评比活动，这样就会使乐趣变成一种任务，使宝宝丧失了自我创新的动力。

■ 敷衍宝宝的提问

11个月的宝宝虽然还不太会说话，可偶尔也会提些问题。不论宝宝的问题多么幼稚，不论你多么忙，也请你认真回答宝宝的提问。

■ 制止宝宝的探索行为

宝宝喜欢按自己的行为方式不断探索世界，免不了会破坏一些东西，或者抓到一些“脏东西”。可就在这东摸西碰、不断破坏的过程中，宝宝的好奇心得到了满足，创造力得到了发挥，达到了学习和练习的目的。

■ 让宝宝玩不适合的玩具

很多所谓的高科技玩具，打着开发智力的名号，实际上带给宝宝的都是单一的一维刺激，经常玩这样的玩具，反而会限制宝宝的想象力和创造力。

■ 打断宝宝玩耍

很多父母在和宝宝玩的时候，总喜欢让宝宝跟着自己的步调走。觉得宝宝搭积木很无聊，就让他玩橡皮泥；或让玩兴正浓的宝宝去看书。这样做只能让宝宝失去玩耍的兴趣，因为宝宝只有在玩得高兴的时候，才能激发起创造的兴趣。

■ 对宝宝过度赞美

很多家长不论宝宝做什么，只要做得好就会夸“真棒”，这样笼统的赞扬并不能起到激励宝宝的作用。正确的方法应当是明确地告诉宝宝哪里做得好，说得越具体越好，因为创造性是不能度量和评估的。

■ 妄下定论

宝宝心中的作品，有时并不像大人看到的那样，可能宝宝画的是大老虎，可你却觉得是小花猫。所以，不要用大人的思维方式要求宝宝，要让他们自由地发挥自己的想象力和创造力。

■ 拿宝宝与别人比较

生活中，那些总是被拿来和别人比较的宝宝，会唯唯诺诺、小心谨慎。要知道宝宝在身体、智力、情感、社会能力等方面有着非常大的差异，每个宝宝都有自己的特长，都有自己的发展方向。不要总拿宝宝和别人比较，不要限定宝宝的发展方向，不然只会影响宝宝前进的步伐。

■ 大量灌输知识

通过适当的学习，可以开发宝宝的智力。可如果不顾宝宝的兴趣而大量灌输知识，只会让宝宝的大脑产生混乱，甚至是“死机”。太多的知识会让宝宝失去自主思考的能力，自然也就失去了创造的能力。

■ 规范标准答案

在成年人的世界里，什么事情都有标准答案。可是对于宝宝来说，天马行空的想象更有利于创造力的发展，所以千万不要让宝宝按照所谓的“标准答案”行事。

第 12 个月

1. 快 1 岁的宝宝情感变化非常大，可能会因为沮丧、挫折或不顺而发脾气，这可能是他从出生到现在的第一次发脾气。
2. 让宝宝看图，妈妈指着字一字一字地读给宝宝听，这样能丰富宝宝的想象力，也能让宝宝对文字产生兴趣。
3. 食物应由过去作为辅助食品时的泥、粥、羹状变为末、丁、小碎块状。
4. 宝宝开始自己学习吃饭的时候，妈妈就可以把菜饭放入另一把汤匙内，这样交替喂食来训练宝宝自己吃饭。
5. 宝宝的脸色各有不同，仔细观察就会发现，宝宝不舒服的时候，脸色看起来和健康时会有差别。
6. 睡眠是宝宝健康成长的基础。如果宝宝睡眠发生障碍或异常，就要立刻查明异常的原因，重新帮助宝宝建立健康、有效的睡眠规律。
7. 不断对宝宝提供语言的刺激，宝宝就会记住你所说的话。当他准备好的时候，自然而然就会说出来了。
8. 宝宝的消化系统很稚嫩，对于食物是非常挑剔的，有很多食物都是暂时不能出现在他们的餐桌上的。

	生理发育正常均值
体重	9.0～9.7 千克
身高	73.7～75.7 厘米
头围	44.8～46.0 厘米
胸围	44.7～45.9 厘米
前囟	1 厘米×1 厘米
牙齿数	2～8 颗

【成长脚步】

每一个孩子的成长轨迹都不同，这里只是大致描述本年龄段宝宝的发育情况。你的孩子的某一单项指标以向前两个月或向后三个月的指标作参考，都是可以的。

■ 身长发育

有些宝宝近来体重长得慢，或者根本不增加，但精神很好，所以许多家长并未在意。体重不增加首先要检查奶量，很多家长都认为宝宝会吃饭了就应当断奶，这是非常错误的想法。一直到成年，每天都应让孩子喝一定量的牛奶。

■ 饮食基本接近成人

要逐渐添加瘦肉、猪肝泥、米面、绿豆粥、豆腐等食物，减少喝奶的次数。牛奶可逐渐减少到每天喝 500 毫升。可以把牛奶与面粉混合做成小馒头给婴儿吃。这时期，还可以拿着小片的去籽西瓜、剥了皮的桃子等食品给婴儿吃。

■ 走的速度增快

大部分宝宝都已能自由爬行，扶着走时更加灵活且能迅速移动。不仅能独立坐和爬行，还学会扶着栏杆站起来，并能扶着栏杆在小床上或围栏里来回走。

■ 体重为出生时的 3 倍

12 个月左右的宝宝，体重约为出生时的 3 倍，身高约为 1 倍。当然也有的小孩发育较慢。

■ 个体发展差异开始出现

这时期的小孩有的已开始走路，有的仍在爬行。体型有个体差异，运动与语言的发展也各有千秋。

■ 婴儿的感觉

对电视幼儿节目的歌曲或节奏表现出强烈的关心，有的小孩甚至会配合韵律摇动身体。可以让他听听音乐，或一面看童话书，一面听妈妈唱歌。时常播放美妙的音乐给孩子听有助于培养乐感与情操。

■ 语言方面，处在学说话的萌芽状态

孩子到了 1 岁左右，词对于婴儿来说就不仅是音调的刺激，他能够听懂一些词句的意思，如“妈妈”、“爸爸”、“帽子”、“鞋子”、“电灯”、“汽车”、“小花”等。不断喃喃自语的小孩，到了 1 岁前后会开始说“妈妈，旺旺”等有含义的短句。对于成人的语言指示能作出反应，成人如果说："把鸭鸭拿过来!"他就能够爬过去或扶着大人，把小鸭子玩具拿来。发展较好的婴儿，能够说出 20～30 个简单的词，会指 5～6 张图片（如回答狗在哪里)，而且喜欢与成人交往。

■ 玩会动的玩具

宝宝喜欢玩会动的玩具，应尽量多花点时间和他一起玩或念书给他听。

■ 认识身体和物品

在认知方面，能根据成人的提示要求，指出自己或玩具娃娃身体的某个部分，如头发、鼻子、嘴、耳朵、脚等，知道一些日常主要用品的名称，如鞋和其他衣物、碗、勺、桌、椅、被子、衣服等。

■ 其他

- 会拿杯子喝牛奶，手指运用得更灵敏，用单手也可以拿杯子。
- 借助适当的扶持能够站住。
- 会站稳，个别孩子会自己走路。
- 会寻找落到视野以外的玩具。
- 会用独一无二的方式来回应父母中的每一个人。
- 被放到什么东西上时能站住。
- 会挥手再见。
- 能用其他手指和大拇指准确地钳握。
- 试着模仿一些词汇。
- 会用杯子喝水。
- 会寻找隐藏起来的物体。
- 在一顿饭的大部分时间里会拿勺子盛饭入口。
- 游戏时会扔球。
- 会乱涂乱画。
- 除了"mama"和"dada"以外还会说三个词。
- 不但会称呼大人，还会学动物叫。
- 会用动作表演整首儿歌。
- 随着脚力、腰力的增强，扶着走的脚步也变稳了。
- 有时偶尔也能放手站立，再过不久就能独自站立、独自走路了。
- 喜欢触摸各种物品，也喜欢模仿成人的行动，例如，成人招手，他也招手。

【营养美食】

第12个月宝宝的饮食指导

母乳/人工喂养：每次喂奶180～250克，每天2～3次。参考喂养时间表：早上6点喂奶；上午10点喂断乳食物加奶补充；14点喂奶或断乳食物加奶；18点喂断乳食物并加奶补充；22点喂奶。

辅助食物：温开水、凉开水、豆浆、各种季节当令鲜榨的果汁、胡萝卜或白菜等蔬菜的菜汤，每次80～150克，可在两次主食中间任意选择其中一种轮换喂食。主食应给予稠粥、烂饭、面条、馄饨、包子等，副食可包括鱼、瘦肉、肝类、蛋类、虾皮、豆制品及各种蔬菜等。注意应将食物做成很小的软粒状，有助宝宝吃得轻松。

1岁宝宝可吃的点心

10～12个月的宝宝，一般已长出6～8颗牙齿并且有一定的咀嚼能力。宝宝可以自己用牙齿咬碎一些食物，可以给他准备有营养还能帮助学习咀嚼的点心：稍硬且易于消化的煮熟的马铃薯条、面包片、馒头片、水果片等。有时间的家长还可为宝宝做些豆羹、蛋糕、南瓜饼、胡萝卜饼等小食。

不适合婴儿的食物

在宝宝的断奶期，是宝宝从吃奶到吃成人饭菜的过渡期。家长都乐于为宝宝购买或自制各种各样营养美味的辅食，以期望宝宝健康长大，但宝宝稚嫩的消化系统对于食物是非常挑剔的，有很多食物，都是暂时不能出现在他们的小餐桌上的。

● **调味料。**沙茶酱、西红柿酱、辣椒酱、芥末、味精，或者含有过多的糖等口味较重的调味料，容易加重宝宝的肾脏负担，干扰身体对其他营养的吸收。1岁以内的宝宝不要吃盐，味精过多也会影响血液中锌的利用。

● **饮料。**矿泉水、纯净水及功能饮料，还有酒类、可乐、咖啡、浓茶等含有过多糖分或咖啡因且没有营养的刺激性饮料会影响中枢神经系统，宝宝不宜饮用。

● **油炸食物。**如油条、油饼、炸糕等。一方面是因为这类食品不易消化，另一方面，食品经过油炸后，营养素损失较多，经常食用这类食物对宝宝的健康没有好处。

● **零食。**含有添加剂及色素的零食营养少、糖分高，而且容易破坏宝宝的味觉，引起蛀牙等。特别是糖果、饼干、麦乳糖以及蜂王浆等都是不宜宝宝食用的。

● **坚果。**如整颗花生、瓜子和各种豆类。这些食品脂肪含量高，质地坚硬，宝宝不易嚼碎，不易消化；还有某些带核的水果，如荔枝、龙眼等，一不注意就有可能被宝宝呛入气管，给宝宝带来痛苦甚至生命危险。

● **粗纤维的蔬菜。**如芥菜、金针菜等。因为 2 岁以下的宝宝乳牙未长齐，咀嚼能力差，不宜食用这类蔬菜。

● **精细的谷类食物。**精细的谷类食物里维生素遭到破坏，特别是减少了 B 族维生素的摄入会影响宝宝神经系统的发育。而且，还会因损失过多的铬元素而影响视力发育。

● **蛋清。**鸡蛋清中的蛋白分子较小，有时能通过肠壁直接进入婴儿血液中，使婴儿机体对异体蛋白分子产生过敏反应，导致湿疹、荨麻疹等疾病。蛋清要等到宝宝满一岁才能给吃。

● **海鲜类。**螃蟹、虾、贝壳类等带壳类海鲜会引发婴儿的过敏症状，最好在宝宝超过 1 岁并确认不会过敏后再进食这些食物。也建议不宜在 1 岁以前喂食。

● **果冻。**果冻本身没什么营养价值，多吃或常吃会影响宝宝的生长发育，而且容易吸入气管引起危险。

● **咸鱼。**10 岁以前开始常吃咸鱼，成年后患癌症的危险比一般人高 30 倍。

● **泡泡糖。**泡泡糖中的增塑剂含微毒，其代谢物对人体有害。

● **罐头。**罐头中的食品添加剂对儿童有不良影响，易造成慢性中毒。

● **方便面。**方便面是时下流行的快餐食品之一，是由油炸面条加上食盐、味精所组成。由于它的特殊风味，所以很多宝宝都喜欢吃，家长便经常作为饮食中的主要食物。然而，方便面的最大弊端就在于缺乏蛋白质、脂肪、维生素以及微量元素，而这些恰是儿童各个器官和组织发育时必不可少的养分。

宝宝不要吃糖

这是重点强调的问题。经过提炼的糖是一种单一成分的碳水化合物，充满了无用的热量，根本没有任何营养价值。儿童所需的饮食应该富含合成碳水化合物，而这些碳水化合物在谷类、豆类和蔬菜中都有。如果想给孩子吃点儿甜食，那么最好给他吃新鲜的水果和水果汁。在蒸煮水果的时候不要加糖。也可以煮一些无核葡萄干，其汁液也是非常甜的。在烹调甜味蔬菜，如南瓜、玉米、西葫芦和胡萝卜等时，根本不需要加糖。起初，你会觉得这些食物并不甜，因为它们无法与糖相比。但是，如果你在做饭时不再使用糖，你就能体会到蔬菜和水果的真正甜味。

从断奶期进入到幼儿期的食物

由于 1 岁左右的婴儿乳牙已部分长出，基本上做到完全断奶，咀嚼功能和消化功能增强，吃饭的量也增加了，能开始吃幼儿食品。食物应由过去作为辅助食品的泥、粥、羹状变为末、丁、小碎块状。食物应富有营养、易于消化，每日 4～5 餐。对断乳婴幼儿的食物应单独烹调，不宜与成人共进同样的膳食。食物要多样化，根据每日热量及营养的需要量合理搭配。主副食品包括米、面、鱼、肉、蛋、豆类及豆制品、蔬菜及水果等。为保证蛋白质的供给，断奶后还应供给牛奶或豆浆、代乳品。在变换婴幼儿饮食时，应逐步改变食物种类、性状及味道，以免小儿不能适应。

这个时期要开始训练宝宝独立吃饭，给他创造一个整洁、安静、愉快的吃饭环境和气氛。这时宝宝的肌肉和神经系统发育还不完善，不大会使用调羹或叉子，也许会用手去抓食物来吃，通常会把食物弄掉下去，或是弄脏，且吃饭时易受干扰，大人不要责怪或过多地干涉他，也不要打搅他，让宝宝集中精力把饭吃完吃好。每天养成早、午、晚三餐的规律进餐习惯，但上午 10 点左右和下午 3 点左右应该给他吃些其他食品，如水果、点心，补充一些另外的营养。

【护理保健】

观察孩子的脸色

根据宝宝的脸色和表情也能判断宝宝的健康情况。虽然宝宝的脸色各有不同，有时青白，有时发红，有时偏黑，等等，但经仔细观察就会发现，宝宝不舒服的时候，脸色看起来和健康时会有差别。

如果你觉得宝宝的脸色比平时差，看看宝宝的嘴唇和眼皮内侧，如果这两个部位仍是红色的，就不必担心贫血。如果宝宝脸色不佳，同时精神也很不好的话，就有可能是要生病的前兆了。此时，妈妈要立即检查宝宝的表情、嘴唇、眼皮内侧、手掌、脚底，还要观察全身的状态、精神、食欲等，要量量体温是否正常。总之，当宝宝脸色不佳的时候，要重点检查这些问题：

- 和平时的脸色、表情相比，有何不同？
- 是否有精神？
- 是否有食欲？
- 是否发烧？有无其他症状？
- 睡眠是否充足？
- 常在户外游戏吗？
- 呼吸状态如何？
- 脉搏数如何？

不同的疾病会出现不同的脸色，贫血会使宝宝脸色发青，平时要注意营养的均衡，让宝宝多吃含铁的食物，如动物肝脏、菠菜、海藻等；心脏或呼吸器官的疾病会使宝宝脸色黑青（发绀），必须仔细地检查，并进行专门的治疗；宝宝太冷的时候脸色会突然变差，双唇和手脚发紫，若保持温暖及安宁，就能恢复正常。

预防接种后的反应及护理

宝宝从出生开始就要接种各类疫苗、菌苗或类毒素，帮助宝宝提高抵抗力，使宝宝能够抵御病毒的侵害。大部分宝宝接种疫苗后不会有什么反应，但有些宝宝会出现一些局部性或全身性的反应。

● 局部反应一般出现在预防接种后 24 小时左右，表现为接种部位出现红、肿、热、痛等现象，反应较重的可能会引起附近淋巴结、淋巴管发炎。注射部位肿大的硬结范围也有轻、中、重之分，轻度肿块的直径小于 2.5 厘米，中度肿块直径在 2.5～5 厘米，重度肿块的直径会超过 5 厘米。这种反应可持续数小时或数天，可以早晚各在红肿部位热敷一次，每次 5 分钟左右，以缓解肿胀。但要注意的是，卡介苗接种后的红肿是正常现象，千万不能热敷。要勤换内衣，以免接种部位溃烂感染。如局部出现感染的，可以涂一些龙胆紫药水。

● 有些宝宝接种疫苗后会出现全身反应，主要反应是发烧，轻者 37℃～37.5℃，中度达到 37.6℃～38.4℃，严重高烧为 38.5℃以上。还有些宝宝同时会出现头痛、头晕、全身无力、寒战、恶心、呕吐、腹痛、腹泻等症状，这些症状一般会在 24 小时之内消退。重度发烧的宝宝可以吃些退烧药，只要体温恢复了正常，其他症状也就随之消失了。如果宝宝高烧持续不退，或各种反应长达 3 天都不消失的话，就要到医院进行诊治了。

宝宝注射预防针后要加强护理，比如要让宝宝好好休息，不要跑跳过多；要保持打针部位的清洁，不要用手抓，24 小时之内不要洗澡，以免打针部位感染；不要给宝宝吃刺激性的食物，如大蒜、辣椒等；要让宝宝多喝白开水；随时观察宝宝接种后的反应，如果出现严重的反应，要及时到医院就诊。

了解百日咳

1 岁的丁丁前阵子感冒了，感冒好后却一直咳嗽不停，而且越咳越厉害，因为咳嗽而引起呕吐，脸部和眼白部分因为剧烈的咳嗽而出现瘀伤，妈妈还发现他在咳嗽结尾时会发出奇怪的吼声。到医院进行检查后，才知道这些都是百日咳的症状。妈妈觉得很奇怪，丁丁不是打了百日咳疫苗了吗？怎么还会得这种病？医生告诉她，有些孩子可能会出现疫苗接种失败的情况；也有时候在共同居住的区域内，如果多数孩子没有接种疫苗或疫苗接种失败的话，都会引起百日咳的爆发。年龄越小的宝宝越容易被感染。

百日咳是一种由细菌感染引起的疾病，需要通过血液测试来确诊。主要靠注射抗生素来缩短病程并减轻病症，也能避免病毒的传播，但完全治愈需要一定的时间，需要爸爸妈妈的细心呵护。百日咳会让成人或大点的孩子感觉不舒服，但对于婴幼儿来说却是非常危险的，甚至会有生命危险。所以，如果宝宝久咳不愈，或咳嗽得特别厉害，要立即带他到医院检查，及早进行治疗，以免延误病情。

百日咳发病的第一周内，没有什么特别的症状，和普通感冒一样，只是有点流鼻涕，有几声干咳。到了第二周，才能显现出症状，你会发现宝宝在夜间发出一连串的咳嗽，有时一次呼吸就能咳嗽 8～10 次，在一连串的咳嗽之后还会出现窒息和呕吐的现象，也有可能出现哮喘声。诊断百日咳的依据，就是看宝宝在第二周咳嗽时的特点——中间没有呼吸的一连串快速的咳嗽和周围邻居中是否有百日咳患者。感冒初期宝宝也有可能咳嗽得很厉害，但那绝不是百日咳的症状。

百日咳最大的特点是会一周周地持续下去，平均持续 4 周，严重的可能持续 2～3 个月。一般只要 1 岁以下的宝宝干咳持续 1 个月左右，医生就会考虑是患有百日咳；对于大一点的宝宝来说，如果其所在区域一直在流行百日咳，医生也会想到他得了百日咳。当医生有所怀疑的时候，就会为宝宝进行相关检测化验来确诊。

百日咳对于宝宝来说，是一种很严重的病症，一旦发现有可疑症状，就要立即送往医院进行诊治，以免延误病情，导致虚脱和肺炎等更严重的症状出现。一般使用抗生素治疗百日咳，注意不要让宝宝和别人接触，以免病毒扩散，护理人员也要注意避免被感染。只要宝宝不发烧，应多带他到户外呼吸新鲜空气，对病情的缓解很有好处。如果宝宝有呕吐的情况，应该采取少食多餐的方式进行喂食，并且在宝宝呕吐过后喂饭比较安全。

【育儿百科】

婴幼儿睡眠异常的判断和处理

睡眠是宝宝健康成长的基础。如果宝宝的睡眠发生障碍或异常，就要立刻查明异常的原因，重新帮助宝宝建立健康、有效的睡眠规律。如果发现宝宝在睡觉的时候出现异常情况，首先要轻声叫唤他，轻摇宝宝的身体，看看宝宝是不是有反应，有没有呼吸，心脏是否跳动，等等。如果有昏睡或昏迷的状态，就要立刻去医院检查治疗。下面我们来看看宝宝常出现的睡眠异常状况的原因，以及相应的对策。

■ 夜哭

如果宝宝夜哭很厉害的话，一般是由于没有养成规律的睡眠习惯。如果宝宝 4 个月以后还在半夜的时候吃奶的话，等于是设定了一个半夜的“闹钟”，宝宝只要到那个时候就会醒来，就会大哭着要奶吃。所以，白天要让宝宝尽情地玩，晚上很累的话睡得就比较熟，如果半夜醒来，不要给宝宝喂奶，喂点水就行了。

■ 夜惊

夜惊是指宝宝睡到半夜，突然坐起来哭，这一般是因为精神上的原因造成的。有可能是因为临睡前太兴奋，导致宝宝睡眠不深，多梦，等等。所以，临睡前不要让宝宝过度亢奋，以免影响睡眠质量。

■ 意识障碍

随着宝宝的成长，清醒的时间会越来越长，如果发现宝宝依然有昏睡的现象，那可能是出现了意识障碍。所谓意识障碍，就是呼唤宝宝时没有反应，依然会持续昏睡，或呼唤的时候宝宝的眼睛会睁开，但马上又陷入昏迷，这些状态有可能是脑部出现了障碍。最严重的情况有呼吸暂时停止、心脏暂时停跳，宜采取紧急措施处置，如果出现这些状况，就要立即送往医院救治。

■ **从睡眠看婴儿的健康**

仔细观察宝宝的睡眠状态，也能看出宝宝的健康情况，是否有潜伏或正在发作的疾病。如果宝宝的睡眠正常，那么入睡后会很安静，呼吸轻而匀，头部略潮，会微微出汗，面部舒展，时而有微笑的表情。

当宝宝患病或处于病症潜伏期的时候，睡眠会出现异常现象：

1. 睡眠不实，不能沉睡，经常哭闹乱动。

2. 全身干涩发烫，呼吸急促，脉搏加快并超过正常次数，一般新生儿的脉搏为每分钟 140 次，1 岁内婴儿为 120 次。

3. 入睡后不安宁，头部多汗，时常哭叫不安，爱挠头抓耳。

4. 四肢时而抖动，有受惊吓现象，睡醒后会出现痛苦、难受或哭的表情。

有时候宝宝白天太兴奋，或饮食过量的话也会引起睡眠异常；一些突然滚动或哭闹的异常睡眠，表示宝宝想要排尿。对这些状况需要进行针对性的处理。每个宝宝都有自己的睡眠规律和表现，爸爸妈妈要为宝宝创造良好的睡眠环境，让宝宝养成良好的睡眠习惯。总之，经常仔细地观察宝宝的睡眠，可以及时了解宝宝的健康状况，及早发现病症，这样就能尽快排除病症或就医诊治了。

【心智发展】

语言培养——让宝宝在阅读中学习

爸爸妈妈也要经常和宝宝一起阅读图画书。不同的色彩与插图会吸引宝宝的注意力，有趣、动听的小故事能够充分调动宝宝学习语言的积极性；设计精巧的思维训练可以提高宝宝的思维能力。妈妈可以先浏览一遍故事，然后声情并茂地讲给宝宝听，让宝宝在听故事的过程中积累语言素材；也可以和宝宝一起看书，让宝宝看图，妈妈指着字一字一字地读给宝宝听，这样能丰富宝宝的想象力，也能让宝宝对文字产生兴趣。听故事是宝宝累积语言素材的最佳途径。

亲子园、早教中心，上还是不上

孩子马上 1 岁了，这个时候的爸爸妈妈都已经逐渐从宝宝刚一出生的手忙脚乱中走了出来。孩子的生长发育速度也从刚一出生时的迅猛之势逐渐降了下来——尽管当孩子三四岁的时候，你回顾孩子的成长会发现，这时仍然是个快速发展的时期。但无论怎样，家长们在孩子的日常护理和养育上，都已经变得从容了许多，当然这是指亲自带宝宝的家长。没有这种亲身经历的家长是没有这种体会的。

这个时候很多家长都开始考虑孩子的教育问题了。上幼儿园还早，那么，亲子园和早教中心呢？

■ 亲子园和早教中心为什么那么贵

收费高是很多家长对亲子园和早教中心望而却步的主要原因。一个小时的课程动辄都要在 50 元以上，高者甚至达到 300～500 元。值吗？

这个问题很难回答。亲子园和早教中心收费高的主要原因在于它们是“2 养 7”的经营模式。你细想一下，你什么时候会送孩子去亲子园和早教中心？周一到周五上班，一般家长都希望亲自带孩子参加早教课，那就只有周六和周日了。那么周末你哪段时间会去？早晨父母都想睡个懒觉，最佳的时间就是 9 点多到 12 点。中午宝宝要吃饭和睡午觉，下午上课就只能在 2 点多到 6 点。那么你试想一下，不是只有你是这样的想法，几乎所有家长都这么想。这就造成一种结果，一周大部分时间亲子园和早教中心都是浪费的，有效经营的时间段一周两天中也只有那么几个小时。这还要考虑夏天炎热、冬天寒冷，很多家长怕宝宝冷着、热着而不出来。这些经营场所的有效经营时间就更少了。这样他们就势必提高这些宝贵经营时间的收费标准，这样才能维持经营。

■ 上早教课程有用吗

关键的问题不在于早教课程是否有用，而在于什么是真正的早期教育。

● 现在的孩子由于环境条件的变化（住楼房缺少沟通、缺少兄弟姊妹、家庭过度代养等），孩子自然的生长环境和条件严重缺失。早期教育理念中重要的作用就是帮助孩子弥补婴幼时期应当得到的发展。

● 家长把每周带孩子去一趟亲子园和早教中心作为早期教育的全部是大错特错的。试想，每周有 168 个小时，孩子所谓的早期教育只有不到 1 小时，会有什么效果吗？这也是很多家长反映孩子上早教课程效果差的主要原因。

● 真正的早期教育一定是家长亲自参与，贯穿在孩子生活中各个方面的。孩子的吃、喝、拉、撒、睡，衣、食、住、行、玩，甚至打针吃药当中都有孩子成长必需的教育内容。

因此，对亲子园和早教中心上不上这个问题家长的正确态度是：

● 应把上亲子园和早教中心作为孩子早期教育的一个重要内容，但不是必要内容。有条件是可以上的。

● 即使有条件上，也要真正理解这些机构提供的课程到底对孩子的发展起到什么样的作用。那些以一味迎合家长，以认知学习（基础算数、认读等）为主题的所谓早期教育课完全没必要上。因为孩子上了幼儿园和小学早晚会学。

● 如果没有条件上也没什么大不了。家长可在家里多跟孩子在一起，学习一些简单的家庭游戏，在孩子大运动能力、精细动作能力、认知能力、语言能力、社会交往能力、自理能力等方面做一些系统训练，多带宝宝跟周围的同年龄段的孩子接触。因为宝宝是跟爸爸妈妈一起做的，其效果要远远超过在外面花钱上课。

总之，让孩子上早期教育课一定不能随大流，看别人的孩子去就一定要去。在后面 1～3 岁阶段的手册内容中，我们会介绍很多简单、易行的家庭早期教育方法，帮助您教育好自己的宝宝。

本阶段家庭游戏

■ 对对看

家长把嵌形板及圆形板放于桌面上，让宝宝自己去探索，鼓励孩子多做尝试，失败时家长不要急着干涉。观察宝宝发现圆形板与嵌形板中有相同形状时，是否会把圆形板放入嵌形板中的圆形做对应。如果对应失败后，观察宝宝是否继续探索圆形板与嵌形板中的圆形之间的关系，这样孩子能慢慢地认识不同的图形。

■ 坐轿子

家长需要准备浴巾 1 条，塑料筐 2 个，数个小彩球，注意保护宝宝，防止宝宝坐在浴巾中失去平衡。

1. 游戏开始前先将浴巾两端的角系上结，做成宝宝的“轿子”。
2. 游戏开始时，两名家长提着浴巾的两端，让浴巾包裹住宝宝，使其能比较平稳地坐在中间。
3. 家长抬着宝宝从游戏场地的起点走到终点，让宝宝从筐里拿一个小彩球。
4. 家长用“轿子”将宝宝抬回起点，让宝宝把小彩球放到起点的小筐里。重复游戏步骤。

通过这样的游戏让宝宝感知身体的平衡能力，锻炼小手的抓握能力，锻炼小肌肉动作的发展，锻炼手眼协调能力的发展。

【安全防护】

对于家庭厨房安全要注意的问题

请按照下列条目逐项检查你家的厨房条件是否有利于宝宝的安全：

1. 地板最好是防滑的。
2. 所有的工作面要有良好的照明。
3. 地板上不能太乱。
4. 窗子和玻璃门上，要安强化安全玻璃。
5. 柜门最好是拉门（而且要关好、锁好）并且要上锁。
6. 关好所有的抽屉，尽可能锁（好）上。
7. 尽快清除所有溅出的液体。
8. 保持所有工作面的清洁，及时清理上面的锐器。
9. 给饭锅安好保护架。
10. 不要把热锅等东西放在炉子上，没人照管。

11. 不要把锅柄朝向炉子的里面。

12. 不要隔着加热器或炉盘拿东西，以免弄翻炉上的锅。

13. 使用电器时，一定要严格按照说明进行。

14. 不要使用台布，会爬的婴儿容易抓住台布，可能把上面的东西拉下来。

15. 把火柴放在安全、低温的地方。

16. 做饭时，不要让婴儿在身边玩耍。要让他在可以听到成人说话的地方玩耍。

17. 不要把常用的物品放在高层的物架上。

18. 把衣服放在远离炉火的地方。

19. 在炉旁备一块防火毯，作防火用。

20. 不要让婴儿拿到塑料袋。

21. 不要把电熨斗打开后离开，婴儿可能会把熨斗和熨衣架弄翻。

22. 把婴儿和玩具放在远离做饭的地方，最好放在游戏护栏里、婴儿垫上或婴儿椅里，距离在 50 厘米以外。

23. 把所有的清洗用剂，包括漂白粉和洗衣粉，放在婴儿够不到的地方。

对于家庭起居室安全要注意的问题

请按照下列条目逐项检查你家的起居室条件是否有利于宝宝的安全：

1. 在沿墙的边缘布置电线。

2. 拔去不用电器的电源。

3. 不要在矮桌上放置热物或重物。

4. 不要让婴儿接触到易碎的东西。

5. 使用网状的壁炉防护栏。

6. 在门上装安全玻璃，如果是落地窗，要保证婴儿不会碰碎（摔到玻璃上时不会破碎）。

7. 不把热水或含酒饮料放在婴儿能够到的地方。

8. 不要随处放置打火机和火柴。

9. 把电视机放在婴儿够不到的地方。

10. 家里不要养有毒植物。

对于家庭卧室安全要注意的问题

请按照下列条目逐项检查你家的卧室条件是否有利于宝宝的安全：

1. 所有的窗子上都要安锁，不要在窗前摆放家具。

2. 家具角一定为圆形，如果不是圆角，要安上塑料防护桌角。

3. 把婴儿的玩具放在较低的位置上。取玩具时不用费很大的劲，减少婴儿登高的想法。

4. 不要把玩具乱放在地板上。

5. 不要乱设电线，避免衣物或被子弄到上面引起火灾。

6. 如果婴儿的卧室在楼上，一定要安上楼梯安全护栏。

7. 购买防火衣物。
8. 最好使用壁灯，这样可以减少使用电线。
9. 不要把婴儿放在床边玩。
10. 不要把婴儿单独放在活动的桌子上。

【成长顾问】

1 岁——幼儿期的开始

宝宝马上就到 1 周岁了。1 岁标志着幼儿期的开始，也是宝宝走向自立的第一阶段。宝宝刚出生的时候，娇柔瘦小，除了吃奶就是睡觉，几乎一整天都看不到他睁眼睛，可是满 1 岁的宝宝就大不同了。1 岁的幼儿可以吃各种食物了，开始学说话，也能蹦跳、行走了。等到宝宝满 1 岁半的时候，就会说很多词语了，很多宝宝还会把自己知道的词语罗列出来，连成一句话表达完整的意思。也许有一天，宝宝突然告诉你他要尿尿或拉粑粑，于是你再也不用为每天洗好几条尿湿的裤子而劳累了。1 岁以后的宝宝大多能睡整夜觉了，这样爸爸妈妈也就能好好休息了。宝宝们也有了很多新的本领，不过危险也随之增多了，爸爸妈妈要时刻盯住活泼好动、好奇心极强的宝宝，要防止他们摔倒、磕到头、乱往嘴里塞东西、东摸西碰各种物品……这个年龄段的宝宝真是太淘气了，稍不如意就会大哭大闹，只有进行科学的指导，才能让宝宝形成良好的个性。

满周岁孩子的生长指标

● **身高**：身高反映出幼儿骨骼，特别是长骨增长的情况。身高在很大程度上能够综合反映幼儿的体格发育和营养状况。这一指标比较稳定，不受暂时因素的影响。幼儿 1 岁时，身高约为 75 厘米，第二年增长 10 厘米，在幼儿满 2 岁时为 85～90 厘米。

● **体重**：体重是衡量婴幼儿营养状况最敏感的指标，它容易受到疾病和膳食质量的影响。孩子过第一个生日时，体重约为出生时体重的 3 倍。

● **头围**：头颅周长的大小，一般反映大脑的发育情况。出生时头围基本在 33 厘米左右，1 周岁孩子的头围一般在 45～46 厘米。

● **胸围**：孩子出生的时候，一般的胸围值是 32～33 厘米，比头围的平均值少 1～2 厘米。孩子在 12～21 个月时，胸围值将赶上头围值，以后则超过头围值。

● **囟门**：幼儿的前囟门一般在 1～1.5 岁时关闭。囟门的关闭意味着头骨骨缝完全接合。关闭的时间过早或过晚，都属异常现象。如果关闭过早，有可能是由于幼儿畸形或脑发育不良；关闭过晚，有可能是由于骨骼系统发育迟缓。

● **牙齿**：1 周岁的孩子应长出 8 个乳牙，到 2 周岁时，应长出 16 个乳牙。当然，只要孩子身体其他各部分的发育正常，乳牙出得早些或晚些，都没有多大关系。

告别 1 周岁

现在，你可以坐下来了，冲上一杯咖啡或是香茶犒劳一下自己了。同时可以对这一年的辛苦和操劳做一个总结。

一年前，一个混混沌沌的小生物从妈妈的身体里“哇哇”哭着来到世间，来到这个家中，为这个家平添了一份快乐，也让这个家经历了一场乾坤颠倒般的“大地震”。现在，混乱渐渐平息，好好看看你眼前这个已经能灵活敏捷地到处爬来爬去，歪歪斜斜走路，对你说的话语好像能够清楚和理解，时时用天真无邪的眼睛专注看着你的小精灵，与一年前的那个襁褓中的“小东西”相比，你能相信是同一个孩子吗?

是的，他是同一个可爱的天使，只不过长的样子有了很大的变化。但作为父母的你，已经不是当初的那个你了。想想看，这一年中，你们从对养育孩子完全无知的男人和女人，变成了一双为担当父母的职责而付出巨大心血，日日为家中一个幼小的生命辛苦操劳，恨不得连整个心都要被那个小东西牵着走的爸爸和妈妈。真正变化巨大的其实是爸爸妈妈们自己。当妈妈的乳汁被小宝宝用力吸吮到他那娇小的身体里时，妈妈们都会感到似乎生命和灵魂都已经和这个小东西融为一体了。当小宝宝张开双臂，充满信赖和依恋地扑入父亲坚实的怀中，爸爸们感到了前所未有的责任感和自豪。为了这个小生命，他们能焕发出移山填海的雄心和力量。

你们在共同长大。亲爱的爸爸妈妈们，当小宝宝一岁的时候，你们也刚刚走完了作为父母一周年的路程。这一年中，你们心底里的父性和母性的情感被你们可爱的宝宝充分激发了出来。可以这么说，没有这个小生灵，你们生命中的这个最伟大的层面就永远被埋没着，永远不会被你们自己所发现。你们也永远不会知道爱一个生命，爱一个你自己的亲亲骨肉，能让你那么牵肠挂肚，能让你那么魂飞梦牵，能让你有为了他宁可付出生命都在所不惜的豪情。

感谢上苍吧！感谢上苍赐予你们的这个生命吧！他让这些刚刚从轰轰烈烈的爱情中走出来的男孩和女孩，成为真正的男人和女人，成为伟大的父亲和母亲。

希望你们能够带着这份对新生命的感恩，鼓舞起进一步的力量和勇气，踏上造就生命、培养生命的下一段旅程。

第三章

宝贝，
迎接生命第二年

辛劳了一年的爸爸妈妈们，看着眼前这个几乎能自己走路，在努力用简单的语言表达自己想法的小宝贝，不知道你心里是什么感觉。在这一年中，绝大部分的父母都是在慌乱和紧张中度过的。父母的工作主要是照料孩子的吃喝拉撒这些护理和照料方面的内容。好不容易终于搞清楚了这个“这个小祖宗”是怎么一回事——饿了他会怎么样？不舒服了他会怎么样？尿湿了他会怎么样？……应该如何应对？这些本领让你终于有了可以掌控局面的自信和从容，可突然间你却发现，这些本领现在都毫无用处了，因为孩子已经进入了他生命的第二年。你将要面对的是一个跟前一年完全不同生命个体。他会对你提出一大堆新的挑战，你会面临一大堆新的问题。哎，这就是养育生命的过程，这些问题和挑战是他的也是你的，他在不断地成长，你也在向成为一名合格父母的道路上不断地前行。

从现在开始，你的宝宝已经不再是一个小婴儿了。孩子进入了幼儿期，你和他共同进入了人生的一个新阶段。

要点和综述

■ 生命第二年的发展和教养要点

1～2 岁是孩子人生旅途的第二个年头，在这一年，孩子学会走路，学会说话，这是智力得到开发的一年。孩子的好奇、探索行为比较明显，出现一些自主的迹象，有明显的要求和自己动手的愿望，但不坚持。这一年教养的重点是培养良好的生活习惯和一些相应的自理能力，主要是在吃、睡、盥洗和大小便方面。不仅生活要有规律，而且要教会孩子自己能正确握汤匙，躺下睡觉，洗小手，主动表示出大小便的要求，还应该会自己脱鞋、脱袜，会用“我”、“你”等代词。

■ 智能的快速发展阶段

这一年，孩子应该会用简单的词汇表达要求，如能主动叫“妈妈”、“爸爸”，能说“再见”、“给我”、“不要”，会说出自己的名字，会说由 3～4 个字组成的短句，喜欢跟成人说话。能够短时间集中注意力，认识红颜色，并将 6～7 块积木搭成一根立柱。

伴随着语言的发展，宝宝进入智能发展阶段。家长可以开始教孩子看看图书，可以通过讲故事、念儿歌以及结合孩子身边的人和事发展其认知和语言能力，使孩子的注意力、记忆力、观察力得到发展，并出现最初的思维想象。

■ 情感依恋关系进一步加强

1～2 岁这个年龄的孩子更多时候是在观察父母，容易产生模仿行为，但服从口头指令较困难。因此成人要多用行动来指导孩子，如叫孩子从公园回家，家长叫多次，孩子不理睬，但当他看到你朝外走后，他就会急急忙忙跟过来。

■ 语言能力建构的关键期

对这个年龄段的孩子在进行感知、动作训练的同时，要有目的地进行口语培养。训练的方法就是多讲，幼儿学语言靠多听、多讲。因此家里人多，听语言的机会也多，孩子开口就早。训练语言要注重使用礼貌用语，如“您好”、“谢谢”、“再见”。

■ 情感更加丰富和复杂，容易受到伤害

1～2 岁的孩子感情丰富，情绪也复杂了，开始学会生气、悲伤，也会害怕。会因得到表扬而得意，因而出现嫉妒心理，如不愿意妈妈抱别人家的孩子。这时期要注意培养孩子愉快、开朗、大方的性格，不要用“妈妈爱别的宝宝了”这种刺激性语言吓唬宝宝。

■ 社会交往能力要促进

家长不要把这一年龄的孩子关在家里、抱在手里，要让他多接触左邻右舍，自己学会一些生活能力。

■ 大运动和精细动作能力快速发展

幼儿出生后的第二年与第一年相比，生长速度明显缓慢下来，身高约增加 10 厘米，体重增加 2.5～3.5 千克。但随着骨骼的钙化和肌肉的发展，特别是大脑等神经系统的不断发育与完善，这一年孩子的大肌肉活动日趋发展，除了走得稳外，还开始学习上下小滑梯、从高处往下跳等动作。孩子走得越来越稳当，开始学习跑、跳等动作，能不用扶就蹲、坐，能独自行走，能扶栏杆上下台阶，能踢球、滚球等。这时候小肌肉也相应发展起来，手的动作更加精细，不仅能抓握，而且会捏、穿、搭，喜欢拉袜子、脱鞋子，会搭积木，会握笔，会开关门，能用拇指和食指捏东西等。还会做出用小手拉电线，把小东西塞进鼻孔等危险动作。这时期，应给孩子相应的玩具，发展其小肌肉，并注意安全保护。

■ 感觉统合能力要得到促进

要经常带孩子到户外和公园去玩，不仅玩大型运动器械，还要允许他们在草地上打滚、玩沙土、玩小石子。在家也要注意给孩子玩的时间，如结合洗手、洗澡让孩子玩水。

1岁第1～2个月

1. 宝宝满1岁了，已经认识很多东西了，理解语言的能力也大大增强了，对简单的日常话语都能理解了。
2. 宝宝在1岁1～2个月时就能自己独立地走几步了。刚会走路的宝宝很难掌握身体的平衡，家长要提供适当的帮助，训练宝宝独立走路。
3. 1周岁左右的宝宝身体的各项机能发育还不完全，自身免疫力也比较低，冬春季节或季节交替的时候，易发生婴幼儿急性呼吸道感染疾病。
4. 宝宝喜欢光着脚走路，当宝宝在光脚行走的时候，可以摩擦脚底肌肉群，改善血液循环和新陈代谢，增强宝宝对外界环境的适应能力。
5. 宝宝1岁时已经有8～12颗牙齿了，且有较好的咀嚼功能，消化酶的活力也增强了。应按照正常的时间添加辅食，食物也有很多的选择。
6. 能够得到充分的爱的婴儿，会信心百倍地成长，信心百倍的孩子将会有一种能充分发挥其才能或充分利用机运的精神。
7. 让宝宝了解前后里外、上下左右的方位感，培养他们的空间感觉也很重要。
8. 宝宝刚会说话，语句还不完善，宝宝学说话的时候，用正确的话语和宝宝对话，并及时纠正宝宝的错误发音，这样宝宝就能很快流利地说话了。

	生理发育正常均值
体重	9.2～9.9千克
身高	75.1～76.5厘米
头围	45.2～46.3厘米
胸围	45.1～46.2厘米
前囟	0～1厘米×1厘米
牙齿数	2～8颗

【成长脚步】

每一个孩子的成长轨迹都不同，这里只是大致描述本年龄段宝宝的发育情况。你的孩子的某一单项指标以向前两个月或向后三个月的指标作参考，都是可以的。

■ 大运动和精细运动

● 大部分的孩子可以站起来，扶着家具走几步，有的孩子可以自由地走，但还有部分孩子喜欢爬行，会爬行的孩子很快就会走，家长不必着急。

● 孩子的手指更灵活，可以用拇指和食指拿起东西。即使是很小的东西在沙发下面，孩子也能看得见。

● 能爬出小床或围栏。

■ 自理能力

● 有强烈的自我意识，能用食指指着自己想要的东西，要自己拿着汤匙吃。

● 喜欢用勺。能两手捧着水杯喝，但水经常洒得到处都是。

● 越来越能定时大便，但还不能学习上厕所。

● 每次睡觉的时间越来越短，即使是在夜里也会醒来。

■ 语言

● 能清楚地说多个字词。

● 理解多过说话。

● 当你问宝宝“小猪在哪里”时，他会去寻找。

● 当你向宝宝要玩具时，宝宝常常会把玩具给你，之后又要拿回去。

● 会用不同的音调很快地把会说的话反复地说。

● 除会称呼爸爸、妈妈外，还能知道他们的名字。还会其他称呼，如阿姨、奶奶、爷爷等。

● 喜欢儿歌童谣，会跟着音乐哼唱。

■ 反应

● 喜欢得到赞许和引起注意，但常常不愿意合作。

● 有强烈的喜恶。

● 有喜欢的人和物。

● 注意力容易分散，也容易被哄得开心。

● 觉得很多东西都是有趣的。

● 对感情会很依恋。

- 已经可以帮你做简单的家务，如会把果皮等扔进垃圾箱里。
- 开始知道某些东西是不可以摸的，但还是忍不住要摸一下。
- 会模仿家长的动作，爱跟在别的孩子后面走。

■ 动作

- 喜欢把抽屉或者盒子里的东西倒出来。
- 会亲吻书中的喜欢的人物、动物等图片。
- 会指认“鼻子、眼睛、嘴”。
- 从高处把东西扔出去，只想看看它会怎样，并不是要惹你生气。
- 做动作的时候会看你的表情。
- 爱触摸不同质地的物品，特喜欢柔软的东西。
- 喜欢把不同形状的东西放进容器里，拿出来，又放回去。

■ 了解这个年龄段孩子的内心

● 需多抽出时间和孩子共处。看着宝宝微笑、讲话，告诉他，你在做什么，他在做什么。这些活动可以帮助他学习语言。

● 给宝宝准备一些塑料餐具，种类多一些。把它们放在矮抽屉里、架子上，在你做饭时，宝宝可以拿来玩。

● 给宝宝一些带彩色图片的儿童读物，即使宝宝要撕也由着他撕。

● 装东西的小盒子可以留下。绑一条一尺多长的绳子在盒子上，宝宝可以当车一样拉动。家长可以教宝宝把东西放在盒子里和拿出来。

● 帮助孩子去发觉物体的动态，找到让它动的方式。可以给宝宝一块海绵或一个网球，让他抛掷，看哪一种留在原来的地方，哪一种会滚到别处，宝宝也会注意听东西落到地上发出的声音。

● 把宝宝抱在怀里，随着音乐跳舞或在你的大腿上弹跳。让宝宝听各种不同的音乐，包括古典乐、爵士乐、流行歌曲、夏威夷歌曲和民谣等，如果只让孩子听一种音乐，这样会失去聆听丰富音乐语言的机会。

● 宝宝在室内、户外都可以学习爬行和走路。在 2 周岁时，他就会跑了。现在就让他自己学习爬行、起立、坐下和走路吧。

【营养美食】

1 岁宝宝的饮食指导

宝宝 1 岁时已经有 8～12 颗牙齿了，且有较好的咀嚼功能，消化酶活力也增强了。应按照正常的时间添加辅食，食物也有很多的选择。1 岁半前的宝宝每日可安排进食四至五次，最多不超过六次，每餐间隔四小时。另外宝宝每日的喝奶量应该保持在 500 毫升左右。

半流质食物：稀饭、面条、面片、小馄饨（自己包的纯肉或者菜肉的）等。

固体食物：软米饭、包子、馒头、花卷。

荤菜：猪肝、鱼肉、瘦肉、牛肉、虾肉、猪肾脏，鸡蛋等，上述荤菜可以补锌、铁、蛋白质。

蔬菜：菠菜、大白菜、胡萝卜、土豆、青菜、红薯、卷心菜等。

豆制品：豆腐、腐竹、软豆腐干等。

海产品：海鱼、牡蛎、海虾、海带、虾皮等。

胡萝卜对宝宝有哪些好处

■ 胡萝卜可预防上呼吸道感染

胡萝卜含胡萝卜素和维生素 A。维生素 A 不仅可以保护视力、保护皮肤、促进儿童的生长发育，还能通过维护上皮组织的完整性，增强机体对疾病的抵抗力。当机体缺乏维生素 A 时，上皮细胞萎缩并角化，除了引起皮肤粗糙的病变外，还会引起上呼吸道的细胞黏膜停止分泌黏液，导致细胞萎缩、角化而脱落，使上呼吸道抵抗力减弱，易被细菌等侵袭，以致引起上呼吸道感染。轻度的维生素 A 缺乏症在儿童中非常普遍，它是导致小儿容易发生反复呼吸道感染的重要原因之一。维生素 A 缺乏极易引起气管、支气管及肺部的感染。常吃胡萝卜，能明显减少孩子呼吸道疾病的发生，并能提高抗病能力，预防上呼吸道感染。胡萝卜素和维生素 A 是脂溶性纤维素，不溶于水，所以烹饪胡萝卜时，应当加些油脂，以利于孩子吸收。

【护理保健】

婴幼儿呼吸道感染的原因

经常可以听到 1 岁多宝宝的妈妈们聚在一起，互相谈论和抱怨，内容不外乎是宝宝又感冒了，或者又咳嗽了，还有的又得了肺炎……确实，对于 1 周岁左右的宝宝来说，他们身体的各项机能发育还不完全，功能低下，自身免疫力也比较低。所以很容易伤风感冒，特别是在冬春季节或季节交替的时候，更易发生婴幼儿急性呼吸道感染疾病。婴幼儿呼吸道感染疾病分为上呼吸道感染，包括感冒、急性喉炎、急性扁桃体炎，以及下呼吸道感染，包括气管炎、支气管炎、支气管肺炎。

为什么我们的小宝宝们这么容易出现呼吸道疾病呢？对于上呼吸道感染疾病来说，主要是因为婴幼儿的器官发育还不完全。比如，小宝宝们的面部颅骨发育不全，鼻腔短小，鼻道狭窄，没有鼻毛，而柔弱、血管丰富的鼻黏膜极易受到外界的刺激和感染，黏膜一旦感染就极易充血肿胀，所以宝宝们常会出现严重的鼻塞、流鼻涕以及呼吸困难等症状，从而影响吸吮、睡眠。又如，婴幼儿的喉腔也很狭窄，软骨发育还很差，轻度炎症就能引起喉炎。如果宝宝有声音嘶哑及吸气性呼吸困难等症状，有可能是得了急性喉炎，爸爸妈妈们要及时带宝宝去医院诊治，以免出现喉梗阻，发生生命危险。值得欣慰的是，宝宝们虽然比较容易得气管炎、支气管炎、支气管肺炎等疾病，但是有起病急、病程短又较易治愈的特点，有时会出现哮喘样症状，但很少会发展为支气管哮喘。

1周岁左右宝宝的肺脏发育还不完全，肺泡不仅小而少，而且弹性很差，所以很容易导致支气管肺炎感染。另外，宝宝的间质发育旺盛，血管丰富，一旦引起炎症，支气管腔就很容易被阻塞，出现肺不张或肺脓肿、脓胸等症状，严重的还会引起败血症，甚至威胁生命。所以，如果宝宝出现肺炎症状，就要及时去医院就诊。

婴幼儿呼吸道感染的预防

虽然1岁多宝宝的身体器官还未发育成熟，自身免疫力也比较差，但是通过增强机体抵抗力，还是能够预防呼吸道感染疾病的发生的。合理喂养、加强体育锻炼、多参加户外活动等，都能增强宝宝适应气温变化的能力，另外根据气候变化适度增减衣服，避免过热或受凉，能够有效地减少感染。

呼吸道感染疾病特别青睐体弱多病的宝宝，如果宝宝患有营养不良、佝偻病、贫血等疾病的话，一定要及时治疗，彻底根治，让宝宝远离呼吸道被感染的危险。不要带宝宝到人多的公共场所去，以免增加感染的概率；如果宝宝出现反复感染的现象，可以在医生的指导下用一些免疫调节剂或增强剂，改善机体状态。

合理增强宝宝的营养，可以大大提高他们的免疫力。维生素A缺乏会导致婴幼儿反复呼吸道感染。而维生素A是通过胡萝卜素转化而成的，因此让宝宝多吃富含胡萝卜素的食物，不仅能保护视力、保护皮肤、促进儿童生长发育，还能维护上皮组织的完整性，增加对疾病的抵抗力。胡萝卜更多的功用和食用方法请见前面内容。

婴幼儿呼吸道感染的家庭护理

妈妈们都知道，如果宝宝得了呼吸道传染疾病，护理工作是极其辛苦的，特别是1岁左右的宝宝还不能描述自己的症状，宝宝哭闹时会让妈妈觉得无所适从。如果宝宝感冒，但是没有发热症状，只是鼻塞、流鼻涕的话，只要让宝宝充分休息，多喝开水，多吃富含维生素且容易消化的食物就可以了。要是宝宝有发热、咳嗽、烦躁等症状的话，就要及时到医院诊治，以免病情发生变化，引起比较严重的并发症。另外，妈妈们在护理呼吸道疾病的患儿时，还要注意以下几点：

- 让宝宝多休息，减少活动，特别是发热时更要卧床休息，还要经常变换体位以防止肺炎的发生。
- 新鲜的空气对于缓解宝宝呼吸道感染症状很有效，所以宝宝得了呼吸道疾病的时候，要注意开窗通风，保持室内温度和湿度适宜，避免过热和过分干燥，也要注意不在室内形成空气对流，以免宝宝着凉。
- 让宝宝的鼻咽部保持通畅，及时清除分泌物，注意清洁鼻孔周围的皮肤，可以在鼻翼部的黏膜及鼻下皮肤处涂抹润肤油，以减少分泌物的刺激。

● 保持口腔清洁，对于减轻呼吸道疾病症状也是很重要的，因为口腔中的细菌会流窜到鼻咽部，从而加重病情。经常给宝宝喂温开水，每天用生理盐水漱口 1～2 次，可以防止口腔炎、溃疡的发生，也可避免口腔黏膜干燥的现象。

● 如果宝宝患有喉炎、气管炎、支气管炎等病症，无论症状轻重，有无发热，都要到医院诊治。

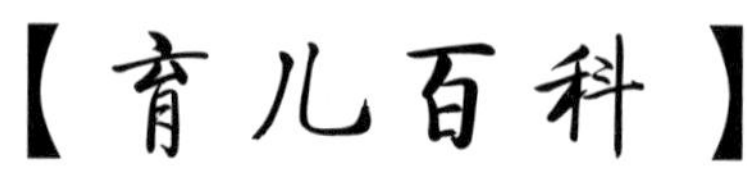

【育儿百科】

孩子光脚走路有好处

宝宝 1 岁了，正是学走路的时候。很多宝宝初学走路时，往往喜欢光着脚走，这使爸爸妈妈们觉得既着急又害怕，怕宝宝光脚走路会被扎伤，怕宝宝脚踩脏了不卫生，怕宝宝光着脚走路会着凉感冒。其实大可不必这么担心，适当地让宝宝在干净、安全的环境里光脚走路，很有好处。

医学专家认为，踝关节保持良好的柔韧性，对人体的健康至关重要。那些踝关节比较僵硬的人，在运动的时候很容易跌倒或受伤，而且足弓的形成状态也不好。光脚行走有助于提高踝关节的柔韧性和灵活性，还能预防幼儿扁平足的发生。医学专家研究证实，光脚行走有很多的好处，可以调节人体的许多功能，比如可以增强大脑的灵活性；改善大脑皮层对刺激的反应能力；调节和促进内分泌活动素；等等。另外，脚底周围皮层有着丰富的毛细血管和神经末梢，当宝宝光脚行走的时候，可以摩擦脚底肌肉群，改善血液循环和新陈代谢，增强宝宝对外界环境的适应能力。

如何训练宝宝自己坐便盆大小便

1 岁多的宝宝学会走路以后，也可以训练他们自己坐便盆大小便了。学会自己在便盆里大小便，对于宝宝来说是成长中的一个重要阶段。它可以让宝宝养成良好的卫生习惯，也能建立和增强宝宝的自信心、自尊心，有助于宝宝的心理发育。

每个宝宝的状况不一样，训练的方法自然也不同，爸爸妈妈们要根据宝宝的特点，以宝宝为主体，循序渐进地进行训练。训练时不要操之过急，要允许宝宝一次次地反复实践。训练步骤和速度要根据宝宝的接受能力、掌握程度和兴趣偏好来确定，一步一步地引导。爸爸妈妈们可以带宝宝一起去选购便盆，让他们挑选自己比较喜爱的颜色和款式。这样，宝宝就能轻松地接受便盆了。

训练宝宝使用便盆的时候不能性急，要慢慢地引导。爸爸妈妈要用轻松、易懂的语气告诉宝宝，便便是垃圾，应该扔到便盆或马桶里。

■ **这里有一些训练宝宝使用便盆的基本步骤，不妨来一起看一下**

● 细心观察宝宝的排便规律。想要让宝宝学会坐便盆，爸爸妈妈们首先要观察他们的排便规律。1 岁多的宝宝大多还不会说话，但是会通过一些表情来表示自己要便便了。比如要便便前会突然安静下来，蹲在地上，用力憋气，还会出现脸红、瞪眼、凝视等神态，就表明宝宝想要大便了。这时把宝宝抱到便盆前面，帮他坐在便盆上便便。经过几次的练习，宝宝就能形成条件反射了，要便便的时候就会找便盆了。

● 消除宝宝对便盆的恐惧感。很多宝宝不喜欢用便盆，是因为他们心有恐惧。为宝宝准备一个颜色鲜艳、造型可爱的便盆，先当做玩具一样让宝宝每天都能看到，甚至每天都到便盆上坐一会儿，慢慢地宝宝就会发现坐在便盆上面是非常安全的，也就不会再排斥使用便盆了。

● 对宝宝要及时鼓励，反复强化。把宝宝带到便盆旁边，妈妈可以帮助他坐上去，或者鼓励宝宝自己试试看。如果宝宝坐在便盆上出现排便的表情的时候，就要称赞、鼓励他，让他在便盆里大小便。当然，如果宝宝在便盆里大小便了，一定要记得称赞他！别忘了经常提醒宝宝要使用便盆，强化使用便盆的好处，让宝宝意识到在便盆里大小便，要比拉、尿在裤子上或纸尿裤上舒服得多。

● 在训练宝宝使用便盆的时候，也要注意一些问题，以免训练不当使宝宝不舒服。

● 注意便盆的温度。冬天的时候天气比较冷，塑料便盆的温度也会比较低，宝宝刚坐上去的时候会不适应，妈妈们不妨使用自己的巧手帮宝宝的便盆做个垫圈，这样就能让宝宝舒服一些了。

● 适当调整便盆的高度。宝宝的身高不一样，那么便盆的高度也要做适当的调整。如果便盆太低，宝宝坐着时腿屈着，肯定会不舒服；如果便盆太高的话，宝宝脚踩不到地，就会觉得不安全。所以，一定要根据宝宝的身高等情况，调整便盆的高低。

● 训练要持之以恒。在训练宝宝使用便盆的过程中，爸爸妈妈们要耐心细致、持之以恒。不要太着急，宝宝不会一两次就能学会使用便盆的，一定要反复多次地尝试才可以。妈妈可以每隔一段时间就给宝宝把一次尿，每天早上或晚上把一次大便，让宝宝形成条件反射，逐渐形成良好的排便习惯，这样再训练他们使用便盆就很容易了。

● 时间不能过长。训练宝宝使用便盆大小便的时候，不要让宝宝坐得时间太长，宁可多大便几次，也不要一次坐便盆的时间超过 5 分钟。每次宝宝排便后，一定要立刻把宝宝的小屁屁擦干净，再用清水冲洗一下宝宝的屁屁，并把手洗干净。这样才能避免宝宝的臀部和外生殖器被细菌感染。

● 便盆只有大小便时能用。即使宝宝很喜欢自己的便盆，也要告诉他，便盆只有在大小便的时候才能用，而不能坐在上面吃饭或玩玩具，要让宝宝从小就养成卫生、文明的好习惯。

【心智发展】

如何教孩子学走路

“我家宝宝 10 个月时就能站了！”“我家宝宝 11 个月时就能走几步了！”听着邻居妈妈

们的谈论，乐乐妈妈可有些着急了，乐乐已经 1 岁 2 个月了，怎么还不会走呢？该不会是有什么问题吧？乐乐妈妈急忙带着乐乐去医院检查，医生告诉她宝宝在 10 个月～1 岁 8 个月期间开始学习走路，都属于正常的年龄范围，有的早些有的晚些，不必为此而焦虑。不过医生也给乐乐妈妈提供了一些建议，让她能够帮乐乐提高学走路的兴趣，并能更快地掌握走路的技巧。乐乐妈妈按照医生的建议训练，大概半个月以后，乐乐就能自己颤颤巍巍地走几步了。

■ 婴幼儿学步在何时

宝宝能够走路的前提是他们能扶着东西站起来，站稳后能够慢慢地蹲下去，等到宝宝站蹲自如了，自然就能迈步走路了。而要想站、蹲自然，是需要一定的腿力和腰力的。所以，医生建议乐乐妈妈多帮乐乐做一些腰腿练习。比如，让宝宝平躺在床上，妈妈抓着宝宝的脚引导他做空中骑自行车的动作；或者扶着宝宝的腰，帮他站起来再蹲下去，直到宝宝能独立完成这样的动作为止。另外，就是不要把宝宝照顾得太周到，如果宝宝一要求，爸爸妈妈就把玩具、食物、水或其他东西递到他们手里的话，那宝宝也就没有欲望自己学走路，自己去拿想要的东西了。

■ 独立行走有助于幼儿自信心的建立

大多数宝宝都会在 1 岁时学会走路，有的可能会走得早些，也有的会晚一些。虽然初学走路的宝宝还走得不稳当，甚至摇摇晃晃的很可笑，不过学会走路对于宝宝来说可是意义重大的一件事。因为宝宝学会了走路，他的人生就进入了一个新的阶段，终于可以像正常人一样“直立行走”了，终于不用每天躺在床上或满地乱爬了，宝宝可以通过走路看到一个全新的世界，也可以通过走路进行新的探险。学会走路的宝宝，接下来会掌握一大堆的新技能，爬高、跑步、蹦跳、拿自己喜欢的玩具、玩自己喜欢的游戏、到各个房间里参观、学习自己吃饭、上厕所、穿衣服……每学会一样技能，都可以大大地提高宝宝的自信心和生活的能力。所以，这个时候爸爸妈妈们要在保障安全的前提下，尽可能地鼓励宝宝们去探索、去发现新事物。不要总是对宝宝喊：“这个不能碰！不要那样做！这样做不行！”这些消极的话语会打消宝宝的积极性，让他们总是处于自我怀疑的状态中，总是缺乏成就感，这可不利于宝宝的成长发育！

■ 训练工作要做好

1. 做好保护措施。宝宝刚开始学走路的时候，身体协调能力还很差，动作也不灵活，所以爸爸妈妈要注意保护宝宝，等到他可以比较灵活地走路的时候，才能放手让宝宝自己走，但也不能离宝宝太远，保持一臂以内的距离，好随时拉住宝宝。当宝宝能够独立迈步走路的时候，一定要夸他“好棒”，给予宝宝继续走路的信心。

2. 宝宝学走路的时候，要让他在平坦的路面上走，以免道路不平而绊倒宝宝，常摔跤的宝宝肯定就不爱走路了。

3. 开始走路并不是一件容易的事，宝宝们经常会因为遇到困难而失去学习走路的兴趣。所以，当宝宝会走路的时候，爸爸妈妈要激发他走路的兴趣，如在地上滚球，让宝宝去追球，这样既能让宝宝玩得很开心，又能锻炼走路。

4. 在练习走路的过程中，摔跤是不可避免的。如果宝宝摔跤的话，你要鼓励他自己站起来接着走，这样才能让宝宝锻炼坚强的意志。

■ 帮助鼓励要跟上

1. 当宝宝学走第一步的时候，就让他使用正确的姿势，这样才能促进宝宝的血液循环，加快呼吸，锻炼下肢的肌肉，并加快宝宝的成长。

2. 走路对于宝宝来说是一项消耗很大的运动，在走路的过程中宝宝的呼吸会加快，也会出很多汗，如果在室内进行练习的话，要提前开窗通风，确保室内的空气新鲜，有利于宝宝的健康。

3. 刚教宝宝学走路的时候，爸爸妈妈要站在宝宝的身后，把手放在宝宝的腋下，托着宝宝往前走。不要牵着宝宝的手走，因为幼儿的关节很脆弱，如果牵着宝宝的手走，遇到宝宝摔倒的情况，很容易造成关节脱臼、拉伤。

4. 只要宝宝能走几步了，就要每天坚持练习一会儿。不过走路的时间不能太长，否则不利于宝宝的身体生长。宝宝能走得比较稳以后，能够自己满屋子来回走，可以教他用脚尖走路，这样可以使宝宝的足弓变得更强健。

注重训练和发展宝宝的精细动作，也就是手的操作能力

1 周岁的宝宝已经可以用汤匙舀东西了，不过还不能把勺里的食物送到嘴里；他们也可以搭积木、穿珠子、玩套筒等玩具了。你可以为宝宝准备一些小珠子、小豆子、小石子等物品，再准备一个空的矿泉水瓶，让宝宝把珠子、豆子或石子往瓶子里装，这样可以训练宝宝手的准确性和灵活性。一定要注意别让宝宝吞食那些小物品！

1 岁幼儿的智能训练

满 1 周岁的宝宝身体快速发育，动作能力不断进步，大脑也在飞快生长。所以千万别忽视了对这个年龄段的宝宝进行智能训练。

■ 训练宝宝认识物品的能力

这个时期可以开发宝宝的记忆力，让他熟悉各种物品的名称，方法就是看到某样物品时，反复和宝宝说它的名称，直到宝宝记住为止。比如，吃饭的时候，告诉宝宝餐具的名称，所吃食物的名称，等等。也可以通过看画册，教宝宝认识各种动物、生活用品、玩具等。

■ 训练宝宝的方位感

让宝宝了解前后里外、上下左右的方位感，培养他们的空间感觉也很重要。起床后，可以问问宝宝："被子和枕头在哪里啊？""床的左面有什么呀？""什么东西在床下面呀？"这些问题都有助于宝宝理解空间位置。也可以让宝宝在桌子下面钻来钻去地玩游戏，扩大宝宝的立体视野，发展方位知觉。

■ 为宝宝建立数的概念

1周岁的宝宝应该具备数的概念了，不是要他会数1、2、3、4、5……，而是要让他对数有个概念。比如，分饼干的时候说："给宝宝一块饼干，也给爸爸一块饼干。"等宝宝拿到饼干后，再说："你一块，他一块。"多重复几次，不仅能让宝宝理解什么是"1"，还能让他学会使用量词、代词。

■ 重视品德培养

1周岁以后的宝宝的社交活动更多了，因而要加强品德教育，没有人会喜欢满嘴脏话、打人、抢东西的宝宝。所以，要教会宝宝使用礼貌用语，如"谢谢"、"再见"、"对不起"等，也要让他们懂得一些日常礼节。

■ 有目的地培养宝宝的观察力

和宝宝一起观察布娃娃，看看它的眼睛、鼻子、耳朵、嘴巴、头发在哪里，身体、手、脚是什么样子，还可以比较一下布娃娃的身体器官和宝宝的有什么不同。带宝宝到户外活动的时候，可以和他一起观察路边的大树、花草、小鸟、小虫子等自然事物。

■ 运动能够促进大脑发育

进行各种复杂的动作训练，参加一些复杂的活动，能让宝宝的动作更加灵活，从而促进大脑的发育。

本阶段家庭游戏

■ 指一指，说一说

可以让宝宝学会分辨自己的身体器官，先学认三个器官，等宝宝记牢以后再增加新的内容，可以用提问的方式进行游戏。你可以问宝宝："你的眼睛在哪里？"然后扶着宝宝的手，让他用手指着自己的眼睛说："这是眼睛。"也可以让宝宝找出妈妈的鼻子在哪里，如果宝宝指对了，要对他说："对了，这是妈妈的鼻子。"或者和宝宝一起照镜子，妈妈指着自己的五官说出名字，然后让宝宝模仿着做。当然你还可以给宝宝准备一个洋娃娃，让宝宝学认洋娃娃的耳、鼻、眼、口，再让宝宝找自己身上的相应部位。注意每认一个器官，要重复几次，也可以将各种方法综合起来用，等宝宝认清后再加第二个器官，之后再加第三个……有不少教宝宝认识人体器官的儿歌，你可以一边和宝宝玩游戏，一边唱儿歌，增加宝宝的兴趣。

儿歌"眼睛"：小眼睛，亮晶晶，样样东西看得清。

儿歌"鼻子"：小鼻子，两个孔，各种气味它都懂。

儿歌"嘴巴"：小嘴巴，会说话，奶奶累，快坐下。

儿歌"耳朵"：小耳朵，听得清，妈妈叫，快答应。

儿歌"手"：我有两只手，十个手指头。

儿歌“脚”：小小脚，走得好，宝宝不要妈妈抱。

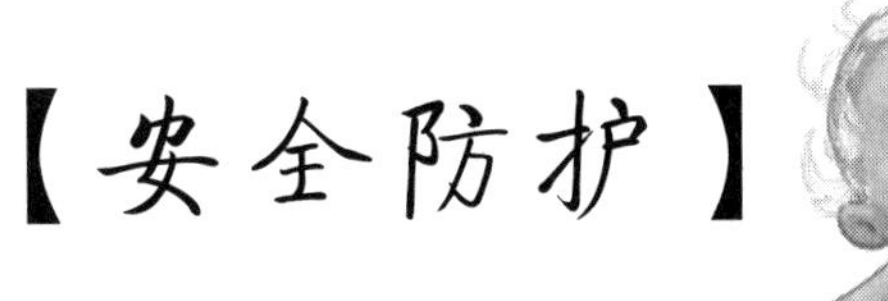

1 岁以后是容易发生危险的时期

好奇、好动是孩子的天性，正在学走路的 1 岁孩子，对周围的事物都很感兴趣，都想探索一番。但是他走路不稳、平衡感不好、判断力不足，好奇心又特别强，幼稚而自信，不知道保护自己，在日常生活中常常因莽撞而导致意想不到的伤害发生。意外伤害已经成为儿童死亡的第一杀手，而那些重度伤残的孩子和他们的父母所承受的身体痛苦和心灵的创伤，并不亚于那些失去孩子的家庭。预防和避免事故的发生，是每一个父母的愿望。父母首先要知道什么事情有危险，察觉容易忽视的安全漏洞，以及应如何预防把孩子可能会发生危险的概率降到最低。但如果家长为了避免各种事故的发生，过于小心、谨慎、忧虑、担心，成年累月地百般留神，孩子就会变得胆小怕事，依赖性强。

在日常生活中，家长只要稍加注意，一些事故就能得到有效的预防，不要等到出了问题再回过头来后悔、内疚。为了孩子的安全，家长要做到八个“当心”。

■ 当心厨房安全

应该告诫孩子：厨房是禁区。不能让孩子围着正在做饭的妈妈转来转去。因为厨房里会有热油点飞溅；有时妈妈不留神还会把很热的东西碰倒或洒在孩子身上；孩子说不定会把放在炉火上的锅用力拉下来。类似这样的危险因素很多。做饭时最好把孩子安置在距离炉火较远的地方，因为孩子的手可以伸到让人难以相信的很远的地方。

■ 当心热水、火源烫伤

家长一定要把盛着热水的杯子、盛着热饭菜热汤的碗盘放在孩子拿不着的桌子中央。桌子上最好不铺四周垂落下来的桌布，因为小孩有足够的力气将其拽下来。火柴、打火机应该放在孩子摸不着的地方。

■ 当心小物体卡喉咙，塞进耳、鼻

不要把诸如纽扣、玻璃球、珍珠项链等小东西给孩子玩，以免孩子误吞下去，发生呼吸道异物危险。

■ 当心刀、剪等利器刺伤

一定要把铅笔等有尖的东西放在小孩拿不着的地方，以免在孩子拿着这些东西跑着玩的时候戳着。锋利的东西（如玻璃碎片、空瓶、刮胡刀片等）不要让孩子摸得到。

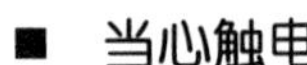

■ 当心触电

家里的电线应该保证绝对安全。家长要尽早教育孩子不要拽电线、咬电线；不用的插座要封好，以免孩子触摸。

■ 当心孩子爬高摔下来

孩子的能力已经足以让他翻过较低的栏杆，爬上较高的位置，但是对危险的预测能力几乎为零。

■ 当心吃错药和误服

孩子对大人吃的东西都会很好奇，趁大人不在的时候他就会想尝一尝。避孕药、降糖药以及各种药物都要收起来，尤其是有糖衣的药。同时，任何有味道的非食用的液体，比如洗涤灵、香水等都要小心收好，防止宝宝误服。

■ 当心溺水

溺水并不只限于孩子掉到水塘里或澡盆里。对于这个年龄段的孩子来说，一个只有几寸深的小水洼都可能使孩子致命。

为什么 1 岁多的孩子喜欢抓咬别人

经常听 1 岁多宝宝的妈妈抱怨，自己又被宝宝咬了。这个年龄段的宝宝咬人是一种正常现象。根据美国医学家的解释，1 岁多的宝宝习惯用嘴去感觉事物，这是他们了解外部世界的一种途径，也是放松自己的一种方式。由于 1 岁多的宝宝还不会用语言表达自己的感受，只能通过咬人来表达自己的兴奋或激动，所以这个时期的宝宝咬人大多是没有恶意的。如果宝宝咬人的次数太多的话，可以准备毛巾、手绢等柔软的物品，让宝宝用这些物品代替咬人。1 岁多的宝宝已经长了不少牙了，被他们咬一下还是很疼的，这时千万不要急，不要训斥宝宝，但可以表现出痛苦，并告诉宝宝咬人会让别人很疼，是不好的行为。同时，要引导宝宝用语言表达自己的情绪，慢慢地宝宝就不会再咬人了。

孩子摔倒后家长该怎么做

宝宝在学步期，摔跤可以说是家常便饭。宝宝摔倒后，爸爸妈妈该采用什么态度处理呢？是马上扶起宝宝，安慰他不要哭？还是鼓励宝宝自己站起来继续走？或者干脆不再放手让宝宝自己独立行走？其实，宝宝摔倒后父母所采取的态度和处理方式，将直接影响宝宝性格的养成。那么，宝宝摔倒后父母该怎么做，才能让宝宝形成勇敢、坚强、独立等良好的人格品质呢？

1. 爸爸妈妈在宝宝第一次摔倒后做出的反应特别重要，会让宝宝形成良好的条件反射。宝宝摔倒后，爸爸妈妈不要太大惊小怪，大声惊呼，然后赶紧跑过去扶起宝宝，又是搂抱，又是安慰，又是为宝宝揉摔到的部位……这种过分的紧张和安慰，只会让宝宝心生恐惧，他会认为摔倒是一件很可怕的事情，反而更会哇哇大哭了。最好的做法是宝宝摔倒后，鼓励他自己站起来，从第一次摔倒就这么做，宝宝自然而然就会养成摔倒自己爬起来的习惯，独立、勇敢的性格也由此而形成。

2. 宝宝走路摔跤，爸爸妈妈看了肯定会心疼，但也不能因此而紧张地不敢让宝宝自己走路。还是要放手让宝宝独立行走，只有多练习，宝宝才能尽快地掌握平衡的技巧，这样走路的时候才不会再摔跤。另外，宝宝在自己走路的时候，爸爸妈妈不要摆出一副宝宝随时会摔倒的姿态，这样只会让宝宝产生紧张的情绪，总想要依赖父母，变得很胆小。

3. 虽然我们说要让宝宝摔倒后自己站起来，但爸爸妈妈也不能对宝宝不闻不问。宝宝摔倒爬起来以后，爸爸妈妈要表现得满不在乎，并用温和肯定的态度告诉宝宝摔跤没关系，赞扬宝宝自己爬起来的行为，如说“勇敢的宝宝就是要摔倒后爬起来”，“摔跤并不可怕，小心点，注意点就不会再摔跤了”，等等。这样宝宝既能感到来自父母的关怀，也能养成独立、勇敢、自信的良好品质。

4. 如果宝宝摔倒后有点小伤，只要正确处理就可以了，不要过分地关注或夸大伤情。如果伤得很严重，就要带宝宝到医院治疗，但伤好后还是要鼓励宝宝自己行走，并教他一些走路时的技巧，不能因噎废食。

1 岁第 3～4 个月

1. 宝宝已开始独立行走，能听懂周围人说的话，并有了最简单的词句表达，手的活动也更为复杂和精细了，有了和周围的人进行交往的愿望和要求。
2. 宝宝会有很强烈的自己穿衣服的意图，可以让他们自己尝试穿脱衣服、穿脱袜子、解开或扣上纽扣等事情。
3. 1 岁左右宝宝的新陈代谢比较旺盛，而肾脏浓缩功能还较差，因此所需水分相对较成人就更多了。
4. 宝宝可以适当看一些符合他们年龄阶段的动画片、早教节目等，但是看电视的时候需要注意很多事情。
5. 孩子的胃容量较小，一次进食量又有限，饿得比较快，适当吃些健康零食可以补充一些营养和热量。
6. 宝宝说话的早晚，并不会影响他的语言能力，以及以后在学校、社会中的表现。
7. 在宝宝长牙期间，要随着乳牙的增多，及时给予宝宝适量、较硬的食物，如烤面包片、水果、坚果等，让宝宝通过咀嚼来促进颌骨的发育。

	生理发育正常均值
体重	9.6～10.2 千克
身高	76.9～78.3 厘米
头围	45.6～46.6 厘米
胸围	45.6～46.8 厘米
前囟	0～1 厘米×1 厘米
牙齿数	4～12 颗

【成长脚步】

每一个孩子的成长轨迹都不同，这里只是大致描述本年龄段宝宝的发育情况。你的孩子的某一单项指标以向前两个月或向后三个月的指标作参考，都是可以的。

■ 孩子在生理和心理方面都有了明显的发展

这时的孩子已能很好地独立行走了，但其骨骼、肌肉正处于发育时期，动作尚未达到熟练的程度。周围丰富多彩的世界驱动孩子对一切都充满了好奇和愿望，总想快跑起来到达目标。因此这个年龄的孩子常常跌跌撞撞，加上这时期孩子对空间距离的判断和目测力不准确等原因，使孩子有可能跌伤或碰伤。

孩子的言语开始发展，能听懂周围人的话，并有了最简单的词句表达，手的活动也开始向复杂和精细的方面发展，这使他们有可能广泛地认识事物，产生了要和周围的人进行交往的愿望和要求。这时要创造条件让孩子与小伙伴一起玩，满足他们渴望交往的需要，并在和小伙伴共同游戏的过程中培养孩子最初的合作精神和最简单的交往技能。

■ 大运动能力

- 自己走得很好了。
- 可以站着或坐着抛球。
- 开始后退，从楼梯上爬下。
- 可以推动椅子，并知道怎样用力。
- 能拉住筐、箱子之类较大的东西站立起来。
- 能蹲着。
- 拉着一只手能上楼梯。
- 拉着玩具到处走。

■ 精细动作

- 可以把粗的拉链拉开。
- 能叠起 2～3 块积木。

■ 语言

- 言语和动作都比较精细了，表情也丰富得多了，能明确地表达自己的意志。
- 会让你知道他的尿布已湿了。
- 当你指示方向时，他需要听到语言和看到你的手势。
- 常练习新的词语。
- 会用两个字的词，如出去、再见。

- 能说出三个词构成的有意义的话。
- 如果时常听到你说“请”或“谢谢”，宝宝也会开始说的。

■ 了解

- 已经开始把一件东西放进另一件东西中，看看它们是否适合。
- 喜欢久久地看着一件东西、一只动物或一个人。
- 一般能了解大人们的指示，有时也能照着去做。

■ 社会性发展

- 一面看着妈妈的脸色，一面淘气。
- 看到人，会快乐地微笑和爱说话。
- 在大人的身旁，喜欢短时间内自己玩耍。
- 和小朋友在一起，能愉快地游戏。
- 有麻烦时，会寻求你的帮助。
- 还不明白分享的意义，只喜欢在别的孩子的身旁独自玩耍。当要一件玩具时，宝宝不知道别的小孩也要它。
- 喜欢温柔的打闹、玩笑和呵痒。如果把宝宝抛向高空，他会害怕。但当发现平安无事很安全，又会渴望再来一次。
- 粗鲁的动作会伤害宝宝的神经。

■ 生活习惯的发展

- 自己喝水，别人帮忙就会生气。
- 能自己擦嘴。
- 撒尿后能告诉大人。

■ 创造性的发展

- 喜欢玩水。
- 一会儿把小东西放在玻璃杯或瓶子里，一会儿又取出来。
- 不管是什么东西都当作汽车推着走。

【营养美食】

孩子喜欢“含食”的原因

不少孩子吃饭时喜欢把饭菜含在嘴里，不吞咽，通常有以下几种原因：

1. **过多喂食**：孩子饥饿、进食、饱感、停止进食是一个生理过程，不能人为地改变，孩子吃饱了就不想吃了，家长不要以自己的饥饱感来度量孩子有没有吃饱。有些家长为了让孩子多吃一些就在孩子后面追着去喂，于是，孩子就把他不想吃的食物含在嘴里，久而久之，就养成含食的习惯。

2. **缺乏咀嚼锻炼：**孩子年龄小、牙齿未长全时，父母做些菜泥、肉末，把食物煮得烂烂的给孩子吃是正确的。但随着孩子出牙的增多，年龄的增大，父母给孩子的食物必须逐渐由软到硬，以培养孩子的咀嚼能力和吞咽能力。如果孩子没得到这样的锻炼，一遇到稍粗的蔬菜、肉类等，就咬不动，咽不下，就会含在嘴里了。

3. **饭菜难吃：**有的妈妈可能只顾营养而忽视了口感，或者只给宝宝吃糊状或稀的食物，认为有利于消化、不用咀嚼又好料理。时间长了，孩子就会讨厌这些食物，可不想吃又拗不过大人。会将最后一两口不想吃的饭含在口中不肯下咽，以此来抗拒大人的强迫。久而久之，就形成了含食的习惯。

4. **贪玩、进餐习惯不好：**有的父母常常喜欢一边喂孩子，一边讲故事，让孩子玩、看电视、四处游荡，孩子进餐的注意力分散了，忘记了自己在吃饭，就把饭菜含在嘴里，慢慢地就养成了含食的习惯。

5. **不准孩子自己吃：**有的妈妈嫌脏，怕收拾起来太麻烦，不让孩子自己吃，索性就一直喂他，一口接着一口喂得又多又快，孩子一口还未吃完，第二口又送进嘴里了，塞得孩子无法咀嚼，只好含在嘴里。这样做在剥夺了宝宝独立进食权利的同时，也剥夺了其吃饭的乐趣。

如果孩子有含食的不良习惯，请不要烦躁，静心分析一下原因，努力避免上述情况，慢慢地孩子就会改掉含食的习惯。

孩子喜欢吃零食怎么办

孩子1岁后已懂得向父母要零食吃，于是就出现吃零食的问题。对待孩子的零食问题时，首先要区分健康零食和垃圾零食。健康零食主要有：全麦面包、全麦饼干、鲜牛奶、酸奶、水果、没有添加调味料的各类坚果（杏仁、核桃、花生、松仁、腰果、开心果等）、葡萄干、杏干、蛋糕、鲜榨的果汁等。垃圾零食主要有：果冻、薯片、爆米花、棒棒糖、果脯、快餐面、泡泡糖、口香糖、膨化小食品等。

孩子的胃容量较小，一次的进食量又有限，饿得比较快，适当吃健康零食可以补充一些营养和热量。但不能让孩子吃零食不加节制形成习惯，一天到晚零食不离口，影响食欲，妨碍消化系统功能，损害身体健康。所以家长给孩子吃零食时要注意以下方面：

1. 家长要掌握好给孩了吃零食的时间。一般可以安排在正餐饭后或两顿正餐之间允许孩子吃一些零食。临睡前不要吃零食，睡前吃零食会增加胃肠负担，影响睡眠，另外睡前吃零食如果不注意刷牙，容易发生龋齿。

2. 给孩子零食时，家长还要把握好给零食的量。即使在两餐中间，零食的量也要少，否则同样会影响正餐的进食量。

3. 家长对孩子吃的零食的品种要注意进行选择，要选择健康的零食，限制垃圾零食。健康零食中，水果当属首选，水果既能帮助消化，又能补充各种维生素。

4. 家长不要滥用零食来哄劝孩子。当孩子发脾气时，不要利用零食来转移他的不合理的要求，这样会使孩子觉得零食是奖励品，是非常好的东西，这样做，在无意之间强化了孩子吃零食的习惯，并学会用吃零食来讨价还价。

幼儿厌食的心理护理

孩子厌食的原因很多，其中心理因素是重要的原因之一。因此，父母应关注孩子的进餐心理，为孩子顺利进餐创造条件。

1. 孩子有一个比较安静舒适的进食环境，能使他轻松愉快地进食，因为人的消化系统受情绪的影响，紧张会导致食欲减退，故在孩子进食时，大人不要高声谈笑，更不可逗引孩子叫他做这做那。

2. 对孩子的食物除考虑到各种营养以外，还应注意丰富多样和容易消化，尽量做到食物品种多而色香味俱佳，使孩子看到闻到就产生想吃的愿望，同时，烧给孩子吃的菜应切得细些，饭不要煮得太干，以便他们咀嚼。

3. 零食、甜食、油腻的食物最好少吃，饭前不要让他吃任何食物。

4. 吃饭要准时，每次吃的时候尽量吃绿色食品。

5. 小孩在吃饭时，不是每一次吃的都一样，有时多点，有时少点，他要是不想吃了，就不要去强求他吃。

6. 在吃饭的时候，孩子的所有玩具都要统一没收。所有家庭成员都要有固定的座位，孩子不可以在吃饭的时候边吃边玩。

7. 当幼儿不愿吃某种食物或不愿进餐时，不要在吃饭的时候议论什么好吃，什么不好吃。

8. 顺其自然，不强迫孩子。在孩子食欲不振时少吃一顿并无多大妨碍，反而可借此让已疲劳的消化腺有一个休整机会，对儿童消化功能恢复有益。多数孩子饿了自然会产生食欲，自然会吃。

婴幼儿不宜多食味精

一些年轻的父母见孩子厌食或胃口不好而不愿吃饭时，往往会在菜中多加些味精，以使饭菜味道鲜美，来刺激孩子的食欲。味精在消化过程中能分解出谷氨酸，在脑组织中经酶催化，可转变成一种抑制性神经递质。这种抑制性神经递质会使人体中各种神经功能处于抑制状态，从而出现眩晕、头痛、嗜睡、肌肉痉挛等一系列症状；有人还会出现焦躁、心慌意乱；部分体质较敏感的人甚至会觉得骨头酸痛、肌肉无力。味精的主要成分谷氨酸钠，会使小孩子血液中的锌转变为谷氨酸锌，从尿中过多地排泄出体外，造成孩子急性锌缺乏，容易导致味觉减退、食欲不振、厌食、异食癖、生长迟缓、骨骼发育障碍、身体矮小、发育不良、语言发育迟缓、顽固性腹泻、反复呼吸道感染、弱智、暗适应失常、性晚熟、成年侏儒症以及男性不育等不良后果。1 岁以内不要用味精。1 岁以后可加少许。同时家长应给孩子多吃些富含锌的食物。

给 1 岁宝宝补水很重要

水是人体生存的重要原料。水不仅构成了全身组织，还可以帮助人体消化、吸收各种营养，排泄各种废物，从而保持人体的正常代谢。水还能维持人体体温恒定，保证人体血液循环正常。年龄越小，身体水分的含量越高，而且 1 岁左右的宝宝新陈代谢比较旺盛，而肾脏浓缩功能较差，因此所需水分较成人相对就更多了。宝宝常会因缺水而患各种疾病，如果宝宝每日摄取的水量每公斤体重少于 60 毫升，就可能发生脱水的症状。

为保证宝宝有足够的水，应根据气候、温度、活动量等情况，为他补充一定量的水，正常的 1～2 岁宝宝每日的饮水量应为 1 250～1 750 毫升。

每天早晨起床后，可先让宝宝喝上一些温开水，半小时后再吃早餐，这样有利于食物的消化、吸收。在上午 9 点和下午午睡后，吃些水果或适量喝些水、蔬菜汤、鲜榨果汁、食疗饮料，如橘子汁、菠萝汁、枣汁、白菜水、冰糖煮梨、甘蔗胡萝卜水、橄榄糖水、苹果水等，可增加宝宝的食欲，促进消化。牛奶中 90％以上的含量为水，是补充水分的良好来源。对于喝水很少的宝宝，可以鼓励孩子多喝牛奶，可在牛奶内添加少许糖。

对运动量大、生病发烧、吐泻和多泪等水分丢失较多的宝宝，要相应多补充些糖盐水。尤其是正在患腹泻的孩子，尽量多饮用“口服补液盐”，除了可以补充体液、纠正脱水外，还可以补充钾、钠等电解质。

【护理保健】

水痘与手足口病的分别

水痘和手足口病是婴幼儿常患的疾病，特别是在初春季节，属于高发期。这两种病症都是由病毒引起的，经呼吸道接触而传播，主要症状很相似，都是皮肤出水泡，不过水泡的分布与特征有所不同，要仔细分辨和区分。

水痘起病前往往先有发烧，类似感冒的症状。宝宝得水痘的时候，会在身体躯干部分出现皮疹，有些宝宝在头皮、眼睑、结膜和口腔内也会出现水泡，但很少会在头面及四肢出现皮疹。一般所出的水痘如绿豆大小，个头比较均匀，壁薄易破，会有瘙痒感。2～3 天后水泡就能干涸结痂，会有新的皮疹分批出现。皮疹、水泡、结痂同时存在的现象很常见，整个病程可持续两周左右。预防宝宝得水痘的最佳方法，就是为宝宝接种疫苗。

手足口病的水泡大小不一，从米粒大小到豌豆大小都有，形状上有半球形或椭圆形，一般呈珠白色。宝宝得手足口病时，会在手指、脚趾的背面或侧缘，特别是指（趾）甲周、足跟侧缘及手掌、足底等局部位置出现水泡，有的宝宝会在手臂部位出现淡红色的皮疹和水泡。大部分患儿口腔黏膜上会出现水泡，而且很快就会溃破并形成糜烂，可持续一周左右。不过，手足口病全身的症状非常轻微。

不论是水痘还是手足口病，只要你发现宝宝有类似的症状，就要立即去医院治疗，并消毒宝宝使用的所有用具，进行有效隔离，避免交叉感染。

食物过敏

宝宝在婴儿期时主要以母乳为食，一般不会出现食物过敏的现象。不过 1 岁以上的宝宝大部分都已经戒奶了，而以食品为营养的主要来源，这时就很有可能出现食物过敏的现象。不过宝宝是否出现过敏和因为什么过敏是很难判断的，只有专业医师能够判定。一般来说，呕吐不是过敏引起的，过敏也不会造成宝宝大哭或腹痛。

食物、药物、昆虫叮咬或其他物质都会引起宝宝严重的过敏反应。如果宝宝嘴唇或舌头周围出现肿胀，声音嘶哑，呼吸困难或似乎病得很厉害的话，就有可能是很严重的过敏反应了，要立刻去医院检查。

很多食物都会造成过敏，特别是花生、坚果（如核桃和腰果）、牛奶、鸡蛋、小麦、大豆、鱼类和贝类。如果宝宝出现过食物过敏的现象，除了要避免让宝宝吃能够引起过敏的食物，像花生、海鲜等容易造成过敏的食物，也尽量不要让宝宝食用。去医院做个测试，看看宝宝的过敏清单，是比较可靠的预防过敏的方法。

纠正幼儿不良的口腔习惯

也许你会发现很多宝宝的牙床排列不齐、上下牙齿咬合关系错乱以及下颌骨发育不协调。在宝宝长牙期间，随着乳牙的增多，要及时给予宝宝适量、较硬的食物，如烤面包片、水果、坚果等，让宝宝通过咀嚼来促进颌骨的发育。同时，还要注意宝宝的口腔卫生，预防口腔疾病，并及时纠正宝宝不良的口腔习惯。下面这些不良的口腔习惯对宝宝牙齿的发育有很大危害，要及时纠正：

1. 有些宝宝喜欢吐舌头，不时地还会咬舌头，这样会使牙齿受到舌头的阻挡，而影响生长，最常见的情况就是上下牙之间出现空隙，咬合时无法互相接触。

2. 咬嘴唇也是一个会损害牙齿生长的坏习惯，上牙咬下唇会引起前牙向前突出，下前牙向后倾斜和下颌后缩，也就是常看到的上牙突出；经常用下牙咬上唇，会形成下颌前伸的畸形，也就是俗称的“地包天”。

3. 小宝宝都喜欢吸吮手指，但是手指会造成上前牙前突和下前牙后缩，导致牙齿排列不整齐，而且前牙还会出现小空隙。

4. 宝宝们还喜欢咬被角、枕巾、手帕、笔头、玩具等物品，这同样会造成牙齿排列不齐，咬合面无法正常接触，牙齿空隙太大等问题。

5. 有时候宝宝因感冒或其他鼻腔疾病导致鼻塞，就会用嘴来呼吸，时间长了就会引起牙弓狭窄，出现牙齿排列拥挤的情况。

6. 吃东西时，爸爸妈妈一定要教他们用两边的牙齿轮换着嚼食物。如果长期用一边牙齿嚼食物，会导致颌面部发育不均衡，使左右两侧的脸看起来不对称。

【育儿百科】

培养孩子穿衣能力和习惯

在宝宝1～2岁期间，就可以培养他们的穿衣能力了。先从简单的基本动作开始，1岁左右的宝宝可以配合妈妈穿衣服，主动抬胳膊、伸腿，并往衣袖或裤腿里穿；一岁半到2岁的宝宝会有很强烈的自己穿衣服的意图，不妨让他们自己尝试穿脱衣服，穿脱袜子和有松紧带的裤子，解开、扣上纽扣也可以让宝宝自己尝试。

培养宝宝良好的穿衣能力和习惯是一件重要的事，但不能急于求成，要循序渐进地引导，以免引起宝宝的厌烦。使用正确的方法对于培养宝宝的穿衣能力很有效。

1. 爸爸妈妈的态度要温和、动作要轻柔，一边帮宝宝穿衣服，一边讲解衣服各部位的名称，要怎么穿，如“把手伸到衣袖里”、“坐在床上抬起脚穿袜子”、“用力蹬腿伸到裤腿里”、“来，我们一起系扣子”，等等。如果宝宝自己脱下了袜子，或是提上了裤子，别忘了要夸奖他哦！有时候宝宝穿不上衣服也会着急发脾气，这时要安慰宝宝，并给予适当的帮助，不要让宝宝因为遇到困难而气馁。

2. 如果你想要宝宝学习自己脱穿衣服，就要为他们准备宽松的、简便的、容易脱穿的衣服。那些紧身衣裤，带很多装饰品、带子或扣子的衣服，由于不易脱穿，容易使宝宝丧失学习自己穿衣服的兴趣。

3. 在宝宝学穿衣服的过程中，爸爸妈妈一定要耐心，并教给宝宝一些实用的方法和技能。比如，袜跟要套在脚后跟上，而不是套在脚背上；衣袖要分清左右手，之后再往进穿；鞋子要先把脚掌穿进去，然后才能提鞋跟；等等。

4. 一般宝宝都是先会脱衣服，之后再学穿衣服。1岁左右的宝宝就能自己把袜子脱下去，并为此而感到自豪，这时不妨顺势引导宝宝学习穿袜子，就会变得容易多了。宝宝1岁半以后就能把有松紧带的裤子脱下去了，一般到了2岁左右就能往上提裤子了。另外，教会宝宝分清衣服的前后左右也很重要，宝宝现在还是利用形象思维比较多，妈妈们可以在衣服前面绣一朵花或者别的图案，让宝宝根据图案来区分前后左右，这样更容易记忆。

5. 让宝宝保持干净整洁的穿衣习惯，不要过分修饰，但衣服脏了要及时更换。这样宝宝就会知道。干净整齐最重要，也会学会爱惜衣服。

放弃溺爱，培养孩子的生活自理能力

1周岁以后的宝宝已经有不少的本事了，能独立行走，手的动作也比以前更加灵活、准确了。很多宝宝都喜欢自己干事情，如走路、脱鞋、吃饭、拿饭碗、洗手脸等。可是大部分家长还是认为宝宝太小，怕宝宝受伤、太累，或者觉得宝宝做得不好而耽误时间，因此事无巨细统统包办，洗脸、洗手、穿衣、喂饭、喂水等都由自己代劳，不让宝宝动一下手指。殊不知，1～3 岁正是培养宝宝生活自理能力的最佳时间，如果这段时间父母对宝宝过于溺爱、保护和包办代替的话，会影响宝宝独立自主的性格的形成，对智力发育也会带来不利的影响。

● 受到父母娇惯、宠溺的宝宝缺乏独立性，凡事都会依赖成人，不懂得自己去积极地探索世界。

缺乏动手能力的宝宝，长大后做事情时也会时常感到力不从心，从而变得更加畏缩、依赖、无主见；而且小时候被过度保护的宝宝，遇见危险或问题时不知道该如何处理，反而会受到更多的伤害。

● 总是被父母保护的宝宝，缺乏和同龄人交流、玩耍、游戏的机会，这会使宝宝孤僻、脆弱、无法适应环境、不会处理人际关系。

很多上幼儿园后无法适应或总是不合群的宝宝，都是因为自理能力比较差，无法跟上其他小朋友的步伐，只能自己缩在角落里独自玩耍。究其原因，都是父母太过宠溺，使得他们缺乏融入社会的能力。

由此可见，爸爸妈妈要根据宝宝的年龄、特点和能力，适当地培养他们的生活自理能力。只有生活能够自理的人，才能在社会上立足，才能有良好的学习习惯，遇到困难才会勇于克服。爸爸妈妈在培养宝宝的生活自理能力时，主要要做到：

● 培养宝宝独立生活的各种技能，让宝宝学会自己的事情自己做，能够独立管理自己的生活；

● 培养宝宝独立解决问题的能力，让他学会与他人相处的方法。

爸爸妈妈一定要为宝宝创建独立做事的条件和机会，鼓励宝宝自由探索，培养他们的求知欲，并让他们与同龄人接触而学会如何融入社会。

【心智发展】

1 岁 3～4 个月宝宝的五大敏感点

1. 这时期的宝宝可以认出颜色了，他们认识的第一种颜色通常是红色。比如，你准备一些各种颜色的积木、珠子、衣服或其他物品，放在宝宝面前，让宝宝找红颜色的物品。如果每次宝宝都能从其中挑出红色的那个，就说明宝宝已经认识红色了。大多数宝宝在 15 个月的时候能够学会认识红色，也有些宝宝 11 个月的时候就学会了。

2. 现在宝宝会搭积木了，不只是把积木拿在手里敲打着玩，也不仅是把积木摆回积木盒里，而是可以将两块甚至三块积木摞起来搭造型了。

3. 为宝宝准备套环的玩具，他就能学着进行套环了。1 周岁左右的宝宝能够套上 3～4 个。学习套环，能够促进宝宝的手眼协调能力。

4. 宝宝能自己走稳 10 步左右了，走的时候身体不会摇晃，还能用双手自由拿取物品，这就说明宝宝已经真正学会走路了。但是刚学会走路的时候宝宝比较容易摔跤，还需要多多练习。如果这时候的宝宝还只能走 2～3 步，或是不敢自己独自行走的话，爸爸妈妈可以拉着宝宝的衣服，或用一根小棍拉着宝宝走，等到他能自己走路的时候再放手。特别要注意的是，宝宝摔跤的时候爸爸妈妈不要大惊小怪，而要镇静地扶起宝宝，以免吓到宝宝不敢再走路。

5. 这时期的宝宝可以玩滑梯了，也能够自己扶着栏杆上楼梯了。一般住楼房的宝宝能比较快地学会上楼梯，基本上会走就会上楼梯了。如果家里住平房的话，可以带宝宝走天桥，训练宝宝上楼梯。

1 岁多的孩子喜欢找大孩子玩

孩子 1 岁后在生理和心理方面都有了明显的发展。1.5 岁时已能听懂周围人说的话，并有了最简单的词句表达，手的活动也开始向复杂和精细的方面发展，这就使他们有可能广泛地认识物体，产生了要和周围的人们进行交往的愿望和要求。

1 岁多的孩子像小小的“探险家”，会以积极的态度去探索环境，看着周围的大孩子有那么大的本领、那么多的招数，就渴望像大孩子那样玩耍。他们有了简单的模仿能力，又非常喜欢模仿，这些都使得他们更乐于与大孩子亲近，和他们一起玩。我们常常看到 1 岁多的孩子跟在大孩子的后面，大孩子做什么，他们就做什么，大孩子在前面跑，他们也会跌跌撞撞地跟在后面跑，大孩子捡树叶，他们也学着捡树叶，大孩子用小棍拨弄观察蚂蚁，他们也凑过去看。

基于 1 岁多的孩子喜欢找大孩子玩这种情况，父母不必制止孩子的行为，但一定要进行必要的保护。因为 1 岁多的孩子，虽能独立行走，但动作尚未达到熟练的程度，因此这个年龄的孩子跑时常常跌跌撞撞，加上这时期孩子对空间距离的判断和目测力不准确等原因，使孩子有可能跌伤或碰伤。孩子跟在大孩子后面跑，大孩子的行动有时很快、很粗鲁，自己玩起来也不会照顾到 1 岁多的孩子，很容易把小孩子撞倒。

在日常生活中，家长要加强孩子的身体锻炼，如进行追逐球、拉着玩具走等活动，增强其行走能力，并尽量在室外活动，有意识地通过用一些游戏活动，增进孩子对空间距离的判断力和目测力。教孩子学会躲闪等一些自我保护的基本技能。还可以为孩子提供一些图片、玩具，丰富他们的生活内容，满足他们渴望认识周围事物及模仿他人行为的需要。玩具要逼真，与实际生活中的物品相近，如玩沙子的小筒、小铲、小筛子、小勺、小耙子等。家长还要注意创造条件让孩子与小伙伴一起玩，满足他们渴望交往的需要，并在和小伙伴共同游戏的过程中培养孩子最初的合作精神和最简单的交往技能，如玩小朋友的玩具要先征求小朋友的意见，得到同意后再玩，或者和小朋友交换玩具玩等。

本阶段家庭游戏

■ 变化声调

这个小游戏可以让宝宝学习发出不同声调的声音，从高音变为低音，从粗音调变为柔和调等。爸爸妈妈可以发出夸大、变化声调的声音，如狮子的吼叫声、老鼠吱吱的叫声、小猫喵喵叫、小狗汪汪叫等声音，逐渐加高声调后再逐渐降低，让宝宝听后进行模仿。再有，读故事书的时候，模拟故事中的不同角色，用不同的声调读故事，也能让宝宝感受到不同的音调的变化。如果宝宝模仿你的声音不正确的话，你可以再发出正确的声调让宝宝重新模仿。

【安全防护】

幼儿头部受伤怎么办

对于 1～2 岁的学步期幼儿来说，头部外伤是常见的。人的头颅是一个硬骨壳，其中包装着极其重要的器官——脑。头颅外伤最危险的就是颅内出血了。

■ 幼儿常发生的几种头部受伤

1. 头部撞到硬物，如墙壁、有棱角的家具等。
2. 被地上的东西绊倒或滑到，头部着地。
3. 从床上、椅上或在抱着时掉下来。
4. 家里养的宠物或动物园的动物不小心撞到头部。
5. 有些家长喜欢摇孩子的头，这样很容易给孩子造成伤害。
6. 东西摔下来砸到头部。

■ 观察孩子的受伤情况

当孩子的头部着地或被撞后，家长应该立即冷静观察孩子的受伤情况，判断是否应送医院治疗。一般当孩子的头部受伤后立即大哭，十几分钟内停止，脸色正常、神志清醒，则说明没有大问题；如果出现呕吐、脸色苍白、昏睡不醒等情况要立即送往医院抢救，送医院或等待救援人员前应将孩子头部稳住，别让孩子乱动，也不要用手重压孩子的头，如果伤口在流血，可用干净的纱布轻敷伤口止血。以下是观察孩子受伤情况的要点：

1. 注意孩子受伤后是否大哭，哭的时间是否过长。
2. 观察孩子描述的疼痛部位，看是否出血或红肿。
3. 观察孩子的鼻子、耳朵是否有流血、肿胀等症状，这些症状可能是由于软组织受伤或骨折所致。
4. 孩子的眼睛是否有充血，眼球颜色、转动是否正常，对光反射是否灵敏。
5. 和孩子说说话，仔细观察他的神志是否清楚，表情是否自然，四肢活动是否对称，体位是否别扭。当出现与平时不一样的变化，如出奇地安静，呆滞不愿动，对周围事物反应迟钝或冷漠等，则考虑可能有脑实质性损伤。
6. 受伤一段时间后孩子是否有呕吐、无缘无故地哭、脸色苍白、嗜睡等情况出现。
7. 夜里将孩子唤醒，看他是否能清醒地说话、走路，确定是否有昏迷发生。

8. 注意用手详细地检查孩子的头颅骨板，头皮隆起的包一般不重要，最重要的是用手摸清是否有局部的骨板凹陷，若有骨板凹陷，意味着颅骨受外力冲撞而破裂或下陷，将有可能刺伤其下的脑膜或脑实质，要及时送医院进一步观察或检查，以免延误治疗。

9. 孩子头部受伤后的观察要持续 48 小时，因为脑出血是在碰撞几个小时甚至 1～2 天后才出现症状的。

最后，还要观察孩子头部受伤后表现。脑震荡的孩子可能会产生注意力集中困难或记忆力衰退。

幼儿在头部发生外伤后可能发生抽搐

1 周岁以后的孩子大多数已学会走路，活动量和活动范围逐渐增加。这个年龄的孩子不知疲倦，总爱东走西玩，爬高上低。如果看护人员不小心或一时疏忽，常常会跌跤，或从床上、椅子上摔下来，碰伤头部。1 岁多孩子的颅骨比成人薄，有机成分较多，因而弹性较大。在头部撞击瞬间，颅骨发生变形，向内凹陷而冲击大脑皮层。由于孩子大脑皮层的兴奋极限较低，因此，比较容易引起抽搐——癫痫发作。

幼儿急性外伤性抽搐发作，通常与外伤时间间隔半小时至数小时。在抽搐发作时，可能出现呼吸暂停、憋气、脸色青紫，应给吸氧。口腔内可置入包纱布的压舌板或筷子，以防口、舌咬破。四肢不能强行按住，以防骨折。为防止再次发作抽搐，可根据幼儿体重给予镇静药物。首选药物为苯巴比妥和安定。

急性头部外伤性癫痫的患儿，一定要留在医院里严密观察。一方面，癫痫之外，幼儿也可能发生较严重的颅内并发症，如脑水肿或颅内血肿等。应请医生做进一步的检查，包括头部 X 光检查。如果不存在这些并发症，单纯的外伤性癫痫是易好的。经过镇静抗癫药物治疗，大多数患儿在 24 小时内不再发作，也不会留什么后遗症，今后也不会再发生癫痫。

【成长顾问】

孩子开始说话的时间有早有晚

大多数宝宝会在 1 岁左右的时候开始发音，先从自己最需要的、最常用词说起，如“妈妈”、“爸爸”、“奶奶”、“饭饭”、“吃”等，这时候他们还不会说句子，只是用单一的词语来表达自己的意图；到了 2 岁左右，宝宝所掌握的日常词汇能够达到 20～30 个甚至更多，他们还会把几个词语罗列起来组成句子。有些宝宝甚至 1 岁半的时候还不会说任何词语，或者他们所说的话大人完全听不懂，这时家长就会很着急，特别是发现周围同龄孩子都已经会说话的时候，就会觉得自己的宝宝发育晚了、不聪明等。其实不用着急，只要宝宝能够听懂你说的话，会学着发音，就说明宝宝的智力、听力、发声都没有问题，只是他还没有达到能够说话的阶段。并不是每个宝宝的语言发展都一样。有些宝宝习惯于鹦鹉学舌，早早就跟着大人学说话；有的宝宝喜欢先储存好大量的词语，等他想要说话的时候，往往能说出令人震撼的长句子。宝宝说话的早晚，并不会影响他的语言能力，以及以后在学校、社会中的表现，所以你大可不必为宝宝说话时间的早晚而纠结。

在宝宝学说话的这段时间，爸爸妈妈要多和宝宝说话，和宝宝一起看书、讲故事，也可以让宝宝多和已经会说话的孩子一起玩，让宝宝多运用口腔和喉部的肌肉，这些都能促进宝宝尽快学会说话。

父母教养的原则

父母都知道要爱孩子。宝宝刚一出生就会受到爸爸妈妈以及所有亲人的关心和爱护。每个人都会赞叹："哇！好可爱的宝宝！"这样的夸奖对孩子的教养并没有实质上的帮助。

教养就是管教和养育。对孩子的教养不能只是一味地毫无原则地夸奖，该严厉的时候要严厉，该管教的时候要管教。1 岁的宝宝已经开始对规则有一定的概念了，所以这时候你要为他制定一些规则，并且严格执行，让宝宝知道什么能做，什么不能做，并且养成遵守规则的好习惯。

在教养孩子的时候要注意，爸爸妈妈保持一致的观点是非常重要的。如果妈妈说"不行"，爸爸却说"可以"的话，会让宝宝陷入迷茫之中，反而不利于他们对规则的遵守。所以，在育儿方针上，爸爸妈妈要提前协商好，制定一致的规则让宝宝遵守。

宝宝在学习遵守的过程中，会出现这样那样的状况，不要着急焦躁，要耐心地纠正宝宝的错误，让他在不断重复的过程中学会遵守社会规则。

1 岁第 5～6 个月

1. 很多宝宝在 15 个月时已经能够说出 2～3 个单字，到 1 岁半左右能够说出几个词语了。
2. 同一年龄组中，女宝宝会比男宝宝更早开始聊天。这是因为女宝宝从小就更喜欢参与成年人的“谈话”，而男宝宝却更喜欢打闹活动。
3. 1～3 岁是宝宝行为习惯、性格品质养成的重要阶段，宝宝在这个阶段养成的习惯是很难被改变的。
4. 宝宝和别人要东西是因为宝宝的好奇心比较强、知识经验欠缺，想把别人的东西拿到手里研究一下。随着宝宝逐渐长大，储备的知识越来越多，越来越懂事以后，就不会随便要别人的东西了。
5. 宝宝越来越难哄，即便睡着了也睡不安稳，总是会做噩梦，吓得哭醒。所以，不要用恐吓的方法哄宝宝睡觉。
6. 父母要为宝宝做榜样，带头多吃蔬菜，并表现出津津有味的样子。不能在宝宝面前谈论自己不爱吃什么菜、什么菜不好吃之类的话题，以免对宝宝产生误导。
7. 夏秋季节宝宝最容易得的消化道传染病就是细菌性痢疾，主要通过被痢疾病人的粪便污染过的食物、餐具而传染。

	生理发育正常均值
体重	9.9～10.6 千克
身高	78.7～80.0 厘米
头围	45.9～47.0 厘米
胸围	46.2～47.3 厘米
前囟	0～1 厘米×0.5 厘米
牙齿数	8～16 颗

【成长脚步】

每一个孩子的成长轨迹都不同，这里只是大致描述本年龄段宝宝的发育情况。你的孩子的某一单项指标以向前两个月或向后三个月的指标作参考，都是可以的。

■ 宝宝表现出不同的气质类型

活泼好动的宝宝会更加喜欢到户外玩耍，做一些户外游戏；温和安静的宝宝则更愿意自己钻研心爱的玩具。宝宝的自我意识进一步增强，很喜欢在小朋友多的地方玩耍，但一般还是各自玩耍，互不交往。

■ 大运动能力

- 可以自己在椅子上坐好。
- 能走20分钟左右。
- 喜欢抓住扶手自己上下楼梯。
- 因为喜欢走，所以几乎不爬了。
- 走得很稳，开始会跑了，拉着玩具到处跑。
- 模仿电视里有节律的动作，随着节拍活动躯干和四肢。

■ 精细动作

- 会自己擦鼻涕。
- 能搭3～4块积木。
- 能模仿画线。
- 能自己开关电扇。

■ 语言

- 会发出无字的低吟或低唱。
- 会从另一个房间把你所要的玩具拿给你。
- 开始用说话来表达需要。
- 看图书时，会辨认一般的写实性图画，并说出物品名称。
- 会说十几个字，并开始鹦鹉学舌般地学说一句简单的话。

■ 理解能力

- 开始学习怎样用工具。
- 开始记得东西是放在哪里的。

■ 社会性发展

- 看到家长拿出买东西用的篮子，就说“走”。
- 会跟其他同龄小朋友互相争夺玩具。
- 如果听到你说“不行”，就拼命吵闹。
- 力求独立和自我控制，不要别人帮忙。
- 会从不同的房间里找到你。
- 当给你东西时，会看你的反应。
- 会称呼除爸爸妈妈之外的 3～5 个亲人，如奶奶、爷爷、叔叔等。当周围的人说话时，宝宝会抬起头，两眼盯着说话人的嘴。
- 你告诉他玩具放在哪里，宝宝一般情况下都会找到。

■ 生活习惯的发展

- 不再把食物以外的东西放在嘴里。
- 能很好地使用汤匙喝汤。
- 能自己剥掉糖果、点心的包装纸，剥皮吃橘子。
- 白天会控制大小便，基本上可以不尿裤子。
- 自己的食物喜欢让别人吃。

■ 创造性的发展

- 能从一个杯子往另一个杯子里倒水。
- 喜欢玩弄沙子，一会儿把沙子装进容器里，一会儿又倒出来。
- 看到母亲扫地就模仿。

【营养美食】

给 1～2 岁宝宝制作蔬菜的禁忌和注意事项

蔬菜是人体必需的维生素和矿物质的重要来源，含有丰富的纤维素，对宝宝的生长发育作用非凡。但如何为宝宝制作蔬菜却有很大的学问。

- 选择无污染的蔬菜，并注意清洗干净。
- 多吃新鲜的时令蔬菜。反季节蔬菜主要是温室栽培的大棚蔬菜，虽然外观很吸引人，体积也很大，但营养价值与新鲜的时令蔬菜是不一样的。反季节蔬菜不如新鲜的时令蔬菜营养价值高，味道也差一些。
- 各种颜色的蔬菜都要吃。蔬菜的颜色与营养含量有直接关系。饮食上应该多种蔬菜合理搭配，使它们的营养价值互补，这样才能促进宝宝健康成长。

● 蔬菜淡季也要吃鲜菜。所有蔬菜中都含有维生素 C，它的含量多少与蔬菜的新鲜程度密切相关。一般来讲，蔬菜存放的时间越长，维生素 C 就会丢失得越多。

● 绿叶蔬菜在烹调时不宜长时间焖煮。不然，绿叶蔬菜中的硝酸盐将会转变成亚硝酸盐，容易使宝宝食物中毒。

● 菠菜中含有大量草酸，不宜给宝宝多吃。因为草酸影响钙和锌在肠道的吸收，容易引起宝宝缺钙、缺锌，导致骨骼、牙齿发育不良，还会影响智力发育。苦瓜也是如此。因此，在吃菠菜和苦瓜之前应先在沸水中焯一下，去除草酸。需要补充大量钙的宝宝不能吃太多的菠菜和苦瓜。

● 香菇中含有麦角甾醇，在接受阳光照射后会转变为维生素 D。但吃前过度清洗或用水浸泡香菇，会使其损失大部分营养成分。煮蘑菇时也不能用铁锅或铜锅，最好用不锈钢器皿，以免造成营养损失。

● 速冻蔬菜不必煮很长时间，不然就会烂掉，丧失很多营养。

● 不要把胡萝卜与白萝卜一起研磨成泥酱食用。食用也要适量。

● 韭菜最好现做现吃，不能久放。如果存放过久，其中大量的硝酸盐会转变成亚硝酸盐，引起毒性反应。另外，宝宝消化不良也不能吃韭菜。

● 豆芽质嫩鲜美、营养丰富，但吃时一定要炒熟。不然，食用后会出现恶心、呕吐、腹泻、头晕等不适反应。

● 特殊香味的蔬菜先让宝宝少量尝试，待宝宝适应后再逐步增量。

孩子不肯吃蔬菜怎么办

孩子不爱吃蔬菜，对他的健康成长不利，一定要帮助孩子纠正。以下方法可让家长作参考。

● 父母要为孩子做榜样，带头多吃蔬菜，并表现出津津有味的样子。不能在孩子面前谈论自己不爱吃什么菜、什么菜不好吃之类的话题，以免对孩子产生误导。多向孩子讲吃蔬菜的好处和不吃蔬菜的后果，有意识地通过唱儿歌或讲故事的形式让他懂得，吃蔬菜可以使身体更结实、更健康。

● 吃饭时，可趁着孩子饥饿、胃口好时，先让孩子吃蔬菜再吃鱼、肉。这时吃蔬菜孩子会觉得味道特别好，很喜欢吃。以后，他就习惯吃蔬菜了。

● 让孩子参与择菜，教孩子剥豆子、择菜根等，让孩子感受到帮忙做饭的乐趣。这样在吃饭时，听到大人说这是他择的菜，孩子吃起来会特别有味。

● 很多不愿意吃蔬菜的孩子，但喜欢吃带馅的食物。对于这类孩子，我们可以给他做些饺子、包子等，把几种蔬菜包到这些带馅的食物中。

● 可以给孩子做各种蔬菜汁，用这些蔬菜汁和面，变成彩色面，然后用这种彩色面包饺子、做面条都可以。这样的饺子或面条孩子也比较喜欢吃，颜色鲜艳会增加孩子的食欲。

吃水果就可以不吃蔬菜了吗

很多宝宝不愿意吃蔬菜，但却很爱吃水果。有些家长认为，水果和蔬菜的营养差不多，不爱吃蔬菜，吃水果也可以。但是蔬菜和水果各有各的用处，谁也不能代替谁，宝宝同时都需要。家长要积极培养宝宝爱吃蔬菜的良好饮食习惯，特别是黄绿色蔬菜。

尽管水果果肉细腻，口味很吸引宝宝，可以给身体补充水分，并易于消化吸收，但水果并不能代替蔬菜。因为只有新鲜的水果才富含维生素，而平时吃的一些水果经过长时间贮存，维生素损失很多，特别是维生素 C；水果中无机盐和粗纤维含量也少，含糖量却较高，吃多了易使宝宝产生饱腹感，影响正餐摄取营养。而且体内果糖太多时，会使宝宝的身体缺乏铜元素，影响骨骼的发育使身材矮小。而蔬菜的品种却很多，可随意变着花样吃，粗纤维含量也很丰富，利于肠肌蠕动，不易引起便秘；蔬菜中的无机盐含量也较高，能够保证宝宝摄取生长发育必需的钙和铁。

了解食品添加剂

食品添加剂，其主要作用是改善食品的品质和延长食品保质期。如为了使食品颜色更加鲜艳而超量添加的各种色素，为了使食品品质更好、更有“卖相”而添加的各种品质改良剂，为了延长食品货架期而添加的防腐剂等。儿童特别是婴幼儿的抵抗力弱，食品添加剂对他们的生长发育非常不利。所以儿童应尽量多选择纯天然、不含食品添加剂的食品。

存在于奶油、薯条、烘烤食物、巧克力等食品中的反式脂肪酸，能使食品的口感更松、脆，但它对人体产生的副作用却非常大。虽然反式脂肪酸在人体内能够被代谢，但如果摄入量过多，会增加血液中低密度脂蛋白胆固醇含量并使血液黏稠度增加，易导致血栓形成。此外，反式脂肪酸还会诱发哮喘、Ⅱ型糖尿病、过敏等疾病。对于婴幼儿和青少年而言，反式脂肪酸会影响他们的生长发育和中枢神经系统健康。

儿童爱吃的甜点、冷饮、膨化食品和方便面等小零食中往往含有较多的香精、糖精和食用色素，长期过多食用，对儿童的健康是非常不利的。因为这类食物往往蛋白质、维生素、矿物质等儿童生长所必需的营养元素含量不足，儿童吃完这类食品后又没有胃口吃正餐，容易导致营养不均衡，引起儿童虚胖、营养不良等症状。除此之外，这类食物因为含有较多的添加剂，香甜可口，食用后儿童的味觉会受到影响，吃东西口味偏重，出现偏食、挑食的情况。

在为儿童选购食品时，应尽量选购新鲜的天然食品，这才是最有利于儿童身体健康的。

【护理保健】

幼儿反复感冒易得继发性中耳炎

邻家小孩：1 岁多的晶晶时常会感冒，特别是在换季的时候，经常有疾病找上门。最近晶晶正在断奶，可能对所添加的辅食还不太适应，消化不良，肠胃不适，再加上外感风寒，反反复复地感冒了好几回。最让晶晶妈妈头疼的是，宝宝的感冒还没好，又得了中耳炎！这到底是怎么回事呢？

通过医生的介绍，晶晶妈妈才知道，这和婴幼儿的生理特点有关。人体中耳腔与鼻咽部之间有一条被称为“咽鼓管”的通道，靠近鼻咽部的开口叫咽口，中耳腔的一端叫鼓口，鼓口处有鼓膜与外界隔绝。婴幼儿的咽鼓管粗大、平直，鼓口与咽口几乎处在同一平面上，感冒时上呼吸道细菌和病毒很容易通过咽鼓管进入中耳腔，诱发中耳炎。

婴幼儿患有中耳炎时，会有耳痛、外耳道流脓、耳后淋巴结肿大及乳头红肿等症状。不过小宝宝一般表达不清，他们只会通过抓耳、摇头或啼哭不止来表达自己的不舒服。中耳炎如果不及时治疗，很容易造成听力下降，甚至导致传导性耳聋。所以，宝宝得了感冒要及时治疗，以免引起呼吸道感染和中耳炎。

幼儿细菌性痢疾的预防及病后护理

小宝宝正处于成长的阶段，对什么都好奇，总喜欢东摸摸西摸摸来探索世界，还总喜欢把东西放到嘴里尝尝味道，他们的小手上也总是充满细菌。这些细菌进入宝宝的肚子里，很容易引起急性传染病，痢疾就是其中的一种。

夏秋季节宝宝最容易得的消化道传染病就是细菌性痢疾，主要通过被痢疾病人的粪便污染过的食物、餐具而传染。苍蝇是痢疾病菌最主要的传播者，因此夏秋季节一定要注意室内室外的环境卫生，避免让宝宝到苍蝇过多的地方。

痢疾杆菌侵入宝宝的身体后，一般会有一周的潜伏期。当痢疾杆菌发威时，宝宝会变得非常烦躁不安，体温高达 39℃以上，腹部疼痛并伴有腹泻，一般是先急后重。宝宝得了痢疾以后，大便会变得稀薄并混有黏液，之后还会便脓血。大便次数多，每天从几次到十几次，有的能达到几十次。由于上吐下泻，宝宝体内会丢失大量的水分，经常会出现脱水中毒等严重症状，一些宝宝可能会有抽风现象。少数 2～7 岁的宝宝会出现萎靡、嗜睡、反复抽风、休克或呼吸衰竭等严重症状，这是因为他们对痢疾杆菌产生的毒素产生了强烈反应，微循环发生障碍，他们的肠道症状不明显，通常发病 1 天后才会排出痢疾样大便，这就是中毒性痢疾。因此，一旦宝宝感染痢疾，就要立刻到医院治疗，以免危及生命。

■ 做好预防，防止宝宝感染痢疾

- 让宝宝养成饭前便后及游戏后洗手的好习惯，记得要用肥皂认真洗手。
- 宝宝的玩具和餐具等物品在使用后，要及时洗净消毒。
- 时常观察宝宝大便的颜色、次数，如果有可疑现象要及时进行化验。
- 水果要洗净、削皮，不要让宝宝吃腐败不洁的食品。
- 做好室内卫生，消灭苍蝇，厨房中的生熟用具要分开，常用来苏水擦拭和消毒桌椅。

■ 宝宝得了痢疾后的护理

- 宝宝的大便含有大量的痢疾菌，在倒掉前要用 5%的石碳酸水消毒，之后还要彻底消毒便盆。

● 病儿用过的物品，都要用漂白水擦拭，或用日光曝晒消毒。

● 宝宝患痢疾时体内会缺水，所以要让宝宝多喝白开水，以补充体内所缺的水分，必要时可以静脉注射生理盐水。

● 庆大霉素只宜口服，不宜注射，否则容易造成耳聋和肾损害。

● 要给宝宝吃容易消化、营养丰富的流质食物，如牛奶、鸡蛋汤等。

【育儿百科】

培养孩子良好的行为习惯

每位父母都希望自己的宝宝人见人爱，既乖巧又懂事，那你千万别忘了在幼儿期培养宝宝的良好习惯。对于1岁多的宝宝来说，应在日常生活中培养他的行为习惯，如教育宝宝以礼待人，有客人到家里做客，可以让宝宝拍拍手表示欢迎；有人送宝宝东西，要让宝宝点点头、笑一笑表示感谢；鼓励宝宝和小朋友一起分享玩具或食物；客人离开或与小朋友分别的时候，要让宝宝挥手表示再见。

小宝宝的模仿力极强，他们会认为父母的一言一行都是正确的，因而会模仿。所以，如果你希望自己的宝宝懂文明、讲礼貌，请你自己要提高修养，做孩子的好榜样。另外，不要认为1岁多的宝宝还小，就姑息他的坏习惯，或者对他百依百顺，想着等宝宝长大以后再管教他的不良习惯。俗话说："三岁看大。"1～3岁是宝宝行为习惯、性格品质养成的重要阶段，宝宝在这个阶段养成的习惯是很难被改变的，而且越大的孩子独立意识越强，就越不容易听从父母的教导。

爸爸妈妈要耐心地指导宝宝，以身作则，让宝宝在幼儿时期就形成正确的是非观念，养成良好的道德习惯。

男女宝宝之间的性别差异

男孩和女孩之间存在怎样的性别差异呢？让我们来看一下：

● **身体发育的差异。**男孩一般比女孩重，并且长得更快。

● **兴趣差异。**男孩更喜欢搭建类、打仗类的玩具，如积木、手枪、汽车等；而女孩从小就展现出爱照顾人、爱打扮的天性，因此对毛绒小熊、洋娃娃等玩具更感兴趣。不过读书倒是可以成为不同性别宝宝的共同兴趣爱好，常和宝宝一起看看书，可以让他们在长大后依然保持阅读的兴趣，并从中获得知识和乐趣。

● **社交技能差异。**通常女孩能够较早地了解其他人的感情，在发展社会技能方面，也比男孩要快一些。另外，男孩更容易出现社交障碍，患自闭症、注意力缺失症（ADD）或多动症（ADHD）等病症的男孩较多。

● **语言差异。**在同一年龄段中，女孩会比男孩更早开始聊天。这可能与女孩的社会互动技能更强有关，也可能是因为女孩从小就更喜欢参与成年人的“谈话”，而男孩喜欢运动。

【心智发展】

不要用叠音词和 1 岁半的孩子说话

■ 始终让孩子感受正确的语句

宝宝需要关心和爱抚，但是不能总把他们当小孩子，而错过了教育的时机。宝宝学说话是从单字开始的，1 岁多的时候就会说叠音词了，如“爸爸、妈妈、饭饭、糕糕”等。很多父母为了表示对宝宝的亲近，也学着他们的方式讲话，如“宝宝吃肉肉吗”、“快来睡觉觉吧”、“吃块糕糕吧”。如果爸爸妈妈也用这种娃娃腔和宝宝说话，就会让他们认为这样的说话方式是正确的，反而不利于宝宝学习正常的话语。所以，教宝宝说话时一定要说正常的话语，如“蛋糕”、“米饭”、“肉”、“睡觉”等，慢慢地宝宝说话也就会脱离儿语，清晰地说出每个词语了。

■ 语句混乱是正常的

另外，宝宝刚学会说话，语句还不完善，肯定会有词不达意的时候，千万不能训斥，也不要着急地代替他们说话，否则宝宝就会变得不敢在人前说话，从而形成孤僻的性格。所以，宝宝学说话的时候，爸爸妈妈要多为他们创造说话的机会，用正确的话语和宝宝对话，以供宝宝模仿，鼓励宝宝多说话、说清楚，给予他们充分的时间说话，并及时纠正宝宝的错误发音，这样宝宝就能很快流利地说话了。

如何教孩子学讲动词

动词表示一定的动作，而幼儿的思维特点是以直觉行动性为主的，也就是说 1～2 岁的宝宝的思维方式和动作之间有密切的关系。要想让宝宝掌握动词，就要让他们将动词和动作联系起来。只要让宝宝经常做常用动词表示的动作，或者爸爸妈妈经常做给宝宝看、讲给宝宝听，都能让宝宝尽快掌握这些动词。与 1.5～2 岁宝宝生活相关的常用动词有吃、穿、睡、喂、洗、抱、擦、搭、玩、找、给、掉、打（电话）等。

在人类的语言中，动词的使用频率比较高，让宝宝多掌握一些日常生活中的常见动词，可以促进他们的语言发展。只要掌握了谓语动词，宝宝就能说出更多高质量的句子，表达的意思会更完整。这样不仅能使宝宝更清楚地表达自己的愿望和要求，也能增加宝宝说出的句子的数量和质量，这些都能提高宝宝学语言的积极性和主动性，从而进一步促进宝宝语言的发展。

如何教孩子学讲感觉词

让宝宝学会表达自己的感觉，这是学习语言的基本目的。因此，教宝宝学会说形容词以及表达感觉的词语就非常重要。

让宝宝学习形容词最好的办法，就是让他亲身体验一下这个词所形容的感受。比如，拿一杯热水，让宝宝摸摸杯壁，告诉宝宝“这就是烫”，可千万要注意安全！从冰箱里刚拿出来的冻肉，让宝宝摸一摸，好凉啊！买一些橘子，最好是有酸的也有甜的，让宝宝尝尝酸味的橘子，再尝尝甜味的橘子，宝宝很快就能记住“酸”与“甜”了。用类似的方法，可以让宝宝学会咸、苦、辣，软、硬、高、矮等。

对于感觉词的训练，要每天重复，学会一两个词以后，再增加新的词汇，以便促进宝宝的思维活动，使他们学会如何使用形容词来表达自己的感受。

宝宝涂鸦时说话促进左右脑发展

1～2 岁的宝宝很喜欢拿着笔到处涂涂画画，这就是通常所说的“涂鸦期”。你知道吗？涂鸦对宝宝的语言发展也能起到重要作用。

我们经常看到，当宝宝在纸上涂画的时候，他们会很开心，同时嘴里一边“咿咿呀呀”地喃喃自语。而如果在地板上画不出任何东西的时候，宝宝就会停止动作，一会儿就把笔扔掉，去做别的事情了。由此可见，宝宝在绘画的时候，他们的视觉因素和语言表达之间有密切的关系，也就是说画画可以刺激宝宝的语言表达能力。

对于宝宝来说，涂鸦可以展现属于他们自己的奇思妙想。宝宝边画画、边喃喃自语时，一定是思维运转非常快速的时候，发出的各种声音就是宝宝急于表达自己思维的方式。也许你无法听懂宝宝在说什么，但这样做却能促进宝宝的思维能力，进行左右脑的全面开发。

涂鸦时期的宝宝会在每个地方留下自己的画迹，墙上、妈妈的书上、爸爸的文件上等，可千万别生气，千万别打击宝宝涂鸦的积极性，不妨为宝宝准备好专门的纸和笔，和宝宝一起涂涂画画，这样一定能达到促进宝宝语言能力和阅读能力发展的作用！

本阶段家庭游戏

■ 钻椅子

让宝宝站在椅子前面，妈妈蹲在椅子后面说：“宝宝，蹲下来看看妈妈的脸！从椅子底下钻过来，你就能到妈妈这边了哦！”请伸出你的手，鼓励宝宝从椅子底下钻出来。等宝宝钻过来以后，还可以帮助他从椅子上爬过去，让宝宝体会一下“爬山”的感觉，这可以提高宝宝的运动能力。

■ 在这儿

让宝宝坐在床上或垫子上，两腿分开伸直。妈妈把宝宝喜欢的玩具放在他的左侧，让他左转身体去拿玩具；之后再把玩具放在宝宝身体的右侧，让他右转身体去拿玩具。妈妈可以提示宝宝说："在这儿呢，在你的左边。"或"在这儿呢，在你的右边。"这可以锻炼宝宝腰部的灵活性和柔韧性，也能让他们理解左右的概念。

【安全防护】

如何避免误服药物

■ 为什么孩子容易误服药物

家庭用药中经常出现糖衣片、异形片和彩色药片，幼儿往往将其误认为糖果。儿童药品为了提高孩子的服药依从性，一般加有甜味剂，很多家长为了使孩子顺利服下药物，会告诉孩子吃的是"糖果"或"糖水"，这进一步增加了孩子误服药物的风险。孩子自身缺乏判断能力，容易将药品与食品混淆。

■ 发生药物误服怎么办

误服药物的事件往往发生得非常突然，服用剂量通常是正常服用剂量的数倍或十几倍，非常危险。孩子本身抵抗力没有成人强，一旦发生吃错药的情况，又往往叙述不清，怎么办？

1. 家长一定不要惊慌失措，更不要打骂孩子，否则孩子哭闹更不利于说清真相，还会拖延救治时间。家长首先应尽快弄清什么时间、误服了什么药物和大致剂量，以便就医时提供情况。

2. 确认孩子误服药物后，在送医院抢救过程中或等待专业急救人员到来之前，应先做初步处理，可用手指刺激孩子咽部进行催吐，使药物被呕吐出来。

3. 催吐也要分情况，孩子处于昏迷状态、抽搐、惊厥时，或误服腐蚀性物质时，不可催吐。

4. 最好把误服的药物和呕吐物带往医院，便于医生了解情况，对症采取措施。

■ 不同药物的急救应对措施不同

家长在采取如下措施的同时，要尽快送孩子去医院急诊。

1. 若误服剂量较少的一般性药物，如普通中成药或毒副作用很小的维生素、止咳糖浆等，可让孩子多饮凉开水，使药物稀释并及时排出。

2. 如果吃下的药物剂量过大或有较大毒性，如安眠药、避孕药等，家长应立即用手指刺激孩子咽部催吐，然后再喝大量茶水、肥皂水反复呕吐洗胃。催吐和洗胃后让孩子喝几杯牛奶和 3～5 枚生鸡蛋清养胃解毒。

3. 误服了脚癣药水、止痒药水、驱蚊药水等外用药品，应立即让孩子尽量多喝浓茶水，因茶叶中含有鞣酸，具有沉淀及解毒的作用。

4. 如果误服腐蚀性药物（如碘酒），应马上喝米汤、面汤等含淀粉的液体。

■ 家长在储存药品时的注意事项

1. 药品不可和其他物品混放在一起，防止拿错。
2. 家长应尽量避免在孩子面前吃药，以免孩子模仿吃药动作。
3. 告诉孩子为什么吃药。
4. 不让孩子拿到药品。
5. 应保存药品完整的外包装。
6. 儿童用药应尽量选择有安全瓶盖的产品。
7. 不要使用饮料瓶盛装农药、清洁剂、强酸、强碱等，以免误食。

头、面部表皮磕碰伤的处理

孩子到 1.5 岁以后走路才逐渐稳当，因此，1～2 岁的孩子在日常生活中会比其他年龄的孩子更容易出现磕碰现象。他们在玩耍或奔跑时不慎摔倒或撞上桌椅，头、面部常常首当其冲。由于是机械性撞击，很容易形成红肿、青紫。

孩子头、面部磕碰伤的特点是局部伤口不出血，但感觉很疼。磕碰的部位数分钟后出现青紫，这是因为面部有许多静脉小血管，包括面前静脉、面后静脉、翼静脉丛等。面部青紫，大多数是由于面前静脉的毛细血管损伤所致。面前静脉距皮肤最近，担负营养面部皮肤、肌肉、黏膜回流血的任务。一旦面部受到撞击，面前静脉的毛细血管最容易断裂出血，这种出血是内出血，由于血流扩散到皮下组织，从而引起面部青紫、肿胀。

遇到这种情况时家长不要惊慌，应先检查受伤部位是否累及骨骼。若接近鼻子，孩子感觉疼痛难忍，且迅速肿胀起来，应去医院照 X 光片以确认是否鼻软骨骨折。但大部分面部磕伤，都是静脉小血管出血和软组织损伤。

护理这种孩子应先用冷毛巾或冰袋敷在损伤部位，冷敷越早越好，最好在青紫症状出现之前，这样能避免或减轻青紫现象。每日冷敷 2～3 次，每次 10～20 分钟，坚持 2～3 天。如果局部肿胀严重，每日冷敷后再敷一些中药，如止血散、消炎膏、云南白药等。一般6～10天局部皮肤就能恢复原状了。出血严重的，青紫时间会延长。应当注意的是，刚摔伤后切忌热敷，因为热敷可引起局部组织温度升高、代谢增强，使本来已断裂的毛细血管再次扩张，促使静脉血流加速，加重局部青紫现象。如果肿胀不太严重，48 小时以后可以采用热敷止疼。此外，孩子面部碰伤三天之内，家长应密切观察，如有无体温升高、头疼、头晕、烦躁不安，鼻腔和口腔里是否有暗红色的血等，若发现异常应送医院复查。

【成长顾问】

如何应对宝宝在公共场合的大哭大闹

1岁半左右的宝宝行动更加自如，语言也较以前丰富，开始有了自己独立的思想。这一时期的宝宝似乎能够懂得很多道理了，可有时候还是能做出令你尴尬的事情。比如，带着宝宝逛超市，应该是一件很快乐、幸福的事情，可是宝宝在超市里看到自己想要的东西会哭喊着要拿，有时会把货架翻得乱七八糟，有时还非要吵着在结账前吃东西……宝宝捣乱的时候，总会引来别人的目光，爸爸妈妈为了尽快解除尴尬，通常会满足宝宝不合理的要求。可这样做会陷入一个恶性循环，宝宝经常会用哭闹的方式达到自己的目的，完全听不进任何道理，即使打骂也不管用。

所以，爸爸妈妈平时就要和宝宝立好规矩，合理的要求可以尽量满足他；不合理的要求绝对不能满足。什么要求是合理的，什么是不合理的，可以和宝宝一同商定。一旦规矩订立好，就要让宝宝严格执行。对宝宝不合理的要求绝不能心软和姑息，这样他才会明白“爸爸妈妈不答应是因为我的要求不合适，哭闹并不能解决问题”。同时，宝宝的规则意识也开始培养起来。

如果你遇到宝宝在公共场所大哭大闹，讲道理讲不通的话，不妨试试如下方法：

● **暂时离开法。**对宝宝说：“你要是不走的话，我就先走了。”在旁边找个柱子躲起来，但视线不能离开宝宝，以免出现危险。宝宝看到父母走了，就会赶紧追上去而忘记再哭闹。

● **强制冷静法。**可以强行把宝宝抱到人少的地方，不说话，静静地等他哭够平静下来后，再和他讲道理，告诉他不能满足他的要求的原因。

● **事先约定法。**带宝宝出门之前，就应该和他约定好，什么可以做，什么不能做，可以买几样东西，可以去哪里玩等。也可以说好如果宝宝能遵守约定，就给他什么奖励；如果不能遵守约定，就要接受惩罚。经过几次教导，宝宝就能自己遵守规则了。

● **选一法。**宝宝的占有欲很强，到商场往往会要这要那，如果不满足他，他会哭闹不停。这个时候可以告诉他，只能选一个，满足他一部分要求会让他觉得可以接受。

● **自主选择法。**对于更大一些的宝宝，出门前你可以事先将一定的钱币放入他的口袋，并说好“这是你今天可以买东西的钱”。你会发现宝宝变成了一个“吝啬鬼”，因为还不认识数字，总是问你这个多少钱、那个多少钱。这个时候你就占据了主动。在适当满足宝宝要求的同时，开始让宝宝逐步学习数字和大小的概念。有时候你会发现，转了一圈回来，宝宝什么都没买还很高兴，这时要给他鼓励。

当孩子向别人要东西时怎么办

不知道你有没有遇到这样的情况，带宝宝在外面和别的小朋友玩，他看到人家的玩具、零食就想要，或者直接伸手就拿。宝宝的这种行为常让父母感到尴尬，认为宝宝特别“没出息”，忍不住会骂他。

其实，很多宝宝都会经历和别人要东西的阶段，但这并不是“没出息”的表现，有时候宝宝自己手里的玩具或零食比别人的好，可他们还是会想要别人的东西。这只是因为宝宝的好奇心比较强、知识经验欠缺，因此总认为别人的东西比较好，总想把别人的东西拿到手里研究一下。随着宝宝逐渐长大，储备的知识越来越多，越来越懂事以后，就不会随便要别人的东西了。

当然，爸爸妈妈也不能对宝宝要别人东西的行为视而不见，如果坐等宝宝的行为自然消失，也许这个过程中会出现偏差。爸爸妈妈对宝宝行为的态度和引导方式，会直接影响宝宝的性格和道德品质。爸爸妈妈应让宝宝安然渡过这个时期，而不会形成“眼红”别人的东西、占有欲较强的危险性格。那么，该如何正确引导宝宝呢?

- **尝试比较。**通过比较使宝宝明白不同形状、样式的物品，其性质是相同的。比如，宝宝要了别人手里的饼干，别急着骂他，不妨让宝宝尝一尝要来的饼干，当他发觉别人手里的饼干和自己的饼干味道大同小异之后，就不会再和别人要东西了。

- **回忆比较。**遇到宝宝和别人要东西的时候，不要强迫他放弃讨要，这种压制只会激起宝宝想要得到别人东西的欲望。应该使用温和的态度，引导宝宝回想他也曾经吃过这种食物或玩过这种玩具。当宝宝陷入回忆中时，想要别人东西的欲望就会消失了。

- **适当满足。**当宝宝和别人要东西的时候，转移他的注意力也不失为一个好办法。如果宝宝觉着别人的东西好，爸爸妈妈可以找一个类似的东西代替，转移宝宝的注意力。等事情过去以后，爸爸妈妈可以趁着节日或找一个理由，奖励宝宝一个同样的东西。当宝宝知道自己也有可能拥有同样的东西时，就不会再“眼红”别人的东西了。

- **分享交换。**如果宝宝特别想要别人的东西，可以引导宝宝用自己的东西和别人交换，这样既能满足宝宝的好奇心，也能让宝宝学会分享，学会与别人交流。

1 岁第 7～8 个月

1. 几乎所有的幼儿都可以在 18 个月时步行，走步学得好的孩子，可能会开始练习后退。
2. 这个时期，对婴儿来说，是容易产生不安的时期。为了逃避这种不安，他一直想紧紧地跟在母亲的身边。
3. 如果宝宝这个时候还一个字都不会说的话，就要进行一些相关检查了。只要宝宝没有导致无法说话的疾病，如听力问题等，爸爸妈妈就大可不必担心。
4. 选择适合宝宝年龄特点的图画书。不同年龄的宝宝的理解力不同，对于 1 岁多的宝宝，选择图文并茂的图书最适合。
5. 婴幼儿正处于生长发育时期，各组织器官尚未发育成熟，长时间坐便盆的话，很容易造成脱肛。
6. 让宝宝学做家务，从来不会太早。1～3 岁的宝宝正处于爱模仿的时期，他们很愿意模仿爸爸妈妈的动作，和爸爸妈妈一起干活。

	生理发育正常均值
体重	10.3～10.9 千克
身高	80.4～81.6 厘米
头围	46.2～47.4 厘米
胸围	46.7～47.8 厘米
前囟	0～0.5 厘米×0.5 厘米
牙齿数	10～16 颗

【成长脚步】

每一个孩子的成长轨迹都不同，这里只是大致描述本年龄段宝宝的发育情况。你的孩子的某一单项指标以向前两个月或向后三个月的指标作参考，都是可以的。

■ 情绪情感

● 还不能随心所欲地做自己想做的事情，感到很沮丧，也很气愤。如：试着喝水，水会洒出来；想跳高，却摔下来等。

● 宝宝发脾气是因为他失去控制造成的。家长要保持冷静，能控制自己，直到宝宝的脾气平息。

■ 大运动

● 几乎所有的幼儿都可以在18个月时步行，走步学得好的孩子，可能会开始练习后退。一旦宝宝能够自信地行走，很快就会发展到跑——虽然刚开始会有点笨拙。

● 有些幼儿会在20个月时开始练习踢皮球。

● 当孩子开始跑时，你会发现，在遇到障碍物或者台阶时，他控制不好减速。

● 他可以上、下楼梯（后退或者坐在地上挪动），并且几乎不需要帮助。

■ 精细动作

● 灵巧性在不断提高，能按页翻阅书籍，能旋转门锁的把柄并打开锁。

● 开始逐渐习惯用左手或右手，但没有必要改变他的用手习惯。

■ 自理能力

● 越来越灵活，18个月时，能够脱下轻便的衣物，如袜子。到20个月时，他可在你的帮助下脱掉衣服。

● 很少尿裤子了，但是上厕所还是很不配合。

■ 语言

● 会重复你说的句子中的最后几个字。

● 能听懂简单的问题，如“爸爸在哪里啊?”、“你要喝水吗?”

● 喜欢的故事重复听，还想知道故事的后续内容。

● 会指着玩具娃娃说出它各部分的名称。

■ 反应

● 会声明东西是自己的。

- 会到另一个房间去找需要的东西。
- 喜欢家长注意他，但也不介意你注意别人。
- 能从照片中认出自己和那些自己认识的人。
- 曾经喜欢过的东西，会突然感到害怕。

■ 身体发育

- 经常不穿衣服光着身子四处跑。
- 发现自己的生殖器了。
- 牙齿越来越多，但现在吃得很少。

【营养美食】

夏季幼儿饮食须知

■ 合理补充水分

夏天水分流失比较快，随着汗水会有钠、钾以及其他一些矿物质排出，所以夏季幼儿应该多补充水分。建议让幼儿多吃些水果，或者以汤类来补充，最好少量多餐。要注意白开水也不能喝多了，过量的水有可能引起水中毒。

■ 合理补充蛋白质

幼儿身体发育快，蛋白质是必不可少的。在高温环境中蛋白质的损耗大、分解快，所以夏天容易出现蛋白质摄入不足的情况。补充蛋白质最好用牛奶、鸡蛋、豆制品、肉类，建议每天保证适量的蛋白质摄入量。

■ 补充维生素

汗液中损失较多的是维生素 C 和维生素 B_1、B_2，多食水果可有针对性地补充维生素 C。粗粮中的维生素 B_1 比较多，牛奶以及绿叶蔬菜中含有大量的维生素 B_2。在烹调绿叶蔬菜时放点醋，还可增加食欲，预防夏季幼儿肠道传染病。

■ 适当补充盐分

夏季出汗较多，体内水分丢失多的同时，盐分丢失也比较快。因此，在补充水分时，也应适当补充盐分。

■ 宜吃利水渗湿的食物

夏天酷热高温，湿热邪气易侵入人体，儿童宜常吃利水渗湿的食物，如荠菜、黄花菜、冬瓜、鲫鱼等。

■ 控制瓜、果、梨、桃等水果的摄入

中医将瓜、果、梨、桃等水果视为寒凉食品，因此，控制瓜、果、梨、桃等水果的食用量对于保护幼儿脾胃不受伤害十分重要。

■ 不宜食过甜食物

各种甜饮料、冰激凌、果汁、水果罐头、蜂蜜、水果糖、巧克力等过甜食物不仅会引起胃肠湿热影响食欲，而且还会引起腹胀导致消化不良。另外，在喝牛奶时应尽量少放糖。

■ 不宜食助阳及热性食物

夏季小儿发热，多为阴虚之体，一方面，忌食升阳助火之品，宜选择性味甘寒之物；另一方面，忌食猪头肉、公鸡、鲤鱼、狗肉、羊肉、龙眼、荔枝、栗子、橘子等，因为这类食物性热，食用以后可加重发热。同时不宜食生硬油炸类食物。

■ 少食多餐，荤素搭配

幼儿夏季食欲受到影响，家长应多变些花样，做到品种多、荤素搭配合理、食物味道经常变换。对于平时消化能力差的孩子，可以经常给予腹部按摩，帮助消化。

■ 注意饮食卫生，小心变质食物

要注意培养孩子良好的卫生习惯，防止病从口入。便后要及时洗手，不喝生水，不吃变质食品，生吃瓜果要洗净。另外，随着家用饮水机的普及，由于未进行定期清洗或清洗不彻底，常成为儿童夏季腹泻病新的感染源。

喝剩的奶粉或酸奶隔一小时以后就不能给孩子喝了；尽可能控制做菜的量，最好给孩子每顿都吃新鲜的菜；冰箱中的食物吃第二顿时要彻底加温，应将食物加热到 75℃以上（肉汤必须煮沸 3 分钟）。

夏天吃冷食、冷饮要适量

入夏后，孩子一般都喜欢吃冷食、冷饮，如雪糕、冰激凌、果奶、酸奶等。夏天的高温会使孩子的唾液和胃液分泌减少，缺乏食欲。食用适量冷食、冷饮可使人感到凉爽，并能调节消化系统的功能。但孩子吃冷食、冷饮过多会使胃肠骤然受凉，引起胃肠不规律收缩，导致腹痛，对孩子的身体健康非常不利。

短时间内进食大量冷饮，会骤然吸收大量水分，使血液成分被稀释，往往引起心慌、气短或出虚汗等。冷的刺激也会使胃肠蠕动加快，使肠内食物未能很好地吸收便被排出体外。冷食、冷饮中的营养成分与正餐食物相比，实在少得可怜，不能满足孩子的营养需要。

■ 忌空腹食用大量冷食、冷饮

一方面，会使胃黏膜表面温度降低、血管收缩，降低胃黏膜对侵害因素的抵抗能力；另一方面，冷刺激以及冷食、冷饮中的油脂、辛辣或糖类成分，可使胃酸分泌增加，对胃黏膜的侵害作用加强，加上保护因素减弱，极易引发胃黏膜炎症甚至溃疡。

■ 剧烈运动后也不宜大量食用冷食、冷饮

婴幼儿正处于身体快速生长发育阶段，需要均衡的营养。冷食、冷饮中虽然含有不少糖分，但缺少其他营养物质，有的商家为增加冷食、冷饮的甜度而增加了糖精，那危害就更大了。孩子吃冷食、冷饮过多，易使食欲下降。冷刺激还会引起胃部肌肉神经兴奋痉挛、阵发性腹痛等症状。同时还容易诱发消化不良、胃肠道感染、胃部不适，进而出现腹痛、腹泻、呕吐等症状。2 岁以内或肥胖的幼儿吃过冷食品还容易引起肠胃炎甚至会诱发肠套叠、急性肠梗阻等急腹症。如果发现孩子有阵发性腹痛哭闹，并伴随着呕吐，在腹部能摸到肿块，应及时去医院就诊，以免引起肠坏死。另外，孩子吃冷食、冷饮过多，还易造成便秘，对其牙齿发育也不利。

父母还要注意避免让孩子在刚吃完饭或刚喝完热水之后立即食用冷食、冷饮，以防腹痛的发生。

【护理保健】

幼儿脱肛怎么办

宝宝便秘蹲便盆太久的话，很容易导致脱肛。如果宝宝出现了脱肛，该怎么办呢?

● 一般来说，幼儿脱肛都是其他疾病引起的，如便秘、腹泻或百日咳等。当宝宝发生脱肛时，要寻找病因，积极治疗原发疾病。通便、止泻和止咳是常用的治疗方法，同时还要增加营养、增强体质，确保幼儿健康成长。另外，要防止宝宝长时间大声哭泣，否则会使脱肛问题更加严重。

● 有些宝宝可能会出现反复脱肛，有无法自动回纳的现象，这时就要改变宝宝的大便体位。不要让宝宝采用蹲位排便，不然会使肛管和直肠处于下垂的位置，加重脱肛。正确的排便方式是尽可能地不使髋关节弯曲，可以让宝宝采用站立撅臀的排便方式，或由父母抱着宝宝排便。

● 如果你发现宝宝的直肠脱出了，要立即用手轻轻送回，之后用多层纱布块折叠成塔形，压迫在肛门处，外面用绷带固定住，防止直肠再度脱出。

● 对于脱肛的宝宝，可以用五倍子、地榆、黄连各 50 克煎水，趁热倒入盆中，为宝宝清洗肛门，每天洗 12 次，每次 20 分钟即可。如果宝宝反复脱肛，要去医院诊治。

婴幼儿肺炎家庭护理

婴幼儿的各个身体器官还处于发育阶段，自身的免疫系统也还没有成熟，上呼吸道感染很容易扩散到下呼吸道，引起支气管肺炎。无论是上呼吸道感染还是下呼吸道感染，很多症状都相似，如都会伴有不同程度的发热、鼻塞、流涕、咳嗽等。肺炎是一种最常见的肺部感染疾病，婴幼儿所患的肺炎通常是病毒性的，用抗生素治疗基本无效，更多的是需要爸爸妈妈的细心呵护和耐心关爱。

■ 如何判断宝宝是否得了肺炎

最常用的方法是在宝宝相对安静的状态下数每分钟呼吸的次数，如果发现 2 个月以下婴儿呼吸≥60 次/分钟、2～12 个月婴儿呼吸≥50 次/分钟、1～5 岁小儿呼吸≥40 次/分钟，就说明宝宝有可能得了肺炎，要赶紧到医院诊治。另外宝宝得肺炎的时候，还会出现呼吸困难、呼吸急促的现象，从体表可见宝宝吸气时肋骨与肋骨之间、锁骨上窝、胸骨上窝三处出现凹陷，同时还可伴有鼻翼扇动、口唇发绀等症状。

在为宝宝数呼吸次数的时候，要使用正确的方法：要数满一分钟，一呼一吸算一次呼吸，如果将一呼一吸算两次呼吸就错了；发现宝宝的呼吸频率大于该年龄段宝宝的呼吸频率时，应当反复数几次，如果确实快的话就要立即去医院检查；婴幼儿胸廓活动范围小，多呈腹式呼吸，因此观察小儿呼吸时的腹部起伏运动，数的呼吸次数会更正确；数呼吸应当在宝宝安静时进行，因为哭闹、运动、进食前后宝宝的呼吸均会加快，这时数的呼吸次数不能反映真实情况。

■ 婴幼儿肺炎很容易误诊

一般来说，得过一次肺炎的宝宝就不会再得第二次肺炎了，当然也会有例外的情况。不过，如果你的宝宝几次三番地被诊断为肺炎，你应当考虑一下是不是误诊了。最易和肺炎混淆的病症是婴幼儿哮喘。也许你会认为哮喘是老年人才会得的病，事实上现在很多婴幼儿都会得哮喘。如果你的宝宝曾经得过肺炎，当他再次反复咳嗽、久咳不愈时，不妨问问医生，可否加用一些治疗哮喘的药物，也许会对宝宝有帮助。

■ 得了肺炎的宝宝饮食应注意的地方

对于患有肺炎的宝宝来说，除了要接受正规的、足够疗程的治疗以外，最重要的还是要调养，增加营养，多锻炼身体以提高自身的免疫力。宝宝得肺炎后，在饮食方面会有一些禁忌，爸爸妈妈们要特别注意：

● 忌高蛋白饮食：瘦肉、鱼和鸡蛋的主要成分为蛋白质，宝宝进食的蛋白质越多，排出尿素相对也会增高，而每排出 300 毫克尿素，最少要带走 20 毫升水分。因此对高热失水的患儿应忌食高蛋白饮食，在疾病后期可适当补充，以增强体质。

● 忌食多糖之物：糖分是一种热量补充物质，功能单纯，基本上不含其他营养素。肺炎患儿吃糖太多的话，会降低体内白细胞的杀菌作用，反而会加重病情。

● 忌辛辣食物：辛辣食物刺激性大，容易化热伤津，故不宜让肺炎患儿食用加入辣

油、胡椒及辛辣调味品的食物。

● 忌生冷食物：西瓜、冰激凌、冰冻果汁、雪糕、香蕉、梨等生冷食物，容易造成体内阳气受损，导致抵抗力变低，病情也难以痊愈，所以肺炎患儿要少吃生冷食物。

● 忌乱服用清热药物：金银花、青果、板蓝根冲剂等清热药物对肺炎患儿有益，但不能长时间服用，否则会伤及人体正气，使原来的症状加剧。

● 忌用酸性药物和食品：味酸的药物或食物，如五味子、乌梅、维生素 C、酸果、橘子、食醋等，有收敛的作用，会妨碍出汗，不利于肺炎患儿病情的恢复。

● 忌油腻的食品：肺炎患儿消化功能会比较差，如果吃得过于油腻，会影响消化功能，以致抗病力降低。鱼肝油、松花蛋黄、蟹黄、凤尾鱼、动物内脏等油腻的食品，不要让肺炎患儿多吃。喝牛奶时要除去上层的油膜，喂母乳的妈妈也要少吃油腻食物。

■ 家庭护理的要点

对于得肺炎的宝宝来说，遵照医嘱按时服药或注射是治愈肺炎的必要方法，同时在家庭护理方面，也要注意以下几点：

● 室内温度和湿度要适宜，一般温度保持在 18℃～22℃，相对湿度在 50％～60％。注意经常开窗通风，保持室内空气清新，但要避免形成对流风；不要给宝宝穿太多衣服，或盖太厚的被褥，以不出汗为宜；睡觉时把宝宝的头部垫高，经常变换体位，这样可以减轻肺部淤血。

● 宝宝得肺炎以后，经常会出现呼吸急促、发热、进食较少的症状，这些因素都会使宝宝的呼吸道分泌物变得黏稠且不易咳出，所以要帮宝宝及时清除分泌物，以防阻塞加重，可以做蒸气吸收，使痰液稀释而易于咳出。

● 患有肺炎的宝宝要注意饮食，吃易于消化、热量高且富含维生素的食物。对气促幼儿可以少量多餐，注意预防呛入气管发生窒息，同时要大量补充水分。

● 一定要密切观察病情，如果宝宝出现呼吸急促、高热不退、烦躁不安、面色灰白等症状，就说明病情加重了，要立即去医院诊治。

【育儿百科】

不要用玩具替代对宝宝的教养

当宝宝大哭大闹、耍脾气的时候，该怎样让他们安静下来呢？大多数父母会选择用玩具，哗啦啦响的摇铃、会敲鼓的小熊、灯光闪烁的玩具汽车……这些玩具都能成功地转移宝宝的注意力，让他们不再哭闹，这样大人也就能松一口气了。但是，总使用这些替代品来让宝宝安静，这个方法对宝宝有益处吗？我们经常看到有些宝宝在商场里哭闹，甚至满地打滚，就是因为妈妈不给他买玩具。只有妈妈买了玩具，宝宝才会破涕为笑。这就是经常使用玩具进行教育的副作用，这会使宝宝学会从物质中获得安慰，而不懂得通过与人相处来获得感情的慰藉。

在教养宝宝的过程中，总会遇到困难，总有吃力的时候，这种情况下更需要爸爸妈妈们充分发挥自己的聪明才智，提高自己的创造力、耐心和自信心，弄清楚宝宝生气的缘由，给予他们必要的安慰。不要总是以物质来满足宝宝的需求，而要让宝宝从小就学会正确地表达自己的感情，正确地与人相处，这样才有利于宝宝的健康成长。

让孩子参与家务劳动

宝宝现在就做家务，会不会太早？会不会太累？其实，让宝宝学做家务，从来不会太早。1～3岁的宝宝正处于爱模仿的时期，他们很愿意模仿爸爸妈妈的动作，和爸爸妈妈一起干活。你不妨趁机训练宝宝的动手能力，这对宝宝的成长发育是很有好处的。当然，一些比较危险的家务活，如与火有关的、使用尖利工具的，就不要让宝宝参与了。

当你在厨房洗碗的时候，给宝宝一块海绵、一个塑料碗，让宝宝也一起洗碗；如果你要做饭，给宝宝一个面团，让他在安全的地方揉面团；如果你要给花浇水，可以给宝宝一个小壶让他一起浇；也可以给宝宝买一些玩具工具包、玩具熨斗、玩具餐具等，让宝宝一边玩一边学做家务。

请不要厌烦宝宝每天跟着你，随时随地模仿你的动作，如果宝宝在模仿时能得到你的适时指导，对宝宝自理能力的培养是非常有好处的。

让宝宝爱上阅读

宝宝学说话的时候，爸爸妈妈不仅要和他们多说话，而且要培养他们良好的阅读习惯，让宝宝从书中汲取知识、启迪智慧，使他们的语言更丰富。爸爸妈妈为宝宝准备一些画质精美、语言生动、内容精彩的图书，不仅能促进宝宝的语言发展，还能帮助宝宝形成良好的性格品质。如何做才能让宝宝爱上阅读呢？

■ 选择适合宝宝年龄特点的图画书

不同年龄的宝宝的理解力不同，对于1岁多的宝宝，选择图文并茂的图书最适合。看书的时候，妈妈和宝宝坐在一起，让宝宝看着图，妈妈用手指着文字讲给宝宝听。不必要求宝宝认识书中的文字，只要培养宝宝对文字的兴趣就行了。

■ 重复才会有趣、有效果

1岁多的小宝宝不可能听一遍故事就能记住，宝宝喜欢的故事他是百听不厌的，妈妈也要不厌其烦地讲给宝宝听，每次都要注意让宝宝有新的发现和提高。每次讲故事的时候，可以提一些问题，启发宝宝对故事内容进行思考，使宝宝学会观察、想象。比如阅读《白雪公主》的时候，可以问宝宝："白雪公主的衣服是什么颜色啊?"，"皇后为什么每天照镜子呢?"，"白雪公主到森林里都遇到了什么呢?"，"七个小矮人的名字是什么?"，"扮成巫婆的皇后给白雪公主吃了什么?"，"谁救了白雪公主的命?"，等等。不要一次提太多问题，如果宝宝能回答出问题，就要好好表扬他；如果宝宝回答不出来，妈妈可以启发他回想故事内容。多重复几次之后，宝宝就能复述故事内容了，这时就可以看新的故事了。

■ 正确看待宝宝撕书

很多宝宝很爱撕书。宝宝撕书的原因你可要好好分析一下，有时候宝宝看到凶狠的大灰狼要吃小羊，就会把大灰狼撕掉。这种情况下，你可千万别批评宝宝，这是宝宝同情弱者的善良情感导致他撕书的，只要给宝宝讲明"书是用来看的，不要撕"的道理就可以了。当然，如果宝宝故意撕书的话，就要批评他了。让宝宝自己看书的话，要事先教他正确翻书的方法。如果书有破损，要和宝宝一起修补好。宝宝只有学会爱护书籍，才能真正爱上阅读。

本阶段家庭游戏

■ 找妈妈

妈妈在房间里找一个安全、易找的地方藏起来，呼喊宝宝的名字，让他来找你。在宝宝寻找的过程中，你可以不断提醒宝宝："妈妈在卧室呢!"、"妈妈在桌子旁边!"等，引导宝宝寻找。也可以不时露露头，直到宝宝找到你。宝宝找到你后，别忘了欢快地把他抱起来，好好鼓励他哦!

■ 他是谁

当妈妈和孩子一起看图片时，可以和他讨论图片的内容，观察他能否说出与此图片相关的词汇。例如，妈妈可以指着食品盒上的食品图片给孩子看，让孩子说出图片内容。

【安全防护】

如何预防孩子触电

家庭中的电器越来越多，孩子接触家用电器的机会也就越来越多。插座、插头等难以做到完全隐藏，很容易被孩子接触到。许多孩子会将它们当成自己的玩具，用手指在插座、插孔里来回捅插，甚至用镊子、钉子、铁丝、别针、铅笔、勺子柄等工具进行掏挖。孩子的这些好奇行为可能会给他带来重大伤害甚至危及生命。孩子天性如此，又缺乏安全用电常识和自我保护意识，而父母又无法寸步不离地看护。所以从根本上进行防范，才能避免危险的发生。

- 孩子够得到的插座都要使用有儿童防护设计的安全插座或套上专用的塑料罩。
- 所有的电器设备，如电熨斗、搅拌器、吹风机等用完后立刻放回孩子触摸不到的、安全的地方。
- 注意电热水壶的水温和摆放位置，以免孩子触摸或碰倒。
- 外引的电线只能临时使用，用完应立刻收拾好，不能放在孩子伸手可及的地方。
- 电风扇、取暖炉放在安全的地方，或用围栏围住，以免孩子绊倒而发生触电事故。
- 从孩子开始爬的那天起就要教他不能接近、触摸带电物体，不能玩电灯开关和拧灯泡，也不要让孩子拆弄家用电器，见到脱落的电线时，不能靠近，对于裸露的线头，更不能用手脚去碰。
- 用故事的形式让孩子明白电的危险、认识安全用电标志、知道用电常识，形象的东西能给孩子留下深刻的印象。

孩子触电怎么办

万一孩子触电了，急救一定要及时。

■ 脱离电源

宝宝发生触电时，首先应采取最快方式切断开关或拔掉插头，使其脱离电源。如暂时无法关闭电源，可用干燥木棍、竹竿将电线或孩子拨开。如果需要直接拉开小孩时，抢救者必须站在干纸堆或木板上，拉住小孩的干衣角，将他拖开。

■ 贴身守护

如果通过人体的电流很小，触电的时间也短，脱离电源以后孩子意识清醒，只是大哭或感到心慌、头晕、四肢发麻，那问题不会太大。这时候，家长应在旁守护，观察孩子的呼吸、心跳情况，休息 1～2 小时后可到医院作详细检查，看看有没有内脏受损的情况，一般不至于发生生命危险。皮肤灼伤处敷消炎膏以防感染。如果孩子在受到电击之后，尿液的颜色变黑或者变成可乐的颜色，那就应该带孩子去医院检查一下。

■ 急救对策

如果触电时间较长，通过人体的电流较大，或者电流是从右手到左脚，此时电流通过人体的重要器官（心脏和中枢神经系统），损害就很严重，孩子表现为面色苍白或青紫，昏迷不醒，甚至心跳、呼吸停止。这时就应该争分夺秒进行现场抢救，首先听听孩子有否心跳、呼吸，若心跳、呼吸已停止应立即做人工呼吸及体外心脏复苏（具体方法参看“2 岁 10～12 月”）。若抢救有效，在半分钟至 1 分钟内，孩子口唇会渐渐转红。若心跳、呼吸存在，孩子可送医院，但送医院途中仍应密切注意呼吸、心跳的变化，一旦出现呼吸、心跳停止，应立即抢救。

如何让孩子与宠物狗和平相处

● 如果你在怀孕前家里就养了狗，这样孩子就属于后来者，那么就要认真考虑一下你的狗是否能接受新生宝宝。可以在宝宝出生前，慢慢地疏远宠物狗，并告诉狗即将有一个小主人出现在家里。一般来说，狗是能听懂的，当它有了心理准备，就不会对新生婴儿充满敌意了。

● 如果你的狗有过任何形式的攻击人类的行为，那么就要限制狗和孩子接触。绝对不能让狗和孩子同处一室。在没有大人看管的情况下，千万不要让狗和孩子或熟睡的婴儿独处。

● 如果你想养一只狗和孩子做伴，那么要考虑孩子的年龄和性格。如果孩子很小，或者看上去很怕狗的话，那就不要养狗了。

● 如果确定要养狗，那么要选择受过训练的、没有攻击性的狗，千万不要养有攻击倾向的狗，更不能随便带只野狗或流浪狗回家。

● 家长和其他狗主人都有责任防止狗攻击孩子。狗主人要看管好自己的狗，如果是大狗的话，外出遛狗时要给狗戴上口套。爸爸妈妈们要告诫孩子，不能招惹街上的流浪狗或陌生的狗。还要教导孩子不能欺负狗，要用正确的方式接触狗，不要抓狗、打狗或揪狗的尾巴。还有很重要的一点就是，千万不能拿狗食盆里的食物，特别是狗正在吃东西的时候。

● 告诉孩子，如果遇到狗的攻击，无处可躲的时候，可以原地蹲下，双手抱头埋在两膝之间，保持不动等待救援。千万不能奔跑，否则会更加激发狗的兽性。

【成长顾问】

孩子总是捣乱怎么办

当你正在和公司同事通电话解决问题的时候，宝宝会不会突然在一旁大喊大叫？当你看书看得爱不释手的时候，宝宝会不会把床上的被子、枕头都扔到地上？当你刚下夜班想要睡会儿觉的时候，宝宝会不会吵着要你哄呢？当宝宝做出这些打扰你做事的举动时，你会不会生气至极呢？别生气，宝宝并不知道你在做重要的事情，他只是觉得自己被忽视了，因而用“捣乱”的方式来引起你的注意。

如果你需要在家里工作，也请在百忙之中抽出时间关注一下宝宝在做什么；如果你要和朋友通电话，不妨等到晚上宝宝睡着以后再进行；如果你需要写资料，也给宝宝准备好纸和笔，让他和你一起写；如果你想睡会儿觉，请家人来陪宝宝玩一会儿……总之，只要你给予宝宝充分的关注，他们就不会给你捣乱了。

孩子总要抱怎么办

宝宝在刚学走路的时候特别积极，摇摇晃晃地也要自己走；可是能走稳以后，却不肯自己走了，反而会经常要求大人抱。很多家长就遇到了这样的困惑。这么大的宝宝还总让人抱，会不会变得依赖性太强呢？该怎么让宝宝喜欢自己走路呢？

● **和宝宝比赛。**当宝宝不想走的时候，妈妈就要提出来和他比赛，看谁走得快。在比赛的过程中，妈妈要经常假装落在宝宝后面，作势要追上宝宝，这样宝宝通常会自己跑好长一段路程。

● **数数游戏。**和宝宝一边走路一边数路边的树、电线杆或其他东西，这样也能激起宝宝走路的兴趣。

● **捡宝贝。**可以和宝宝一起捡路边的落叶、小石子，一路捡一路走，等到了目的地把捡到的东西找地方放好，和宝宝约好以后再来看它们。

如果走的时间太长或路程太远的话，妈妈也可抱宝宝走一阵，这样他就不会认为走路是一件辛苦的事情了。

宝宝不爱开口说话怎么办

邻家小孩：乐乐已经1岁半了，可还不会说话，偶尔也会说一串话，可是大人完全听不懂。邻居家的宝宝比乐乐大两个月，10个月时开始说话，现在已经能背简单的儿歌了！乐乐妈妈非常着急，怎么乐乐还不会说话呢？

其实宝宝开口说话有早有晚，有的10个月左右就开始说话；有的宝宝1岁半左右也不怎么说话。一般来说，宝宝会在10～15个月开始说话，如果超过这个时间还一个字都不会说的话，就要进行一些相关检查了。只要宝宝没有导致无法说话的疾病，如听力有问题等，爸爸妈妈就大可不必担心，平时多和宝宝做一些语言训练，有助于宝宝尽快说话。

● 父母少言寡语，很少和宝宝交流的话，就会造成宝宝说话比较晚。幼儿学说话通常是通过模仿进行的，缺乏模仿对象的宝宝自然说话会比较晚。所以爸爸妈妈要尽可能抽出时间来和宝宝交流，让宝宝沉浸在良好的语言环境之中，就能比较快学会说话了。

● 还有些说话晚的宝宝是由于家长照顾得太周到。宝宝刚刚哼一声或哭一下，妈妈立刻就把他想要的东西递到手里了，这样宝宝完全不需要用语言表达自己的意愿，自然也就失去了学说话的动力了。因此，妈妈们有时候不妨偷点懒，不要那么快满足宝宝的需求，应引导他用语言来表达自己的意图，慢慢地宝宝就能学会说话了。

● 家长的暗示让孩子不愿意说话。凑在一起玩的小伙伴，难免会相互比较，如果你总对别人说："我家宝宝不行，还不会说话"，就会给宝宝造成不良的暗示，让他认为自己就是不会说话。不要以为宝宝还小，其实他什么都懂，所以你要经常鼓励宝宝，让他在轻松、愉悦的气氛下自然地学说话。

● 宝宝不会说话，爸爸妈妈一定不要强迫他、逼着他说，不然只会适得其反。另外，宝宝发音不准时，不要嘲笑或学他的发音，要用正确的语音进行纠正。

● 有些宝宝习惯于使用情感语言，他们会用面部表情和体态与成人交流，因此，通常说话比较晚，并不是存在语言障碍。

孩子是个跟屁虫怎么办

前面已经很多次提到孩子的“分离焦虑”心理，“跟脚”问题就是很普遍的一种表现，它是使母亲们烦恼的问题之一。终于开始在家中能自由地来回走动的幼儿，老跟在母亲的后面，在房中团团转，甚至还会跟着到厕所里去。

前面说过，这个时期对幼儿来说是容易产生不安的时期。为了逃避这种不安，他一直想紧紧地跟在母亲的身边。此外，在努力揣摩大人心理的同时，幼儿又会产生一刻也不愿意离开他最亲近的人的心愿，这样他才会觉得心里安定。所以，就会跟到厕所里去。对此，如果冷着脸斥责他“待着别动”、“真讨厌死了”，幼儿心里肯定会感到困惑。因为他搞不懂这个房间和其他房间有什么不同。为什么突然母亲就变了脸。而且，从厕所里出来的母亲，面对啼哭的孩子训斥道：“跟你说不要跟在后面，真是不听话的孩子！”结果会怎样？只要说“不要跟在后面”一句话，孩子就会以为母亲背叛了他，加上被母亲说成是“不听话的孩子”、“坏孩子”时，就更会以为自己被舍弃了，从而会哭得更加厉害。这样，母子之间就不能建立良好的亲子关系。不过，从母亲的角度来说，在家务和育儿百忙交加的时候，孩子连上厕所都跟在后面，当然会恼火生气。

跟脚，它只是一个时期的现象。这个时期，母亲应该抱着宽容的态度去满足宝宝的愿望。如果他想到厕所里面去的话，那就请让他一起进去。跟进来有什么关系吗？孩子这时候只在意能够跟你在一起，你还在意什么呢？

有的母亲会担心这样过于满足“跟脚”幼儿的欲望，就难以培养孩子的自立观念。恰恰相反，在没有达到相应年龄之前，孩子是一边依存于母亲，一边逐渐自立起来的。在幼年时期，孩子对父母的依存程度是非常高的。孩子的自立心恰恰是从自己为父母所接受这一自信上萌生的。若对爱跟脚的孩子持续地斥责道：“你怎么又跟来了！不是说过不要来嘛！”孩子会感到被自己一直所相信和爱护的人舍弃，从而失去自信，自立心的萌生也就会推迟。

母亲应该满足孩子这个短期性的要求，这种母性的温柔将会给以后的育儿带来极大的益处。

1 岁第 9～10 个月

1. 宝宝到了 21～22 个月大时，语言技能有了很大的提高，已经不再满足于说单个的或叠音词了，很多宝宝能将两个或两个以上的词语组合成新词说出来。
2. 宝宝的身体越长越高，智力水平有也在增长，他会按照自己的意图来探索和发现这个世界。
3. 宝宝逐渐有独立意识了，不再像以前那样事事都得靠爸爸妈妈，因而遇到不如己意的事情时就会反抗，就会发脾气。
4. 幼儿正常生长发育需要营养丰富、容易消化和吸收的食物，牛奶或奶粉是最理想的，所以早晚还要各吃一次奶粉或牛奶。
5. 疫苗的接种有时间间隔，并且宝宝在每个月龄接种什么疫苗都是有规定的。按照规定接种疫苗，才能使宝宝的免疫力达到防病的最佳水平。
6. 1 岁多的宝宝也能用手拿牙刷了，可以不用牙膏，或挤一点不含氟的婴幼儿牙膏，然后让宝宝自己拿着牙刷学着大人的样子刷牙。
7. 时常摸一摸宝宝的后脖颈，只要那里是温热的，就说明宝宝不冷，不必再添加衣服。
8. 人体的生长激素在夜间分泌得最多，如果宝宝夜间醒的次数太多，他的生长发育就会受到影响。

	生理发育正常均值
体重	10.6～11.2 千克
身高	82.2～83.4 厘米
头围	46.5～47.6 厘米
胸围	47.1～48.2 厘米
牙齿数	12～20 颗

【成长脚步】

每一个孩子的成长轨迹都不同，这里只是大致描述本年龄段宝宝的发育情况。你的孩子的某一单项指标以向前两个月或向后三个月的指标作参考，都是可以的。

■ 情绪情感

- 会用肢体来表达情感，会大叫、跺脚、扔东西。
- 宝宝说我恨你，并不是真的恨你，这样说只是用来表达情绪。
- 家长通常以宝宝为中心，这常使宝宝感觉受到家长的限制，易有不满的情绪。

■ 大运动

- 孩子的运动能力比较协调，走的时候两只胳膊也不再张开着。会独自上下楼梯，并常常把上下楼梯当做游戏，不断地上来下去。
- 愿意玩大型的、电动的和刺激性强的玩具，更加喜欢玩有实际用途的玩具。
- 喜欢运动，会爬、跑、向后走、骑玩具、扔东西。

■ 精细动作

- 能把绳子穿进带孔的珠子里。
- 能搭七八块积木。
- 能拣起地上很小的东西。

■ 孩子开始“不好好吃饭”

对宝宝的过高要求和过分干预，是导致宝宝不好好吃饭的原因之一。让宝宝和家人坐在一起独立完成进餐，可避免宝宝到处乱跑。

■ 会交流的宝宝

宝宝在身体、心理和情感上呈现跨越式的发展。除了着迷于周围的环境、旁边的人在做什么之外，他会全力使用自己发展中的沟通技巧（即使他不大说话）建立他自己的关系，学习如何互动。

■ 日常护理

规律的生活习惯，有助于孩子产生安全感。但反过来说，他也可能抵制那些可能的界限。孩子不愿意从浴盆里出来，不愿意留在自己的床上，是你可能会遇到的两个问题。

【营养美食】

怎样让你的宝宝习惯吃有特殊香味的蔬菜

很多孩子不喜欢吃蔬菜，前面我们讲了如何让孩子喜欢上吃蔬菜。有的孩子吃一般蔬菜没有问题，如黄瓜、白菜等，但是对那些有特殊香味的蔬菜，如胡萝卜、芹菜、菠菜、香菜、苦瓜等，往往非常拒绝。其实，那些有特殊香味的蔬菜都具有非常高的营养价值，不食用是十分可惜的。家长应该怎样让孩子接受这些有特殊香味的蔬菜呢？

● 家长要带头。

家长们要以身作则，带头多吃这类蔬菜。

● 巧用榜样的力量。

对大一点的孩子还可以直接讲明多吃这类蔬菜的好处以及不吃这类蔬菜的严重后果，使其能自觉地逐渐接受这类蔬菜。最后千万不要忘记榜样的作用，如动画片《大力水手》，它本身就是为了推广菠菜而制作的，可以让孩子多看。不过菠菜不宜多吃，可提醒孩子，很多菜都能让你变成大力水手。

● 少量逐步适应。

对于不喜欢食用有特殊香味蔬菜的孩子，不能硬逼使孩子反感。应先给孩子少量尝试这类蔬菜，待孩子适应后再逐步增量。

● 多接触、不拒绝。

可以让孩子参与择菜、洗菜，使孩子对这类蔬菜产生兴趣，从而减轻他的抗拒心理。

● 形式多样、化整为零。

家长还要在烹调上下工夫，注意菜肴色、香、味、形的巧妙搭配，增进孩子的食欲。很多孩子不能接受胡萝卜、韭菜的特殊味道，家长可以将胡萝卜或韭菜与肉、蛋、猪肝等搭配，或切成粒、磨成泥，加入肉馅中做成饺子、包子、馅饼等，这既可提高吸收率，又能减弱这类蔬菜的味道，使孩子在不知不觉中吃下。也可尝试把胡萝卜切成丝或切成丁，胡萝卜炒猪肝是防治维生素 A 缺乏症的经典食谱。

芹菜的最佳食用方法是炒丁，由绿油油的芹菜、红彤彤的胡萝卜、雪白的马蹄、黄澄澄的玉米粒、淡红的肉粒或虾仁炒成的五彩丁，可以令孩子雀跃欢欣、胃口大开。

在食用苦瓜前家长应先刮去它的瓜瓤与瓜子，拌一点盐，轻轻榨去部分水分再配以肉类加白糖炒食即可减少其苦味。

喝牛奶有大学问

周岁以后的幼儿大多已断掉母乳。幼儿正常生长发育需要营养丰富、容易消化和吸收的食物，牛奶或奶粉是最理想的，所以早晚还要各吃一次奶粉或牛奶。这里的牛奶指的是成人喝的利乐砖包装的或者袋装的牛奶。通常来说，1 岁以内的幼儿不宜喝牛奶，因为牛奶中含有大量的蛋白质、矿物质，而复合不饱和脂肪酸和微量元素又太少，不易被幼儿细嫩的肠道所消化、吸收，也不利于生长发育。此外，牛奶还可能是幼儿奶蛋白过敏的诱因。1 岁以上的幼儿可以先从一小勺开始，让他慢慢适应牛奶，如果他在喝过牛奶后没有出现过敏的症状，再逐渐增加。当幼儿年满 2 岁的时候，就可以定期给他喝牛奶和吃奶制品了，一天 400～500 克。在给幼儿喝牛奶时，家长要有以下几个方面的常识：

- **牛奶加糖不要超过 10%。**否则，不但不易被消化、吸收，使营养价值有所下降，而且还会滞留在消化道中，影响肠胃功能。
- **牛奶可加热，但不要煮沸。**因为煮沸后，有的维生素会被破坏，而且牛奶中的钙会形成磷酸钙沉淀，影响营养素被人体吸收。
- **牛奶不能冰冻。**牛奶结冰后质量将受到严重影响，牛奶中的脂肪、蛋白质将会分离，牛奶中的干酪素呈微粒状分散于牛奶中。经加热溶化的冰冻牛奶，味道明显淡薄，液汁呈水样，营养价值降低。
- **牛奶里不宜加米汤。**牛奶里加入米汤后，维生素 A 会被破坏。幼儿长期摄取维生素 A 不足的牛奶，会引起维生素 A 缺乏症，导致孩子发育迟缓、体弱多病。
- **牛奶富含钙，不需再加钙。**“加钙奶”、“高钙奶”都没有必要，而且过量的钙还会与牛奶中的酪蛋白结合成凝固物，反而使营养丧失。
- **早餐不要空腹喝牛奶。**因为空腹喝牛奶会加速胃肠蠕动，牛奶中的营养物质往往来不及被吸收就匆匆进入大肠，造成吸收不良。喝牛奶前最好先吃些饼干、面包、糕点等，或边吃点心边喝牛奶，这样会使营养更加平衡，并提供更多的热量，保证脑力和体力消耗。
- **喝牛奶不要同时吃巧克力。**因为巧克力中的草酸会与牛奶中的钙结合成草酸钙，使钙无法被充分利用。
- **牛奶不要与药同时吃。**因为牛奶会与许多药物发生反应，降低药效，有时还会形成有毒物质。
- **牛奶不能与补血药同服。**患缺铁性贫血的幼儿，在需要服用硫酸亚铁、人造补血糖浆、补血饮料等补血药时，不宜与牛奶同时服用。牛奶中的磷酸盐和钙质会使铁沉淀，妨碍铁在肠道中的吸收，不能起到治疗效果。牛奶和补血铁剂服用时间应相隔 2 小时。
- **晚上喝牛奶更有利。**科学研究发现，人体中的钙代谢有一个特殊的规律：晚间尤其是午夜之际，血浆中的钙含量会出现一个“低谷”，迫使机体通过调节机制调运一部分骨骼中的钙来补充。这样，血液中的钙虽暂时得到维持，但骨骼中的钙却有所减少。牛奶中含钙丰富，因此临睡前喝杯牛奶，可满足人体夜间对钙的需求。

【护理保健】

预防接种的常见误区

宝宝从出生开始，就要按部就班地接种疫苗，以便提高自身的免疫力，抵抗病毒的侵害。不过，在为宝宝注射疫苗的过程中，会存在一些误区，家长一定要注意。

■ **疫苗接种并不是越多越好**

大家都知道，疫苗的接种有时间间隔，并且宝宝在每个月龄接种什么疫苗都是有规定的。按照规定接种疫苗，才能使宝宝的免疫力达到防病的最佳水平。有些家长认为疫苗打得越多越好，于是盲目地要求医生多打疫苗，这样反而会削弱宝宝自身的免疫力，使宝宝丧失对疾病的抵抗能力。

■ **疫苗不能少种**

有些疫苗，如狂犬疫苗、B型肝炎疫苗、小儿麻痹疫苗、百日咳、白喉、破伤风疫苗等，都是需要注射很多针才能达到效果的，所以爸爸妈妈千万别嫌麻烦，一定要让宝宝按规定的次数接种疫苗，这样才能达到理想的效果。

■ **疫苗的接种不能不按时**

有些疫苗需要按时打多次才能有效，如B型肝炎疫苗的接种，需要出生时打第一针，满月时打第二针，满六个月时打第三针。有时家长会忘了打第三针，中间隔得时间太长，导致疫苗的效果欠佳。

■ **不能等到宝宝年龄大了再接种疫苗**

往宝宝细细软软的胳膊上打针，确实很让人心疼，有些家长就想等宝宝长大些再去接种疫苗。但是，宝宝从一出生就会受到病毒的威胁，越小的宝宝越容易感染疾病，所以要按照规定，按时为宝宝接种疫苗。

■ **不要等宝宝生病了再去补种疫苗**

接种疫苗的作用就是预防宝宝生病，如果等宝宝得了病再去打疫苗，就没有任何意义了。一般宝宝生病痊愈后，就会产生免疫力，也就没必要再接种疫苗了，而且疫苗对于病症所带来的后遗症也没有任何的帮助。所以，一定要在宝宝健康的时候接种疫苗，以预防宝宝生病。

增加户外活动

1岁多快2岁的宝宝，动作更加灵活了，兴趣也比以前多了，总是待在屋子里会让他觉得不开心。这时候，就要根据宝宝的个性和爱好，经常为他安排一些户外活动。到公园踏青、放风筝，到动物园看动物，到博物馆参观，到农场采摘等丰富多彩的户外活动，都可以满足宝宝的好奇心，增强他的探索能力，对宝宝的成长发育非常有好处。当然，在户外活动的时候，不要忘了注意安全和卫生。

宝宝在不断长大，不仅是身体越长越高，聪明才智也在不断地增长，他会越来越想按照自己的意图来探索和发现这个世界。爸爸妈妈要给予宝宝充分的空间和支持，耐心地回答宝宝提出的各种问题。另外，爸爸妈妈还要尊重宝宝的意愿，比如宝宝喜欢看小兔子吃草，那就让他看个够，不必急着非让他去给小羊喂草。

【育儿百科】

幼儿穿多少衣服合适

1 岁多的宝宝虽然有的已经会说话了，但是还不太会用语言表达自己的感受，比如是热还是冷、衣服是多还是少等。所以，爸爸妈妈要随时根据天气状况和宝宝的状态，来为他增减衣服。在室内的时候，如果大人只穿一件衬衫静坐不觉得凉的话，那宝宝也穿一件秋衣就好了。时常摸一摸宝宝的后脖颈，只要那里是温热的，就说明宝宝不冷，不必再添加衣服。

小宝宝天生好动，经常会出汗，很少有安静坐着的时候，所以不要给宝宝穿太多衣服，不然会出汗很多，一吹风反而会着凉。而且衣服穿得太多的话，会使宝宝内热过重，不利于健康。给宝宝穿衣服要遵循一个原则，就是父母穿多少，就给宝宝穿多少，并且时常保持宝宝皮肤的干爽，这样就既不会冻着宝宝，也不必担心他被热到了。

孩子愿意和大人同睡怎么办

宝宝都喜欢和大人一起睡，也许是为了寻求安慰吧。那些让宝宝和父母分床睡的家庭，经常会发生宝宝在半夜钻进父母被窝的现象。久而久之，宝宝就会要求和父母同床睡，而不肯自己单独睡了。

如果你或你的爱人不希望宝宝占用自己和爱人的空间，那么就要坚持让宝宝睡在自己的小床上，即使宝宝半夜钻进了你的被窝，也要把宝宝放回小床去。到了早上起床的时候，就可以允许宝宝到大床上来，和爸爸妈妈玩一会儿，或者给他一个大大的拥抱，开始新的一天。如果你和你的爱人都认为宝宝半夜钻进自己的被窝是一件很有情趣的事情，那就没问题了，尽管满足宝宝的愿望好了。

【心智发展】

语言能力和理解能力会有不同

宝宝到了 21～22 个月大时，语言技能有了很大的提高，已经不再满足于说单个的或叠音词了，很多宝宝能将两个或两个以上的词语组合成新词说出来。不过，你会发现宝宝所说的词语很多都是自创的，可以说是完全不符合语法规律的，如“腿腿坐”、“妈妈包”、

“爸爸车”、“鞋穿”等，爸爸妈妈要想理解宝宝所说的话的意思，可要有一定的功力呢！让宝宝在这个时期多说话，让他们掌握尽量多的词汇，会使他们将来的语言能力更强。研究表明，3 岁以前的宝宝如果词汇量已经达到 50 个，那么 3 岁以后他们能够迅速掌握 200 个，甚至更多的词汇。

当然，有些 20 个多月的宝宝还说不出组合的词语，或者发音不标准，这也不会有太大的问题。不少宝宝要到 3 岁以后才能说出清晰的话语。说话晚的宝宝并不是不聪明，爱因斯坦就是 4 岁以后才会说话的！你要是不放心，可以带宝宝到医院检查一下，只要没有听力和发声或其他方面的问题，多做一些语言能力的训练，耐心地等着宝宝开口说话就行了。

20 个月左右的宝宝的理解力还是有限的，比如他们会认为所有有毛的、四条腿会跑的动物都是“猫”，不过几个月以后他们就能分清其中的差别了。不论宝宝此时的理解力如何，都要多和他们沟通，这有助于宝宝语言能力和理解能力的发展与提高。

随着语言能力和理解能力的提高，宝宝的记忆力也大大提高了。他们会记得前一天掉在床底下的玩具，喜欢翻妈妈买回来的东西，会到鞋柜里找自己的鞋子……虽然很多时候家里会被宝宝翻得乱七八糟的，但是宝宝记忆力的提升还是值得庆贺的。如果宝宝翻乱了东西，别生气，叫上宝宝和你一起收拾一下吧！一边收拾一边告诉宝宝不能乱翻东西，慢慢地宝宝就会懂道理了，也会有条理地摆放东西了。

孩子也有自尊

不要看宝宝小，他也有自尊，如果你伤了他的自尊，一定会招来宝宝更多的不听话！当宝宝顽皮过头的时候，不要对他说：“看你把家里弄得这么乱，真是个淘气的坏宝宝！”即使你用特别温和、略带开玩笑的口吻说这句话，也会让宝宝觉得你在“嫌弃”他，也许他会做出更顽皮的事情来进行反抗。不如试试这样说：“哎呀，房间太乱了，真让人不舒服！宝宝能不能和妈妈一起收拾干净呢？”如果宝宝帮助你收拾房间，不要忘了称赞他，等房间收拾好后和宝宝说：“干净、整洁的房间多漂亮啊，我们以后不再把房间弄那么乱了，好不好！”相信你的宝宝听了这句话，以后一定会注意房间的整洁。

如果你不小心做了侮辱宝宝的事情，或说了不该说的话，不要忘了给宝宝一个拥抱，向他说声对不起。请记住，宝宝不会故意捣乱的，也许真的是玩得太高兴了，也许只是为了得到你更多的关注。所以，多给宝宝一些关爱，能够让他变得更听话。

最好的早期教育——娱乐和游戏

孩子天性爱玩。能给宝宝的最好的早期教育是什么？就是让宝宝无忧无虑地玩。爸爸妈妈经常和宝宝一起玩一些有针对性的、可以开发智力的、提高体能的游戏，一定能让宝宝更好地成长。让宝宝玩和绘画、雕塑有关的玩具或游戏，是个不错的主意。

给宝宝准备一些蜡笔、涂料、沙子和水，宝宝就会很自然地在纸上用蜡笔涂鸦，也会把沙子装进小桶，再倒点水和一和，然后在妈妈的帮助下把桶里的沙子倒出来，一个“沙堡”就做好了！

和宝宝一起玩橡皮泥也是不错的选择。记住一定要选购无毒的橡皮泥，因为宝宝经常会把橡皮泥放到嘴里尝味道！宝宝刚接触橡皮泥的时候，可能就是随便乱捏捏，感受一下橡皮泥软软的、略带弹性的手感，慢慢地就会把橡皮泥揉成球，然后再压扁，或是根据自己的想象捏个造型出来。就让宝宝天马行空地想象吧，他的智慧就是来源于此！

本阶段家庭游戏

■ 走小路

“走小路”的游戏是让宝宝走规定好的路线，培养他的平衡性。爸爸妈妈可以在地上做一条宽 20 厘米左右、长 3 米左右的小路，“马路牙子”用两条白色（或彩色）的纸带制作。让宝宝站在路的一端，妈妈站在另一端，站好后妈妈对宝宝说：“宝宝到妈妈这边来，好好沿着路走，别踩到‘马路牙子’哦!”先让宝宝走直路，之后再改成弯曲的小路，让宝宝练习走。如果没有纸带的话，你也可以用粉笔在地上画线代替。请好好地发挥你的聪明才智，和宝宝一起痛快地玩吧！

■ 下台阶

下台阶可以促进宝宝全身的生长发育。宝宝一般都不敢自己下台阶，你不妨和宝宝坐在第二或第三级台阶上，事先在地上放一个玩具，对宝宝说：“宝宝帮妈妈把玩具拿上来，好不好？慢一点儿!”如果宝宝成功地下了台阶，并把玩具拿了上来，请一定要抱起宝宝好好夸奖一下。重复做 2～3 次，慢慢地宝宝就学会自己下台阶了，而且会越走越好！

【安全防护】

孩子被动物咬伤了怎么办

许多家庭都养有宠物，并和小动物们建立了良好的感情。但是，动物毕竟有它的天性，无论多么温顺、友好的宠物在遇到特殊时期、外界强烈刺激、处于危险之中或受到威胁时，很可能会性情大变，进行反抗或攻击人类。这一时期的孩子又特别喜欢招惹小动物，手上没轻没重，很容易受到小动物的攻击。

所有动物，甚至人类的口腔都包含着引起传染病的多种细菌。被所有的动物，包括宠物、家畜或野生动物咬伤和抓伤都存在危险。由动物或人造成的咬伤最常见的疾病是细菌感染。如果被宠物咬伤或抓伤，伤口通常很深，这种情况比一般的割伤、碰伤清洗要困难，也增加了感染的风险。

■ 注意沙门氏菌感染

被沙门氏菌轻度感染的病例可能出现腹泻，免疫力低下的人容易诱发严重的疾病。很多宠物都是沙门氏菌的载体，即使宠物没有生病，但孩子通过与它们接触也可能感染细菌。就算没有接触任何动物，孩子也可能通过与养宠物的大人的接触感染沙门氏菌。任何宠物对易感者来说都是潜在的传染源。家长应确保孩子所接触的所有动物都是健康的、家养的、安全的，并且做好应该做的防护措施。

■ 注意狂犬病

狂犬病是一种可以致命的传染病，即使没有表现出患病症状，以下动物也可能会传播狂犬病：蝙蝠、臭鼬、浣熊、狐狸、郊狼、野猫、野狗及任何大型野生动物。所以对于由动物造成的咬伤要重点考虑。孩子被动物咬伤后，要及时注射狂犬疫苗，这样才能有效地预防发病。

如果孩子被动物咬伤之后，已经接受了医生的处理，回到家后伤口变得更红肿、疼痛，或除了清亮的、轻微的血性渗出物之外还有其他的渗出物，家长要及时向医生咨询求助。

■ 如何预防孩子被咬伤

家长要做好预防措施，尽量避免孩子被动物咬伤。

- 不要让孩子单独和宠物待在一起，因为几乎有一半被狗咬伤的孩子是被家里的狗或邻居的狗咬的。
- 教育孩子不要接近陌生的猫或狗，因为任何宠物被激怒了都可能咬人。
- 教育孩子不要接近正在吃东西的狗或猫，也不要碰或摸正在睡觉的狗或猫。如果有陌生的狗走过来，告诉他该怎么办，一定要站着别动，不要正视狗的眼睛以免激怒它；不能跑，逃跑的话非常容易引起狗进一步攻击的欲望，它一定会追着逃跑的人。
- 教育孩子不要碰野生动物或不经过大人允许就给它们喂食。比如，给池塘里的鸭子喂食通常没有问题，但要是在野外的时候让猴子吃手上的东西，可能就会被猴子咬了。孩子可能会不明白，需要家长耐心地告诉他两者的不同。
- 教育孩子在遇到奇怪的或有攻击性的动物时要保护关键部位，如果被扑倒在地就抱着头，把脖子缩紧，护住头部和喉咙。

如何处理深度咬伤和注射狂犬疫苗

■ 正确处理伤口

伤口的正确处理是防止发病的关键，伤口处理越早越好。最好能取得医生的帮助，亦可自行处理，方法是先将伤口挤压出血，并用浓肥皂水反复冲洗伤口，再用大量清水冲洗，擦干后用5%的碘酒烧灼伤口，以清除或杀灭污染伤口的狂犬病毒。只要未伤及大血管，一般无须包扎或缝合。若条件许可，可在伤口周围注射狂犬病血清和破伤风抗霉素。

■ 尽快注射狂犬疫苗

被动物咬伤后应尽早注射狂犬疫苗，越早越好。首次注射疫苗的最佳时间是被咬伤后的 48 小时内。具体注射时间是：分别于第 0、3、7、14、30 天各肌肉注射 1 支（2 毫升）疫苗，“0”是指注射第一支的当天（其余以此类推）。如果因诸多因素未能及时注射疫苗，应本着“早注射比迟注射好，迟注射比不注射好”的原则注射狂犬疫苗。

在注射疫苗期间，应注意不要让孩子喝浓茶、咖啡，也不要吃有刺激性的食物，如辣椒、葱、大蒜等；同时要避免宝宝受凉、剧烈运动或过度疲劳，防止感冒。

■ 动物也要注射疫苗

动物之间由于互相打斗嬉咬，可相互传染狂犬病病毒，故人被咬后同样可以感染狂犬病。因此，为保险起见，凡被犬或其他动物咬伤，都要按狂犬咬伤处理，及时注射狂犬疫苗。

【成长顾问】

孩子不听话、跺脚发脾气怎么办

你有没有发现宝宝 1 岁半以后就开始变得不听话了呢？让他往东他偏往西，虽然会说的话还不多，可总喜欢和大人讲道理。带他出门，他总不肯乖乖地跟着走，一会儿蹲下来捡东西，一会儿爬台阶，一会儿飞快地跑走……越叫他就越要对着干，要么不走了，要么往反方向跑。妈妈们碰到这样的状况，都很着急，怎么宝宝不肯听话了呢？

有的孩子过了 1 岁半，路走得很稳了，却增加了坏毛病，稍有不顺心的事，就跺脚以发泄自己的不满。这是 1.5～3 岁孩子容易出现的普遍现象。几乎所有的婴幼儿都会经历一段乱发脾气的日子，有的出现得早一些，有的晚一些。为什么孩子会发脾气呢？1 岁以内的宝宝发脾气，不外乎是因为饿了、累了、尿布湿了、想让人抱或生病了；2～3 岁的宝宝有了一定的独立思想，但又不能完全用语言表达出来，有时候就会大发脾气。一般来说，孩子发脾气的原因有以下几种。

■ 能力有限，不能达到想法的时候

1.5～3 岁这个年龄阶段的孩子，语言表达能力较差，当他想做某事，一时又表达不清，而周围的人又不理解他的意思时，他就会又气又急，往往用跺脚来发泄不满。当孩子想做某事而力不从心时，也会着急跺脚。比如，他想画一条鱼，可是他不会画；他想把纸剪开，可是他剪刀用不好（孩子手部小肌肉动作还不发达，手的协调动作发育还不够完善）。

■ 不能区别“人”与“物”的时候

1.5～2 岁的孩子还不能区别“人”与“物”。在他们的心目中，桌子、椅子、玩具等都是“活”的，当某一物品未能按他的想象活动时他就会不高兴，往往用跺脚、拍打玩具及物品来发泄心中的不满。

■ 当孩子感到孤独的时候

现在的宝宝多是独生子女，父母又整天忙着上班，宝宝每天被关在家里，很容易产生孤独感，因而经常会发脾气。所以，爸爸妈妈要经常为宝宝提供与别人交往的机会，消除宝宝的孤独感。

■ 当孩子感到恐惧的时候

如午睡起来看不到妈妈，饭菜烫到了嘴，没人陪他玩耍等，都会引起孩子的恐惧，进而转化为愤怒，然后只能通过发脾气的方式来宣泄愤怒。

■ 当孩子感觉受到冷落的时候

很多宝宝产生愤怒的情绪，是因为在自己难受或不舒服的时候得不到父母的关心和爱抚。所以，爸爸妈妈平时要多关注宝宝，给予他足够的爱抚，及时排除让宝宝感到不舒服的事情或情绪，让宝宝感受到爱和关心。

■ 当自己的要求没有得到满足，预期受阻的时候

比如，孩子想吃糖，爸爸妈妈怕对身体有害而不给；孩子想玩泥巴，爸爸妈妈觉得脏而不让他玩；孩子要买玩具，爸爸妈妈觉得家里的玩具还很多而拒绝买；孩子玩得正高兴，爸爸妈妈却叫他回家等，都会引来孩子的愤怒。因为孩子并不能理解大人的正当理由，他只知道自己的要求没有得到满足，因而要发脾气抱怨一下。

■ 碰到不开心的事情的时候

孩子越长大，遇到的挫折、困难越多，如果他感受到了挫败或羞辱感，如什么事没做好被别人笑话了，或觉得自己受到了不公平的待遇，就会发脾气来掩饰自己的不安和不满。

■ 受到其他孩子欺负的时候

有时候孩子会在与伙伴之间的争斗中受到伤害，也有些孩子总是觉得自己被“欺负”了，或者大人的语言、行为太过粗暴而让孩子感到受伤，这些都会引起孩子的愤怒，并大发脾气。

面对孩子发脾气应该遵守的原则

你对待宝宝发脾气的态度和处理方法，将直接影响宝宝人格品质的形成以及以后的处事方法。因此，不论你采取怎样的方法让宝宝不再发脾气，都要注意遵守以下的原则。

■ 不要一味退让

宝宝发脾气的时候，不要一味退让以满足他的要求，或用其他东西哄骗让宝宝平息怒

气，即使是在公共场所，你也要坚持自己的原则，不要让宝宝误以为发脾气就可以得到自己想要的东西。

■ 不要以暴制暴

在宝宝发脾气的时候对他进行恐吓和打骂，只会加深宝宝的恐惧感，也许当时能够让宝宝屈服，可以后他发起脾气来会更变本加厉。因为宝宝会觉得父母打骂他是因为他不听话，他没有按照父母的要求做，那么当父母无法满足自己的要求时，我为什么不能发脾气呢？所以，如果你希望自己的宝宝心态平和、不乱发脾气，请你一定做好榜样，不要随意打骂、训斥孩子。

■ 事先约定，防患未然

想要宝宝不乱发脾气，事先要进行预防。出门前和宝宝约定好什么能做、什么不能做，什么能买、什么不能买，什么时候该回家等，并告诉宝宝如果遵守约定，可以得到什么奖励，反之要接受惩罚。事先进行约定，一般宝宝都能遵守。如果宝宝没控制住自己而发了脾气，等他事后心情平复以后，要给宝宝讲道理，让他明白不满足他的要求的原因，并教导他正确处理自己的情绪，不能乱发脾气。当然，在讲道理之前，不要忘了给宝宝一个大大的拥抱，让宝宝明白理智、平和的态度才招人喜欢。

总之，父母对待 1 岁多的孩子应该要有耐心。但在原则问题上，父母要坚持到底并注意说话的语气，如“我们该吃饭了”，而不要说：“我们吃饭好吗?”（处于“反抗期”的孩子会回答“不”。）父母要有规律地安排孩子的日常生活，尽量不要让孩子生活无规律。孩子发脾气时，父母最好装出若无其事的样子或转移其注意力。同时，要让孩子经历挫折，并学会如何对待挫折、如何解决困难，这样才能使孩子健康地成长。

孩子半夜起来玩，家长该怎么办

宝宝在 1～2 岁的时候，还不能睡整夜觉，大部分宝宝在半夜会醒来几次，这是很正常的现象。为什么会有这样的现象呢？因为人类的睡眠是由深睡眠和浅睡眠互相交替进行的，一般会先进入 70～120 分钟的深睡眠，这段时间宝宝会睡得比较熟；之后就进入浅睡眠，大约持续 20～30 分钟。一夜的睡眠就在深、浅睡眠的交替中进行，通常会交替 4～5 次。在浅睡眠状态中，宝宝就很容易醒，不过有的宝宝醒来一会儿就能继续睡着；有的宝宝会哼哼唧唧地要找妈妈；有的会哇哇大哭一顿；还有的索性爬起来玩起了玩具……

宝宝半夜睡不着的时候，你会怎么处理呢？是不是在宝宝一有动静的时候，就又拍又哄，又喂水、喂奶呢？很多妈妈都会这样做。可是她们也会发现，这样做的后果是宝宝在夜里醒来的次数越来越多，每次要哄的时间也越来越长。久而久之，大人会觉得筋疲力尽，而宝宝的生长发育也会受到很大影响。因为人体的生长激素在夜间分泌得最多，如果宝宝夜间醒的次数太多，他的生长发育就会受到影响。另外浅睡眠与人的智力有关，如果宝宝在浅睡眠阶段总是睡不好的话，时间长了就会变得暴躁易怒、注意力分散、记忆力减退、睡眠质量降低，还会影响体力和食欲。宝宝半夜醒来坐起或哭闹的情况，可能会持续几天甚至几周，不过只要爸爸妈妈坚持原则，有决心和毅力，就能帮助宝宝克服这种坏习惯。

1. 宝宝第一次在半夜醒来的时候，不要着急说话，轻轻拍一拍，确定宝宝没有生病后，就拍着他直到再次入睡。如果宝宝又醒过来，那还是继续轻拍哄他睡着，可以适当用奶瓶喂点水。

2. 当宝宝醒来的时候，千万不要和他说话或者陪着他玩，这样会让宝宝更加清醒，反而无法接着入睡。即使宝宝大哭大闹也没关系，只要宝宝不是生病或不舒服，尽管让他哭一会儿，慢慢地他就会继续睡觉了。而且哭了一天、两天、三天之后，宝宝就不会在半夜哭闹了。

3. 宝宝在半夜醒来的时候，如果看见父母在身边，就会想要寻求父母的慰藉。所以，如果宝宝在同一个房间里和父母分床睡，最好在两张床之间隔张布帘，这样宝宝醒来时看不到父母，可能就会比较快地自己又睡着了。

1岁第11～12个月

1. 2岁左右的宝宝会对其他小朋友非常感兴趣，会表现出好奇甚至同情，不过还不会进行进一步的交往。
2. 宝宝在1～3岁这个阶段中，他们的思维能力还没有完全独立，做事情、想问题以模仿大人为主。
3. 宝宝思维的一个特点是单向思维，也就是说他们不可能对问题进行逆向的或多方位的思考。
4. 教宝宝学习和数有关系的知识的时候，一定要利用直观的实物，这样才能帮助宝宝理解。
5. 2岁的宝宝虽然还小，可他们已经有性意识了。
6. 不要因为宝宝做得不好就替他包办一切，不然以后你想让他自己做事的时候，他就不愿意做了。
7. 满足宝宝需求时的态度至关重要，这直接决定着宝宝会不会变得焦虑，会不会太过于依赖父母。
8. 1岁左右的宝宝爱咬人是为了探索世界，不带感情色彩；如果2岁左右的宝宝还常咬人，就要为他纠正这个坏习惯。

	生理发育正常均值
体重	11.3～11.7千克
身高	84.2～85.6厘米
头围	46.8～47.9厘米
胸围	47.6～48.7厘米
牙齿数	16～20颗

【成长脚步】

每一个孩子的成长轨迹都不同，这里只是大致描述本年龄段宝宝的发育情况。你的孩子的某一单项指标以向前两个月或向后三个月的指标作参考，都是可以的。

■ 开始产生恐惧

在这个时期，幼儿正开始形成自我，并且学习成为一个独立的人，语言表达能力也在快速提高。但是毕竟对这个世界的认识非常有限，所以在幼儿的眼里，世界是可怕的。

■ 大动作发展

这个时期的宝宝身体有了很大的发展，他们喜欢很多骑跨式的玩具，用脚推动没有踏板的小三轮车向前是这个时期孩子的理想玩具。

- 会爬到椅子上坐。
- 会扶着楼梯往上走。没有扶手的时候，会先上一只脚，然后提另一只脚，并拢后再上。
- 会用绳子拉着玩具到处跑。

■ 生活自理能力

- 一说“吃饭了”，就会马上坐到自己的位置上等着。
- 会用吸管喝水。
- 在饭桌上能分辨出别人的和自己的餐具。
- 洗澡时会往自己身上擦肥皂。

■ 精细动作

- 能搭 6～7 块积木，并会把 2～3 块积木并排摆起来。
- 会把家中的玩具摊开来玩。
- 会用纸或布包各种东西玩。
- 会把洋娃娃或玩具动物背到背上，抱在胸前。

■ 社会适应能力

- 这一时期是建立宝宝行为规则的关键期，家长应该在日常生活中培养宝宝的行为规则。
- 会拨动玩具电话对着电筒说：“喂！喂！”
- 小便前会告诉大人。
- 穿、脱衣服都想自己做。

- 会加入小伙伴们中间玩，会与其他小朋友抢玩具。
- 有困难时会求大人帮忙。
- 会模仿母亲做饭。

【营养美食】

主要食物的营养成分

日常食物每100克所含营养成分参考表

食物名称	蛋白质（克）	脂肪（克）	碳水化合物（克）	热量（千卡）	无机盐（毫克）	钙（毫克）	磷（毫克）	铁（毫克）
大米	7.5	0.5	79	351	0.4	10	100	1.0
小米	9.7	1.7	77	362	1.4	21	240	4.7
面粉	12.0	0.8	70	339	1.5	22	180	7.6
黄豆	39.2	17.4	25	413	5.0	320	570	5.9
绿豆	22.1	0.8	59	332	3.3	34	222	9.7
黄豆芽	11.5	2.0	7	92	1.4	68	102	6.4
绿豆芽	3.2	0.1	4	30	0.4	23	51	0.9
北豆腐	9.2	1.2	6	72	0.9	110	110	3.6
豆腐乳	14.6	5.7	5	30	7.8	167	200	12.0
红萝卜	2.0	0.4	5	32	1.4	19	23	1.9
甘薯	2.3	0.2	29	127	0.9	18	20	0.4
菠菜	2.0	0.2	2	18	2.0	70	34	2.5
木耳	10.6	0.2	65	304	5.8	357	201	185.0
干海带	8.2	0.1	57	262	12.9	2 250	—	150.0
猪肉	16.9	29.2	1.1	335	0.9	11	170	0.4
猪肝	20.1	4.0	2.9	128	1.8	11	270	25
牛肉	20.1	10.2	—	172	1.1	7	170	0.9
牛奶	3.1	3.5	4.6	62	0.7	120	90	0.1
奶粉	25.6	26.7	35.6	48.5	—	900	—	0.8
鸡肉	23.3	1.2	—	104	1.1	11	190	1.5
鸡蛋	14.8	11.6	—	164	1.1	55	210	2.7
青虾	16.4	1.3	0.1	78	1.2	99	205	0.3
虾米	46.8	2	—	205	25.2	882	—	—
鲫鱼	13	1.1	0.1	62	0.8	54	20.3	2.5
鲤鱼	18.1	1.6	0.2	88	1.1	28	17.6	1.3
芝麻酱	20.0	52.9	15	616	5.2	870	530	58

【护理保健】

支气管炎

你的宝宝得过支气管炎吗？你对婴幼儿支气管炎了解吗？对于1～2岁的幼儿来说，支气管炎是一种常见疾病。当宝宝感冒久治不愈的时候，病毒就很容易传播到支气管中，从而引起支气管炎，程度有轻有重。支气管炎最主要的症状就是咳嗽的次数增多，有时宝宝看起来会喘不上气，还有的宝宝在呼吸的时候会发出遥远的、短而尖锐的噪音。这是咽喉中存在黏液，它发出的噪音传递到胸腔所致。

非常轻微的支气管炎不会导致发烧，咳嗽也不会太厉害，胃口不会降低，仅仅是比伤风感冒严重一点，这时只要让宝宝多喝水、多休息，吃一些祛痰止咳的药就可以了。但是，如果宝宝频繁地咳嗽，喘不上气，或者发烧超过38.5℃时，就要立即去医院诊治。

惊厥

6个月至5岁的宝宝在发高烧的时候，常常会出现惊厥的现象。惊厥时宝宝的四肢僵硬、无法控制、动作急促，甚至丧失意识，一般出现在宝宝的体温急剧上升之后。有些家长看到宝宝出现惊厥会感到很害怕，其实只要不是癫痫导致的惊厥，一般是无害的，不会对宝宝的健康造成长期的影响。

当宝宝出现惊厥时，要让他的身体保持伸展姿势，以免窒息。千万不要把你的手指或其他任何东西放到宝宝的嘴里，你需要做的是尽快为宝宝降温退烧。你可以记录下宝宝惊厥的持续时间，并打电话叫救护车。一般宝宝高烧惊厥持续的时间都不长，救护车来时宝宝的惊厥可能已经停止了，只要请医生进行一些检查就可以了；如果救护车来时，宝宝的惊厥还在持续，就要通过直肠或静脉注射药物进行治疗。极少数的情况下，惊厥会一直持续下去，这时就可能需要打麻药，并在重症监护区监护一段时间了。

只要宝宝惊厥不超过5分钟，就不必叫救护车。大约有1/3的宝宝会出现多次惊厥的现象，如果宝宝惊厥持续3分钟以上的话，可以使用安定栓剂。

【育儿百科】

如果宝宝还有尿床怎么办

2岁左右的宝宝一般夜里睡觉时不会再尿床了，不过偶尔也会出现意外状况。当宝宝尿床以后，你是什么态度呢？会不会不停地数落宝宝，说他不该尿床呢？如果你这样做，很容易让宝宝变得神经紧张，害怕睡觉的时候会尿尿，于是夜里总是时不时地喊叫："尿！尿！"可是真一把尿，也不过就尿出来一两滴。可是躺下睡一会儿，就又吵着要尿尿。所以，宝宝尿了床，爸爸妈妈不要给他太多的压力，不要让宝宝认为尿了床爸爸妈妈就不爱自己了。要告诉宝宝，尿床没关系，以后注意就行了。当然，你要告诉宝宝睡前少喝水，不要玩得太累，还要记得睡前上一次厕所，这样基本上晚上就不会尿床了。

养儿育女方法不同

人们常说，给男孩一个球，他就能自己长大，而女孩就要复杂得多。这种说法其实有一定的道理。男孩更喜欢研究运动原理，观察球从椅子下面滚出去需要花费多少时间，而女孩性格中最关键的因素是自信，她们一般都会低估自己。

美国弗吉尼亚大学心理学教授伦纳德·萨克斯认为，这种差异性源自男孩和女孩大脑发育方式的不同，从而对行为的影响也有所不同。他说："从出生之时起，对待男孩和女孩的方式就有所差别。对女孩说话要更轻柔一些，跟男孩玩的时候就可以把他们抛到空中。"

虽然没有人敢于确切地说出养育男孩和女孩哪个更困难，但专家们的确能够列举出与之有关的关键点。

2008年，英国社会学家阿德里安·弗恩哈姆进行了一项研究，对参与者进行了智商测试，结果显示男性和女性同样聪明。但男性和女性参与者对自己测试结果的预测却出现很大差别，男性对自己的成绩高估了近10分，而女性的预测分数比实际情况低了5分。心理学家玛丽安娜·瑟尔指出，这是女性的自我认知能力所致，女性更倾向于自我批评。

与口头指令相比，男孩更容易理解粗暴的肢体语言。因此父母要在对男孩说"坐下"的同时辅以行动，将他抱过去，让他坐下，直到他能够将指令和行动联系起来。

女性在沟通方面占据优势。弗吉尼亚理工大学在20世纪90年代末对16岁以下儿童进行的研究显示，女性大脑中与语言能力相关的区域在6岁以前就发育完全，早于男性。因此她们说话早，在表达自己方面也没有问题。韦尔斯利学院的研究表明，3岁半的女孩对面部表情的解读能力与5岁的男孩相当，甚至更强。

睾丸素的作用使男孩在运动和空间感方面更加灵活，他们更喜欢能够展示体能的游戏，冒险是他们最大的兴趣所在，让他们尽情去探索有助于培养他们的个性和自信。

剑桥大学的研究显示，男孩更喜欢机械运动，而女孩在出生3小时以后已经具备模仿能力。但是男孩的情绪波动比人们想象的要多，虽然6个月大的男孩在挫败感面前比女孩表现得更为平静，但心率和呼吸监测表明，他们比女孩更难过。

【心智发展】

2岁幼儿思维的特点

快2岁的宝宝可能已经掌握了很多技能，也会时不时地冒出一些奇思妙想，但他们的思维特点和成年人是不同的。你想要更好地教育自己的宝宝，那就要了解他的思维特点，然后才有可能对症下药。

■ 模仿思维

宝宝都喜欢模仿，特别是在1～3岁这个阶段中，他们的思维能力还没有完全独立，做事情、想问题以模仿大人为主。比如，宝宝会学着妈妈的样子扫地、擦桌子，会模仿爸爸的神态说话，会追着哥哥学踢球等。只要是自己身边亲人做的事情，宝宝都很乐于去模仿，这是由他们的思维特点所决定的。幼儿的主要学习方式就是模仿，所以如果你希望自己的宝宝有礼貌、有修养、讨人喜欢的话，一定要规范自己的行为，千万不要让宝宝模仿到坏习惯哦！

■ 单向思维

宝宝思维的另一个特点是单向思维，也就是说他们不可能对问题进行逆向的或多方位的思考。比如，宝宝学会了“1＋1＝2”，可是他们绝不会懂得“2－1＝1”，有的甚至连“2＝？＋？”都不知道。又比如，你问一个宝宝：“你有姐姐吗？”他说：“有。”你再问：“姐姐叫什么名字？”宝宝说：“芳芳。”再问：“那芳芳有弟弟吗？”答曰：“没有。”这也是很典型的幼儿单向思维。他们还没办法明白A＞B，那么B＜A的道理。

■ 形象思维

形象思维是指依靠形象材料的意识领会得到理解的思维，也就是通过具体的图像或事物来帮助自己理解抽象的事物。比如你想要宝宝明白为什么“1＋1＝2”的话，就要先拿出一个苹果，之后再拿另一个苹果出来，让宝宝明白一个苹果再加另一个苹果，就是两个苹果。这种形象思维一般要持续到小学一、二年级的时候，之后他们才能从实物案例中提取出抽象的数字概念。所以，学龄前幼儿学习数学的时候，一定要利用直观的实物教具，这样才能帮助宝宝理解。

2岁的幼儿开始交谈了

宝宝从一出生开始，只要是清醒的时候，就喜欢听妈妈对自己说话；快1岁的时候已经能听懂不少话了，不过这时他们还不知道如何回应大人说的话。1岁半以后的宝宝，可能突然就会说话了，快得你都来不及反应。从宝宝开口说第一个词开始，宝宝就对学说话非常感兴趣了，有的宝宝喜欢模仿妈妈的语音跟读，有的宝宝习惯于听并记住大人说过的话，等到时机成熟再说出来。一般2岁以后的宝宝就能和爸爸妈妈用简单的话聊天了。

每位父母都期待着尽早和宝宝进行语言交流，那么别忘了多和宝宝聊聊天，多向宝宝灌输词汇，让宝宝为说话积蓄能量。宝宝1岁以后，爸爸妈妈就不要对他们有求必应了，不是特别紧急的状况下，就要让宝宝先说话，然后再满足他的需求。比如，宝宝“啊，啊”叫着要喝奶，别急着给他拿奶瓶，可以逐一问宝宝问题：“宝宝想要什么”、“是要喝奶吗”、“来，跟妈妈说，奶”。等宝宝重复说出“奶”字后，再给他喝奶。为了不断提高宝宝的说话能力，爸爸妈妈可以经常教他认物、学话，如“这是苹果，红颜色的，又圆又大”，“这是香蕉，它是黄颜色的，弯弯的像小船”，“这是钟表，滴滴答答地响”，“这是糖，特别甜”，“这是米饭，香喷喷的白米饭”，等等，每句话都多重复几次，尽量让宝宝跟着说。

培养孩子的自理能力

2 岁左右的宝宝很喜欢自己做事情，穿衣服、洗脸、刷牙、吃饭……如果你的宝宝想自己做事情的话，别忘了培养他的自理能力。不过，如果你早上着急出门，宝宝又想自己刷牙洗脸的时候，往往会把事情弄得一团糟。这时候你就要早起一会儿了，利用额外的时间让宝宝自己动手。有时候看着宝宝穿裤子，却怎么也穿不进去，也许你会很着急。别急，只要宝宝没有显出不耐烦，你就当是在和他一起玩穿衣服的游戏吧，当然也可以给予宝宝适当的帮助。要是时间不够了，你可以对宝宝说：“妈妈帮你穿裤子，你最好去拿自己的早餐。”这样宝宝就会让你帮他穿衣服了。总之，2 岁左右的宝宝已经可以自己做一些力所能及的事情了，要注意培养宝宝的自理能力，不要因为宝宝做得不好就替他包办一切，不然以后你想让他自己做事的时候，他就不愿意做了。

孩子害怕黑夜怎么办

宝宝也会做梦吗？是的，他们会做梦，而且也会做噩梦，醒来后会感到害怕，这是常有的事情。不过这个年龄的宝宝还不会描述自己的梦境，也不知道如何解释自己的感觉。当宝宝感到害怕的时候，你要做的就是给他一个温暖的拥抱，让他平静下来。只要宝宝感到安全了，他就不会害怕了。在宝宝睡觉前 1～2 小时内，不要让他做剧烈活动、玩太兴奋的游戏，也不要看一些带有暴力、恐怖、打打杀杀镜头的电视或书籍，以免宝宝在睡觉的时候不平静而导致做噩梦。

宝宝睡觉时还会出现一种状况，就是夜惊，它与噩梦是不同的。夜惊时宝宝看起来好像是醒着的，但他不知道自己在哪儿，也不知道你是谁，并可能会尖叫，甚至做出一些奇怪的行为，第二天醒来宝宝一般不会记得自己的行为。宝宝夜惊时，你不要惊慌，安静地陪伴他直到他再次入睡就可以了。一般宝宝夜惊不会超过 30 分钟，等宝宝再大一些这样的现象就消失了。如果宝宝在睡梦中爬起来奔跑，你要注意不要让他受伤。如果宝宝总在夜里某一特定时段发生夜惊，你可以在那个时间之前叫醒宝宝，打破这样的睡梦规律，宝宝就不会再夜惊了。要是宝宝经常夜惊或是总处于压力之中，你最好带他到医院进行一些相关治疗。

本阶段家庭游戏

■ 认识玩具

可以让宝宝辨认自己喜爱的玩具的名称，促进语言发展。给宝宝准备一些他常玩的玩具的图片和相应的实物。如小鼓、小汽车、小铲子、小桶、皮球、积木、布娃娃、橡皮鸭等。让宝宝看着图片，问他："宝宝见过这些玩具吧？它们都在哪儿呢？"一边说，一边把玩具的实物指给宝宝看。让宝宝拿起一样玩具，找到相应的图片，比较一下实物和图片的不同。还可以拿一个玩具问宝宝："这是什么？"等宝宝说出玩具的名称后，对他说："小汽车的图片在哪里呢？"或者问宝宝："小皮球怎么玩啊？"让宝宝演示一下皮球的玩法，拍皮球、扔皮球等，宝宝不会的话，你就可以趁机教他了。

【安全防护】

宝宝脱臼该怎么办

宝宝身体发育尚不完全，他的关节、韧带和肌肉都在发育阶段，关节腔也比较浅，肘关节囊和韧带等都比较松弛、薄弱，稳定性和保护性都比较差，大运动能力还没有发育协调。当爸爸妈妈牵拉不当、宝宝受到外伤或者较强的暴力时，都容易造成关节脱臼。宝宝最容易发生脱臼的关节是肘关节和肩关节。

■ 脱臼对孩子伤害很大

宝宝的小胳膊看似结实，其实，在爸爸妈妈牵着宝宝的小手走路时、在给宝宝穿衣服时、宝宝跟其他小朋友玩耍打闹时，如果胳膊猛然受到牵拉，都有可能出现关节脱臼的现象。很多宝宝都喜欢爸爸拽着他的胳膊起飞、降落，其实像这样的游戏很容易使宝宝肢体的某个部分受力过度，而且这时肩关节的活动量大，常常会导致宝宝肩关节脱臼。如果在脱臼后的几个小时内不能让关节恢复原状，患处周围的组织肿胀，可能会使关节不同程度丧失功能，严重时还可能造成合并血管、神经等损伤，导致复原困难。所以，发生脱臼后，爸爸妈妈及时把宝宝送到医院是关键。

■ 如何发现宝宝脱臼了

一般来说，脱臼经常发生在1～4岁的宝宝身上。大一些的宝宝会哭喊着说被牵拉的胳膊疼；如果是小宝宝，可能会突然啼哭不止。由于宝宝的神经系统发育还不够完善，疼痛反应迟缓，有些宝宝在发生了脱臼后，往往哭几声就会安静下来。爸爸妈妈可以通过以下几点仔细观察，来初步判断宝宝是否脱臼了：

● 在可能脱臼的部位，肢体的活动会受到限制。例如，宝宝肘关节脱臼时，胳膊不能抬举、取玩具，不能自由活动。

● 触碰可能发生脱臼的部位时，宝宝会因为疼痛而出现剧烈反应。

● 因为脱臼部位肢体的形态位置可能会发生变化、移动，所以宝宝可能会出现肢体缩短或者延长、关节处明显畸形等症状。

● 可以用这样的方法简单测试一下：爸爸妈妈把玩具放在宝宝眼前让他伸手抓，如果宝宝的手能举过头顶，就说明宝宝的胳膊没有脱臼。反之，如果一直避免使用手臂，或者即使使用了也无法抬高，那么就很有可能是脱臼了。

■ 脱臼后的处理

宝宝发生脱臼后，会自己选择一个感觉舒服的姿势以减轻疼痛。爸爸妈妈尽量不要触碰患处，迅速送宝宝去医院。经验丰富的医生，使用适当的牵引力量，能够很快将脱臼的关节复位。虽然对于专业人士来说，治疗脱臼是很简单的事情，但是非专业人士还是不要尝试。在整个过程中注意不要去碰脱臼的手臂，以免造成宝宝更多的疼痛。

■ 如何防止再次脱臼

宝宝发生脱臼具有反复性和习惯性，发生一次后很容易反复发生。所以宝宝关节复位后，爸爸妈妈应该多加注意，加强预防习惯性脱臼：

- 不要用力牵拉宝宝的胳膊，特别是比较胖的宝宝。
- 穿、脱衣时，动作要轻柔，以免脱臼再次发生而形成习惯性脱臼。
- 牵宝宝的手走路或上下台阶时，一定要小心，不能像提东西一样随意。
- 由于孩子手臂柔软，做游戏时家长不能提着宝宝的手臂来玩。
- 还要注意加强宝宝的营养。

随着年龄的增长，宝宝的韧带会变得更加结实，骨骼也会更加强壮，脱臼也就很少再会发生了。

孩子鼻子出血怎么办

鼻腔黏膜中的微细血管分布很密，是很敏感且脆弱的，容易受外伤、体质、疾病、季节、天气的影响使血管破裂而致出血。学龄前的幼儿，鼻子出血是比较常见的现象。当孩子鼻子出血时，止血过程要注意以下事项：

● 孩子年龄尚小，当鼻子突然出血时，往往手足无措。此时，父母首先要镇定，可引导孩子做缓慢而深的呼吸，以充分放松。

● 鼻子出血时不要让孩子仰卧。因为仰卧时血会从咽后壁流入食道及胃，不久就会从胃再呕出，这就掩盖了鼻子出血的真相。要让孩子取坐位或半坐位，注意保持呼吸道通畅，防止血液经后鼻孔流入口腔，更要指导孩子把流入口腔的血液尽量吐出，防止血液咽下后刺激胃肠道引起恶心、呕吐或孩子误吸入呼吸道而引起窒息。若血流入咽部，刺激咽部咳嗽后会加重出血。

● 不要用卷纸、棉花乱塞在鼻腔。这不但起不到止血作用，不干净的卷纸及棉花反而会引起炎症。

● 压鼻翼。父母要用拇指和食指的第二指节稍加用力压住孩子的双侧鼻翼5分钟，因为孩子的鼻子出血一般在鼻中隔的前部，压迫双侧鼻翼一般都可以止血。也可用消毒棉花蘸0.1%的肾上腺素溶液或云南白药，填塞鼻腔10分钟，然后轻轻取出棉花。另外用冷毛巾敷在孩子的额头或鼻部也可有助于止血。

● 让鼻子出血的孩子低头（注意不是仰头）并举起上肢，左（右）鼻孔流血，举起右

（左）手臂，以增加上腔静脉的回心血量，从而减少鼻腔供血以达到止血的目的，一般数分钟后即可止血。

● 取大蒜适量，去皮捣成蒜泥，敷在脚心上，用纱布包扎好，可较快止血。

● 在干燥季节，对有鼻子出血史的孩子，家庭应备有金霉素眼药膏，每天可在鼻腔内均匀地涂抹，以滋润鼻黏膜。

● 如果宝宝受伤后低着头，鼻子中有水样或淡血水样分泌物溢出，可能是发生大脑损伤了，家长应以最快的速度赶到医院请医生处理，并密切观察宝宝的呼吸、心跳、血压、体温等情况。

以上方法只是鼻子出血患者的家庭急救法，引起鼻子出血的原因有很多：

● 局部的原因有鼻部外伤、鼻前庭炎、鼻腔异物等；全身性的原因有上呼吸道炎症、血小板减少症等。

● 鼻腔汇集了大量的网状血管，表面黏膜非常薄，很容易因情绪波动、疲劳、挖鼻孔、发热、上呼吸道感染等，使毛细血管充血扩张、损伤出血。

● 孩子如有厌食、偏食等不良习惯，导致微量元素或维生素 A、维生素 C 等摄入不足，可使毛细血管的脆性和通透性增加，也容易导致出血。

● 患有白血病、血友病、再生障碍性贫血等血液病的孩子，除全身性出血征象外，也会经常发生鼻子出血。

因此，在孩子鼻子出血停止后也要去医院检查，首先要排除血液系统疾病。如果出血是因鼻腔黏膜破裂的话也可以及时处理，避免再次出血。

【成长顾问】

孩子常咬人怎么办

你的宝宝有没有咬过人？或者他有没有被别的小朋友咬过？如果说 1 岁左右的宝宝爱咬人是为了探索世界，一般不带什么感情色彩；可是 2 岁左右的宝宝还常咬人，爸爸妈妈就要为他纠正这个坏习惯了。不过，一定要注意处理方法，否则不但不能改掉宝宝咬人的坏习惯，反而会生出很多其他问题。

● 如果你的宝宝曾经咬过别人，就要密切留意他的行为。当他和小朋友发生冲突时，爸爸妈妈要冷静而迅速地介入。很多迹象能够预示宝宝想要咬人了，如宝宝眼中会先掠过一丝不快，头往后一甩，然后张开嘴巴就开始咬别人。爸爸妈妈要仔细观察宝宝的表现，如果发现宝宝想咬人的话，就要迅速上前捂住他的嘴巴，并对他说："咬人是不对的，好好和小朋友说你想要什么。"如果宝宝还不会说话，告诉他咬人是不对的行为之后，可以询问他的真实意图，如"你想骑小车，还是玩积木？"

● 如果你没能及时拉住宝宝，他就已经咬了人的话，一定要迅速拉开宝宝，拥抱他一下，告诉他："咬人是不对的。"在宝宝长大并改掉咬人的坏习惯之前，你可能要多重复几次这样的做法。

● 除了要告诉自己的宝宝咬人是不对的行为以外，也要安慰被咬的宝宝，并向他的父母道歉。父母拥抱咬人的宝宝，之后再去安慰被咬的小朋友，这本身就给宝宝做出了良好的榜样，让他知道如何与小朋友友善、和平地相处，采用友好的方式和别人交往更能获得别人的喜爱，远比咬人要好得多。

● 也许别的父母认为应该重重惩罚咬人的宝宝，但你要坚持自己的立场，不要为了别人的看法而使用错误的方法教导孩子。你可以对其他家长说“对不起”，然后把宝宝抱离现场，再用正确的方法教导宝宝。

爸爸妈妈除了在宝宝咬人后对他进行教育外，更要在事前做好预防：

● 和宝宝一起玩角色扮演的游戏，比如你和宝宝一起争抢玩具，你准备用咬人的方式来把玩具抢到手。你作势要咬宝宝，快要咬到的时候停住，然后问宝宝：“如果我咬了你，你会是什么感觉?”，“如果我不咬你，该怎么做比较好呢?”等，让宝宝把他的想法表达出来，并通过表演展现不咬人而获得玩具的方法。

● 如果宝宝想不出来除了咬人还能用什么方法得到自己想要的东西，或解决纷争的话，可以教他用语言表达自己的想法。如告诉对方“我很生气”、“让我玩一会儿”、“你能和我交换玩具玩吗?”等。如果宝宝自己不太会说话，可以教他请家长来解决问题。别忘了也用角色扮演的方式，让宝宝对这些语句进行练习和加强。

● 告诉宝宝他咬人后你的真实感受：“宝宝，我很爱你，但是你咬人之后，我觉得很难过，因为被咬的小朋友一定很疼。妈妈希望你不再咬人，而是用别的方法解决问题。”

● 如果宝宝还不会说话，父母就要密切注意他的行为。如果宝宝想咬人，就要温和而坚定地制止他，并为他提供别的选择，直到宝宝学会如何用合理的方式面对挫折、处理纠纷。

● 宝宝咬人的时候往往是他的愿望得不到满足的时候，在你满足他的愿望之前，一定要告诉宝宝：“我知道你很想玩那个小汽车，但是通过咬人的方式得到汽车是不对的。我们一起再去找个汽车吧!”

对于宝宝咬人的问题，爸爸妈妈在纠正的时候一定要有耐心和恒心，多给宝宝一些关爱和拥抱要比严厉的惩罚更能让宝宝尽快改正坏习惯。

满 2 周岁的孩子的生长指标

● **身高**：身高反映出幼儿骨骼，特别是长骨增长的情况。身高在很大程度上能够综合反应幼儿的体格发育和营养状况。这一指标比较稳定，不受暂时因素的影响。在幼儿满 2 岁时身高为 85～90 厘米。

● **体重**：体重是衡量婴幼儿营养状况最敏感的指标，它容易受到疾病和膳食质量的影响。孩子过第 2 个生日时，体重约为出生时体重的 4 倍。

● **头围**：头颅周长的大小，一般反映大脑的发育情况。2 周岁的孩子头围约为 47 厘米。

● **胸围**：孩子在 2 周岁前，胸围值将赶上头围值。以后，则超过头围值。

- **囟门**：幼儿的囟门已经完全关闭，头骨骨缝完全接合。如果还没有闭合或摸起来有点软，请咨询医生。
- **牙齿**：到 2 周岁时孩子应长出 16 颗乳牙。当然，只要孩子身体其他各部分的发育正常，乳牙出得早些或晚些都没有多大关系。

告别2周岁

祝贺你们，宝宝2岁了，你们做父母也已经2年了！

回想过去将近两年的时间，你们陪伴宝宝一起成长，其中的酸甜苦辣是不是有让自己重生的感觉呢？确实，宝宝的成长离不开父母的教导，而父母要想把宝宝教导好，也要不断丰富自己的知识，提高自己的修养，做好宝宝的榜样，和宝宝共同成长。快2岁的宝宝真的有了很多本领，不再是那个只会躺在床上呼呼大睡，醒来后就哇哇哭着要奶喝的小婴儿了。他已经变成一个能跑会跳，能和你聊天解闷，可以自己穿衣、吃饭、上厕所甚至帮你做家务的“好伙伴”了。

这是一个奇妙的年龄，是一个非常了不起的阶段。在这个时期，幼儿开始形成自我，并且学习成为一个独立的人，语言表达能力也在快速提高。但是毕竟对这个世界的认识非常有限，所以在幼儿的眼里，世界是可怕的。

对于2周岁的幼儿来说，他同时具有许多有明显矛盾的特点：既有依赖性，又有独立性；既可爱又可恶；既大方又自私；既成熟又幼稚。另外，他们还总是处于两个世界中：温暖、安逸并且依赖父母的过去世界和充满刺激、独立自主的未来世界。由于许多令人兴奋的事情都发生在这个阶段，所以该阶段无论对父母还是对幼儿都是一个挑战。

大部分宝宝在2岁前已经能够扶着墙下台阶，上台阶时偶尔能双脚交替地上，还喜欢站到马路牙子上，由妈妈扶着走“平衡木”。等宝宝过了2岁，就可以跑得很稳了，还会把球举过肩再扔出去。他会喜欢很多骑跨式的玩具，用脚推动没有踏板的小三轮车向前是儿童的理想玩具。这个年龄，几乎没有孩子能够操作踏板。如果他能踩踏板，就会更加喜欢传统的小三轮车。有些孩子过了第二个生日之后就能够操作后面两侧各增加了一个辅轮的儿童型号自行车了。这个时期，宝宝很喜欢和别人一起玩平行游戏。也就是宝宝们会互相“偷看”对方在玩什么游戏，也会互相模仿对方在玩的游戏，但不会在一起玩，不过宝宝会逐渐学会交流互动。所以，这个时期你应当多带宝宝和小朋友一起玩，引导他和小朋友分享玩具、游戏，为他将来的交往活动打下基础。

宝宝马上就要踏入生命的第三年，马上就要有新的精彩出现在你的眼前。做好准备哟！作为父母，你们也将同时进入3岁阶段。

第四章

宝贝，
迎接生命第三年

你是否也有过这样的感触——

宝宝在肚子里的时候，你想：太烦了，赶紧出来吧，出来就好了……等宝宝出生了，你想：哎呀，还不如在肚子里呢！

宝宝还在襁褓中不会走路的时候，你想：太烦了，太累了，每天都要抱着，会走路了就好了……等宝宝满地跑了，你开始时时担心会不会磕着、碰着，你又想：哎呀，太操心了，还不如抱着呢，就省心多了！

现在，做好准备，又一个让你头疼的问题来了。

记得吗，前一两年，宝宝唯一的表达方式就是哭，这让你太烦了。总是想：哭哭哭，就会哭。什么时候才会说话，才能说清楚你的想法啊！

在未来的几个月，你会发现你的宝宝越来越喜欢说一个字，能够清楚地表达他的想法，那就是“不”。这个时期的宝宝总是说“不”，特别是在你提出要求之后，宝宝一定会说“不”，进行反抗、试探，看看妈妈的底线到底在哪里。而你的第一反应一定是——“闭嘴”。

2 岁半左右的宝宝让家长头疼的另一个问题就是会说谎了。上班前你跟宝宝说，不许吃巧克力啊。回到家，宝宝会跟你说，他没吃巧克力，而巧克力酱就明明挂在宝宝的小嘴巴边上。

不要担心，这个时期的宝宝说谎与他成人后的道德品质没有关系。相反，越早说谎的孩子其实是越聪明的。

你还会发现，宝宝吃饭时开始变得挑剔了，不再像以前那样什么都吃，而是会拒绝一些食物。另外，宝宝这个时期白天睡觉的时间会比较短，晚上会睡得比较早，当然起得也会很早。

再过 10 个月，会有些孩子喜欢新的创造性游戏，如拼贴。你需要帮助他把胶水涂抹在纸上，然后拿给他一些图片、小布料以及闪光的小东西，让他往纸上贴，看看他能做出什么……

孩子越来越喜欢与其他小朋友一起玩，开始学习分享和合作，这些都为他上幼儿园做好了准备。

2 岁第 1～3 个月

1. 这个时期的家长应该针对宝宝的好奇、逆反、求趣等心理特点，采取故意放手、有意忽略的方法以达到更好的教育目的。
2. 2 岁多的宝宝开始进入学习各种社会技能的阶段，需要学会如何与别人一起玩，如何对别人的需要和情感产生反应。
3. 2～3 岁的宝宝已经开始形成条理、系统的思维方式，让他们在一个有秩序、有规律的环境中成长，对宝宝形成良好的思维和行为方式更有帮助。
4. 2 岁多的宝宝开始进行社交活动了，让他们具备基本的礼节，讲究礼貌是必须要学习的内容。
5. 宝宝的游戏领域也扩展了，不再满足于玩玩具，也会画画、看书、捏橡皮泥等。
6. 让宝宝做事的时候先激发他想做的欲望和兴趣。在教宝宝学知识的时候要掌握好这个原则。
7. 宝宝感冒的时候，爸爸妈妈要仔细观察，尽早发现隐藏在感冒背后的疾病，并及时治疗。
8. 把甜食作为一种对宝宝某种行为的奖励，甜食的魅力会被无限放大，所以宝宝过分爱吃甜食，从而导致病症都是由父母造成的。

	生理发育正常均值
体重	11.6～12.3 千克
身高	86.6～87.9 厘米
头围	47.2～48.2 厘米
胸围	48.2～49.4 厘米
牙齿数	16～20 颗

【成长脚步】

每一个孩子的成长轨迹都不同，这里只是大致描述本年龄段宝宝的发育情况。你的孩子的某一单项指标以向前两个月或向后三个月的指标作参考，都是可以的。

■ 更愿意回到大人的怀抱

宝宝刚刚学会走路时，总是乐此不疲地走啊走，不让父母抱。等到能很好地走路时，却不再愿意自己走了，总是张开两只小胳膊让爸爸妈妈抱。

■ 独立性更强

愿意按照自己的意愿做事，有了更多感兴趣的事情要做，开始独自忙碌自己的事。

■ 情绪表达越来越丰富

宝宝的情绪变得丰富起来，开始有了我们看得见、感受得到的喜、怒、哀、乐。所以家长要控制好自己的情绪，因为宝宝会模仿。

■ 大动作发展

- 会在椅子上站。
- 会跑，踢球也不摔倒了。
- 会用双脚蹦跳。
- 会爬上滑梯往下滑。
- 会握住三轮小车的车把推着走。
- 会反复扔球。
- 会一个人上楼梯，先上一只脚，然后提起另一只脚，并拢后再上。

■ 生活自理能力

虽然有了一定的自理能力，但还是需要父母的陪伴和看管。只是这个阶段你不用一步不离地跟着宝宝了，你可以一边干自己的事情，一边观察宝宝的活动。如果你正在忙，宝宝跑来要求你陪他的话，可以让他等你忙完了再陪他。也许宝宝会不高兴，但你要和他解释大人都有自己的事情要做，或者告诉他“你先玩，妈妈马上就去和你一起玩”。不要小看这个过程，这也是一种“延迟满足”的训练。让宝宝晚一点达成自己的愿望，可以帮助宝宝养成忍耐、坚毅、勇于战胜困难的品格。

- 能熟练地用汤匙喝汤。
- 会把家里人的饭碗、筷子分开摆好。
- 会学大人收拾东西。

缺铁会影响儿童智力

缺铁性贫血为体内贮存铁缺乏，使血红蛋白合成减少所致。儿童处于生长发育阶段，机体的肌肉、骨骼及其他器官，对铁的需求都比成人多。如果不及时补充，就会引起缺铁性贫血。严重缺铁时不仅发生贫血，也可引起体内含铁酶类的缺乏，影响各个器官的功能，可出现胃肠道、心血管系统、神经系统功能障碍。另外，缺铁可使儿童脑细胞数减少或功能降低，还可使细胞带氧不足而导致脑等器官的细胞缺氧，所以缺铁可影响儿童智力发育。只要采取积极的预防和治疗措施，是可以防止或纠正儿童缺铁症状的。

对于轻度的缺铁性贫血儿童，可以在食物中增添一些含铁高的辅助食品，并尽量用铁锅炒菜，而不必刻意服用补血药。含铁丰富的食物有：猪肝、瘦肉、蛋黄、绿叶蔬菜、土豆等。

正在服用补铁药物的儿童都不宜喝牛奶。这因为各种食物中所含的铁必须在人体内的消化道中转化成“亚铁”才能被胃肠吸收和利用。而这一转化极容易受牛奶中的高磷、多钙的影响，人体内原有的铁能与牛奶中的钙盐、磷盐相结合而变成不易溶化的含铁化合物，不能被人体所利用。

贫血的人要少喝或不喝茶，特别是在饭后。喝茶会阻止人体对食物中铁的吸收。茶叶中含有大量的鞣酸和单宁，而鞣酸和单宁在肠道中很容易和食物中的铁相结合，影响铁的吸收。

缺铁性贫血儿童应在平时的饮食中多吃些富含维生素 C 的绿色蔬菜和瓜果，如甘薯、茄子、西红柿、马铃薯、草莓、橘子、柿子、苹果、葡萄、桃子、梨等。另外，黑豆、胡萝卜、面筋、菠菜、龙眼肉、萝卜干等也都是补血的，可以多吃。

严重缺铁性贫血光靠食疗是不能完全治好的，吃一些铁剂或好的补血产品，能更好地预防和改善贫血，增强人体免疫力。

乳牙护理至关重要

6～8 个月的宝宝开始长牙，到 2 岁左右 20 颗乳牙会出齐；7、8 岁时乳牙脱落换成恒牙，直到 20 岁左右所有的牙才会长齐。牙齿对于宝宝的成长发育非常重要，只有牙齿健康，才能保证宝宝获得充足的营养。宝宝这时还小，很少能自觉刷牙、漱口，有些家长认为宝宝的乳牙反正会换，如果宝宝不愿意的话，也就不坚持为宝宝进行口腔护理了。其实，保护乳牙健康是一件非常重要的事，因为乳牙的作用很大：

1. 乳牙出现龋坏会影响咀嚼，从而导致食物营养大量流失，直接影响宝宝的健康。

2. 宝宝在用乳牙咀嚼食物时，也能刺激颌骨及脸部肌肉发育，并有利于智力的发育。如果乳牙有问题，就会影响宝宝的咀嚼。

3. 乳牙的好坏与恒牙有密切关系。乳牙患病不及时治疗的话，会引起牙髓、牙根及牙周发炎，从而影响颌骨内尚未长出的恒牙胚，甚至使恒牙的萌出延迟。如果恒牙未长出前，牙冠就发育不良的话，那长出的恒牙也很容易被破坏，或者导致恒牙位置不正、牙列错乱、排列不齐、咬齿不正，影响面容美观。

爸爸妈妈们要帮助宝宝保护他们的乳牙，让宝宝养成良好的口腔清洁习惯，具体可以从以下几方面做：

1. 宝宝长牙期间，要多补充富含蛋白质和钙质的食物，确保牙齿的坚固，避免钙化。

2. 要让宝宝多咀嚼，如多吃硬饭、甘蔗、硬饼干、烤馒头片一类的食物，让宝宝的牙齿、颌骨和参与咀嚼运动的肌肉都能积极活动，增强牙髓、牙周膜、牙组织的血液循环，从而提高对龋齿及牙周病的抵抗能力。

3. 不要让宝宝吃太多的甜食，睡前要喝一些白开水，以清洁口腔、预防龋齿。

4. 纠正宝宝的一些坏习惯，如吮手指、用牙咬东西、嘴里含着东西睡觉等，以免造成牙齿的排列不整齐，影响美观。

5. 2～3 岁的宝宝还不会自己刷牙，爸爸妈妈可以在早晚用淡盐水给宝宝漱口，并用干净纱布轻轻擦拭牙齿。吃完饭或糖后，一定要让宝宝漱口。

6. 预防乳牙龋齿也是护理的重点。在宝宝乳牙未龋坏之前，可以使用窝沟封闭剂，这样可以为健康的牙齿覆上保护膜，避免龋齿的发生。如果宝宝已经出现龋齿，就要及时去医院补牙，以免龋洞越来越大。

【育儿百科】

给 2～3 岁孩子洗澡的方法

宝宝 2 岁了，你有没有发现他变得不如以前爱洗澡了呢？以前那个坐在浴盆里就很开心的小宝宝，现在一看见妈妈用浴盆接水就哇哇大哭。其实，很多 2～3 岁的宝宝都会害怕洗澡，特别是不愿意在大浴缸里或在喷头下洗澡。宝宝长大了，懂得的事情多了，想法和感受也就多了，他们不愿意洗澡，是因为感觉到了危险而害怕。所以妈妈们要找到宝宝害怕的原因，帮他们解除危险，这样宝宝就会重新爱上洗澡了。

■ **宝宝怕水**

宝宝会因为怕水而不喜欢洗澡，特别是有大浴缸的家庭，如果宝宝看过妈妈放脏水的情景，就会觉得如果自己也在浴缸里的话，那么也会随着水被冲走。这时候妈妈就要解除宝宝的恐惧，让他亲手把塞子塞好，告诉他洗完澡把他抱出去以后才会放水。浴缸里的水不要放太多，没过宝宝的小腿就可以了，还可以在浴盆底部铺一条大浴巾，防止宝宝滑倒被水呛到。记得用浴缸洗澡的时候，不要留宝宝一个人在浴缸里，如果妈妈有事要离开的话，一定要先把宝宝抱出来才行。

■ **怕喷淋**

用喷头洗澡也会让宝宝感到害怕，哗哗的水声，水淋到头上还会进到眼睛里，都会让宝宝感到不舒服。妈妈可以在喷头上裹条毛巾，这样水就可以缓缓地流出来，声音也会变得小很多，特别注意不要用喷头直接冲洗宝宝的头部，可在盆里接好水让宝宝洗头。这样做的话，就不会让宝宝感觉害怕了。或者干脆用澡盆接好水，让宝宝坐在澡盆里洗，等他长大点之后再用喷头洗淋浴。

■ 怕洗头

大部分宝宝都怕洗头，特别是水、洗发液等进到眼睛里的话，会让宝宝很不舒服。给宝宝洗头的时候，要备一块干毛巾，好让宝宝随时可以擦眼睛。现在市场上也有卖那种专门让宝宝洗头时戴的帽子，妈妈们不妨买一顶在宝宝洗头时用。

【心智发展】

面对陌生的人感到不安

宝宝从新生儿到牙牙学语，再到走向独立，这个过程是非常艰辛的。一个人能够独立的重要标志就是，他可以独自处于社交环境中，自在地与陌生人进行交流。宝宝一般在1岁半左右，会出现惧怕陌生人的情况，他们在陌生场合中会显得不安、害怕。如何让宝宝安然度过这一时期，是宝宝能否顺利独立的关键。当宝宝处于陌生环境中时，他们会从父母的眼神、动作、话语中评定陌生环境的安危程度。如果父母觉得不安，那宝宝会表现得更不安。身处陌生环境，或有陌生人走过来，如果父母用身体语言表现出“别怕，没什么好怕的”意思，那么宝宝也会很镇静地对待陌生人。所以，爸爸妈妈们一定要记住，你的一举一动都会影响宝宝对世界的认识，都会成为他们进行社交的方法。如果你能够轻松应对陌生环境，那么宝宝也会很容易变得独立。

培养宝宝的创造性思维

每位父母都知道，要从小培养宝宝的创造性思维。只是到底该怎么做，才能让宝宝的创造性思维得到发展呢?

● 运用策略回答宝宝的问题。宝宝的好奇心非常强烈，总会不断地提出问题。对于宝宝提出的问题，要认真回答，但不能只是“有问必答”，回答过程中也可以反问宝宝一些问题，启发和鼓励宝宝自己思考、寻求答案。

● 赞美宝宝的创造性。宝宝的创造性是无处不在的，自编自演一段舞蹈，用手撕纸撕出一匹“小马”等，如果你仔细观察，会发现宝宝不少的奇思妙想，别忘了要夸奖宝宝的创造性哦!

● 教宝宝解决问题的方法。宝宝经常会在生活中遇到一些小困难、小问题，不要急着帮他解决，而是引导他一起想办法，让宝宝自己找到解决问题的方法。

● 让宝宝编故事的结尾。让宝宝学会编故事，能发挥宝宝天马行空的想象力。给宝宝讲一个没有结尾的故事吧，让宝宝给故事编一个他喜欢的结尾！

● 为宝宝创造想象的条件。想要培养宝宝的创造力吗？别忘了为宝宝创造想象的条件！爸爸妈妈可以给宝宝提供各种物品，如积木、纸盒、瓶子、衣服、围巾等，一边和宝宝玩游戏，一边引导宝宝开动脑筋，充分发挥想象力。

绘画处于涂鸦期

幼儿绘画可分为三个阶段：涂鸦期、象征期、形象期。涂鸦期一般在2岁左右，涂鸦即乱涂乱画。孩子没有意图，画出的线条只是手运动的痕迹。他们笨拙的小手抓住笔在自认为可以画的地方乱画，只要画出痕迹来就会感到满足和开心。此时，幼儿画画的欲望十分强烈，如果不及时向他们提供适当的画画条件，他们会在玻璃窗户上、食物上乱画。可为孩子准备一些彩色笔和纸，让他们随心所欲地去画，并慢慢地学会涂一块颜色。这样一方面满足了孩子的绘画欲望，另一方面可使他们意识到绘画与现实物象的联系，这对他们由涂鸦期过渡到象征期有很大帮助。

家长如果想让孩子长大以后书写流利、漂亮，考试卷面工整，干活心灵手巧以及有出色的绘画水平和绘图能力，那就让你的孩子尽情涂鸦吧。因为所有他现在努力尝试和锻炼的手眼协调能力、精细控制能力、大脑对于形象的归纳能力、色彩的运用和表达能力等，都在这时开始了最关键的发展时期。

本阶段家庭游戏

■ 妈妈宝宝一起来律动

妈妈给宝宝唱歌谣，能提高宝宝的音乐感和节奏感。

让宝宝坐在妈妈的腿上或抱在怀里，边唱歌谣边轻轻地摇晃身体，反复有节奏地唱，宝宝就能和着节奏一起摇动身子了。同一首歌可以反复多次唱给宝宝听，要是歌谣简单的话，宝宝就能学着妈妈的样子唱了呢！歌谣的内容、形式不限，可以是关于身体的，也可以是关于周围事物的。这里有一首认识身体器官的歌谣，妈妈可以念给宝宝听，念到身体器官时可在宝宝的相应部位指一下：宝宝的小鼻子，一边一个小脸蛋，圆圆的小下巴，黑色的小眼睛，还有一个大脑门。哦！这就是妈妈的小宝宝！（把宝宝抱起来亲一下！）

【安全防护】

给孩子选购安全玩具的常识

玩具是孩子的亲密伙伴，但并不是所有的玩具都能放心地交给孩子玩。为了孩子的健康和安全，父母一定要掌握选购安全玩具的常识，莫让无心之过伤害宝宝。父母为孩子选购玩具时，要解读玩具的安全标准。大多数国产玩具上除了年龄指示外，还会有“GB6675-86”字样，这是中国制定的国家标准《玩具安全》。

父母一定要认真解读使用说明，对于其中的安全警示或警示说明必须遵守，要正确、安全地使用玩具，避免由于使用不当而造成的伤害。给孩子选购玩具时，父母要注意：

- 有玩具适宜年龄、所用材料、安全执行标准及生产厂家的标注吗？有3C认证吗？没有3C认证标识的玩具，无论在生产工艺还是安全性等方面都没有保障，容易产生质量问题。
- 玩具的边缘光滑吗？有没有毛刺或锐利的尖端？
- 打开包装时有没有呛人的气味？
- 玩具掉色吗？不合格的材料制成的玩具，有时甚至会把包装袋（盒）染上颜色。
- 绒毛玩具爱掉毛吗？眼睛、扣子和边缝都结实吗？有没有可能被孩子拽开？
- 有的玩具还含有小磁铁，这种磁铁可能会从玩具里掉出来，被孩子吞下去。
- 有些玩具的表面含有重金属材料或油漆，孩子喜欢舔、咬玩具，如果重金属元素含量超标，长期下来就会对孩子造成伤害。

因此，在选购玩具时，先要仔细地触摸、查看说明，再做决定。买给孩子的东西，一定不能只将精美的外表摆在第一位。

乳牙受伤怎么办

乳牙外伤多发生于1～2岁刚学会走路的幼儿身上，以乳前牙受伤较为多见。由于乳牙的牙根较短，幼儿牙槽骨骨组织疏松，乳前牙外伤后多致牙齿移位、嵌入或脱位，牙折情况比较少。

■ 判断受伤情况

有几种简单的办法，可以帮助妈妈判断宝宝的牙齿是否受伤。用手轻轻敲一敲牙齿，看看是否有松动的现象，如果有，那说明连接牙齿和牙床的组织受到了破坏。如果过于松动，那么可能需要把这颗牙拔掉。如果没有，那么妈妈就只能在等待中不断观察了。如果牙根受到损伤，几天之后牙齿会变灰或者坏死，甚至有可能并发感染，需要到牙医那里就诊。

■ 乳牙磕掉怎么办

孩子磕掉了乳牙，如果你的孩子够大，是不会轻易把掉下来的牙齿吞掉的，那么你可以试试如下方法：别碰牙根，把掉下来的牙齿含在嘴里，或者把它放到一小瓶牛奶中，然后尽快带孩子去牙科医生或儿科医生那里，看看是不是有什么补救的办法。

■ 如果断牙找不到了

无论牙齿是被撞回牙床中还是被撞掉了，只要孩子有咳嗽或者呼吸困难的情况，同时家长找不到断牙，那么就有可能是脱落的牙齿被吸进孩子的气管或肺部，刺激气管引起咳嗽或造成气管、肺部堵塞使孩子呼吸困难。在这种情况下，家长应立刻带孩子去医院诊治。

■ 会对恒牙产生影响

乳牙受伤后，有可能马上就会对下面的继承恒牙造成直接伤害。要知道，孩子即使还没到换牙的时候，恒牙也已经早早地潜伏在每个乳牙下面了。乳牙在受到外力撞击时，当时瞬间的外力就会传导至恒牙胚，直接波及下面的继承恒牙，对继承恒牙造成不同程度的影响。而且通常有这样的规律：乳牙外伤发生的年龄越早，对下面继承恒牙牙胚发育的影响就越大。

■ 牙外伤一定要就医

儿童处于生长发育期，牙外伤后如不及时处理或处理不当可造成咬颌发育异常或牙错位、牙丧失以及牙髓组织坏死，导致慢性根尖炎症的发生。因此，儿童牙外伤后一定要及时就医。

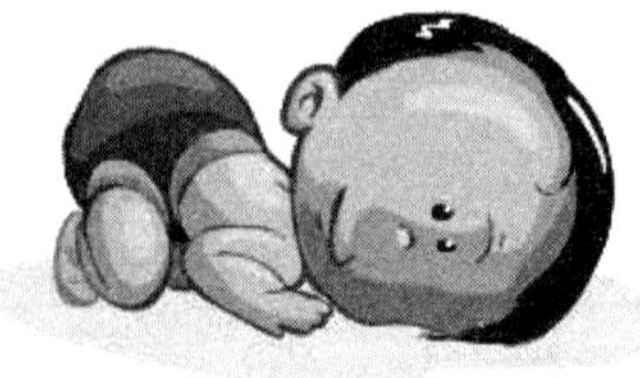

【成长顾问】

想把宝宝培养成神童吗

莫扎特、贝多芬、肖邦都是神童出身，他们的天赋随作品流芳千古，但还有许多天才儿童，其幼时的天赋却随着年龄的增长而消逝，令人扼腕叹息。很多家长都想把孩子培养成神童。那么，我们来看看成为神童都需要哪些条件。

■ 神奇的力量

医生认为，儿童脑垂体、肾上腺和其他腺体的荷尔蒙分泌一直处于高水平时，便会表现出异于同龄人的天分；生物学家则认为，神童的诞生是地磁波在胎儿发育阶段作用的结果。然而，天才也是有好有坏的，有成为领导者的禀赋，但也有犯罪者的基因。一个名叫施列科的犯罪“天才”，在 12 岁时便有 163 桩罪案缠身。

在数学、物理和音乐方面展露天才的儿童最多。有一种较普遍的观点认为，这是因为在上述领域取得成就并不需要很多的人生阅历。

■ 寂寞成长路

在潜意识中，每个孩子都非常希望得到父母的认可。如果他生于音乐或艺术世家，哪怕是微不足道的天赋都不可能被父母所忽视。莫扎特 3 岁举办音乐会、4 岁写出第一部协奏曲，但这其实是他父亲棍棒威逼的结果。据同时代的人回忆说，身为宫廷乐师的父亲非常冷漠、精于算计，为吸引观众，他甚至让莫扎特在演奏的同时翻筋斗，25 岁那年，莫扎特才告别了杂耍表演。

心理学家布拉赫认为，天才儿童分两种：一种是与生俱来的天分，另一种则是训练出来的。后者的父母对孩子寄予很大期望，想让孩子实现自己的夙愿。

一些望子成龙的父母对孩子进行魔鬼培训，但大多数情况下却弄巧成拙。不久前，一个 10 岁的神童将父亲告上法庭。原因是其父将妻子赶出家门，独自为女儿制定了按分钟计算的严格的作息时间表：6 点起床、跑步 12 公里、练体操、读他为女儿挑选的书籍。孩子的确争气，参加了体操锦标赛、与著名歌唱家一道登台献艺、将众多名著倒背如流，但她实在无法忍受父亲的行为：多吃几颗糖就要罚她跑上好几公里，只让她吃面包和水，用擀面杖打她……她说："我从来就没有童年，我很多游戏都没玩过！"

■ 呵护神童

有人在教师和家长中进行过一次调查，问题是："您小时候是否梦想成为一名神童？"所有的成年人都给出了肯定回答。可以想象，他们或多或少会把儿时的神童梦传递给自己的孩子。

做一名天才儿童是相当困难的。他们被成年人的各种"你应该……"的话折磨得寝食难安，他们不停地练习。心理学家布拉赫曾讲到一个 22 岁的"前"神童。他 8 岁时便在莫斯科音乐学院的大厅中登台，经常到国内外演出，获得掌声和奖励无数。少年时代，演出压力大加上变声，他竟然患上了精神分裂症……

有时，神童折翼只是因为父母不再关心。布拉赫说："像这样从幼年便开始受到关注的孩子，更需要取得新的成绩和获得新的肯定。荣誉已成了戒不掉的毒品。没有掌声，他们就会对自己的能力产生怀疑，然后在失落中毁掉自己。"

通常，天才儿童都受过良好的教育，有着无与伦比的记忆力。他们的智力成长快于普通孩子，但智力发育容易与心理发育失衡，从而为今后的发展埋下隐患。一般来说，天才儿童的身体发育和社交能力都要滞后于正常儿童。他们与年龄较大的孩子同班学习时，要么过于活跃，要么过于寡言。

■ 神童守则

● 守则之一：对学术和艺术有真正的、持久的热忱，在帮助他人的过程中体会快乐。

以历史上最著名的神童，11 世纪著名的哲学家、医学家、自然科学家和文学家阿维森纳为例，他 3 岁时便开始帮身为税务官的父亲点钱，入学前就能将《古兰经》一字不漏地背下来。但他并未沾沾自喜，而是埋头研究学问，写出《医典》造福后世。他的天赋与环境能够和谐相容，因而得到施展。

● 守则之二：立志要早，努力实现目标。

奥托施密特是苏联著名的数学家、物理学家和国务活动家。14 岁时，他便为自己制订了一生的计划。他开出了一份长长的书单，列出了需要研究的科目和应当解决的难题。他经过计算，发现完成上述任务需要 300 年，不免有些沮丧。后来，他在一本书上读到，20 世纪的人类寿命可能突破 150 岁，便对计划进行了修改，浓缩到 136 年……

● 守则之三：好老师能令天才迅速崭露头角。

苏联数学家米哈伊尔奥斯特罗格拉茨基小时候不爱学习，考试常常不及格，他觉得自己对科学毫无兴趣，想去参军，但父母硬逼他上了大学。他借宿在大学教授帕夫洛夫斯基家，教授对数学的热爱感染了他，他开始不分昼夜地解答习题、研究公式。帕夫洛夫斯基夸奖这位大器晚成的青年："我是经过努力才掌握真知，但你却是在创造新的学问!"最终，这个昔日的差等生成为圣彼得堡数学学派的创始人之一。

■ 培养神童

● 从小就要让孩子多跑多动，这样他的肌肉会贮存更多的能力，有利于思维、情感和想象力的发展。

● 接触天才的作品是培养天才少年的有效途径。孩子在欣赏和体验别人的作品时，也会下意识地去挖掘自身的特长。

● 多与孩子交流。不要对他的问题敷衍作答，而是要用他所能理解的语言耐心释疑，注重心理承受能力的培养，教会孩子体谅和帮助他人。

● 对孩子的兴趣要充分尊重。

● 如果你的孩子未来在学校毫不出众，请不要难过。大科学家牛顿小时候是老师眼中的懒虫和傻蛋，甚至因为成绩不好而被勒令退学。

● 如果孩子学习过于轻松，就意味着他的才能并未得到充分应用，唯有给他加码，才能培养他的勤勉和耐性。但重要的是，所增加的学习内容必须是他真正感兴趣的。

2 岁第 7～9 个月

1. 孩子在 3 岁时已经形成初步的性格特点，所以在 3 岁左右对孩子进行性格培养是非常重要的。
2. 父母之间的情感交流方式，将直接影响孩子性格的形成。
3. 父母对孩子的过度担心会通过脸部表情及言行举止显露出来，从而对孩子产生消极的暗示作用。
4. 这个年龄段的孩子说谎，不要认为是孩子的品行有问题，这与品行没有关系。事实上，这是孩子心理成熟的一次巨大飞跃。
5. 1～3 岁的宝宝很敏感，还不具备防御不愉快的事件的能力，恐惧对于他们来说是一种非常难受的经历。
6. 爸爸妈妈要摒弃过度保护型的养育方式，以免剥夺孩子经历磨炼的机会。
7. 对于婴幼儿来说，合理膳食，多吃含铁的食物就足够了，不必盲目地吃铁剂药物，以免补铁过多而造成急性铁中毒。
8. 宝宝的神经及肌肉发育尚未完善，动作不协调，反应迟缓，对周围环境不熟悉而又好奇心强，这个时期很容易发生意外烫伤。
9. 孩子不愿主动小便会影响他的健康成长，久之容易诱发泌尿系统疾病。

	生理发育正常均值
体重	12. 6～13. 1 千克
身高	90. 3～91. 7 厘米
头围	47. 7～48. 8 厘米
胸围	49. 1～50. 2 厘米
牙齿数	20 颗

【成长脚步】

每一个孩子的成长轨迹都不同，这里只是大致描述本年龄段宝宝的发育情况。你的孩子的某一单项指标以向前两个月或向后三个月的指标作参考，都是可以的。

■ **注意，人生“第一反抗期”到来了**

自我意识有了很大的发展，孩子知道“我”就是他自己，并产生了强烈的要摆脱大人的独立性倾向，什么事都要抢着自己去干，尽管干不好也不要别人帮忙。有时表现为不听大人的话，对大人的要求或指令产生对抗或违拗，这一时期的孩子已进入心理学上所称的“第一反抗期”。

■ **宝宝看起来有了成人的样子**

这个年龄的孩子，身长、体重均处于匀速生长阶段，但身长增长的速度相对高于体重增长的速度，因此，即使原来是胖乎乎的孩子，现在也开始“苗条”起来。

■ **运动技巧快速发展**

宝宝的运动技巧有了新的发展，不但学会了自由行走、跑、跳、攀登台阶等，动作的技巧和难度也有了进一步的发展。

■ **精细动作更加灵活**

手的精细动作有了很大的发展，能够比较灵活地运用物体，如握笔、搭积木、自己拿勺子吃饭，甚至学会了使用筷子等。

■ **语言更顺畅**

说话的积极性很高，爱提问，学话快。

■ **社会适应需求超越了社会适应能力**

产生了较为复杂的情感及行为，希望与人交往，希望有小伙伴。但是，如果真让他们一起玩，却又很难玩到一块儿，这主要是由于他们的社会适应能力还有限。多让孩子和小朋友一块儿玩是有好处的。

■ **心智发展**

● 如果家长教过宝宝认字，他就能认出自己的名字、动物、花朵，甚至还知道那是什么意思。

● 喜欢新奇的、令人兴奋的想法。如果你说有一个“特别的东西”给宝宝，或者说

"猜猜这是什么"，宝宝会非常高兴。

- 喜欢玩沙子、水、面等，总是把自己弄得全身脏兮兮的。
- 想象力很丰富，看着玩具能创造出一个大脑里想象出来的朋友。
- 为了逃避责任，会编故事。如果摔坏了东西，会说是别的小朋友做的。所以宝宝不是撒谎，只是有想象力。

■ 认知

- 不能具体画出一样东西，只是感知一下颜色、线条和手中的画笔。
- 开始认识数字的特殊含义。

【营养美食】

食用胡萝卜素不宜过量

胡萝卜或西红柿吃得过多，宝宝会患高胡萝卜素血症，宝宝的皮肤会发黄。胡萝卜里含有大量的胡萝卜素，如果在短时间内吃了大量的胡萝卜，那么摄入的胡萝卜素就会过多，肝脏来不及将其转化成维生素A，多余的胡萝卜素就会随着血液流到全身各处，这时宝宝会出现手掌、足掌、鼻尖、鼻唇沟、前额等处皮肤黄染（巩膜、黏膜无黄染，这一点与肝炎引起的黄疸不一样），但无其他症状。严重者黄染部位可遍及全身，同时可能出现恶心、呕吐、食欲缺乏、全身乏力、烦躁不安等症状。有些孩子会出现中医所说的"上火"表现，如舌炎、牙周炎、咽喉炎等。不过，宝宝出现高胡萝卜素血症，妈妈也不必太过紧张。只要停吃胡萝卜几天，宝宝皮肤上的黄色就会褪去。当然，毕竟高胡萝卜素血症是个病理过程，如果宝宝真出现这种情况，妈妈就不要给宝宝持续地大量食用胡萝卜了。

胡萝卜与白萝卜不宜搭配着吃

将胡萝卜、白萝卜一起调凉菜或一起炖食的烹调方法，会导致其中一种萝卜的营养价值降低。这是因为白萝卜中维生素C的含量很高，而胡萝卜中则含有一种对抗维生素C的分解酶，可破坏白萝卜中的维生素C。

【护理保健】

谨防幼儿铁中毒

对于婴幼儿来说，合理膳食，多吃含铁的食物就足够了，不必盲目地吃铁剂药物，以免补铁过多而造成急性铁中毒。铁中毒是一种特异病症，5 岁以下的宝宝，特别是 1～3 岁的幼儿更容易得这种病。宝宝铁中毒时，会出现呕吐、发热、便血等症状，严重的还会引起惊厥或休克。

为什么铁摄取过多会造成中毒呢？这是因为人体中吸收的铁，主要是二价铁，在体内被氧化成三价铁，与其他物质结合会形成血红蛋白。如果服用过量的铁剂药物，会使体内的三价铁增多，血液中就会形成氧化铁的沉淀，并且会释放出氩离子，过多的氩离子会使机体产生代谢性酸中毒，使血液变成酸性而导致中毒。同时，三价铁在肝脏中积累过多，还会抑制酶的活性，导致乳酸、柠檬酸增加，加剧酸中毒症状。所以不要盲目给宝宝服用铁剂，即使宝宝已经患有贫血病，也要遵照医嘱定时、定量地服用铁剂，以免造成宝宝铁中毒。

【育儿百科】

孩子不愿主动小便怎么办

排尿的作用是排泄体内新陈代谢所产生的废物。孩子年龄小，新陈代谢旺盛，对水的需求量相对较多，因此每天排尿次数也较多。如果孩子不愿意主动小便，不仅会在憋不住时尿湿裤子而着凉生病，而且还有害身心健康。

■ 可能的主要原因

- **自身因素。**孩子年龄小，自理能力差，尤其在寒冷的冬天，衣服增多，每次排尿都感到很困难。
- **环境因素。**有的厕所设施不便于孩子小便，如台阶过高，给孩子上下带来不便；自动冲水所发出的巨大响声给孩子造成恐惧，使其产生心理障碍而不愿去小便。
- **成人对孩子小便处理不当。**孩子自制能力差，随时有可能要小便，有时会发生在成人认为不适当的时候，如在幼儿园做游戏时，午餐、午睡时，或父母赶时间上班时，因而遭到成人斥骂，逐渐形成不主动小便的问题。

孩子不愿主动小便会影响他的健康成长，久之容易诱发泌尿系统疾病。另外，尿液在体内时间过长，对身体也是有害的。

■ 采取的方法

- 教育孩子主动、及时小便，说明不主动小便的害处。
- 平时要注意培养孩子的自理能力，要从天暖时就鼓励孩子学会主动小便，形成习惯。这样到了冬天，即使衣服增多，孩子也能主动去小便。
- 如果是由于厕所设施不便于孩子小便，如台阶过高，可改进设施或给孩子专门准备一个小便盆。另外，成人还要消除孩子的恐惧心理，向孩子讲明为什么要用水冲厕所，以便让孩正常小便。

● 如果孩子不注意而尿湿了裤子，家长不能责备，一要向孩子讲清楚尿湿了裤子会着凉生病，二要告诉孩子什么时候该去小便。

孩子的气质与教育

每个孩子都有其独特的气质，气质是以人的生理素质为基础，在后天的生活环境中逐步形成的。人的气质可以分为多血质、黏液质、胆汁质、抑郁质四大类型。如果你能注意到孩子气质的差别，并根据这些差别进行有针对性的培养，将有助于孩子个性的健康发展。

■ 多血质的孩子

如果你有一个多血质的孩子，你会发现他热诚而易变。多血质的孩子一般属于外向型的性格，他们聪明、敏捷、活泼、好动，自我肯定的程度比较高。对于这样的孩子，爸爸妈妈不要有意无意地拿他们来炫耀，以免让孩子的自信变成自负，使得他们做事只是为了博得人们的欣赏，而不是表现自己的能力和价值。不妨在这样的孩子面前多多真诚地表扬别人，让他们看到同伴的优点，了解自己的不足之处。另外，多血质的孩子注意力很容易转移，所以要注重培养他们的专注力，避免他们形成浅尝辄止、轻率和肤浅的个性。

■ 黏液质的孩子

如果你的孩子沉静、稳重，忍耐力强，比较随和的话，那他多半是黏液质的孩子。这样的孩子不容易兴奋，抑制能力比较强，因而显得情绪比较稳定。这类孩子从小就比较听话，教养起来比较容易，各方面都能比较均衡地发展。黏液质的孩子对自己的评价比较稳定，不太在乎别人的表扬或批评。所以，如果你想要他们改变些什么、注意些什么的话，就要批评得严厉一些、表扬得热情一些，这样才能够刺激他们做出改变。黏液质孩子很容易养成懒散、淡漠的习惯，爸爸妈妈要注意让他们变得敏捷、果断。

■ 胆汁质的孩子

胆汁质的孩子常有自己的主见，吃软不吃硬，管教得越严，他们就反抗得越厉害。如果你想对胆汁质的孩子讲道理，就一定要进入他的世界了解他，按照他的思维习惯讲道理。通常情况下，说教、暗示或批评对胆汁质的孩子都起不到什么作用。如果你想告诉他该怎样做，就要做给他看。典型的胆汁质孩子精力旺盛、情感强烈、有爆发力，但是脾气很大，不易讨人喜欢，有时候别人轻而易举能做好的事，他们却往往做不好。但是胆汁质的孩子一旦迷上了什么，就会全身心投入，用别人想不到的方式，在别人意想不到的领域里，获得成功。

■ 抑郁质的孩子

外表文静、软弱、腼腆，内心却特别敏感、好强的内向型孩子，他们多半属于抑郁质。这样的孩子一般比较聪明，但自信心不强，很容易受别人意识的影响而产生自卑心理。抑郁质的孩子细心、专注，有灵敏的感觉和直觉，善于察觉细小的事物，常常不声不响地认真完成他们认为该做的事情。多多鼓励抑郁质的孩子，可以增强他们的自信心，不要过多地批评他们，只要暗示一下，这类孩子就会自己想办法改正错误了。

也许你会发现自己的孩子每种气质的特点都具备一些，这是正常现象，因为很少有人的气质类型是单一的、纯粹的，大多数人是以一种气质特征为主，同时混合着其他气质类型的特点。所以，爸爸妈妈要仔细分析自己孩子的气质特点，以便能够因材施教。另外要注意的是，气质差异和品行好坏无关，每一种气质类型都有其积极的一面，也有其消极的一面。父母要帮助孩子扬长避短，而不能按照自己的意愿压抑或强行扭转孩子，否则会使孩子的心理受到伤害。

早期养育方式和性格导向

我们都知道人的性格不会一成不变，可一旦形成就有相对的稳定性。常言道："3 岁看大"，就是说孩子在 3 岁时已经形成初步的性格特点，所以在 3 岁左右对孩子进行性格培养是非常重要的。过了 3 岁的性格培养关键期，就很难改变孩子已经形成的性格了。

经常会听到一些大孩子的爸爸妈妈抱怨自己的孩子太胆小，或太不听话，或太娇气等，可是这些父母常常忘记检讨自己的行为，他们也许不知道正是在婴幼儿期没有培养孩子良好的性格，才会导致孩子形成不好的性格。事实上，孩子的良好性格品质要从零岁开始培养，主要是让孩子养成良好的生活习惯，使之成为孩子日后的习性。

● **出生就已经开始。**婴儿刚一出生，就应当进行一系列的训练，如睡眠训练、饮食训练、排泄训练、自理能力训练等，让宝宝从小养成良好的生活习惯。

● **过于温馨、平和的家庭氛围不一定是好事。**父母之间的情感交流方式，将直接影响孩子性格的形成。父母情感的过度流露会使家庭气氛过于柔软，孩子会在娇宠中变得批评不得，甚至父母声音稍高一点时，孩子也会因此受惊而大哭不止，显得非常脆弱。一般来说，娇气、软弱的孩子常常缺乏足够的心理承受力，一旦遭遇挫折，很容易出现心理障碍，做出比较偏激的事情。

● **加强锻炼身体。**让孩子经常进行身体锻炼，不仅能强身健体、提高自身的抵抗力与免疫力，还能使孩子养成坚强、不怕困难、勤劳、自理性强的性格品质。所以，不要把孩子的健康依附于保健品之上，要多让孩子进行户外运动，多参加体育锻炼，在强身健体的同时形成良好的性格品质。

孩子缺乏良好的性格品质的根源在于父母的过度保护与过度照顾，如让孩子吃穿过多，替孩子包办过多，对孩子的正常活动限制过多，对孩子宠爱的情感流露过多等。

现代父母对孩子过度保护主要是因为他们对孩子过度担心，因而使用了"过度"的养育方式。父母对孩子的过度担心会通过脸部表情及言行举止显露出来，从而对孩子产生消极的暗示作用。你有没有在孩子参加某项活动之前，就向他列举各种可能遇到的危险状况呢？或者对孩子诉说自己的种种担忧？这些都会使孩子产生恐惧心理，并因此而畏惧不前，长此以往就会形成胆小、懦弱的性格特点。

良好的性格品质如胆量、意志力、独立性和自信心等，都是孩子通过参与实际生活而锻炼出来的，都是在经历危险、挫折以及困难的过程中逐渐培养起来的。因此，爸爸妈妈要摒弃过度保护型的养育方式，以免剥夺孩子经历磨炼的机会。多为孩子提供一些经历各种困难的机会吧，这样才能帮助孩子建立起个人的力量，才能让他们学会自行解决遇到的问题。

2 岁半左右的孩子说谎怎么办

2 岁多的孩子，说谎的频率越来越高。妈妈上班前叮嘱不能吃糖，下班回来，尽管孩子吃了，他也会抬起小脸一脸真诚地说“没吃”。不要认为这是孩子的品行有问题，这与成人后的为人、品格毫无关系。事实上，这是孩子心理成熟的一次巨大飞跃，代表着他能够从别人的角度来思考问题。同时说明他开始尝试用语言来为自己创建一个更安全的环境。研究表明，说谎越早的孩子越聪明。对待孩子的说谎，家长不必太紧张。一些小谎言不要去戳破他，让孩子体会到成功的快乐；后果严重的谎言（打了别的小孩说没打）则要语气坚决、态度和蔼地当面指出来。

本阶段家庭游戏

■ 侧走，倒退走

小游戏“侧走，倒退走”可以锻炼宝宝大肌肉的运动技能和平衡感，并可以帮助宝宝建立自信心。宝宝只有“信任”自己身体的运动能力，才能活动自如。一开始的时候，宝宝的平衡感还不太强，练习要注意安全，室外练习要挑选路面平整、没有石坑的地方进行，以免宝宝跌倒碰伤。前几次练习时，父母可以扶着宝宝，和他一起侧着走、倒退走。室内练习时还可以播放轻快的音乐，父母和宝宝面对面、手拉手，随着音乐一起往前走、一起侧着走、一起往后退。等宝宝熟练以后，就可以让他自己走了。侧走时还可以设置一些软性障碍物，规定宝宝在障碍物之间走。如果宝宝走得好，别忘了及时表扬他，以增强宝宝的自信心。

【安全防护】

摔倒造成的嘴唇和口腔受伤

宝宝如果摔倒时面朝下，很容易就会摔破自己的嘴唇甚至会造成口腔受伤。口腔里有很多细小的血管，受到外力的强烈冲击后，舌头或嘴唇会被牙齿弄伤，有时即使受伤不重也会出血很多。如果将流出的血吸入气道会发生危险；如果咽下去会引起呕吐。所以，要注意将口腔里流出的血吐掉，将舌、唇的伤口用清洁的纱布或药棉压迫止血。口腔或嘴唇受伤，出血很容易止住，而且伤口能较快愈合。所以，即使出血较多，也不用担心、不要慌乱，应保持冷静并采取相应措施。摔倒、碰击、外部的强力重击都会造成牙齿脱落。在牙齿脱落部位，可用药棉用力压迫，然后上下齿咬紧止血。如用压迫法可以止住出血的话，注意观察即可。如果伤口过大，出血不止，应立即去医院。不要随意漱口，否则会影响凝血，造成再次出血，应该在医生的指导下漱口。一般而言，口腔内部的伤口只需保持伤口清洁，无须作其他处理，大多数情况下伤口会自己愈合。平时护理时，在孩子进食后用温水漱口即可。

幼儿几种可能的烫伤及预防方法

在孩子 4 个月的时候我们讲了如何避免不太能动的小婴儿被烫伤。现在孩子大了，变得非常活跃，这个时期的孩子被烫伤的可能性大大增加。由于幼儿神经及肌肉发育尚未完善，动作不协调，反应迟缓，对周围环境不熟悉而又好奇心强，很容易发生意外烫伤。

■ 洗澡引起的烫伤

这类烫伤占幼儿烫伤总数的一半以上。究其原因，往往是由于家长给孩子洗澡时，不经意地先往浴盆中倒入热水，然后再去取冷水加入，事故就发生在家长转身取冷水的一刹那。孩子见盆中有水，便伸手进去玩水；有的孩子则跳入盆中；有的由于平衡较差，站不稳而跌入盆中，因此酿成悲剧。

预防方法：家长在孩子洗澡前先把所需要的物品准备好，一定要先把水温调好了，再带孩子进来。孩子进入浴室后，不要急于脱掉衣服，要先确定好水温。家长可以用手背去试水温。对孩子来说，最安全的水温为 37℃～40℃，这个温度手背皮肤不会感觉太烫。也可用洗澡温度计来测量水温。在洗澡过程中，需要加热水时，一定要先将孩子抱离，否则不但水温难以调控，而且很容易烫伤孩子。

■ 热水袋引起的烫伤

在寒冷的天气里，有的父母会用热水袋给孩子保暖。由于冬季人体神经反应比较迟钝，皮肤的感觉也弱了很多，对热和痛的感觉比较迟钝。当热水袋里的水温高于 45℃，又没有毛巾隔开时，长时间贴在孩子身体的某个部位，很容易引起低温烫伤。这种烫伤不同于日常生活中常见的热油、开水引起的烫伤。接触热水袋时间过长，皮肤可能并没有感觉烫，或者表面看起来烫伤面积可能不大、伤情不重，但热力已经渗透到软组织而形成烫伤，其创面往往比较深，很多低温烫伤的患者能达到二度或三度烫伤。接触 70℃的温度持续 1 分钟或 60℃的温度持续 5 分钟以上，就有可能造成烫伤。

预防方法：装入热水后，一定要把盖子拧紧，在热水袋外面最好套一个防护套，防止水流出来烫伤。要经常检查热水袋，如果发现有老化或质量问题等，应停止使用。要注意水温不要太热，时间不要太长，使用时在热水袋外包裹毛巾，放置于脚旁 10 厘米处，不能使热水袋直接与幼儿身体接触。最好是睡觉前放在被子里，睡觉时取出来。

■ 热水瓶引起的烫伤

弄倒或绊倒热水瓶而被烫伤的孩子多数是由于家长把热水瓶摆放在孩子容易接触到的地方。孩子口渴、好奇、顽皮、走路不稳，弄倒或绊倒热水瓶，热水瓶摔破或开水流出就会烫伤孩子。

预防方法：家长不能把6岁以下的孩子单独留在家中，并要将热水瓶放到孩子够不着的地方，以避免意外发生。

■ 端热汤、热水引起的烫伤

家长端着热汤、热水时，孩子随时可能会冒冒失失地出现在家长面前，拉手抱腿等会使家长失去平衡，导致热汤、热水不慎洒落在孩子身上造成烫伤。

预防方法：家长在抱孩子的时候不要端热汤、热水或较热的食品，外出吃饭尤其要注意这个问题。家长在家中端热汤、热水时，不要盛得太满，事前安置好孩子或留意孩子的动向并大声警告孩子不要靠近。

■ 拉餐巾、桌布引起的烫伤

不要把热的食物或汤水放在餐桌边缘，尤其是铺了餐巾、桌布的，以免孩子好奇或不慎拉扯，把热的食物、汤水拉下导致烫伤。

预防方法：餐桌不要铺餐巾、桌布。

■ 误饮、食热汤水或食物引起的烫伤

1岁以上的孩子开始要求自己吃饭、喝水了，有的孩子性子很急，抓到东西就往嘴里塞。家长一时看护疏忽就会出现孩子被热汤、开水或刚出锅的食物烫伤口腔及咽喉等。过热的食物不仅会烫伤口腔，严重的还会烫伤食道，甚至可能造成食道狭窄。由于孩子的咽部保护性反射能力很差，吸入开水或热汤后，不会立即吐出，反而会咽下，滚烫的开水或热汤经过咽喉部就会造成烫伤。烫伤后的咽喉黏膜产生充血、肿胀，使喉腔狭窄而导致呼吸困难。相对于头面部烫伤，口腔烫伤治疗难度较大，口腔内不易上药，烫伤后有大量渗出液，孩子太小，可能不会往外吐伤口渗出液，十分容易堵塞呼吸道引起窒息。

预防方法：放在孩子面前的汤、开水或食物，家长要先尝一下，以确保温度合适，尤其是蛋羹、红薯、汤、粥等外表温度与内部温度可能有差异的食物。一般孩子在自己进食时，常常是先小口试一下，觉得合适了再大口吃。家长要注意保护孩子的这种自我保护本能，吃饭时不要太催促孩子。过热的汤、水、食物不上桌，不放置在孩子够得着的地方，或有成人在一旁照看。

■ 厨房里的烫伤

厨房是孩子烧伤、烫伤发生的主要场所。

预防方法：要加强对厨房用品和电器的管理，绝对不可以让孩子独自在厨房内。在做饭、烧水时，尽量让孩子远离厨房，最好把厨房的门锁上，防止孩子无意中闯入厨房，被

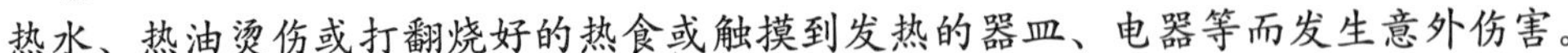

热水、热油烫伤或打翻烧好的热食或触摸到发热的器皿、电器等而发生意外伤害。

■ 硫酸烧伤

如果是浓硫酸，需要立即用布擦去，然后再用冷水冲洗，切不可直接用水冲洗，否则会加重伤势。

对于稍大点的孩子，父母可以采用适度的“体验教育”。如在不会被烫伤的前提下，让孩子摸一下稍热的碗，他会知道烫，然后再告诉他，凡是看到盛了热汤、热菜的碗，都不能碰。孩子有过一次“被烫”的体验，就不敢再接近热源了，这比父母时时盯着孩子要有效得多。

幼儿烫伤后的处理方法

■ 迅速降温是关键

一旦被烫伤，千万不要急着去医院，而是首先要找到清洁的水源，最好是流水（自来水即可），对着烫伤处反复冲洗 10 分钟以上，离开水后不疼最好；如有条件的话还可用冰敷，效果会更好。因为刚烫伤时，热度还没有渗入内部组织，越早冲洗，对组织的损伤就越小，以后治疗起来也就比较快，不容易落疤。如果烫伤部位在衣服里面，要及时脱掉衣服。若患部与衣服粘连，请勿强力撕开，可用剪刀小心剪开，并暂时保留黏住的部分，尽量避免将水泡弄破。严禁将孩子患部泡在冰水中，因为冰水的温度太低，浸泡在冰水中，反而可能会冻伤肌肤，使孩子发生失温的危险。

■ 禁止涂抹任何东西

不要用任何油膏、油脂、黄油、奶油或石油产品，这些做法都是有害无益的。轻则污染烫伤创面，给以后的治疗带来麻烦；重则引起创面化学烧伤，加深创面深度，使孩子的疼痛加剧。如果烫伤不严重，可以涂一些药膏，如湿润烧伤膏、绿药膏等，但不要包扎起来，让创面裸露，与空气接触，可使创面保持干燥，并能加快创面复原。

■ 水泡的处理

如果出现了水泡，不要动它们。因为水泡里面的液体是无菌的，所以不要碰破任何一个水泡。如果你弄破了一个水泡，就让细菌进入伤口里去了。如果水泡确实破了，用一把已经在沸水里煮过五分钟的指甲刀或一把镊子移走所有松下来的皮肤比较好，然后用无菌绷带把它包上。医生应该看到任何已经破了的水泡，他们经常开一种特殊的抗生素药膏来防止感染。如果水泡没有被碰过，却显出了感染的迹象，如水泡里有脓、水泡边缘泛红等，你应该请教医生。不要在水泡上用碘酒或任何类似的消毒剂，除非医生指导你这样做。

■ 严重烫伤

烫伤严重者应立即去医院处理。每个孩子的手掌大约占身体表面积的 1%。如果孩子烫伤的面积在10%以上，表示伤情较重，很容易合并脱水甚至造成休克，应赶快送医院治疗，切不可耽误。如果孩子发烧，局部疼痛加剧、流脓，说明创面已感染发炎，应赶快请医生处理。如果是发生咽喉部烫伤，应立即送医院检查治疗。医生会根据伤情给孩子输液、用消炎药和消肿药来防止烫伤部位发炎和继续红肿，同时观察呼吸情况。及时和正确的治疗还可以防止感染而产生的食道狭窄。

假如家长在日常生活中能处处留心，幼儿的许多烫伤事故是完全可以避免的。

【成长顾问】

不要吓唬孩子

“快点儿睡觉，要不大老虎就来吃掉你了!”，“天黑了，快回家吧，要不大灰狼出来了!”不知道你小时候有没有被父母吓唬过？你又是否这样吓唬过自己的宝宝呢？当宝宝特别不听话的时候，爸爸妈妈很喜欢用这一招把宝宝震住。对于还不懂事的小宝宝来说，这样吓唬通常会奏效，可是带来的长久坏处是无法估计的。

● 经常遭遇吓唬的宝宝，会对某些事物产生错误的观念，导致宝宝是非不明、真假不分。比如妈妈常对宝宝说：“你再不听话，警察来了把你抓走!”就会让宝宝从小惧怕警察，而这显然是错误的，因为警察只抓坏人，不会随便乱抓人。

● 宝宝的神经系统还处于发育期，比较脆弱，如果经常遭受惊吓，会使宝宝遭受精神损伤。在大人眼里“大老虎把你叼走”、“鬼来抓你了”、“大灰狼会吃了你”等都是些玩笑话，可是在宝宝听来却都是非常恐怖的。恐吓对于宝宝来说是一种很强烈的刺激，经常遭受这种恐吓式的刺激，会让宝宝过分紧张而引发精神损伤，轻者会使宝宝形成恶性条件反射，严重的还有可能导致精神分裂。

● 经常被吓唬的宝宝，一定会形成胆小、懦弱的性格。比如宝宝摔破了腿，其实只是擦破点皮，如果父母大惊小怪，并吓唬宝宝：“你不小心，看把腿摔断了!”这样做会让宝宝变得神经质，遇到点小伤就会吓得哇哇大哭。再如，为了让宝宝快点睡觉，就吓唬他“天黑了，妖怪出来了，专抓不睡觉的小孩儿!”这样就会使宝宝害怕黑暗，睡觉时也会因为惊吓过度而睡不踏实。

● 还有些父母用“爸爸回来打死你”、“你再捣乱妈妈就把你扔出去”之类的话恐吓宝宝，这样会让宝宝从小形成对父母的恐惧，产生对立情绪和不良的亲子关系，对宝宝长大以后的人际关系和社会性发展都非常不利。

事实上，1～3岁的宝宝是什么都不怕的，可是如果他们经历过一次恐惧之后，就会长时间处于害怕的状态中。而且，1～3岁的宝宝很敏感，还不具备防御不愉快的事件的能力，恐惧对于他们来说是一种非常难受的经历。所以，爸爸妈妈要尽量为宝宝创建舒适、祥和的生活环境，减少宝宝恐惧的体验。有些事情会导致宝宝恐惧，从而做出一些诸如哭闹、发脾气、喊叫等反应。遇到这种情况，不要急着训斥宝宝，而是要为他们排除恐惧的感觉。

■ 对于宝宝来说，最恐怖的事就是睡觉醒来，妈妈不在身边

如果宝宝一觉醒来看不见妈妈，会觉得非常害怕，并会哇哇大哭，如果 10～15 分钟还看不到妈妈出现的话，就会在宝宝脑海中留下恐怖的印象。从此，宝宝就会变得非常黏妈妈，即使妈妈上厕所也会跟在后面。特别是 1 岁半以后的小宝宝，更容易因此而感到害怕。所以，宝宝睡觉的时候，爸爸妈妈一定不要外出，至少要有一个人在家。当你听到宝宝的哭声，如果不能及时出现在宝宝面前，也要先让宝宝听到你的声音，和宝宝说说话，这也能降低他们的恐惧感。

■ 很多 1～2 岁的宝宝都会惧怕洗澡，一到洗澡的时候就哇哇大哭

通常都是因为以前洗澡的时候，可能有水进到眼睛里，让宝宝感到很痛苦，因而就不喜欢洗澡了。所以，给宝宝洗澡的时候要万分小心，不要让宝宝的眼睛进水，或头进入水中被淹到。如果宝宝因为不肯洗澡而哭闹的话，不要训斥他，而是要帮助他消除恐惧。

■ 害怕强烈的刺激

还有一些婴幼儿的神经特别敏感，电话铃声、门铃声、汽车喇叭声等比较响的声音，或是汽车灯光一类比较刺眼的光亮，都会让他们感到害怕。对于这样的宝宝，妈妈要细心照料，不要以锻炼宝宝的胆量为名，用可怕的东西或声音吓唬他们。只要慢慢引导宝宝那些声音和光亮并不可怕，等宝宝长大一些就会变好了。

总之，如果你想要自己的宝宝健康成长，形成良好的人格，就要注意正面引导宝宝，多告诉宝宝遇到问题该怎么做，而不能吓唬他们或限制他们的活动。

宝宝太“乖”当心自闭症

2 岁的龙龙真的是小区里最乖的男孩子了，不像别的小朋友那样爱哭、爱闹、爱跑、爱捣乱。他总是安安静静的，不多说话，自己拿个小木棍就能玩上大半天。可是龙龙妈妈却担心他太过安静，从不和小朋友交流是不好的现象，到医院一检查，被诊断为自闭症。还有一个 2 岁半的叫奇奇的小男孩，他可是过于活泼了，爱和别人打架，很少能安静地坐一会儿，坐在椅子上不是转圈就是摇晃，总之是停不下来，经过诊断也是自闭症患儿。

自闭症（也称孤独症）的发病原因现在还不清楚，也没有什么特效药，不过如果能在 2 岁左右及早发现、及早治疗的话，在宝宝 12 岁神经发育基本完成之前，还是有治愈的希望的。儿童自闭症发病较早，而且比较缓慢，因此很容易被家长所忽视。自闭症患者的表现多种多样，主要有几个方面的特征。

■ 在 2 岁半以前发病

但这个时期，孩子语言发展还不完善，接触生活环境有限，所以不易引起人们的注意。

■ 缺乏正常儿童的情感反应

自闭症患儿不会主动和别人交往，对周围人冷漠，在人群中会回避他人的眼神，对亲人不亲，对别人的话也是听而不闻，好像活在自己的世界里；无相应的情感流露，也很少微笑，不会关心周围的人及发生的事情，听不懂游戏的内容及规则。因此，总爱独自玩耍，对他人缺少感情。

■ 语言交流障碍

自闭症患儿 2 岁后还不会说话，语言发育迟缓，多数保持沉默，喜欢用手势或叫喊来表达自己的愿望。或者会说话，但只是自言自语或重复说一些无意义的话，而不会用语言与他人交流。如果有语言表达，也常伴有特殊形式的语言异常，如用词颠倒、表达呆板或模仿重复等。3 岁以后还不会使用你、我、他等人称代词，也听不懂别人说的话，或者只能听懂简单的话，理解力很差，无法听懂故事，也无法看懂动画片。

■ 刻板重复的行为障碍

自闭症患儿总是维持一成不变的生活习惯，表现为无目的、无意识或强迫性，喜欢刻板式活动，如旋转身体、用足尖走路、摸这动那、反复摇晃身体、手舞足蹈等。对玩具不感兴趣，只喜欢单调、重复的行为，比如无目的地奔跑、转圈、撕纸、玩开关、转车轮等，甚至有自伤、伤人的行为。

■ 固执地坚持同一格式，反对一切变化

对物体的排列、日常惯例、行动、室内的陈设、环境布置等坚持同一模式，不准变动。如有变化，就会表现出强烈的情绪反应。

此外，还有多动或少动、认知障碍、社交障碍、不知躲避危险及某些奇异的习惯等。

自闭症患儿大多智力低下，但也有些宝宝在某一方面特别有天分，比如对路线、数字、地图、日期、音乐等有超常的记忆能力，但是却不能理解自己记住的这些东西到底是什么意思。还有的宝宝对声音、光线、味道、疼痛感觉过敏或感觉迟钝。爸爸妈妈们一定要注意观察宝宝的表现和发育程度，及时发现问题并及早治疗。

母亲说谎

常常可见到商场里缠着母亲要巧克力的孩子，甚至在玩具店里，有的孩子拿着喜欢的玩具不肯放手，并且哭闹不休。母亲们用“下次来的时候一定给你买!”，“让爸爸给你买，所以现在做乖孩子!”等来哄孩子。这些话是真心话吗？这些许诺会兑现吗？母亲们是真的打算履行，还是仅仅能骗一时是一时？

为什么这么说？因为 2 岁的孩子是“遵守诺言”的。2 岁的孩子具有遵守与自己信赖的人之间的诺言的能力，而且他会努力地去遵守。一旦诺言订立，他会比大人更加坚定地去遵守诺言。

■ 孩子会效仿

假如母亲仅仅是为了一时性的哄骗而说了假话，并且说了以后就忘记，这种情况反复出现，其后果会是怎样的呢？母亲不遵守诺言、经常说假话，说假话就会变得顺理成章。孩子会认为说谎是正常的行为，长大成人以后也许会以欺骗的手段去坑害人。这对孩子所产生的坏影响是无法估量的。

■ 降低母子间的信任感

最成问题的是，这会降低孩子对母亲的信赖程度。不仅如此，孩子很可能还会对母亲抱有不信任感。母亲和孩子之间的信赖关系一旦破裂，即使以后母亲充满感情地说真话，孩子也不会马上去听取。不用说，“母子间的诺言”也会成为耳边风而流逝。

父母说着违心的话，即使是 2 岁的孩子也能识破。绝不能轻视 2 岁的幼儿，如果小看他，以后你甚至会受到强烈的反击，这一点必须牢牢地记在脑子里。

■ 买东西如何做到不骗孩子

孩子是以信赖来对待信赖的。母亲若真心实意去接触孩子，就不要说假话。如果真是从心底里希望孩子健康成长，母亲自身也应当忍耐难受的事。即使在众目睽睽之下，母亲也应当注视着孩子的眼睛，用充满信赖的目光对孩子说：“能忍耐得住的，是吗?”，“我们现在不需要买它，是吧?”等。这个时候，母亲的真情实意一定会打动孩子的心扉。孩子一旦理解了母亲的话，虽说只是孩子，但他不会重复同样的事情。

■ 外出如何做到不骗孩子

当母亲需要把孩子放下自己外出时，也不应去说假话骗孩子，然后自己外出，而只要告诉孩子“今天不能带你去，你一定能忍耐得住的”，孩子则一定会予以同意。平时的信赖关系是非常重要的。强调孩子不听话，而去恐吓他“让医生给你打针”、“告诉爸爸”等，或者采用收买、贿赂的手段对孩子说“给你买点心吃”等，都是不好的。

孩子哭闹、纠缠不休的时候，母亲确实也很难受。然而，母亲毅然决然的态度对孩子来说，反而会产生良好的结果。

在爱的名义下，许多父母剥夺了孩子获得勇气、自信和自立的机会。他们过度保护孩子，不让孩子经历丝毫的不愉快，也使得孩子无法了解自己能够胜任分离的能力。

孩子能感应到父母是否信任他。如果父母认为孩子很可怜，那就会被他的哭泣或其他方式所利用，他会表现得十分无助来利用你。但这并不表示，在他平静的时候，你要拒绝倾听他的诉说。当你离开的时候，如果孩子哭泣，拥抱他一下，说：“3 个小时后我就会回来。”然后再离开。

2 岁第 10～12 个月

1. 3 岁的孩子变得更懂事了，如果你和他讲道理，他会认真地听取，如果认为爸爸妈妈说得对，他也会按照规则做事了。
2. 想让宝宝拥有开朗的个性，家长自己在这些方面也要做得很好，这样宝宝就会模仿家长的处事方式了。
3. 当孩子说话的时候，一定要仔细地听，这样才能让孩子对自己的表达有信心。
4. 2～3 岁的孩子不会让别人和他一起分享东西，但是又对别人的东西很好奇，因而会出现不让别人碰自己的东西，但却喜欢抢别人东西的状况。
5. 宝宝高烧达 38.5℃以上时，要进行退烧，并观察宝宝退烧后的状态，从而尽早发现潜在的疾病。
6. 孩子咳嗽多数伴有痰，痰的多少与脾有关，过多进食寒凉食物就会伤及脾胃，造成脾的功能下降，聚湿生痰。
7. 2 岁以后的宝宝每天和父母分开几个小时，对他们的成长发育是有好处的。
8. 2～3 岁的孩子思维还很简单，他们无法独自应付太过繁琐的玩具，反而比较喜欢玩简单的玩具。
9. 在吸烟的环境中，宝宝会出现咳嗽、感冒、哮喘等疾病，严重的还会引起一些综合病症导致死亡。

	生理发育正常均值
体重	13.0～13.5 千克
身高	91.4～93.4 厘米
头围	47.9～49 厘米
胸围	49.5～50.5 厘米
牙齿数	20 颗

【成长脚步】

每一个孩子的成长轨迹都不同，这里只是大致描述本年龄段宝宝的发育情况。你的孩子的某一单项指标以向前两个月或向后三个月的指标作参考，都是可以的。

■ 让家长烦心的小“十万个为什么”出现了

会用语言表达自己的感受，对某些事物怀有极大的兴趣，所以就观察、学习、询问和尽力理解，对自己不懂的事情喜欢刨根究底地问个没完。因此，作为家长，应该尽一切力量保护和培养孩子的这种兴趣，这对孩子今后学习兴趣的培养有重要的作用。

■ 要上幼儿园了，这是父母和孩子都要面对的“痛”

3 岁的儿童有强烈的依恋情感，他知道要上幼儿园了，但情感上却舍不得离开他依恋的亲人。大哭、拉着手不放、不许亲人离去等，都是一种正常表现，可以通过家长和幼儿园双方的共同努力，慢慢地帮助宝宝消除与亲人分离的焦虑情绪。

■ 平衡能力进一步增强

宝宝的身体运动功能逐渐成熟，可以用自己身体的某个部分，如头或手来控制物体的平衡，并能在平衡中进行各种活动。

■ 大脑像海绵一样吸收各种知识

就记忆而言，读书给孩子听时，只要多读几遍，孩子就能完全记住，一旦中间说错了一点点就会给你指出来。3 岁的孩子不但能记住那些具体的、自己体验过的事物，而且还能记住那些听来的、自己说过的抽象的事物。

■ 人际圈子扩大，这是能够上幼儿园的前提

交往关系已不限于母亲和亲人之间，而是扩展到和同伴的关系上，他们很愿意和小朋友在一起玩，也愿意管别人的事了。

■ 其他

- 他想要的东西只要你讲“好”，他会忍耐着等。
- 答应给他的东西他总记着，骗不了他。
- 总想照顾比他小的孩子。
- 洗完手会自己擦手。
- 会自己穿鞋子、脱鞋子和袜子。
- 大人说“不行”时，他反而会故意去做。

- 会得意地向别的孩子显示自己的衣服、玩具。
- 会自己到外边去玩。
- 如果你问宝宝多大了，他会举起三个手指头。
- 会画出人的大概框架，但通常会不画躯干。
- 喜欢书，尤其喜欢翻书，会学习大人的样子假装自己读书。

【营养美食】

孩子咳嗽的饮食禁忌

天气的变化容易造成孩子感冒、咳嗽，除了对症下药外，咳嗽期间还应该注意一些饮食禁忌，才能让孩子好得更快一些，具体应该注意以下六点。

■ 一忌：冷、酸、辣食物

冷冻、辛辣食品会刺激咽喉部，使咳嗽加重。中医认为身体受了寒就会伤及人体的肺脏，而咳嗽大多是因肺部疾患引起的。咳嗽时吃冷饮或冷冻饮料，就容易造成肺气闭塞，使症状加重。孩子咳嗽多数伴有痰，痰的多少与脾有关，过多进食寒凉食物就会伤及脾胃，造成脾的功能下降，聚湿生痰。酸食常敛痰，使痰不易咳出，以致加重病情，使咳嗽难愈。

■ 二忌：太咸、太甜、太肥

中医认为咳嗽多为肺热引起，儿童更是如此。日常饮食中多吃太甜、太肥的食物会产生内热，加重咳嗽，且痰多黏稠，不易咳出。多吃甜食也会使炎症难以痊愈。孩子咳嗽时，胃肠功能比较薄弱，油、煎、炸食物会加重胃肠负担，且助湿热，容易滋生痰液，使咳嗽难以痊愈。食物太咸容易诱发咳嗽或使咳嗽加重。所以咳嗽期间应吃一些清淡食物，尽量少盐、少糖，不吃或少吃油、煎、炸食物。

■ 三忌：鱼腥虾蟹

咳嗽的孩子在进食鱼腥类食品后咳嗽会加重，这与腥味刺激呼吸道和对鱼虾食品的蛋白过敏有关。尤其是某些对鱼、虾过敏的孩子，特别要注意避免这类食物。

■ 四忌：食用橘子

大多数人认为橘子是止咳化痰的，于是让孩子多吃橘子。实际上，虽然橘皮确有止咳化痰的功效，但橘肉反而会生热生痰，而一般的孩子是不会不吃橘肉只吃橘皮的。

■ 五忌：花生、瓜子、巧克力

这类食品含油脂较多，食后易滋生痰液，使咳嗽加重。

■ 六忌：食用补品

不少家长会给体质虚弱的孩子服用补品，但孩子咳嗽未愈时应停服补品，以免咳嗽难愈。

【护理保健】

小儿便秘

宝宝经常会说自己肚子疼，妈妈会很着急，看宝宝是不是吃坏了肚子，或者是不是着了凉。可是常常会忽略，便秘也会导致宝宝肚子疼，而且是“全面性”的肚子疼，也就是宝宝会说整个肚子都疼。便秘导致的腹痛来得快去得也快，而且宝宝在跑动、跳跃或乘车时，疼痛的症状就会明显减轻。也会有极少数宝宝会出现呕吐和发烧。如果你的宝宝出现这样的症状，不妨仔细观察宝宝的便便，是不是便便很困难，拉出的便便是不是很硬，内裤上有没有便便残留的痕迹等。

治疗宝宝便秘，可以使用灌肠栓剂、小儿灌肠剂、氧化镁软膏或者其他的通便剂，配合揉腹部，促进肠胃的蠕动。食物方面要让宝宝多吃纤维丰富的蔬菜，香蕉、红薯等也是有助于通便的食物。平时要让宝宝养成定时排便的良好习惯，多吃蔬菜水果，保持大便通畅，这样宝宝就不用再忍受腹痛了。

小儿肠套叠

较大婴儿和学步幼儿有时会有“肠套叠”的症状，这也会导致宝宝腹痛。肠套叠是指肠子发生了嵌入式的套叠，最常见的是大肠与小肠的连接处发生套叠，发生肠套叠时会出现剧烈的疼痛。如果你发现宝宝正玩得好好的，突然就倒地大哭，并捂着肚子蜷着双腿喊疼，几分钟后疼痛有所减轻，宝宝又恢复了常态，过不了几分钟又出现同样的疼痛时，你就要考虑宝宝是否发生了肠套叠。极少数的情况下，肠套叠的宝宝会出现长时间昏睡的症状。不论是剧烈疼痛，还是长久昏睡，肠套叠的宝宝都会伴有胆汁性呕吐，其呕吐物呈深绿色。到了第二天，你会发现宝宝的便便里面有血，看上去像鲜红的果酱一样。当肠套叠部分由于缺氧时间过长而发生坏死时，宝宝也会出现腹泻的症状。当这种症状出现时，说明可能出现了感染，有可能需要外科手术的介入治疗了。因此，越早确诊肠套叠，就能越早治疗，这样才能尽早康复。如果你怀疑宝宝出现了肠套叠，一定要尽快前往医院，让医生帮宝宝检查是否出现了肠套叠，以及肠套叠的位置在哪里，尽快进行对症治疗。

3 岁左右宝宝发烧

发烧是任何一个年龄段的宝宝都会有的状况，病毒、疾病、惊吓、劳累、过于兴奋、受伤等都有可能引起发烧。3岁左右的宝宝已经懂得如何表达自己的不舒服了，发烧时他们常会头痛、肚子痛、浑身发冷、没力气等，让人看起来觉得他的症状很严重。不必担心，这些都是发烧的症状，如果你确定宝宝身体其他方面没有疾病的话，给他吃点退烧药，喝些热水或用热水泡泡脚，看看电视或睡上一觉，都能缓解宝宝的不舒适。

■ 哪些情况要特别关注

如果退烧之后宝宝仍然有头痛、腹痛、脖子疼痛，或者出现呼吸困难、病恹恹的现象，就有可能是出现了发烧的并发症，此时要尽快去医院治疗。也就是说，宝宝发烧的时候，不要在意他发烧时的表现，而要关注退烧后的状态。

■ 发烧机体的正常反应

发烧是一种应对感染的自然反应，有助于提高人体的免疫系统能力，因此，宝宝适当发烧并不是一件坏事。当然，发烧会让宝宝觉得不舒服，如浑身疼痛、心跳加速、脱水、呼吸困难等。如果宝宝高烧达38.5℃以上时，要进行退烧，并观察宝宝退烧后的状态，从而尽早发现潜在的疾病。

■ 正确服用退烧药

扑热息痛是对各年龄段的婴幼儿都安全并有效的退烧药，正确的剂量是每千克体重15毫克，每4～6小时服用一次。医生会根据宝宝的体重和年龄计算出适当的剂量。药品包装标签上的剂量往往比最佳剂量要低，如果宝宝不足标准体重，那么药盒上面的剂量就不太合适了，这就是我们会看到药盒上写着“具体用法请遵医嘱”的原因。不论服用何种药物，都不能过量，否则会带来损害。扑热息痛服用过量可能会造成宝宝的肝脏受损，所以，如果宝宝服用了过量的扑热息痛，请立刻前往医院治疗。

布洛芬是另一种广泛使用的治疗婴幼儿疼痛和发烧的药品，正常剂量为每千克体重10毫克，每6～8小时服用一次。与扑热息痛一样，布洛芬制剂的浓度根据配方的不同也会不一样，最好由医生确定服用的最佳剂量。过量的布洛芬的危险性比过量的扑热息痛要小一些，但也会造成胃痛和少量出血。此外，布洛芬对6个月以下的婴儿是否无害还没有定论，所以包装盒上会建议6个月以上婴儿适用。布洛芬还能起到消炎的作用，能够缓解疼痛，对受伤或其他情况造成的发炎、肿胀都有不错的疗效。

■ 不要滥用抗生素

一般而言，宝宝发烧都是由病毒引起的，抗生素对病毒性发烧起不了任何作用，只有受到细菌感染时，使用抗生素治疗才会有效果。抗生素使用不当，会给病毒感染的宝宝带来严重后果，如过敏或对特定药物产生抗药性等。所以，宝宝发烧的时候，应静心休养，耐心、细致、温柔地进行呵护，千万不要盲目使用抗生素。

■ 观察宝宝退烧后的状态很重要

与大人不同，宝宝发烧的时候，会显得精神萎靡，而一旦退烧，就立即活蹦乱跳了。所以，正如前面所提到的，观察宝宝退烧后的状态更为重要。如果宝宝在退烧之后，还是无精打采、呼吸困难，并且十分暴躁，拒绝进食或喝水，或者烦躁易怒、昏昏欲睡，这说明宝宝还有隐藏的疾病，妈妈们要立即带宝宝去医院进行检查。

影响幼儿身高增长的因素

■ 身高与遗传有关

遗传是影响身高发育的决定性因素。一般来讲，父母高，儿女就不会矮。生物学家的研究证明，儿子身高与父母身高呈直线相对关系，高个子父亲所生的儿子大多数较高，矮个子父亲所生的儿子大多数较矮。但也不可一概而论。因为身高属于多基因遗传，就是说身高受多基因控制。假定身高是由两对基因控制的，那么，父母生育的后代就有9种组合，更何况决定身高的基因肯定不止两对，所以身高的变化就会很大。

遗传、种族是制约身高的重要因素，但不是绝对的。人的身高在1.60～1.80米的界限内波动，而他最终停留在哪个高度上，则很大程度上取决于限制或促进遗传因素的环境条件。

■ 营养是影响身高的重要因素

营养是身体长高的物质基础，尤其是足够的热量和优质蛋白质以及足够的钙、锌和各种维生素。通常认为，热量对细胞数量的增加是非常重要的，蛋白质则与细胞体积的增大有重要关系。如果长期营养不良，可使骨骼的成熟程度以及骨骼长度的增长受到影响。值得强调的是，长期缺乏必需的氨基酸和微量元素锌也会影响身高增长。

■ 睡眠是影响身高的重要因素

人体长高的一个重要影响因素就是脑垂体分泌的生长激素。人的生长激素主要在睡觉时分泌，因此，正在发育的幼儿一定要保证充足的睡眠，这非常有助于身高的增长。

■ 疾病能阻止身高的增长

任何急、慢性疾病对孩子的身高增长都有间接的影响，但只要治愈原发病，身高就能正常增长。然而，有一些直接影响身高的疾病，如内分泌腺、甲状腺、脑垂体功能低下，则会影响人体身高的增长。

■ 适宜的体育锻炼是促进孩子生长发育的重要因素

体育锻炼对骨骼和肌肉的影响是比较明显的，它能促进骨骼钙化。据观察，男孩参加体育锻炼一年比一般情况下多长1～2厘米，女孩可以多长2～4厘米。

■ 长高也需要“精神营养”

做父母的都希望自己的孩子个子高。孩子长高的因素除了种族、遗传、营养、运动以外，还有一个原因，那就是孩子的精神营养。有的孩子生活在不安定的环境中，得不到亲人的疼爱，结果食欲虽旺盛，但身体营养状态却不好，发育也较差。一旦改变了生活环境，他的身高和体重很快可以追上同龄儿童，形成特有的“成长追赶现象”。这是因为人的大脑下面有一个内分泌腺叫脑垂体，它的前叶能分泌一种生长激素，专管长个子。它一方面能促进骨骼和软骨的生长；另一方面还能使体内的蛋白质尽快合成，使肌肉生长。不良的情绪会引起内分泌失调，抑制生长激素的合成，从而不利于孩子长高，所以父母应该给孩子提供充分的“精神营养”——温暖、欢乐的生活环境。

■ 日照也能影响身高

日照时间越长，对身高发育越有利。生活在日照时间长的地方的孩子，身高发育好。经常参加户外活动，多晒太阳，可利于体内维生素D的合成，加快儿童对钙质的吸收，会长得更高一些。

儿子的身高=(父亲身高+母亲身高)/2×1.087 2

女儿的身高=(父亲身高×0.923+母亲身高)/2

■ 季节也是影响身高的一个因素

世界卫生组织的研究表明，儿童的生长速度因季节不同而有差异。其中长得最快的是5月份，平均身高增长0.73厘米；在10月份则长得最慢，平均只长高0.33厘米。5月份前后，万物复苏，春回大地，人体各器官组织和细胞功能也空前活跃起来，生长速度加快，必然要消耗大量的营养物质。为了使孩子在5月份里身高获得最好的发育，要在这段时间里为孩子提供足够的营养。

【育儿百科】

上幼儿园的准备

宝宝到了上幼儿园的年龄了，很多爸爸妈妈都会想：我的宝宝适合上幼儿园吗？宝宝多大上幼儿园比较好呢？什么样的幼儿园适合宝宝呢？这些问题着实让父母很烦恼。

其实，宝宝多大能上幼儿园并不是问题，关键要看宝宝是不是做好了上幼儿园的准备。2岁以后的宝宝每天和父母分开几个小时，对他们的成长发育是有好处的。如果打算让宝宝上幼儿园，那么就要做好充分的准备：

- 教会宝宝自己大小便，至少要让他们懂得有便意的时候要告诉老师。
- 教会宝宝自己吃饭。
- 教会宝宝自己脱、穿设计简洁的衣裤和袜子、鞋子。
- 尽量让宝宝多知道一些日常用语。
- 教宝宝几招交朋友的方法。
- 带宝宝一起选择幼儿园，之后经常到幼儿园附近转转，让宝宝对幼儿园的生活产生向往。

- 不要把幼儿园的生活描述得太美好，教会宝宝应对突发事件的方法。

一般来说，有了以上几点基本准备后，宝宝就可以进入幼儿园了。当然，不管准备得多充分，刚进入幼儿园的宝宝也会不适应，多给他们些时间，多和宝宝进行沟通，给予他们必要的关心和鼓励，相信宝宝很快就能适应幼儿园的生活了。

如何选择幼儿园

宝宝快 3 岁了，该上幼儿园了，怎样才能为宝宝挑选一家负责任、让宝宝开心、有利于宝宝成长的幼儿园呢？爸爸妈妈们不妨来看看下面的这些建议。

■ 园舍设备不是越豪华越好

是不是设备越齐全、越豪华的幼儿园就越好呢？是不是收费越高的幼儿园就越有利于孩子的成长呢？事实上并不一定。因为有些设施豪华、先进的幼儿园，在师资力量、教学水平、授课内容等方面并不是同等的“强”。所以，为孩子选择幼儿园的时候，不要过分追求奢华的环境，只要有足够的活动场所（室内外活动场地人均各 2 平方米）、比较齐全的设备、充足的玩具与图书、温馨活泼的室内装饰就可以了，最重要的是查看桌椅、窗户、楼梯是否安全，孩子就餐是否卫生，活动场所是否软化，厕所能否及时打扫等细节。

■ 班额不是越大越好

幼儿园里每个班多少人合适？是大班额好还是小班额好呢？国家教委规定，大、中、小班班额分别为 35 人、30 人、25 人。在选择幼儿园时，家长一定要问清楚每班招生人数，如果班额过大，最好主动放弃。因为一个班里孩子太多的话，老师会照顾不过来，很可能使孩子出现攻击行为等不良行为习惯，不利于孩子的成长。另外，也要了解幼儿园的师生比例，国家教委规定全日制幼儿园教职工与幼儿的比例为 1∶6～1∶7。

■ 教学特色不一而论

幼儿园里应该学什么？英语？识字？珠心算？还是音乐、美术呢？其实，幼儿在幼儿园阶段最重要的是养成良好的习惯，而不是单纯的知识积累。所以，爸爸妈妈们更应该注重是否具备进行特色教学的条件：教得准确与否，教师是用什么方式教学的，幼儿在学习过程中付出了多大的代价，这种特色学习会不会成为抹杀幼儿兴趣的刽子手等。

■ 教师要专业

什么样的幼儿园是好幼儿园？必须有既敬业又专业的教师。教师要掌握现代教育技能和理念，善于和孩子、家长交流，有不断进取和探索的精神。爸爸妈妈们可以观察教师是否和蔼可亲、言谈有礼、知识专业，这样就能看出教师的水平了。问问往届小朋友的家长，也是一个不错的主意。

■ 家园共育很关键

家庭、幼儿园的同方向、同步调，对幼儿的发展至关重要。爸爸妈妈们在选择幼儿园的时候，要了解家园联系的形式有哪些、何时开展活动、家长如何参与等情况，因为只有老师和家长交流的次数比较多，双方对孩子的了解才能更深入，双方才可以共同指导孩子的成长。

【心智发展】

什么是3岁孩子最好的玩具

玩具是孩子童年时期必不可少的物品，通过玩玩具可以让孩子学到很多知识。现在的商家打着“早期教育”、“开发智力”的旗号，把玩具做得越来越豪华、越来越精美、越来越复杂，价格也越来越贵。只是这样的玩具真的能让孩子喜欢吗？

其实，2～3岁的孩子思维还很简单，他们无法独自应付太过复杂的玩具，反而比较喜欢玩简单的玩具。这并不是说孩子笨，不是因为孩子头脑简单，他们只是还无法应付复杂的理性思维，但是却有丰富的想象力。比如，你给宝宝买了一辆豪华的遥控汽车，可是2～3岁的宝宝根本不知道如何操控，最多也就是在地上推着遥控汽车走一走，然后就束之高阁了；可是如果你给孩子买了一组简单的小汽车，那宝宝可就能想出很多玩法了！把小汽车排成一排，一起出发，看谁跑得快；或者把小汽车一辆接一辆地竖着排好，推最后一辆小汽车。哇！长长的好像火车一样！拿两辆小汽车对着开，来个撞车也不错呢！看看，几辆简单的小汽车可以让孩子想出这么多种玩法，这个过程既让孩子感到开心，也能开发他们的智力呢！

3岁孩子的规则意识

3岁的孩子变得更懂事了，如果你和他讲道理，他会认真地听取，如果认为爸爸妈妈说得对，他也会按照规则做事了。3岁的孩子确实比2岁时进步了不少，他们再不会随意哭闹，稍不如意就大声说“不”，而是经常会想一想后说“好的”。3岁的孩子也懂得考虑别人的感受了，因此更容易按照别人说的话去做事。比如，妈妈让他收拾玩具，他会顺从地把玩具放到玩具箱里。

为什么3岁的孩子能变得听话了呢？主要是因为他们开始接受父母的价值观，能够理解大人制定的规则，并且非常清楚违反规则的后果。对于3岁左右的孩子，你需要训练他们用正确的方式做事情，而不是要求他们能够做出道德上的判断。比如，3岁的孩子知道吃东西前要洗手，是因为他知道如果不洗手就没有好吃的东西，而6、7岁的孩子才能了解不洗手会导致生病，因为不洗手是坏习惯而去洗手。但是，只要你不断规范3岁左右宝宝的行为，就会在他的心目中建立起是非观念的基础，当他能够自己判断是非的时候，你就不必担心他走弯路了。

鼓励孩子用完整的语言表达自己的思想

当孩子能够用语言完整地表达自己的思想的时候，你就会发现孩子的教育变得轻松多了。该如何让孩子说话准确、完整呢？这需要不断地训练，不断纠正孩子错误的说话方式，如无主语、语序不正确等。还要为孩子提供说话的环境，让他通过实践来熟悉语言习惯。提高语言技能，应先让孩子学会倾听，孩子只有在理解词义的基础上才能使用语言正确地表达自己的意思。孩子特别喜欢“自说自话”，不去听别人在讲什么，这样自然无法使交谈进行下去。那么，爸爸妈妈就要引导孩子学会倾听，可以多提一些问题引导宝宝进入话题，比如“你想用这些橡皮泥捏什么?”，“你昨天在公园里都看到了什么?”等。打电话的游戏也是让宝宝学会倾听的一个好办法。发展孩子的口头语言，并不仅仅是多教孩子几十个词汇就可以了，而是要让孩子学会用语言沟通。讲故事、对话、表演等方式，都能帮助孩子逐步具备正确、连贯、生动的口语表达能力，使孩子能够流利地与人沟通。

父母该如何引导孩子交谈呢？一定要遵循孩子的语言学习规律，从培养正确的发音开始，直到孩子能够准确地表达自己的思想。具体方法就是让孩子多听、多说、多表达、多与同伴交谈、多与成人交谈。

- 谈话是双方共同进行的活动，孩子只有获得说话的机会，能够尽情地表达自己想说的一切，才能被充分激起说话的积极性。如果父母总是包办代替，把自己的思想、语言强加给孩子，是不会让他们得到语言训练的。另外，教孩子学说话的时候，要在推心置腹、亲切融洽的环境下进行，千万不要板起脸孔对孩子说教，也不要把谈话变成语言测验。
- 父母与孩子交谈的时候，态度要诚恳。特别是当孩子提问题的时候，如果你出于某种原因不想回答，或暂时没空解释，要坦诚地告诉孩子等一等，千万不能粗暴地拒绝，否则孩子会从此失去发问的勇气，也失去和别人交谈的热情。
- 两个目光可以平视的人在一起交谈时，他们的谈话一定是顺畅的、舒适的。孩子也需要这样的谈话氛围，如果你要和孩子交流，一定要坐着、蹲着或跪着，看着孩子的眼睛和他说话，这样更能激起孩子与你谈话的意愿。
- 当孩子说话的时候，一定要仔细地听，这样才能让孩子对自己的表达有信心。如果你表现出心不在焉、不耐烦甚至厌恶的神情，就会打消孩子说话的积极性。如果父母能做一个好的听众，那么孩子也会养成专心倾听的良好习惯。

本阶段家庭游戏

■ 背娃娃

这个游戏可以锻炼宝宝的平衡能力，以及与别人配合的能力。

妈妈蹲下身体，上半身稍稍前倾，让宝宝爬到妈妈的背上并向前伸出双手，妈妈抓住宝宝的双手，然后慢慢伸直双腿，身体前倾 90°～110°，头向左转，注意一定要用力拉住宝宝的双手。这时，让宝宝的身体越过妈妈的右肩爬向前腹部，稍停一会儿，妈妈上半身抬起并后仰，同时双手向下牵引宝宝，让宝宝倒趴在妈妈胸前。之后，妈妈一手抱住宝宝的腰，另一手抱住宝宝的双腿，让宝宝一点一点地向下滑，直到宝宝的双手撑地，稍停片刻后让宝宝前滚翻躺在地毯上，重复做几次。第一次做的时候，可以让爸爸或其他人在旁边保护一下，以免出危险。

【安全防护】

如何给孩子实施心肺复苏

在心肺复苏中，小于1岁者为婴儿，1～8岁者为儿童，对这些患者须采取特殊的急救方法。8岁以上的儿童则采取与成人相同的心肺复苏法。

为儿童进行心肺复苏，方法与成人相似，但由于儿童的体格有别于成人，因此在进行人工呼吸及体外心脏复苏时应把力度放轻。

■ 需要为孩子进行心肺复苏的情况

- 孩子呼吸停顿。
- 孩子心跳停顿。
- 现场没有人比你更熟悉心肺复苏法。
- 孩子毫无反应。
- 现场环境安全。

在实施心肺复苏术的同时，要请人立即拨打急救电话。

■ 首先要做的事情

- 检查孩子是否已失去知觉，并立刻求助。轻拍或轻摇孩子的肩膀，并大声询问“你好吗?”若孩子无反应，应打急救电话求助。
- 将孩子仰卧平放，确保移动孩子时要将其头部、颈部、肩膀及背部一并移动。
- 把孩子的头部及下颌仰起（用一只手把孩子的面仰起，额头向后倾，另一只手把下颌托向前），使孩子气道畅通。若以上方法不成功，另一个方法是把2～3根手指放于孩子颚骨的两边，把颚骨向上提，然后清除口腔里所见的异物。
- 如果孩子失去知觉，其舌头肌肉会变得松弛，令舌头后滑，阻塞气管，空气无法进入肺部。有些时候，只要为孩子疏通气道，他便能恢复呼吸。
- 检查孩子气道是否畅通。在孩子肩膀旁跪下，把自己的耳朵贴近孩子的鼻孔，面颊贴近孩子的嘴巴，双眼则留意其胸膛的起伏。通过观察孩子胸膛的起伏、聆听其呼吸声及感觉其呼吸（透过面颊）来检查孩子的呼吸状况。

■ 人工呼吸的操作方法

- 如果孩子无法恢复呼吸，应立即为其进行人工呼吸。用一只手的拇指及食指捏住孩子的鼻孔，另一只手则轻托其下巴，然后将自己的口部紧紧地贴着孩子的口部。

● 慢慢地将空气吹进孩子的肺部，直至看见其胸部有起伏为止。每次吹气应持续 1～1.5 秒，在重复以上步骤之前，应把自己的口部移离，让孩子正常呼气。最初应连续向孩子吹气 2 次。

● 检查脉搏。做完 2 次人工呼吸后，如看到孩子胸部有起伏，可用食指及中指轻按孩子喉结下颈部的颈动脉 5～10 秒，为孩子检查脉搏。

● 如果孩子的脉搏在跳但却没有呼吸，应每 4 秒为孩子进行一次人工呼吸。另外，要每分钟（即每 15 次人工呼吸）为孩子检查脉搏 1 次，并持续为孩子进行人工呼吸，直至其恢复呼吸或医护人员到场为止。

■ 体外心脏复苏的操作方法

如果儿童没有脉博，应为其进行体外心脏压法。

● 将一只手的手腕放于孩子胸骨最下面的第三节，与胸骨最低一节距离约 1～2 个手指位，另一只手则置于该手上。

● 双臂伸直，手肘保持在固定位置。肩膀应垂直于孩子上方，然后向下压其胸骨，每一下幅度为 2.5～3.5 厘米。

● 推压速度应为每分钟 100 次。每进行人工呼吸一次便为其推压 5 次。

■ 需同时进行的操作

每分钟都应检查孩子有否恢复脉搏及呼吸。如果孩子仍未恢复脉搏及呼吸，应继续为其进行体外心脏按压及人工呼吸，直至孩子再度出现脉搏及呼吸或医护人员到场，或者你感到精疲力竭为止。

心跳与呼吸骤停往往互为因果，因此体外心脏复苏与人工呼吸应同时进行，否则复苏难以成功。最好由两人配合，一人负责体外心脏复苏，另一人负责人工呼吸。体外心脏复苏与人工呼吸比例应适合生理情况，即按压心脏 5 次，人工呼吸 1 次。即使仅有 1 人在场抢救，也应尽量按 5∶1 的比例交替进行。经抢救后呼吸恢复，必须立即去医院继续诊治。

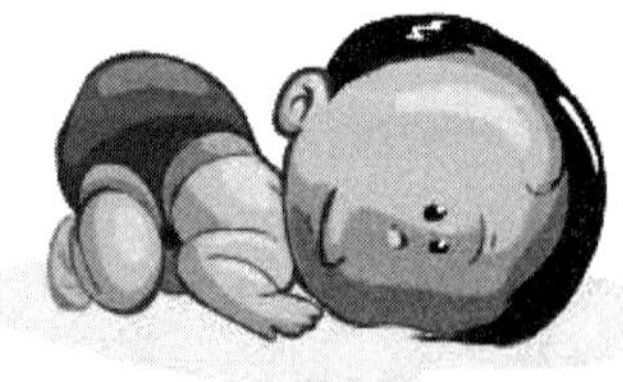

【成长顾问】

父母吸烟问题

你或你的爱人吸烟吗？当你们有了孩子以后，还会再吸烟吗？吸烟对人体非常有害，二手烟的杀伤力更大，特别是对宝宝的危害非常大。空气中弥漫的烟雾会影响宝宝的呼吸系统功能，导致宝宝出现咳嗽、感冒、哮喘、中耳炎等疾病，严重的还会引起一些综合病症导致死亡。而且，从小在烟雾环境中长大的宝宝，很有可能在成年前就开始学抽烟，这对他们的生长发育是非常有害的。

戒烟是一件很困难、很痛苦的事情，不过为了你自己、你的家人和你的孩子的健康，请拿出勇气来戒烟吧！

娇生惯养会损害幼儿大脑

每位家长都希望自己的孩子将来能有所作为，因此，从孩子降生之日起，就给他提供优越的条件。儿童心理学家告诫家长，娇生惯养会损伤婴儿的大脑。

孩子呱呱坠地，便生活在复杂的人类社会和变化万千的大自然里，在遇到各种挫折和阻力时，大脑将会以积极的条件反射形式进行协调，以适应外界的各种变化。

可是，有些独生子女的父母，出于对孩子的疼爱，精心设计、安排特定的环境，以防孩子受委屈。对待孩子的各种要求，不管是否合理，都百依百顺，即使蛮横也要迁就。这样娇生惯养，使孩子娇嫩无能，造成神经反射机能失调，降低了大脑对环境的调节和控制能力。

孩子的各种本领都是大脑对周围环境的条件反射能力，这种反射只能通过高级神经中枢——大脑皮质来完成，客观环境越复杂，反射机能越强。而人为的特殊环境，使孩子局限于衣来伸手、饭来张口的下意识活动之中，这些活动只需要大脑低级部位调节即可。久而久之，降低了皮质部位的功能，甚至会损害大脑神经功能。孩子即使生活在异常舒适的环境里，也可能产生异常行为，引起幼儿神经质，出现以性格改变为主的高级神经机能失调的各种症状。

告别3周岁，告别婴幼期

与孩子共同成长

三年过去了，你的宝贝就要上幼儿园了。

这三年你们与宝贝共同度过了近1 100个难忘的日日夜夜。

望着你的宝宝姗姗走进幼儿园，走向老师张开的怀抱的背影，有的父母会有一种依依不舍的感觉——会担心宝宝在幼儿园不适应，会吃不好，会受小朋友欺负，会惹老师生气……家长从自己的主观意愿上就不愿意宝宝上幼儿园，而这会通过言语和行动传达给宝宝，对这样的家长我们想说：

首先，祝贺你是一位对孩子十分用心的家长，你与孩子之间建立起的这种情感依恋关系，对孩子未来的成长是至关重要的保障。

其次，两年前，孩子告别了婴儿时期，现在，又一个时期结束了。宝宝已经可以离开家庭，进入另一个不同的成长环境。在幼儿园，他开始学习如何与同龄孩子相处；开始进行最基础的认知学习；开始独立面对一些问题，并尝试自己解决；开始明白并不是所有人都会喜欢他，人们的态度是不同的……

孩子在长大，在他内在强大生命力的推动下，他一往无前地向着自己的成长目标大踏步前进着。后面的日子，他会走得更快，走得更好。

你跟上了吗?

后　记

感谢您阅读本手册！

希望本手册的内容能够对您的育儿工作提供些许帮助，这会使我们感到很开心。

关于如何照料和教育 3～6 岁学龄前期的孩子，请参看《3～6 岁儿童家长手册》。

如果您对本手册内容有任何的意见或建议，或您认为本手册中的观点有所偏颇，请致电 010－51669086，提出您的宝贵意见，或发送邮件到 babycare@263.com。

对于您的任何意见或建议，我们都表示深深的感谢。

祝全家快乐幸福，宝宝健康成长！

北京市朝阳区社区家庭教育工程

《家庭教育系列家长手册》编写组

图书在版编目（CIP）数据

0～3岁儿童家长手册/《儿童家庭教育系列家长手册》编写组编写．—北京：中国人民大学出版社，2012.7

北京市朝阳区社区家庭教育工程

ISBN 978-7-300-16138-9

Ⅰ.①0… Ⅱ.①儿… Ⅲ.①婴幼儿-早期教育-家庭教育-手册 Ⅳ.①G78-62

中国版本图书馆CIP数据核字（2012）第158423号

北京市朝阳区社区家庭教育工程

0～3岁儿童家长手册

《儿童家庭教育系列家长手册》编写组

0～3 Sui Ertong Jiazhang Shouce

出版发行	中国人民大学出版社		
社　　址	北京中关村大街31号	**邮政编码**	100080
电　　话	010－62511242（总编室）		010－62511398（质管部）
	010－82501766（邮购部）		010－62514148（门市部）
	010－62515195（发行公司）		010－62515275（盗版举报）
网　　址	http://www.crup.com.cn http://www.ttrnet.com（人大教研网）		
经　　销	新华书店		
印　　刷	北京中印联印务有限公司		
规　　格	185 mm×260 mm　16开本	**版　　次**	2012年8月第1版
印　　张	22.5	**印　　次**	2012年8月第1次印刷
字　　数	526 000	**定　　价**	46.00元